어린이와 어른이 함께 하는

행복한 책 읽기 Vol.1

어린이와 어른이 함께 하는
행복한 책 읽기 Vol.1
책과 어린이, 그리고 도서관에 관한 인문학

초판 1쇄 2015년 1월 15일
초판발행 2015년 1월 22일

글쓴이 즈느비에브 파트 옮긴이 황선희
펴낸이 이호백 펴낸곳 도서출판 재미마주
주소 413-120 경기도 파주시 문발로 112 (성안당 3층)
전화 (031) 955-0880 팩스 (031) 955-0881
등록번호 제 10-1051호 등록일자 1994년 10월 20일
홈페이지 www.jaimimage.com 이메일 jaim@jaimimage.com

Laissez-les lire
by Geneviève Patte

Text Copyright © 2012 by Geneviève Patte
Korean Translation Copyright © 2015 by Jaimimage Publishing Co.

ISBN 979-11-85996-02-8 77810

*이 책의 한국어판 저작권은 저자와 독점 계약한 도서출판 재미마주에 있습니다.
 저작권법에 의해 한국내에서 보호를 받은 저작물이므로 무단 전재와 복제를 금합니다.
*값은 표지 뒷면에 표기되어 있습니다.

어린이와 어른이 함께 하는
행복한 책 읽기 Vol.1
책과 어린이, 그리고 도서관에 관한 인문학

즈느비에브 파트 글 · 황선희 옮김

책이야기

머리글

어른과 어린이의 교육적이며 다이내믹한 상호관계를 위하여.

어린이 안에 내재된 무한한 잠재력은 오래 전부터 연구되었지만, 그 문을 조금씩 열어 온 것은 지난 세기부터였다. 마리아 몬테소리(Maria Montessori 1870~1950)는 이러한 어린이들의 잠재력이 모든 분야에서 꽃피울 수 있도록 싸워온 상징적인 인물이다. 어린이 속에는 세상을 새롭게 바꿀 삶의 새로운 힘이 존재한다. 바로 이런 정신으로 클라마르의《책을 통한 기쁨》도서관에서 어린이와 함께 했던 즈느비에브 파트 여사의 이 책《어린이와 함께 행복한 책읽기》가 곁에 있는 것이다. 지난 세기말(1978년과 1987년)에 두 차례 발간되었고, 오늘날 갈리마르에서 쿠엔틴 블레이크의 일러스트레이션이 담긴 표지로 펴낸 21세기 판**은 바로 지금에 맞게 더 새로워진 글로 메시지를 던지며 다시 나오게 된 것이다.

즈느비에브 파트는 우리에게 어린이 도서관의 탄생과 발달과정을 소개하고 있다. 19세기말부터 미국과 영국의 공공도서관에 등장하는 어린이 도서관들. 그리고 1차 대전 이후에 이런 정신은 프랑스에도 정박하게 되고, 그것이 바로 파리 부트브리 가의《즐거운 시간》도서관이다. 바로 그곳에서 즈느비에브 파트는 아주 특별한 품격의 분위기를 만나게 되었고, 그녀의 삶을 걸고 뛰어든 계기가 된 곳이다. 60년대 중반에 그녀는 파리 근교의 '클라마르' 지역에 새로운 어린이 도서관을 창설하는 일에 참여하여 새로운 시대의 어린이 도서관 출현과 그 속에서 개척자로서의 역할을 수행하게 되었다.

이 책에서 그녀는 우리에게 그녀가 만난 삶의 여정 속에서의 몇몇 장면들을 설명하고, 이로부터 우리가 아이들만의 활력과 이들과의 조화로운 관계를 발견할 수 있는 세계를 만나도록 해주고 있다. 그것이 바로 '살아 있는 따뜻함의 집'과 같은 클라마르의 어린이 도서관 이름인《책을 통한 기쁨》으로 표현된 것이다.

다이내믹한 관계

어린이 도서관에서 아이들이 '책 읽기'에 입문하는 과정은 자유로우면서도 형식에 치우치지 않는 분위기에서 만들어지는데, 이 책은 이런 어린이와의 공생관계의 다양한 모습들을 소개하고 있다.

이런 만남은 아이와 도서관 사서가 머리를 맞대는 친밀한 만남이다. ≪이것은 정말 오래된 전통이다. 많은 아이들은 이런 식의 만남을 다른 곳에서 쉽게 경험할 수 없다. 여기에서는 '책'이 그 가운데에 있음으로 해서 둘 사이의 생각과 말을 나누는 일이 한껏 풍요로워진다. 책이 제공하고, 그래서 둘 사이에 적당한 거리감이 형성되는, 개인적이면서도 신중한 이런 만남은 아이들에게 매우 소중한 체험이 된다. 어른은 그 아이가 필요로 할 만한 적합한 자료를 찾아준다. 아이들이 살아 있는 물의 참 맛을 알아가듯 책을 통해 앎에 대한 욕구를 채운다. 책은 바로 목마름을 해갈시켜주는 마르지 않는 샘과도 같다.≫ ≪이러한 탐색 속에서 아이들에게 주어지는 아주 친밀한 도움의 손길은 교류와 만남이라는 특별한 기회가 된다. 아이들은 이런 신뢰에 고마움을 느끼게 된다.≫ 우리는 특별히 아이들의 아름답고, 위대하고, 웃기며, 놀랍고, 까다로운 것들을 음미할 수 있는 능력에 대한 판단을 할 필요가 없다. 과거에 도서관에서 시간을 보낸 한 독자는 그러기에 이렇게 말한다. ≪이런 관심은 아무도 기울여 주지 않았다. 또한 아무도 이런 방식으로 흥미를 돋구지도 않았다. 이런 교류 속에서 내가 존재함을 깨닫고, 내가 중요하다고 느꼈던 것이다.≫

도서관은 또한 아이들과 어른들이 함께 나누는 독서를 가능하게 한다. 예를 들어, 그림책을 함께 볼 수 있다. 아주 자연스럽게 수평적인 관계가 형성된다. ≪'이야기 하나 읽어 주실래요?' 어른에게 이런 부탁을 자연스럽게 하고, 그렇게 시작되어 어른과 아이가 다가가 무료로 나누는 기쁨. 무한한 독서의 자유, 자유롭게 선택하고 결정하는 '반드시 해야 할 필요도 없는' 책을 읽는 이에게 다가가서 나누는 기쁨들, 그것은 그림을 관찰하고, 페이지를 넘기고, 서로의 생각을 나누며, 놀랍고, 재미있으며, 인생의 무언가를 떠올리게 하는 것들을 가르치는 일, 이런 신뢰 속에서 아주 편하게 나누는 은밀함이 기쁨이 되어 다가오게 된다.≫

또한, '이야기 시간'에 사서들이 소리 내어 읽어줄 수도 있다. 이것은 도서관에서 만날 수 있는 진정한 교육이라 하겠다. ≪이야기의 중심에서 소리가 되어 나오는 그곳에 바로 아이들과 사서의 얼굴을 맞댄 관계가 형성된다. 사서는 이야기할 뿐만 아니라 그의 열정을 나누려는 열망을 담아낸다. 잠시 이야기를 멈추기도 한다. 읽어주기를 시작하면서 사서는 자신의 감수성 한켠에 자리 잡은 자신만의 마음을 떠나보내는 것이다. 반대로, 얼굴을 맞댄 이야기를 듣는 아이들의 감정으로부터 나오는 즉각적인 모습들을 받게 된다.≫

물론 어린이 도서관에는 다른 여러 가지의 사회적이고 교육적인 프로그램들이 있다. 사람들을 초대해서 만나고, 작은 축제도 열며, 전시회나 아틀리에를 진행하기도 한다. 이런 분위기의 관계들 속에서 아이들은 중심에서 대접받고 또 봉사하는 주체가 되기도 하는데, 이런 점들이야말로 어린이 도서관 외의 다른 곳에서는 맛보기 힘든 품격 있는 정서라 할 수 있다.

아동문학에 대한 시선: 다양한 책의 선택

물론, 이 책에서는 책 자체에 대해서도 다루고 있다. 즈느비에브 여사는 이 책 여러 장에서 아동문학을 분석하고 있다. 아이의 입장에서 어떤 책을 골라 줄 것인가? 이런 질문은 단지 사서에게만 부여되는 것이 아니고, 아이와 관계있는 우리 모두에게 관련된 질문이다. 책의 숲에서 어떤 기준들을 견지할 것인지를 그림책, 소설, 다큐멘터리 등 여러 장르의 책 속에서 다루고 있다. 이에 관해서 필자는 아이들과 아주 가까이서 경험한 증언들을 건강한 높은 식견을 통해 전해 듣게 된다. 이 책의 이런 부분들은 단지 사서들만을 위한 것이 아니고 일반 대중들 중 교육에 관심 있는 모든 이들에게 유익한 정보가 된다.

어린이 도서관, 항상 진보하는 창의성의 개척지로서의 기관

돌이켜 보면, 공공도서관들은 사람들마다의 개인적인 지적 탐구와 교육적 필요에 부응하고자 한 것인데, 이는 오늘날 인터넷에서 보여주는 지식의 공유와 집단적 지성을 추구하는 행위의 첫 행보였다고 여길 수 있다. 우리는 현대적 의미의 공공 도서관이 영국과 미국에서 출발되었음을 알고 있다. 프랑스에서 이를 자리 잡게 하는 데에는 개척적인 행동들이 필요했었는데 이 점은 다행스럽게 잘 정착되었다. 어린이 도서관 역시 이런 맥락에서 만들어졌다. 교육에 대한 새로운 개념들을 챙기며 진정 '혁명적'이었다. 즈느비에브 파트 여사는 이렇게 이야기하고 있다. ≪다른 곳에서는 어디에서나 교육기관들이라면 아이들이 나이에 따라 또 성별과 학업 성취도에 따라 분리되곤 했지만, '즐거운 시간 도서관(1924)'에서는 창설 때부터 영미의 선배들 도서관에서처럼 사내아이와 여자아이 할 것 없이 섞여서 맞이했는데, 이것은 남자 아이와 여자 아이를 분리하는 경계를 관리하던 교사들에게는 다소 당혹스러운 일일 수도 있었다.≫

오늘날에는 ≪책을 통한 기쁨≫의 개척적인 실천의 행보로부터 만들어진 클라마르의 ≪동그라미 도서관≫에서처럼 이런 혁신적 형태로 어린이 도서관은 계속 진보하고 있는 중이다. 즈느비에브 파트는 바로 이런 창의적인 활동에 종사해왔다.

이렇게 그녀는 오늘날 세계 각지에서 진화해가고 있는 책을 읽을 수 있는 작은 단위들, 거리 도서관, 담장 밖의 도서관, 집 안의 도서관, 벙코(Bunco 일본의 작은 지역도서관 운동의 이름 - 역자 주) 등 건축물로서의 도서관이 아닌 본질적인 특성에 있어서 분명 도서관이라 할 수 있는 모든 곳들의 중요성을 역설한다. 그것은 따로 떨어진 곳에서 아이들이 올 때까지 기다리는 것이 아니라 아이들이 있는 곳에 다가가는 유목민적인 도서관으로의 변화라 할 수 있는데, 아주 단순하면서도 작은 이런 단위의 도서관은 유연하고도 따뜻한 그만의 특성으로 책과의 중계자 역할을 해내고 있다. 카펫 한 장과 선택한 몇 권의 책을 담은 바구니 몇 개면 충분하다. 물론 여기에는 서로서로 책 읽는 기쁨을 나누려고 하는 인내심을 가진 한 사람이 있어야 한다. 이런 활동들은 오늘날 라틴아메리카나 아프리카 그리고 아시아의 몇몇 국가들에서 진보적으로 도입하고 있는데, 이 책의 저자는 이런 곳을 실제로 다니며, 이런 활동들을 목격하고 독려하고 있다.

《연구 활동과 도서관》 장에서는 사서와 연구자의 협력에 대해서 소개하고 있는데, 이는 그녀의 창의적인 활동에 대한 견해를 잘 알 수 있는 부분이다. 《책을 통한 기쁨》 도서관은 이렇듯 1982년 르네 디아트킨(René Diatkine)에 의해 창설된 ACCES(Actions culturelles contre les exclusions et les ségrégations, 배척과 격리에 대한 문화적 반대 행동회)와 같은 기구와 연대하기도 했는데, 이 기구에는 교사와 심리학자, 심리분석가, 인류학자 언어학자, 사서 등의 모임으로서 다양한 분야의 탐구자와 실천가들이 모였다. 모든 측면에서 커뮤니케이션의 수단이 변혁을 이루는 시대에서는 도서관 역시 발빠르게 움직여야 하는데, 한 장은 '디지털 시대의 도서관의 새로운 얼굴'이란 타이틀로 다루어진다.

앞으로의 비전

오늘날 피할 수 없는 큰 변화 속에서 과거 개척자의 역할을 했던 도서관이 도서관만의 특별한 역할을 깨닫는다면 이런 문화적 새로운 국면 속에서도 중심의 역할을 해낼 수 있을 것이다. 인터넷 등과 같은 새로운 커뮤니케이션 형태의 동반 속에서도 과거의 관계적 틀을 지속해나갈 수 있다. ≪기술적 진보가 지속되는 세상에서 도서관은 사람과 사람이 만나고 또 서로 알아가고, 생각하고자 하는 기본적인 필요에 답해주는 인간 커뮤니케이션과 사람들과의 관계, 그 터전으로서의 가치를 강조해나가야 한다.≫ ≪도서관은 문화적이어야 하고 고유하고 근원적인 인간성에 기초해야 한다. 각자의 독자적인 길을 열어주고 개개인의 독립적인 개성에 에너지를 불어넣어주는 곳이 되어야 한다. 그 곳은 서로 다른 표현이 가능하고, 바람직하고 독려 받는 곳이어야 한다. 그 곳은 서로를 반갑게 맞이하고, 만나는 곳. 함께 하면서도 대립하기보다 이해하는 곳으로서 말이다.≫

사고력을 북돋아 주는 한 권의 책

이 책은 전문적인 문제들을 넘어 독자들의 시각을 열어주고 사고력을 북돋아 준다. 발견의 정신과 인간의 경이로운 잠재력을 가져오는 곳에서, 어린이들과 밀착된 삶 속에서 우리는 어린이들의 정신세계에 관한 최근의 연구들을 접하게 된다. 언제부턴가 우리는 우리의 의식을 일깨우는 아름답고 조화로운 삶이 존재한다는 것을 느끼게 된다.

이 책에서 즈느비에브 파트가 우리에게 소개하듯 어린이 도서관 운동은 우리에게 진정한 연대기가 되어 다가온다. 그것은 오늘날 우리 세계가 겪고 있는 커다란 변화 속에서 다채로운 발견의 기쁨을 누리며, 각자의 개별성을 존중하면서 함께 살 수 있는 정신의 단계에 다다르게 하는 일이 가능하다는 걸 보여주는 일이다. '최선을 다한다면' 어린이 도서관은 살아있는 따뜻한 가정이 된다. 바로 이런 노선이 다른 교육 기관에도 영향을 준 것이며, 이렇게 좋은 관계를 우리 사회의 다른 곳에서도 유지하여 함께 살 수 있다는 점을 일깨워준 것이다. 이 책의 원 제목 《책 좀 읽게 내버려 두자(Laissez-les lire)》는 어린이들의 창의적인 활력을 재발견하도록 이끈다.

좋은 환경이 마련되어 현실이 실재로 다가오는 것인데, 좋은 환경이란 바로 이렇게 새로운 가능성과 창의성, 보다 나은 삶으로의 초대가 있음을 재발견할 때 이루어진다. 현실이란 좋은 여건 속에서 독려하고 진작할 때 그것이 비로소 실재가 되는 것이겠지만, 보다 큰 의미로 본다면 새로운 가능성과 보다 나은 삶이 무엇인지를 알아가려는 용기로부터 시작된다고 할 수 있다.

Jean Hassenforder *

*) 프랑스의 교육사회학자, 공공도서관 역사 전문가.
**) Patte (Geneviève), *Laissez-les lire ! Mission lecture*, Gallimard, 2012

목차

머리글 ····· 10

제1부
어린이의 즐거운 삶을 담은 공간 - 도서관

1 어린이와 책: 삶의 여정으로 안내하는 지도서 ····· 24

   즐거운 시간 26 | 뉴욕 공공 도서관에서의 연수 시절 29

2 문화 취약지구에서의 도서관 ····· 39

   정보의 홍수 40 | "시끄러워! 그럴 시간이 없고 나도 피곤하단 말이야!" 41 |
   어디서나 들려오는 말, 하지만 누구에게 하는 말일까? 42 |
   학교와 통제 44 | 가정에서 고립되고, 어딜 가나 외롭고… 45 |
   전달의 어려움 47 | 도서관이란 귀중한 공간 48

3 선택의 어려움 ····· 51

   학교에서 51 | 가정에서 54

4 도서관이 해야 할 일들 ····· 60

   도서관 65

제2부
그림책 세상에서 참 좋은 책 찾아 읽기

5 유년기 삶에 있어서의 책읽기 ····· 70

   그림책이란 왕국에서의 일상적 풍경들 75 | 볼거리 · 생각할 거리 81

6 그림책, 누가 아이들을 이렇게 읽게 만드는가? ····· 84

   그림책 읽기와 선택하기 86 | 페이지 채워 나가기 96 | 풍성한 내용 97 |
   문학으로 들어오다 101 | 다양한 독서 리듬 105 |
   다양한 글자 표기법 107 | 텍스트와 이미지 113

7 소설과 이야기, 고전과 그밖의 책들 ····· 118

   자신에게 적합한 책 고르기 130 | 도서관: 어린이들의 특성 관측소 134

8 픽션 작품 선택하기 ····· 137

   상상력의 진실 140 | 시 144 | 번안 146 | 픽션 작품에 삽화 넣기 148

제3부
호기심의 집, 도서관에서 더불어 함께 살아가기

9 참고 자료에 대한 이해와 선택 ····· 154

   도서관, 모든 호기심의 집 154 | 참고 자료를 찾아야 하는 몇 가지 이유 159 |
   지식의 그물망 167 | 연령을 초월하여 읽힐 수 있는 책 177 |
   오늘날 다양한 매체들의 도전 가운데 책은 어떻게 살아남을까? 179

10 도서관에서 자료 찾아나가기 ····· 183

   정리와 분류화 185 | 카탈로그와 색인 목록 카드 190

11 도서관에서 더불어 지내기 ····· 194

　　아이들은 왜 도서관에 오는 것일까? 194 | 자료를 찾아서 195 |
　　도서관에서 자유로운 아이들 197 | 다 함께 쉿! 198 | 제2의 집 198 |
　　온전한 참여 199 | 더불어 살아가는 법 배우기 200 | 등록이라는 통과 의례 201 |
　　참여하는 즐거움·인정받는 기쁨·환영받는 행복함 203 | 대화의 즐거움 204 |
　　사랑이 넘치는 집 209 | 공동생활의 규칙 213

12 지표 세우기, 독자에게 도움주기 ····· 216

　　질문과 응답 225 | 자료 찾는 법 지도하기 226 | 다양한 매체의 자료 227 |
　　호기심 유발하기 230 | 독서 클럽 234 | 소규모 모임 237

제4부
도서관이라는 아주 특별한 마을, 그 안의 작은 문화

13 도서관, 만남과 전달의 장소 ····· 242

　　도서관, 친숙한 만남의 장소 251 |
　　부모와 만남 갖기, 부모에게 알려주기 256

14 도서관에서 소리 내어 읽기 ····· 259

　　동화책 읽는 시간, 이야기 들려주는 시간 259 |
　　이야기를 한다는 것은 모두에게 관련된 일이다 265 |
　　그림책 함께 읽기 268 | 큰 목소리로 낭독하기 274

15 도서관의 특별 활동 교실 ····· 278

　　시 교실 278 | 이야기 창작 및 글쓰기 교실 282 | 다매체 아틀리에 284 |
　　독자 신문 284 | 아이들의 창작 작품 286 | 독서를 통한 체험 287 |
　　동화의 내용을 그림으로 표현하기 288 | 인형극 289 | 연극과 무언극 290 |
　　독서 지도 교실 291 | 전시회 교실 292 | 특별활동, 그 장점과 한계 296

16 도서관과 학교 ····· 303

교실, 삶을 배우는 소중한 시간 303 | 교사와 사서 간의 협동 305 |
"나의 도서관을 펼칩니다" 307 | 책을 매개하는 사람들끼리의 만남 308 |
교실에서 다양한 방식으로 책읽기 310 | 교육으로서의 조사 연구 314 |
학급 단위로 도서관 방문하기 316

제5부
질서 있는 공동체로 유년 세계의 문을 열어준다

17 포근한 장소, 질서 있는 공동체 ····· 322

쉿, 조용히! 322 | 탄력적인 공간 활용과 연회실 323 |
전문적 지식과 능력을 갖춘 직원 326 |
아동 부서와 성인 부서, 공조의 필요성 328 | 언제나 노력하는 조직 330

18 끊임없는 연구와 도전 ····· 332

조사 연구 333

19 유년 세계의 문을 열어 주다 ····· 337

자신의 취향에 맞는 도서 분야 찾기 339 | 어린이 도서관, 가족 도서관 340

20 결론을 대신하며 ····· 351

인덱스 / 찾아보기 ····· 356

어린이의 즐거운 삶을 담은 공간 - 도서관

제 1 장

어린이와 책 : 삶의 여정으로 안내하는 지도서

    어느 겨울 해질녘, 파리의 부트브리 거리를 지나다가 우연히 《즐거운 시간》도서관[1] L'Heure joyeuse 창가에 한참 동안 발길이 머물게 되었다. 어둠이 깔리고 있는 시간이었다. 바로 그 때 투명한 도서관 유리창을 통해 예사롭지 않은 한 풍경이 내 눈길에 잡혀 왔다. 다양한 연령층의 아이들이 제각기 활동을 즐기느라 언뜻 보기에도 완전히 몰입된 모습이었다. 아이들은 마치 자기네들 집에 있는 듯 편안해 보였고, 모두의 얼굴에서 무척 흥미로워 하는 표정이 그대로 읽혀졌다. 어떤 아이들은 책장 서랍에 매달려 있기도 하고, 어슬렁거리는 주변 아이들과는 상관없이 책읽기에 푹 빠져 있는 아이가 있는가 하면, 서가를 맴돌며 책을 찾고 있는 아이, 둘러 모여 함께 그림책을 보고 있는 아이들도 있었다. 그 옆에서 조금 큰 아이 한 명이 주위를 빼곡히 둘러싸고 앉은 어린 아이들에게 이야기책을 열심히 읽어주고 있었다. 아이들과 이야기를 나누고 있는 어른 두 사람이 더 있다는 것은 한참 후에야 알아차렸다. 다음 날 나는 《즐거운 시간》을 둘러보기 위해 다시 그 곳으로 갔다. 이렇게 하여 나는 어린이 도서관이 있다는 사실을 처음 알게 되었고, 그 곳에 나의 일생을 담고자 마음을 굳혔다.
    내가 특히 감동을 받고 이끌린 점은 바로 아이들을 자유로이 풀어 놓은 가운데 세심한 관찰과 배려를 잊지 않는 어른들의 정신적 유연성이었다. 이런

---

[1] 《즐거운 시간》도서관은 본격적 의미에서의 프랑스 최초 어린이 및 청소년 공공 도서관이다. 유구한 전통을 자랑하는 이 도서관은 명실공히 분야 최고로 꼽힌다. (그 기원은 1924년 전후 열악한 교육 환경에 있는 벨기에나 프랑스의 어린이들에게 교육 도서를 지원하고자 한 미국어린이도서관 도서협회의 주관 아래 파리 5구 부트브리 가에 둥지를 틀며 시작되었다. 이듬해 파리 시립 도서관 산하로 들어가면서 독립된 체제를 갖추기 시작했고, 이러한 오랜 역사 덕분으로 프랑스에서 국립 도서관 다음으로 많은 고서를 소장한 도서관이 되어 오늘날 전문가나 학자, 어린이 관련 연구가들에게 소중한 자료를 제공하고 있다. 교사의 인솔 아래 이곳에서 실제 수업이 이루어지는 일도 드물지 않으며, 현재는 초창기 건물에서 그리 멀지 않은 파리 5구 소르본 대학 근방의 Prêtres-Saint-Séverin 가에 위치하고 있다 -역자 주).

분위기에서 거리낌 없이 책 사이를 왔다갔다하는 아이들의 표정에는 편안하고 익숙한 장소에서만 지을 수 있는 쾌활함이 묻어 나왔다. 진지하면서도 얽매여 있다는 느낌을 아이들에게 주지 않는 분위기, 아무 곳에서나 볼 수 없는 이 소중한 기운이 나를 감동시킨 것이다. 이것은 곧 어린이와 어른의 관계가 상호 평등을 토대로 서로 신뢰하고 존중하는 관계라는 것을 뜻했기 때문이다.

내 느낌이 틀리지 않았다는 것은 바로 며칠 뒤부터 시작된 나의 도서관 생활의 체험을 통해 확인되었다. 아니, 나의 첫 느낌보다 훨씬 유연하고 근사한 방식으로 도서관은 돌아가고 있었다. 근본적으로 《지도형》과는 거리가 먼 체계로 운영되는 이 도서관은 어린이와 어른의 관계가 늘 새로운 국면으로 발전될 수 있도록 노력하면서 보다 풍성한 관계로 나아가도록 고심하고 있었다. 동시에 언제나 아이들의 요구와 필요에 귀를 기울이면서, 혹 필요한 경우 책뿐만 아니라 기타 여러 매체를 통해 합당한 것을 찾을 수 있도록 힘을 기울이고 있었다. "적재적소에 필요로 하는 사람에게"[2]

이러한 특성은 곧, 무엇보다 어린이를 최고의 중심에 두는 조직의 유연성, 여러 다양한 매체를 손쉽게 드나들며 다양한 양식의 지식을 빠르고 쉽게 얻을 수 있는 정보 체계들이 바로 나라나 시대, 또는 독자의 성격에 따른 다양한 상황에 도서관이 적절하게 대응해 나가는 모습일 것이다. 1861년 이후의 영국 맨체스터나 세기 전환 시대의 북미 대도시들, 1900년의 노르웨이, 1920년대 파리 라탱구(파리의 중심 학생 가 -역자 주) 중심부의 부트브리 가, 1930년대의 바르샤바나 부카레스트, 1960년대의 클라마르 같은 도시 근교 대단지, 그리고 오늘날 세계 곳곳에서 볼 수 있는 특성이 바로 이를 근거로 한 것이다. 다시 말해 책읽기라는 인간의 한 활동을 가장 본질적으로 반영할 수 있는 원칙 아래 조직을 운영하면서 한편으로 장소나 사람, 문화적·사회적·경제적 맥락에 따라 다양하게 대응하는 것이다.

클라마르에 소재한 《책을 통한 즐거움》도서관 La joie par les livres에서 몇 년간의 경험을 쌓은 뒤 높은 진학 실패율로 인해 교육 특구로 지정된 이 지역에 있어서의 《즐거운 시간》도서관이 나아가야 할 방향에 대한 첫 계획서를 준비

---

2) 앵글로 색슨계 사서들이 전통적으로 표방하는 독서 양식. "the right book at the right time to the right person."

했다. 내가 놀람과 동시에 안도 속에 발견한 사실은, 1960년대 산업적 환경 아래 살고 있는 아이들의 삶의 방식을 고려하여 우리들이 연구한 도서관 지침방안이, 아직 텔레비전도 없던 시대인 1924년 《즐거운 시간》도서관의 초창기 개척 멤버들이 파리 중심부 라탱 구에 살던 아이들을 대상으로 구상한 도서관 방안과 아주 흡사하다는 것이었다.

미국 어린이 도서관의 역사를 읽다가 한 가지 확신한 것이 있다. 19세기 말 어린이 도서관이 신대륙에 처음 등장한 이래 언제나 변함없는 형태의 삶의 지속성, 관념들, 삶의 모습이 되풀이되어 왔다는 사실을 발견했다. 하지만 이제 우리는 이를 끊임없이 재창조해야 한다. 어느 이상적인 유형을 숭상한 나머지 이를 그대로 베끼거나, 혹은 있는 그 자체로 수용하는 것은 그들의 살아있는 생명력과 함께 효력마저 잃게 만드는 것이다.

오늘날 세계 곳곳에서 뛰어난 창의력을 가진 사람들이 등장하고, 또 서로 힘을 합쳐 작업을 하기도 하지만 여전히 실력을 정당하게 인정받지 못하고 있는 경우도 종종 있는 것이 사실이다. 비록 이들이 지구의 어느 한 외진 곳에서 열악한 여건 가운데 잉태된 것이라 할지라도, 이들은 영원히 나의 길을 밝혀주고, 나에게 새로운 문을 열어주면서 끊임없는 사유와 생생한 자유를 통해 나를 본질에 닿게 해줄 것이다.

즐거운 시간

《즐거운 시간》도서관에서 내가 눈여겨 본 것은 책의 선별과 아이들의 개인적 요구에 대해 매우 신중한 태도를 보인다는 것이다. "어린이는 한 사람 한 사람 모두 존중을 받아야 하는 대상이다"라는 말은 어린이 도서관에 대한 대단한 경외심을 품고 있었던 폴 아자르[3]의 단언이다. 이 도서관에서는 최소한 사서 한 명이 먼저 읽어 참고 자료인 경우 그 사실적 정확성에 대해 꼼꼼히 확인하고, 소설이라면 그 문학적 가치나 인문학적 품격에 대해 엄중히 심사하기 전에는 단 한 권의 책이라도 아이에게 건네질 수가 없다. 전시회는 아이들과 함께 준비함으로써 이들로 하여금 새로운 주제에 대해 탐색할 수 있게 하고,

---

3) Paul Hazard, 『책, 어린이, 그리고 인간』 Les livres, les enfants et les hommes, 파리: Flammarion, 1932

흥미로운 점들을 보다 심화하며, 정보를 찾아내는 법을 배우고, 알게 된 것을 서로 교류할 수 있는 기회를 제공한다.

만약 어느 어른이 아이의 개인적인 과제를 도와주게 될 경우, 그는 실제 문제에 대한 세밀한 지식이나 면밀한 연구 자료 등 상당한 수준의 지식을 보유해야 한다. 가까운 길벗과 함께 하는 듯한 이 동행은, 그러나 결코 강제적인 성격을 띨 수는 없는 것이었다. 아이가 원하는 것을 잘 살펴 스스로 할 수 있도록 도와주고 이끌어 주는 것이 어른 도우미의 역할이었다. 다시 말해, 참고 자료들을 이리저리 뒤적이며 막 찾아낸 정보가 정확한 것인지 확인하게 하고, 문맥에 맞추어 이 사실을 받아들이게 하며, 아이가 이해를 좀더 잘할 수 있도록 적합한 방법을 찾아 설명해주는 것이다. 이러한 과정은 마치 연구자 한 사람을 길러내겠다는 기대와 같은 심정으로 진행되어야 한다. 진리에 대한 이러한 심리적 문학적 인문학적 존경심은 책을 선택해 주거나 독서에 대해 조언해 줄 때에도 마찬가지로 반영되어야 한다.

좋은 책이 여러 권 서가에 꽂혀 있었다. 아이들은 마음대로 꺼내 넘겨볼 수 있고, 도서관에서 읽거나 무료로 빌려갈 수도 있었다. 이 모든 일이 오늘날에는 당연한 제도로 정착되었지만, 1924년까지만 해도 프랑스의 도서관으로서는 어림없는 일이었다. 아이들의 연구열이나 호기심, 책읽기에 대한 욕구를 저버리지 않기 위해 좋은 책들은 반드시 한 권씩 따로 마련하여 지정된 서가에 꽂아두고 있었다. 모든 권수가 대출되었더라도 아이들은 여기에 오면 책을 발견할 수 있었다. 물론 이 책은 빌려갈 수 없고 현장에서만 읽어야 하는 것이다.

도서의 컬렉션은 최대한 풍성하고 다양했다. 현행 판 옆에는 이미 절판이 되었거나 또는 여전히 유효한 옛 서적들이 함께 있었고, 외국 서적 컬렉션은 다른 세계에서 건너온 아름다운 이미지와 이야기로 국경을 뛰어넘는 체험을 제공하는 한편 몇몇 아이들에겐 이들의 고유 언어를 되찾을 수 있는 기회를 제공하는 것이었다.

앵글로 색슨계 도서관의 전통적 경향에 따라 《즐거운 시간》도서관 사서들은 개관 이래 입으로 전하는 이야기를 매우 중요하게 여겼다. 오래 전부터 전통적으로 전해 내려오는 《이야기 시간》은 도서관의 삶의 내력에서 본다면 매우 특별한 권한을 부여받은 한 순간쯤이 된다. 세심히 고르고 오랜 기간의 준비를 거쳐 등장인물들의 캐릭터에 따라 서로 다른 음역을 넘나들며 이야기가 전해졌다. 중요한 사건에서는 특별히 목소리를 높여 낭독해야 했는데 많은 연습을 요하는 일이었다.

《즐거운 시간》은 학부모뿐만 아니라 아이들과의 접촉을 원하는 다른 어른들, 교육 연수생들에게도 개방되었다. 이들의 다양한 도움을 통해 도서관은 매일의 일상에 풍요로움을 더하고 있었다. 비록 학교 운동장 한 귀퉁이에 임시로 설치되어 있는 신세지만, 이 도서관은 삶의 풍요로움을 의미하는 것이었다. 어른이건 어린이건 간혹 들른 독자건 매일 문을 넘은 독자건 이들 모두가 당시 이곳의 분위기가 어떤 색조였는지 잊지 않고 있을 것이다.

당시 대부분의 다른 교육기관에서는 아이들을 나이와 성별에 따라 구분해 앉히곤 했는데 《즐거운 시간》은 1924년 이래 외국의 선구적인 실험을 본받아 모든 연령층의 소년 소녀들을 구분 없이 함께 앉게 했다. 반대가 없는 것은 아니어서, 놀라 질겁한 어느 교사는 열람실에 작은 경계막을 쳐서라도 남녀를 구분하는 것이 어떻겠냐는 안을 조심히 내놓기도 했지만 이 같은 제의는 책읽기의 장소에서 '주고받음'이 얼마나 중요한 문제인지에 대한 인식 자체가 모자란 결과라고 밖에는 보이지 않았다. 더구나 각 개인의 흥미와 관심에 따라 자유로이 선택한 책을 읽으며 각자 자신의 길을 가고 있는 분위기에서 이 무언의 '주고받음'은 얼마나 값진 대화가 될 것인가!

다른 여느 공공 어린이 도서관과는 달리 클라마르의 《즐거운 시간》이나 《책을 통한 즐거움》도서관은 성인 도서관과 연계되어 있지 않다. 이것은 어린이 도서관의 특수성을 널리 알리려는 특별한 소명 의식에서 비롯된 선택이다. 보통 다른 도서관에서는 아동부와 성인부가 한 건물에 함께 있다. 이러한 구조는 도서관 이용을 보다 용이하게 만들어 주고 또한 부모와 자녀가 행복하게 재회하기에도 편리한 측면이 있다. 각자 필요한 것을 구하러 온 여러 다른 세대의 사람들이 서로 만나고, 지극히 자연스럽게 교류하는 이러한 넉넉한 왕래를 허용하는 문화 기관은 지구상 어디에도 없을 것이다. 바로 이런 점들이 어린이를 어린시절에만 가두어 두지 않는 어린이 도서관의 미덕이 된다. 이와 같은 개방적 구조는 청소년들이 유년기의 책읽기에서 성인 독서로 옮겨 가는 과정에 있어서도 보다 자연스럽고 편리하게 연결될 수 있는 여건을 제공한다. 샤를르 빌드락 Charles Vildrac (1882~1971 · 프랑스 시인. 프랑스 청소년문학상이 오랜 기간 위원장으로 일했던 그의 이름으로 수여되고 있다 -역자 주)이나 콜레트 비비에 Colette Vivier (1898~1979 · 프랑스 청소년 문학 소설가 -역자 주) 같은 고전 작가들,《페르 카스토》Père Castor 컬렉션[4]을 만든 선구적 편집인 폴 포셰 Paul Faucher(1898~1967 · 프랑스 새교육 운동 선구자)나 미셸 부를리에 Michel Bourrelier, 아동 문학 작가들, 라디오나 신문의 비범한 보도 기자들, 이 모든 사람들을 독자는 이곳에서 자연스럽게 만나고 있는 것이다. 독자들이 이러한 온전한 자유로움 가운데 작품을 대할 수 있다는 것은 작가나 편집인들에게도 귀중한 경험이 된다. 그들로서는 완벽한 자유를 누리며 작품을 즐기는 독자를 만날 수 있는 유일한 장소가 바로 도서관이기 때문이다.

《즐거운 시간》은 미국 어린이 도서관 도서 위원회에 의해 1924년에 창설되었다. 이러한 태생적 한계 때문에 미국의 영향은 불가피한 운명이었다. 몇 년 후 뉴욕 공공 도서관 장학 사서로 일하면서 나는 이를 절실히 체험했다.

뉴욕 공공 도서관에서의 연수 시절

뉴욕 42가에 위치한 대 도서관의 아동실에 처음 들어선 순간 나는 낯섦을 느끼지 못했다. 파리 라탱 구 중심부 부트브리 가에 있는 그 조그만 도서관을 지배하는 것과 같은 성격의 분위기를 감지했기 때문이었다. 이 두 도서관이 친족임을 증명하는 것은 단지 식민풍의 집기들만이 아니었다. 아이를 중심으로 한 관계를 규정짓는 원칙이 같았고, 아이들에게 최상의 것을 주려는 고심이 같았으며, 한 마디로 말해 아이에 대한 인식 자체가 같은 것이었다. 연수 기간 내내(1961~1963) 내가 확인할 수 있었던 이러한 점은 이민국가라는 미국 특유의 상황을 풀어나가는 과정에 있어 강하게 적용되고 있었다. 전통적으로 북미 대도시의 도서관들은 여러 소수 이민자 출신들에게 특별한 배려를 베풀어 오고 있다. 많은 이민자를 통해 나는 그 사실을 확인할 수 있었다: 그들

---

4) 파리 Flammarion 출판사의 한 컬렉션으로 1936년에 창설되어 현재까지 2000여 종의 1-10세 대상 아동 문학서적을 싼 가격에 보급하고 있다(역자 주).

이 '다름'을 받아들이고 인정하는 곳, 따라서 그들이 가장 편안하게 느끼는 장소가 곧 도서관이었다. 처음 도착한 이민자들이 언어와 문화, 전통이 다른 새로운 현실에 적응할 수 있게 도와주고 - 각자의 리듬을 따라 - 동시에 그들이 고유한 문화적 근원을 되찾을 수 있게끔 도움을 주는 기관도 바로 도서관이었다.

수십 년 전부터 이민자가 많은 국가의 도서관들은 이들의 정체성을 훼손하지 않으며, 고유한 문화적 자원을 포기하지 않은 채 새로운 나라에 통합시키고자 하는 고심을 공통적으로 보여 왔다. 도서관은 그래서 만약 본인이 원한다면 문화적 전환을 꾀하도록 이끌어 주고, 한편 자신의 원래 문화적 습속을 지키며 살아가고 싶다면 이와 관련된 환경적 요소를 제공하여 다양한 문화적 틀을 보호하는 장소가 된 것이다.

새로 도착한 이민자들로 하여금 그들의 뿌리를 지켜 나가게 하고, 보다 견실한 통합을 이루도록 도와주려는 도서관 측의 노력은, 그들의 모국어로 표현된 작품을 갖추어 놓는다거나, 《이야기 시간》을 위한 책을 선택할 때에도 고스란히 드러난다. 아이랜드 출신의 저명한 동화작가 루트 소이어 여사는 폴란드나 헝가리 아이들 모임에 가서 이야기를 들려주는 대신 그들에게 그 나라에서 전해 내려오는 전통 야화를 들려달라고 부탁해서 곧바로 자신의 작품으로 만들어 내곤 했다. 이렇게 하여 전통은 계속 살아 있게 되고 미국적 색채를 띠게 되는 것이다.[5]

도서관, 특히 구연 문화 - 책을 통해 전해지는 문화 이외의 - 의 총체라 할 수 있는 이야기 도서관을 유지시키고 있는 힘은 비범한 직관에 관련된 그 무엇일 것이다. 비록 현재 시점에서 보면 과학적 오류들이 드러난다 하더라도 오늘날, 언어 심리학자나 아동 정신학자들은 이야기를 진술할 때 사용되는 언어에 중요한 의미를 부여하고 있다. 대부분의 사람들은 이를 통해 가장 어린 시절부터 본격적인 문화적 삶에 이르기까지의 여정을 드러내기 때문이다.[6] 세

---

5) Ruth Sawyer, 『스토리 텔러의 길』 *The Way of the storyteller*, 런던: Bodley Head, 1942
6) 《차별 및 배타적 혜택을 극복하기 위한 문화 활동》 Actions Culturelles Contre les Exclusions et les Ségrégations 단체의 혁혁한 활동을 참고하시오. (1979년 프랑스 교육부 주관으로 개최된 《학교 독서 실천 및 교육 방안》 심포지엄의 결정에 따라 3년 후 파리 지역에 설립된 유아 어린이 교육 단체로서, 문화 사각지대의 열악한 환경에 처한 2세 이상 어린이들을 대상으로 도서관과의 연계 아래 그림책이나 동화책을 공급하고, 책과 유년기라는 테마 아래 교육·문화·건강·사회 등의 분야에 관련된 교양교육을 현장 및 온라인 시스템으로 펼치

계 많은 지역에서 이 같은 구전 전통을 보다 정확하게 캐내고 정리하여 문자 문학으로 발현시키기 위해 막대한 노력을 쏟아 붓고 있다. 지역 문화에 뿌리를 두고 있는 구전 전통을 생생하게 다시 살려내려는 것이다. 여하튼 어느 곳에서나 이야기는 도서관에서 책읽기에 열중하기 힘든 사람들을 아주 자연스러운 방법으로 모이게 하는 힘이 있다.[7]

다른 하나의 언어를 배우려면 아이는 우선 자신이 정서적으로 배우고 있는 언어, 즉 모국어를 잘 다룰 수 있어야 한다. 모국어의 이러한 입장은 아이가 정체성을 느끼는 정서적 과정에서 매우 근원적인 역할을 한다. 무릇 정서란 자기 자신에 대한 것임과 동시에 자신이 속해 있는 단체에 대해 느끼는 의식에서 비롯되는 것이다. 자신의 정체성에 대한 자심감이 있을 때 아이는 비로소 당당하게 타인을 향해 나아갈 수 있고, 세계와 다른 사람들에게 마음의 귀중한 텃밭을 열어 보일 수가 있는 것이다. 그리고 새로 도착한 아이가 있다거나 하는 특별한 경우에는 새로운 언어를 배워 보고, 새로운 문화를 발견하고 싶은 호기심을 가지는 것이다.

원어로 쓰여진 책을 다른 나라에서 온 아이의 상황에 알맞게 번안해 들려주는 것만으로 할 일이 다 끝난 것이 아니다. 독자들이 모두 제각기 마치 자기 집에 있는 듯 도서관이 편안히 느껴지도록 도와주는 것 역시 중요한 일이다. 이를 위해서는 해당 문화권에 대해 열린 자세를 가진 직원의 도움을 받는다거나, 겸허한 자세로 그들의 요구와 필요를 존중하는 마음가짐이 필요하다. 그런데 실제로 몇몇 교육가나 교사, 사서들이 외국에서 건너온 아이들의 정체성을 더욱 다독거려주자는 호의적 고심에서 진행하고 있는 어떤 일들은 결과적으로는 이 아이들을 그들 모국 문화 속에만 가두어 버리는 위험한 시도일 수 있다. "어느 소수 민족 사회의 통합을 도와준다는 것은 곧 20년 후에는 빠져나올래야 빠져나올 수 없는 막다른 격리지구로 이들을 몰아가는 행위"[8]라고 아

고 있다 -역자 주).
7) Geneviève Patte & Sigrun Klara Hannesdottir(편), 『개발 도상국에서 도서관이 어린이와 청소년을 위해 해야 할 일』 *Library work for children and young adults in the developing counturies*, 1981년 8월 10-15일 라이프치히에서 개최된 IFLA(International Federation of Librarys and Librariens' Associations · 국제 도서관 및 사서연맹)-UNESCO 세미나(뉴욕: 런던: 파리: K. G. ; Saur, 1984) 를 참조하시오.
8) 이 분야에 대해 참조할 만한 자료는 다음과 같은 것이 있다.
Amin Maalouf, 『위협적인 정체성』 *Les identités meurtrières*, 파리: Grasset, 1998 ; Michèle Petit, "독서: 내밀한

민 마알룰프는 단언하고 있다. 어린 아이들은 합일에 대한 강렬한 욕구를 본능적으로 가지고 있기 때문에 자칫 서툰 인위적인 노력은 오히려 부작용을 불러올 수 있다. 그보다는 여러 다양한 책을 접함으로써 아이가 보다 열린 정신을 가질 수 있도록 도와주고, 이와 함께 도서관에서 자연스럽게 이루어지는 만남들을 통해 보다 적극적인 사고방식을 가지도록 직간접적 지원을 아끼지 않는 것이 소수민족 출신 아이들의 정체성 문제에 대한 가장 효율적인 대안이 아닌가 한다.

* *

북유럽이나 미국, 캐나다의 공립 도서관들은 전국적 규모에서나 지방·지역적 단위로 보아서도 모두 훌륭한 조직 방침을 가지고 있다. 이는 곧 기술적인 업무에서 해방된 집중주의를 표방하고, 어떤 문제에 대한 고찰이나 업무에 모두가 참가하되, 철저히 개인적 단위로 일하게 하는 매우 현명한 시스템에 근거하고 있다. 곧 신뢰에 기초한 효율적인 조직인 것이다. 책임감을 요구하는 이러한 체계는 자신의 능력이나 보다 깊은 지식에 대한 열망을 가지게 하고, 이와 동시에 교육 훈련에 대한 심각한 고민을 하게 만든다.

뉴욕 공립 도서관에서 일을 할 때, 나는 조직 중심부에서 진행하는 어떤 공동 업무에 참가할 기회를 가졌는데, 이는 무척이나 인상적인 것이었다. 책을 분류하고 선별하는 - 기본적으로 모든 사서들이 하는 이 일에 대해 각자의 능력이나 관심사, 알고 싶은 바에 따라, 필요한 경우 진짜 전문가의 도움을 받으면서[9] 개인적으로 일을 맡아 처리하는 식이었다. 《책을 통한 즐거움》 도서관을 창설할 때, 우리는 이 원칙을 적용하면서, 아이들과 관련된 사서들을 전국적으로 연결하여 책에 대한 비평적 연구에 동참시켰다. 그런 다음 불어권 아프리카계에서 비평적 책읽기 조직을 탄생시켰고, 이후 라틴 아메리카 계에서

공간에서 사회적 공간으로" Lecturas: des espacio intime al espacio publico, 「문화 경제 재단」 Fondo de Cultura Economica, 멕시코, 2001. 그 외 스페인의 갈리시아 쿤타에서 2001년에 개최된 「21세기 문화 총회록」 Congreso a cultura no século XXI 중 Geneviève Patte의 "도서관과 문화적 다양성" La bibliothèque et la diversité des cultures 이나 Michèle Petit의 "문화 수용" L'appropriation de la culture도 좋은 참고가 된다.
9) 이는 곧, 어린이 도서관이 이웃 주민 - 청년이나 어른 - 들의 학식이나 지혜를 빌려 보다 활달한 분위기를 조성함으로써 크게 발전을 이루었던 경우와 닮은꼴이다.

도 이와 흡사한 원칙 위에 세워진 논의를 채택했는데 이는 곧 책의 선택과 책 읽기에 관련된 문제에 있어 현장 사서들의 중요성을 인정하자는데 대한 것이었다.

뉴욕의 도서관에서 이야기를 진행할 때 같은 구역[10] 내에 소재한 여러 분원들 사이에 일정한 조정이 있다. 이야기 기술을 전공한 사서나 전문적인 이야기꾼들이 이 도서관 저 도서관으로 다니면서 자신들이 가진 이야기를 꺼내 놓는 것이다. 그러나 이들이 원래 그곳에서 일하는 사서들의 이야기 활동을 방해하는 것은 아니다. 이들 역시《이야기 시간》을 고정적으로 진행하면서 도서관 한복판에서 관객들과 나름의 개인적인 관계를 만들어 가는 것이다.

일반적으로 뉴욕 도서관들이 어린이 분야에서 진행하는 이야기 들려주기는 1960년대 초기에 내가 보았던 그대로 시각적으로 응시해야 하는 공연의 성격이 강했다. 이것은 내가《즐거운 시간》에서 연수를 하면서 찬탄해 마지않았던 바로 그 공동체적인 삶, 다시 말해 모두가 참여하는 삶의 형태와는 전혀 달랐던 것이다. 파리에서 시작되어 얼마 후 클라마르에서도 보여준 바와 같이 사서나 연수생들과 함께 어린 관객들이 책임감을 가진 가운데 열광적으로 참여하면서 빚어내는 풍경은 도서관을 매우 특별한 어떤 무대로 만들어 버렸다.

뉴욕만큼이나 혼잡한 이 도시의 다양한 문화적 종교적 특성 때문인지 이곳 도서관들은 언제나 독자의 전통을 중시하고, 차례에 따라 다양한 축제가 열리도록 배려했다. 오늘날 혼혈 사회를 살고 있는 우리들이 해야 할 일은 현존하는 서로 다른 전통을 인정하고, 이들의 의미를 되찾도록 도와주는 것이다. 또한 도서관의 분위기를 집처럼 꾸미고, 자신에 대한 성찰을 즐기는 발견의 장소로 만들어야 한다.

1960년대 뉴욕 공립 도서관에서 내가 종종 느낀 감정은 앤 캐롤 무어를 끊임없이 회상하는 기념회를 통해 드러나듯 스스로의 전통에 대한 숨 막히는 존경심이 이 기관을 지배하고 있다는 것이었다. 무어 여사는 20세기 초중반에 걸쳐 뉴욕 어린이 도서관들을 뛰어난 활동으로 이끌어 온 인물이다. 그러나 언제까지고 그녀만 붙잡고 있다는 것은 그 뒤를 이어 받아 일한 사람들의 사상

---

10) 뉴욕 시는 다섯 개의 지역으로 구성되어 있다. 뉴욕 공립 도서관은 그 중 세 지역에 걸쳐 위치하고 있는데, 곧 맨하탄, 브롱스, 스테이튼 아일랜드이다. 다른 두 지역, 즉 퀸즈와 브루클린에는 분관 형태로 곳곳에 문을 열고 있다.

적 자유를 구속하는 일처럼 느껴졌다.

반면 청소년들과 함께 일하는 사서들은 이 같은 구속에 갇혀 사는 수감자 신세는 아니었다. 어떤 전통이나 고착된 유형의 무게를 감당할 필요는 없지만, 한편 이들은 기필코 무언가를 찾아내어야만 하는 짐을 지고 있었다. 사실 청소년 독자는 - 오늘날은 어린이 독자도 덩달아 - 어른들로 하여금 보다 많은 질문에 머리를 쥐어짜게 만들고, 다채로우면서도 변화무쌍한 이들 계층 독자의 관심사를 알아내기 위해 여간 눈치를 살피지 않을 수 없게 만든다. 어쩔 수 없이 이들 사서들은 정해진 양식에 틀어박혀 있을 수가 없고 끊임없이 새로운 유형의 서비스를 개발하여 제공해야 하는 것이다.

앵글로 색슨계 나라에서는 도서관이 일상생활에서의 주요한 교육 기관으로 자리 하고 있다. 이러한 경향은 차츰 다른 나라에도 전해지고 있는데, 프랑스에서는 도서관 문화가 발전을 보게 된 훨씬 뒤인 최근에야 이루어졌다. 모든 의문은 이곳에서 해결될 수 있었다. 나는 학교 숙제를 하기 위해 뉴욕 도서관에 무척이나 자주 오던 아이들을 기억하고 있다. 이 중에는 오늘날 세계 어디에선가 간혹 볼 수 있는 추상적인 문제를 가지고 오는 아이가 있는가 하면, 또 어떤 아이들은 가장 구체적인 일상에서 발생되는 질문을 가지고 오기도 했다. 어느 날 도서관 문을 닫고 난 뒤, 어린 소년 한 명이 숨을 헐떡이며 도착했다. '급한 일'이 있다기에 나는 문을 열어 주지 않을 수 없었다. 그 긴급 용무란 바로 자기가 기르는 햄스터가 새끼를 낳으려고 하는데, 이런 경우 어떻게 해야 하는지 가르쳐 주는 책을 찾아야 한다는 것이었다. 그 아이에게는 도서관이 평상적으로 의지할 수 있는 대상이었던 것이다.

학교 수업이 끝날 시간이면 도서관 직원들은 아이들이 무리지어 몰려들 것을 준비하고 있었다. 나는 곧 책에 굶주린 아이들이 클래브랜드 도서관이나 시카고 도서관으로 몰려드는 장면을 보여주는 1920년대의 옛 사진을 떠올리게 되었다. 대여 데스크가 책 더미 아래서 무너져 내리고, 언뜻 보아 무척 가난한 환경에서 살아가고 있는 듯한 한 무리 독자들이 이를 에워싸고 있는 모습이었다.

프랑스로 돌아왔을 때 나는 어린이 독서 지도에 있어서의 새로운 터전을 마련하고자 창설된 《책을 통한 즐거움》도서관의 책임자 자리를 제의받았다.

완전히 자유로운 분위기에서 일할 수 있는 여건과 자신감이 넘쳐나는 멤버들을 보는 순간 나는《즐거운 시간》이나 미국 도서관들에서 얻은 여러 요소들을 잘 이용하여 새로운 경험을 쌓고 싶다는 생각이 들었다. 이 요소란 무엇보다 어린이에 대한 존중심에 합당한 것으로서 주어진 일에 걸맞은 능력과 자격, 그리고 아이가 놓치기에는 너무 아까운 책[11]들을 만날 수 있는 결정적인 한 순간을 살고 있다는 느낌, 그의 인격이나 심리적 · 감정적 · 지적 · 사회적 삶의 형성에 본질적인 역할을 할 수 있는 책이나 이야기를 만나게 해줄 수 있다는 생각 등에 근거한 것이었다.

* *

클라마르 도서관과 긴밀한 관계에 놓여 있는《책을 통한 즐거움》의 역사는 지난 수십 년간 바로 나의 인생 그 자체였다고 할 수 있다. 수년 간 이 도서관은 나의 삶의 중심이었다. 전달과 교류, 만남, 사유, 그리고 혁신적 활동 등이 제대로 이루어지는 장소였다. 그리하여 이곳은 적어도 어린이 도서관이라면 갖추어야 할 미덕과, 나아가 일반적인 독서 장소로서 지향해야 할 여건에 충분히 부합하는 것이었다.《책을 통한 즐거움》도서관은 프랑스에서 어린이나 그 주변적 일에 대한 기존의 지식을 나누거나 보다 깊이 연구하기 위해 필요한 도구를 빚어낼 수 있는 도가니와 같았다.[12]

파리 근교의 노동자 주택 단지 한 가운데에 클라마르 도서관이 자리 잡고 있다는 것은《책을 통한 즐거움》설립 멤버들에게는 행운이었다. 우리는 이 도서관이 지역 생활의 중심이 되게 하면서 더 넓은 세상으로 나아가게 하는 교두보로 만들고 싶었다. '공동 침실 단지'... 언젠가부터 대도시 주변에 끊임없이 형성되는 이 새로운 주거 형태는 사실 일련의 단절감으로 고통당하고 있었다. 이곳의 어린이뿐만 아니라 그들 가족, 나아가 우리들 스스로의 사고방식까지도 초국가적 범주의 개방이 필요한 듯 느껴졌다. 우리는 북구 여러 나라에서 실행했던 경험들을 빌려왔고, 또 이곳에서 발생된 많은 사례를 배웠

---

11) 앵글로 색슨계 나라의 도서관에서 자주 쓰는 표현이다.
12)《책을 통한 즐거움》도서관은 창립과 함께 조직을 여러 부문으로 나누었다. 이후 아동 도서 총괄국으로 전환된 자료부, 아동 도서 잡지 발행을 주된 임무로 하는 출판부, 그리고 교육부 등이 그것이다.

다. 그리고 우리가 계획을 짜고 일을 실제적으로 진행해 나가는데 있어 수많은 사람들이 도움을 아끼지 않았다.

개인적인 이야기지만, 어려운 상황에 처해 있는 사회에서 살거나 작품 활동을 하는 사람들이 전해주는 진실한 이야기가 얼마나 많은 설득력을 가지고 우리에게 다가오는지를 경험하게 해준 어느 국제 모임에 참가한 것이, 내게는 직업적으로 아주 중요한 전환점이 되었다. 굳은 신념과 엄중한 숙고에서 나오는 그들의 창의력을 보며 나는 많을 것을 배울 수 있었다. 이러한 요소들은 나의 사고방식에 도움을 주었으며, 프랑스로 돌아와서 사서로 일하게 되었을 때도 늘 마음에 새겨 정신적 의지로 삼았다.

1980년대 초 독일의 라이프치히[13]에서였다. 이 세미나의 참석자들은 모두 개발도상국에서 온 사람들이었다. 충분한 숙고를 거쳐 발설하는 사람들은 확실하고 정확한 방식으로 이야기를 이끌고 갔다. 맥락이 다르거나 전 세계적으로 통용될 수 있는 유효성이 의심스러운 어떤 유형을 그대로 받아들이는 대신 자신감 넘치는 이 사서들은 현실적인 여건과 개인이나 단체의 생활환경에 중점을 두고, 이를 고려한 새로운 모델을 만들어 내는 것이다.

이 모임 이후, 나는 이들이 제시한 모델이 어떻게 진화해 가는지 계속 지켜보고 있다. 항구적인 생명력을 품고 있는 그 이야기는 그 어느 때보다도 오늘날, 가난한 나라만큼이나 부유한 나라에서도 필요로 하는 것이라 여겨지기 때문이다. 그들은 무엇보다 각 개인이 가족생활을 영위하면서 근본적으로 느끼는 인간적 가치나 친밀감, 신뢰 등을 우선시하기 때문이다. 아이들에게 얼른 들려주고 싶은 마음, 그리고 현실적인 상업적 여건을 감안하여 이들의 작품화 과정은 그리 오래 걸리지 않는다. 이리하여 바람직한 어떤 한 이야기 유형이 세계 곳곳의 다채로운 내용에 스며들어 다양한 무늬를 만들어 내면서, 우리에게 공동적이며 상호관련적인 차원의 독서를 하게 하는 것이다. 한편 이 현실 참여 성향의 사서들은 특수 집단 지구를 인정하지 않는데, 이미 여러 다른 형태의 인종분리주의로 많은 고통을 받고 있는 이 곳 거주민들을 위한 배려이다. 또한 그들은 관계를 발전시키기 위한 노력을 아끼지 않으며, 모든 장르의 교육기관들과 관계를 맺기 위해 전력하고 있다.

---

13) 주 7)의 라이프치히 세미나를 참조할 것.

게다가 또 한 가지 중요한 사실은, 혁신적인 구조로 짜여진 그들 조직이 광범위한 분야에 걸쳐 끊임없이 숙고를 하고 있다는 것이다. 이러한 그들의 활동은 프랑스나 외국에서 소외정책이나 불신주의를 몰아내고자 힘쓰는 인사들의 주목을 받고 있다. 사회 정의를 위해 싸우는 전사, 남녀 교양인들, 서로 다른 유파에 속한 연구자들, 이들 모두가 우리로 하여금 온전히 문화적인 측면에서의 독서의 목적에 대해 명징한 생각을 가질 수 있도록 새로운 이론을 자유로이 창조하고, 타인과 적극적으로 협력할 수 있도록 도와준다.

우리 사회가 저 구석으로 몰아버린 소외계층에 대한 배려로서 우리가 바라는 도서관 상은 끊임없이 움직이고, 구습에서 탈피하며, 차별 없이 모든 이에게 공정하게 다가서기 위해 스스로의 벽을 벗어나는 모습이다. 세계 곳곳에서 행정적인 업무나 기계가 공립학교로 치고 들어오려는 오늘날, 도서관은 무엇보다 인간을 우선적으로 생각하는 중재자로서 우리가 해야 할 일을 일깨워준다.

도서관은 독특한 문화적인 분위기와 심오한 인문학적 환경을 제공하는 가운데 각 개인으로 하여금 자신의 길로 접어들도록 고무한다. 또한 도서관은 여러 사람들이 서로 다른 제각각의 의견을 내놓을 수 있을 뿐만 아니라 이를 장려하고 환영하기까지 하는 공간을 제공함으로써, 개인의 정체성이 특이성을 포기하지 않도록 용기를 주는 것이다. 한편 도서관은 우리가 다른 사람과의 관계를 견실히 쌓아나가는 법을 배우는 장소이기도 하다. 도서관은 발걸음이 잦은 사람, 만남, 함께 하기 – 뒤섞여 놀기 위해서가 아니라 자기 자신이 누구인지 알아가는 노력의 일환으로서 – 등에 특별한 의미를 부여한다. 점점 더 기술화되어가기만 하는 세계에서 도서관은 인간적인 교류를 중시하고, 다른 사람들을 알고, 자기 자신이 누구인지 탐구하며, 사고의 폭을 넓히려는 욕구로 맺어진 사람들 간의 관계를 강조한다. 이런 면에서 도서관은 근본적인 역할을 할 수가 있는 것이다. 교류에 대한 이론가인 도미니크 월턴은 다음과 같이 환기 한다: "문화적 사회적 특성이라는 다른 두 요소와의 관련 없이 교류의 체계를 생각한다는 것은 가능한 일이 아니다. (...) 바로 이런 이유에서, 교류의 새로운 기술을 발견하기 위해서는 기술을 사회화시켜야 하는 것이지, 사람이나 사회를 기계화시켜서는 안 된다."[14]

다양성, 만남, 상보성相補性, 교류, 사람 사이의 관계, 이밖에도 도서관 문화를 특징짓는 단어 - 가장 중심축이 되는 '독서'와 같은 - 는 무수히 많다 . 도서관은 스스로의 진화가 이루어가는 세계, 자신의 훌륭함이나 혹은 부족한 점들, 그리고 흐름에 따라 끊임없이 조정될 수 있다. 바로 이것이 우리가 인간적으로, 문화적으로, 그리고 사회적으로 기초를 세워야 한다는 맥락 아래 어린이 도서관을 생각하고 끊이지 않고 또 생각해야 하는 이유이다.

---

14) Dominique Wolton, 『인터넷, 그리고 그 이후』 *Internet, et après*, 파리: Flammarion, 2002

제 2 장
문화 취약 지구에서의 도서관

1960년대 중엽, 우리는 클라마르라는 행정 도시에 속하는, 이른바 단지라 불리는 파리 근교 노동자 주택 지역에 도서관을 설립하게 되었다.[15] 주민의 대다수가 이민자로 구성되어 있는 이 지역은 교육특구로 지정되어 있었다. 이곳 도서관 설립 당시 아이들을 무료로 맞이하는 기관이라곤 오직 학교와 여가 센터뿐이었다.[16] 이 같은 공동 침실 단지들 중 어느 한군데는 바로 얼마 전 위생적인 문제로 인해 파괴되었다. 이곳은 온갖 어려움을 겪으며 살아가고 있던 사람들의 보금자리었다.

우리는 도서관이 해야 할 특별한 역할에 대해, 그리고 그 임무를 다 하기 위해 취해야 할 방법에 대해 자문했다. 해답을 찾기 위해서는 이 공동 침실 단지의 아이들과 어른들이 어떻게 살고 있는지; 어떤 정보에, 어떤 형태의 '문화'에 접근하고 있는지, 그리고 어떻게 접근하고 있는지에 대한 관찰이 필요했다. 마침 어느 사회학자가 바로 얼마 전 이 단지에 대해 연구한 것이 있었다. 르네 카에스라는 사람인데, 그는 곧 프랑스 전역에 걸쳐 점진적으로 퍼지게 될 이 새로운 거주 형태와 도시계획 문제에 각별한 관심을 기울이고 있었다.[17] 우리로서는 같은 차원에서 도서관에 대한 문제에 심혈을 기울이고 있었기 때문에 이러한 연구가 더욱 특별한 의미로 다가왔다.

우리는 사회학자들이 하는 그런 종류의 조사는 하지 않았지만, 그러나 거기엔 우리가 매일 일상적으로 확인할 수 있는 것들이 있었다. 그리고 이는 비단 이 나라만의 문제가 아니었다.

---

15) 대개 노동자 주택단지에는 아이들을 돌보아 주는 사람이 적다.
16) 여가 센터는 단체 활동용으로서 초등학교 학생들을 일주일에 몇 시간씩 (방학 때나 학교 수업이 없는 수요일, 또는 공휴일에) 돌본다.
17) René Kaës, 『대단지에서 살기』 *Vivre dans les grands ensembles*, 파리: Editions ouvrières, 1963

정보의 홍수

　어른이나 아이 할 것 없이, 오늘날 우리는 하루 종일 넘쳐나는 정보에 허우적거리며 살아가고 있다. 게다가 그 정보란 대개 너무 두루뭉술한 것이거나 불분명한 성격의 것이다. 또한 텔레비전이 마치 우리 일상의 배경음처럼 하루 종일 '말하고 있는' 집도 꽤 많을 것이다. 물론 이러한 정보는 우리로 하여금 수많은 주제를 알 수 있게 해주지만, 그러나 궁극적으로 이들을 통합하여 완전히 이해할 수 있게 하는 근본적 동인은 거의 제공하고 있지 않다. 학교에서 가르쳐 주지 않는 내용들이라 제대로 다져진 기초 지식도 없어, 이에 접붙여 생각을 뿌리 내린다는 것도 어려운 일이다.
　이렇게 풍성한 정보라도 이 모두가 앎에 대한 욕구를 정말로 채워줄 수 있는 것은 아닐 것이다. 어떤 정보는 흡사 욕구 차단기 같은 작용을 하는데, 참된 호기심이 생기거나 표현될 시간을 갖기도 전에 '이미 어디에선가 본' 듯한 인상을 주어버리기 때문이다. 설사 호기심이 진정한 것이거나, 또는 진지한 질문으로 표현되었다 할지라도 돌아오는 대답이 정확한 표시가 없어 이해할 수 없는 것이거나 부적당한 것일 때에는 오히려 실망만 시키는 꼴이 된다. 자기 것으로 만들기 위한 시간을 주지도 않은 채, 이렇게 획득된 정보는 포화 상태로 느껴진다. 이런 과정에서 아이들은 제대로 이해하지 못한 그 상태에 그냥 그대로 익숙해져 버리는 것이다.
　교육자나 학부모, 교사, 또는 도서관 사서들이 자주 목소리를 높여야 할 이런 상황은 곧 아이들은 수동적이고, 진지한 호기심이 전혀 없으며, 아무런 것에도 관심이 없다는 것을 뜻하는 것일까? 한 가지 분명한 사실은 아이들의 호기심을 발달시키는데 알맞은 자양분을 찾아내지 못한다면 본래의 호기심마저도 '무엇에나 나서기 좋아하는 성격'의 허상으로 그치고 말 것이며, 따라서 점차 위축되어 갈 것이다.
　일반적으로 가족끼리는 정보를 통해 서로 이야기를 나누게 되는 일이 거의 드물다. 많은 경우, 대화 대상자가 진짜로 함께 있는 것은 아니다. 멀리 떨어져 있다고 해서 응답할 방법이 아주 없는 것도 아닐 터이며, 간간이 바로 옆에서 응답을 보내는 일도 일어난다. 익명의 그를 무슨 수로 그리 쉽게 알아볼 수 있단 말인가! 여하튼 우리가 학교에서 보면 알 수 있듯이 마치 지식이 어른들의 전유물인 양 하면서, 어른만이 아이들의 질문에 대답할 수 있는 것 같이 한다면, 아이들과 어른 사이의 대화는 단절될 수밖에 없을 것이다.

대화나 지식의 탐색 원천이 될 때, 책이나 문서는 더욱 그 가치를 빛내게 된다. 이러한 방식으로 추구된 정보는 어린이와 어른에게 공동 중계소가 되어 무언가를 나눌 수 있는 매개가 되어 주고 자연히 그들의 관계를 더욱 풍성하게 가꾸어 준다. 어린이나 어른 모두 이를 통해 많은 것을 얻게 된다. 그러나 무엇보다 중요한 점은 연구 과정에 아이들을 동참시키고, 이를 자신의 것으로 만들 수 있도록 도와준다는 것이다. 이런 태도 자체가 이미 진정한 학문의 시작이라 할 수 있다. 책도 부족하거니와 도서관도 충분치 않아, 아이와 함께 연구하는 이 같은 과정은 필연적인 것이긴 하지만 생각만큼 쉽지도 않고 또 자연스러운 일도 아니다. 매우 빈번히 일어나는 일로서 사람들은 답을 모르고 있을 때 질문 그 자체를 부정해 버리고 만다. "하늘은 왜 파란색이에요? 풀잎은 왜 초록색이고요?" 아이가 물을 때 흔히 어른들은, "그냥 그렇기 때문이야"라 대답한다. 아니면 이럴 경우, 자기가 대답을 잘 할 수 있는 쪽으로 질문을 슬쩍 유도하기도 한다. 물론 교사나 학부모 측의 당황스러움을 이해 못하는 바는 아니다. 하지만 자기가 쏟아 놓은 여러 가지 질문에 대답을 듣지 못하는데 익숙해져 버린다면, 아이는 질문을 억누르고 더 이상 꺼내 놓지 않게 된다.

집에서 멀리 떨어진 직장에서 하루 일을 마친 후, 긴 시간 지하철에 시달린 뒤, 어떻게 많은 부모들이 아이들과 머리를 맞대고 있을 시간과 에너지를 찾을 수 있을까? 주말에는 장거리 자동차 여행을 다녀와야 한다. 집은 또 너무 비좁고... 사실 우리 모두는 너무 피곤하다. 이런 여건 하에 어떻게 아이들의 요구가 떳떳이 표현되고, 또 관철되게 할 수 있을까?

"시끄러워! 그럴 시간이 없고, 나도 피곤하단 말이야!"
해결책을 찾으려면 정보를 찾거나 믿을 수 있는 자료를 제공하는 서적을 보아야 할 것이다. 자신의 무지를 솔직히 인정하고, 아이와 함께 이 자료들을 뒤적거려 찾아내는 것이다. 그들은 아마도 간혹 즉각적인 비결이나 만족할 만한 비책을 찾지 못하는 수도 있을 것이다. 하지만 적어도 아이는 자신의 질문에 대해 신중한 대접을 받았으며, 해결의 실마리를 잡게 될지도 모를 일이다. 이것은 곧 나이가 많던 적던, 아이건 어른이건 사진첩이나 소설책을 읽을 때 감정 교류를 느끼면서 얻게 되는 즐거움 같은 것이다.

이런 과정은 또한 아이와 어른 모두에게 쉽게 책에 접근하는 경험을 하도록 해준다. 가까운 거리에 공공 도서관이 없다면 주택 단지 내에서, 사람들은 어디에서 그 다양한 호기심을 풀어줄 수 있는 자료를 찾을 수 있을까? 도서관 설립 당시 우리는 아이들에게 간단한 질문 조사를 한 일이 있는데 이를 통해 드러난 사실은 대부분의 가정에서 그림책이나 이야기 사진 따위를 빼고는 제대로 된 책을 한 권도 가지고 있지 않다는 것이었다. 반면 어떤 사람들은 교양의 피상적인 상징으로 책을 집에 모셔 두면서, 펼쳐 읽어볼 생각은 아예 하지도 않는다. 한 가지 다행스런 예외가 있다면 진짜 독서의 대상이 되는 것은 요리책뿐이다.

학교에서 보면 1980년대 초까지만 해도 프랑스 초등학교 학생들은 대부분 여기저기서 그러모아 만든 학교의 조그만 도서관밖에 없었다. 초등학교용 중앙 도서관이 설립되면서 사정은 조금씩 나아지고 있지만, 자료 수집 측면에서는 여전히 부실해 정보를 얻으러 오는 사람의 발길은 뜸한 편이다.

어디서나 들려오는 말, 하지만 누구에게 하는 말일까?

언어학을 전공하기 전 교사 생활을 했던 로렌스 랑탱은 자신의 저서 『6세 이전 아이와 이야기 나누는 법』[18] 에서, 유치원에서 많은 아이들이 교사가 자신에게 말을 걸고 있다는 사실을 뒤늦게야 알아차린다는 것을 지적하고 있다. 아이들이란 이 같은 말이 자신들에게 직접적이고도 친히 관련된다는 것을 때때로 놓치게 되는 경우가 많다. 이런 맥락에서 랑탱 여사가 말하는 아이들의 모습은: "그는 ...라 말하지 않아,"라는 말은 곧 "나는 그게 무슨 말인지 모르겠어"라는 뜻이라는 것이다. 당연히 이해하지 못한 것을 알 수는 없기 때문이

---

18) Laurence Lentin, 『6세 이전의 아이와 이야기 나누는 법』 *Apprendre à parler à l'enfant de moins de six ans*, 파리: Editions sociales françaises, 1973

다. 아이들은 자기 주변에서 일어나고 있는 모든 일에 대해 간섭하지 않는 상태로 지내는 것에 다소 쉽게 익숙해진다.

아이들이 듣는 언어는 결국 대부분은 어디에서나 들을 수 있고, 누구나 사용하는 떠들썩한 말이다. 우리가 듣지 않더라도 마치 배경음처럼 모든 사람에게 하루 종일 말을 걸면서, 고요를 깨고 우리 내면의 소리를 방해하는 라디오, 아무도 듣지 않는 어떤 정보를 전해주면서 늘상 켜져 있는 텔레비전, 과밀 학급에서 하루에 한 번만이라도 각 학생에게 개인적인 주의를 기울여 준다거나, 그의 얘기를 들어줄 기회조차 가질 수 없는 교사, 모든 미디어의 침입, 모든 사람을 위한 토론이자 한편 우리와는 상관없는 사람이기에 우리가 관심을 기울일 필요가 없는, 그러나 우리의 의지와는 상관없이 또 우리도 모르게 우리에게 다가와 있는 사람들을 위한 토론, 바로 이런 소리들 속에 아이들은 살고 있다.

텔레비전이나 인터넷 같은 미디어의 효력을 부인하자는 것이 아니다. 이들은 남들보다 언제나 한 발 먼저 알고 싶은 욕구가 생기게 해주는, 값매김할 수 없을 정도로 귀중한 매개체들이다. 그러나 우리가 알다시피 이미 '혜택 받은' 어른이나 아이들, – 즉, 자신들의 이야기나 질문이 중요하게 다루어지는 환경에서 자라는 행운을 누리는 이들은 미디어 매체에서 어떤 실질적인 편리함만 취하고 있다.

질문 던질 시간을 가지기도 전에 아이들은 사방에서 날아드는 정보의 폭격에 노출되어 있다. 풍요로움에 에워싸여 있기도 하지만 한편 수많은 우리 어른들처럼 그들도 갈피를 못 잡고 있는 것이다. 형편없이 조악한 내용으로 이른바 어린이 방송이라 불리는 몇몇 전파에 대한 이야기는 그만두기로 하자. 일반 방송은 시청자들이 공통으로 관심을 가질만한 주제를 설정하기 때문에 서로 의견을 교환하고 토론할 수 있는 대화의 장을 마련해주는 셈이 된다. 하지만 대부분 너무 모호한 그들의 해설 방식은 대다수의 사람들이 알고 있는 명징한 근거를 바탕으로 한 것이 아니다. 아이들은 종종 혼자 텔레비전을 보기 때문에 의견을 나누거나 토론할 기회가 없다. 있는 그대로 보여지기보다는 세분된 형태의 것이기 때문에, 따라서 여하간 왜곡될 수밖에 없는 어떤 지식에서 아이들은 환상을 길어 올린다. 아이들이 접하는 대부분의 내용은, 이들의 진짜 관심사 바깥의 문제들이기 때문이다. 이렇게 해서 우리는 호기심을 말살하고, 자신의 만족감을 너무 헐한 값에 떠넘겨 버리는데 익숙해지는 것이다.

다른 형태의 전파물 – 예컨대 신문 소설 같은 – 에 대해서도 동일한 문제들이 지적되어 왔다. 무슨 수를 써서라도 고독감을 벗어나고 싶다는 단순한 목적에만 소비되고 말 것인가? 혹은, 텔레비전 시청자들의 개인적 상상력에 뿌리를 내리면서 내면 극장[19]을 풍성하게 가꾸어 줄 수 있는 것인가? 끊임없이 밀어닥치는 정보의 물결 가운데 각 개인의 선택은 어느 정도의 여지가 있는 것일까?

학교와 통제

이미 오래 전에 학교는 지식이나 정보를 주고받는 장으로서의 준 독점권을 잃어버렸다. 하지만 학교는 아직 아이들이 대부분의 시간을 독점하고 있다는 희망이 남아 있다. 프랑스는 유럽에서 학생들이 가장 적게 학교에 나오고, 그러나 전체적으로는 가장 많은 시간을 학교에서 보내는 나라이다. 지난 수십 년 이래 학사 리듬을 바꾸어 보자는 문제가 제기되었지만 결국 모두 실패로 끝나고 말았다. 하루 별로 학사 시간을 줄이는 것은 어려운 일인 듯 하다: 집에서 멀리 떨어진 직장에 다니는 학부모가 일이 늦게 끝날 경우 어떻게 할 것인가? 게다가, 무료 공동 설비물도 턱없이 부족하다. 이는 곧 그렇다면 교사들이 내키지 않더라도 일정한 낮 시간 동안 아이들을 돌보아 주어야 하는지? 그리고 아이들의 시간은 존중되지 않아도 되는지? 라는 문제로 이어진다.

아이들이 하루에 학교에서 보내야 하는 시간의 길이만 문제가 되는 것이 아니다. 그 중 특히 심각한 것은 전체적인 학교 시간의 짜임새와 그것이 실제 체험되는 방식의 문제이다. 나이나 전반적인 수준에 의해 아이들을 나누어 놓은 초과밀 학급이라면 개인적인 리듬이나 관심사는 고려되기 힘들 것이다. 사실 학교란 엄청난 억압에 시달려야 하는 장소이다. 벅찬 교과 과정, 숨막히게

---

19) Colette Chiland의 표현. "책 읽지 않아도 되는 여러 가지 방식" De diverses manières de ne pas lire, 「독서와 교육」 Lecture et pédagogie, 1972년 11월에 개최된 투르 국제 심포지엄 회의록, 오를레앙 교육 문서 자료 센터, 1973.

짜여진 시간표, 학생 수에 비해 턱없이 부족한 교사와 직원, 학교에서 보내는 긴 낮 시간, 특히 초등학생의 시간은 너무 길어 여간해서는 쾌활하게 지낼 수가 없다. 수업 후에 아이들로 하여금 활기찬 정신적 활동을 통해 자유롭고도 풍성한 즐거움을 느낄 수 있도록 하기에는 학교 자체로 감당하기 어려운 것이다. 《즐거운 시간》도서관의 초기 보고서 중에 명시된 이 멋진 표현은, 지식 활동에 대한 이 도서관의 명제를 완벽하게 정의한 것이었다. 이곳 사서들은 전투적인 학교생활에 대해 이미 염려하고 있었던 것이다. 1920년대의 일이었다.

이 같은 여건에서 어떻게 아이들을 문화에 접근시키고, 개인적 독서를 하게 할 수 있을까? 학교는 그 방법을 가지고 있을까? 처음 책읽기 훈련을 할 때 너무 어렵다거나, 내용이 그들과 무관하여 재미가 별로 없는 것이었다면, 아이들은 책읽기를 내켜 하지 않게 되고, 또 시작하더라도 금방 내팽개치게 된다. 게다가 여기서 이른바 '문학적' 텍스트[20]라면 '문화'와 아름다운 언어, 그리고 문체 등의 요소를 갖추어야 한다고 따지는 사람도 있다. 어린이 출판계는 근년에 들어 이 측면에서 바람직한 진보를 이루었지만 어린이 문학은 여전히 이 경직성으로 고통당하고 있다. 인습에 얽매인 이러한 생각은 책읽기의 즐거움을 자연스럽게 발견하게 되는 것과는 전혀 반대 방향으로 아이들을 이끌고 간다.[21]

가정에서 고립되고, 어딜 가나 외롭고...

"집에 들어갈 수가 없어요, 엄마 아빠가 집에 없거든요. 저녁 8시 이전에는 아무도 없을 거예요." 도서관에서 아이들로부터 꽤 자주 들을 수 있는 말이다. 우리는 또한 목에 열쇠를 걸고 다니는 《열쇠 아동》들을 흔히 보게 된다. 이들은 혼자 집에 들어가서 점심을 챙겨 먹고 나오거나, 또는 매일 우편함 옆에서 샌드위치로 점심을 때우기도 한다. 우편함? 부모가 하루 종일 집에 없는 경우, 혹 아이가 혼자 집안에서 엉뚱한 사고라도 저지르게 될까봐 바깥 우편함에 아이 점심거리를 넣어 두고 나가는 바람에...

---

20) p.162의 『암탉 피코타』 Picota la poule 참조.
21) 이 주제에 대해서는 클로드 뒨텅 Claude Duneton의 역작 『나는 의심 많은 한 마리 암돼지 같아요』 Je suis comme une truie qui doute (파리: Le Seuil, 1976)를 참조하시오.

물론 이 같은 현상은 클라마르에서만 특별하게 볼 수 있는 것은 아니다. 대부분의 아파트 대단지에서는 부모와 아이 중심으로 축소된 핵가족 시대가 열렸고, 낮 시간에 아이를 맞이하는 어른이 있는 집은 요즘 어디에서나 퍽 드물다. 이전에는 사람들이 더 넓은 집에 살 수 있었기 때문에 할머니나 할아버지가 집에 머물면서 학교에서 돌아오는 아이들을 맞이해 주고, 서로의 일과에 대한 이야기를 나누거나 서로의 관심사를 나누곤 했다. 오늘날에는 학교에서 돌아왔을 때 아무도 맞이해 주는 사람 없는 텅 빈 집을 혼자 열고 들어가는 아이들이 수없이 많다. 실업 가정의 경우, 부모가 한가한 시간이 있을 것이라 생각되지만, 사실 우리가 흔히 주변에서 보듯이 꼭 그렇지만도 않다. 실업자 특유의 심리적 불안, 특히 자괴감이나 열패 의식 때문에 그들은 정상적인 사회생활에 편입하기도 힘들고, 그렇다고 집에서 편안히 지낼 수 있는 입장도 아닌 것이다.

이런고로, 우리 단지에는 많은 아이들이 감정적으로 외로움을 느끼며 살고 있다. 정서적 단절감은 이들로 하여금 안정감을 잃게 하기가 쉽다. 미지의 세계로 들어가거나, 혹은 새로운 발견을 한다거나 하는 어떤 배움의 세계에 자신감을 가지고 용감하게 발을 내딛게 만드는 이 안정감은 도대체 어디에서 어떻게 찾아야 할까?

실업으로 가중된 내일에 대한 불안감이 워낙 큰 탓에 많은 부모들이 무슨 희생을 치르더라도 자녀들에게 졸업장을 손에 쥐어주고자 열망했고, 이를 위해 아이가 아주 어릴 때부터 열성을 부렸다. 학사 과정을 성공적으로 마쳐야 한다는 강박관념에 사로잡힌 그들은 지식 획득을 오로지 실용적인 차원에서만 생각했고, 또 그만큼 열심히 했다. 시대의 흐름을 잘 읽지 못하거나, 자포자기한 나머지 자녀들이 그냥 저냥 커가도록 내버려 두는 학부모도 있었다.

많은 아이들이 여가 시간을 가족과 함께 하는 것이 아니라 집 밖에서 보내고 있었다. 이들 중 대부분이 번잡한 대도시의 거리와는 달리 아무 일도 일어나지 않는 이 근교 대단지의 텅 빈 길거리를 하릴없이 어슬렁거리고 다녔다.

전달의 어려움

이렇게 서로 다른 환경에서 살고 있는 아이들은 보통 다양성을 통해 얻을 수 있는 풍성함으로부터 단절되어 버린다. 다른 나이나 다른 세대에 속한 사람들끼리의 교섭이나, 개성이 서로 다른 사람들끼리 부딪치면서 생성되는 풍성함 말이다. 언어학자 로렌스 랑탱이 강조한 대로[22] 같은 또래들과 함께 살지 않을 때, 우리는 우리의 언어 영역을 발전시킬 수 없는 것이다. 물론 방송 매체들이 어른에게와 마찬가지로 아이들에게도 영향을 미치지만, 함께 나눈다는 것은 이 경우 거의 불가능한 일이다. 어른이나 자기보다 손위의 어느 누가 조정해 주지 않으면, 아이는 미디어에서 단지 단어 그 자체만 취한다. 어떤 단어를 본질적으로 이해하거나 살아 있는 의미를 부여하기에는 아직 너무 어리기 때문이다.

어떤 사건이나 문제의 의미를 확인하거나 분류하지도 않은 채 정보는 아이에게 전달된다. 센세이션을 일으키는 신문의 큰 제목들만 보더라도 이를 금방 알 수 있다. 파리 근교 어느 마을에 비행기가 추락하여 많은 사망자가 발생한 매우 끔찍한 사고를 보고, 어느 한 일곱 살짜리 아이가 그래도 비행기가 숲속에 떨어지지 않아 박수를 치며 기뻐했다는 이야기를 나는 기억하고 있다. 만약 그렇게 되었다면, 오염이 더 늘어날 뻔했기 때문이란다. 마치 학교에서 매일 하는 발표회 같지 않은가!

이런 방식으로 받아들여지는 정보는 관심을 끌어내기는 하지만 열의를 식히는 것들이다. 그 즉시 절박한 상태로 돌입될 현실에 대한 의식이 빠져 있기 때문이다. 어른들 역시 같은 고통(오염, 실업...)을 당하기 때문에 아이가 겪고 있는 고통을 이해하고 잘 감당해 낼 수 있도록 도와주는 여유를 가지는 것은 거의 힘든 일이다. 그래서 사람들은 너무 불안해지는 것이 두려워 관심을 아예 끊어 버리거나 무감각해지려 한다.[23]

어른들과의 진솔한 대화는 아이의 내면을 덜 공허하게 만들어 준다. 우선 어른들은 인생의 어떤 경험들을 가지고 있기 때문이다. 경험이란 종종 힘든

---

22) p.42 로렌스 랑탱의 책을 참조하시오.
23) Serge Boimare의 출중한 연구물 『어린이와 배움에 대한 두려움』 *L'enfant et la peur d'apprendre*, 파리: Dunod, 1999 ; 멕시코 PFCE(Prestation Fiscale Canadienne pour Enfants · 캐나다 아동 국고지원센터)를 참조하시오.

것이 많지만 삶의 무게에 얹히다 보면 우리를 안정되게 해주는 힘이 되는 것이니까, 다른 한편으로 직업적인 경험 - 사무실 안의 일이기라도 하면 얼마나 복잡한 것이 많은가! - 만 아니라면 최소한 '흡기(吸氣) 바이올린' 등에 관한 이야기는 그들이 함께 나눌 수 있을 것이다. 기회와 시간, 그리고 그에 대한 취향이 함께 있을 때.

나이든 노인들도 중요한 역할을 할 수 있다. 대개 한가한 시간이 많은 이들은 이제 더 이상 아이의 일상생활에서는 그 흔적을 찾아볼 수 없지만 자신들의 마음속에 아직 생생히 살아 있는 어떤 과거에 대해 증언해줄 수 있다. 이들 세대를 연결하는 무형의 구전 유산은 이제 점차 사라져갈 수밖에 없는 것이지만, 아이에게는 '이 모든 새로운 것들이 기실 이미 존재해 온 어떤 세계로부터 비롯된 것'[24]이란 살아 있는 유산을 남기게 되는 것이다.

가까운 친척이나 부모가 심심하게 들려주는 이야기나 책보다는 오히려 텔레비전에 의해 이야기가 진지한 작가의 창작물이 아닐 경우, 각 개인의 독창적 상상력을 유도하는 대신 그 자체 개인적 상상력의 자리를 점해 버릴 수 있는 강렬한 이미지에 담겨 전달되는 경우가 더 많다. 게다가 아이는 종종 혼자 텔레비전 화면 앞에 앉아 이 같은 이야기를 받아들인다.

오늘날, 참으로 다행으로 점점 더 많은 부모가, 어머니들 못지않게 아버지들도 아이가 잠자리에 들 때 책 읽어주는 기쁨을 발견하고 있다. 하지만 아직까지는 아주 흔히 볼 수 있는 일은 못되고 있다. 잠들기 앞서 누리는 이 친밀한 순간을 위해 함께 나누는 이 소중한 경험을 위해, 책을 잘 선택해야 하는 것 역시 필요한 일이다.

도서관이란 귀중한 공간

아이에게 최대한의 독창적인 독서를 하게 하면서 동시에 사회를 살아가면서 필요한 지식을 얻어 내는 책읽기를 체험하게 하려면 도서관은 어떻게 해야 할까? 가족이나 학교에 관련해 어느 위치쯤에 자리 잡아야 할까?

파리 근교에서의 경험을 통해 우리가 생각하게 된 것은 도서관은 이 같은

---

[24] Marcel Gauchet가 인용한 Hannah Arendt의 말.

도시적 환경에서는 어린이나 청소년층이나 아이나 어른에게나 모두 특별한 장소가 될 수 있다는 것이었다. 해가 지남에 따라 나는 다양한 여건에 처한 여러 경우를 경험하게 되었는데, 주로 개발도상에 있는 지방이나 사회[25]에서였다. 그런데 이들 경험 중 상당한 수가 내가 처음 파리 근교에서 일하며 느꼈던 직감이 옳았다는 것을 거듭 확인시켜 주었다.

도서관은 거의 모든 지식이나 경험이 어떤 확실한 방식으로 전달되고 전파되는 곳이다. 언제나 도움을 청할 수 있는 어른들이 아이의 말을 들어 주고, 또 아이로 하여금 듣게 만들고, 흥미를 가지게도 만듦으로써 디딤돌의 역할을 하는 동시에 그들은 아이가 던지는 문제를 더욱 가치 있는 것으로 만들어 아이 스스로 문제를 발전시키고 풍성하게 만들어준다. 이는 단지 '자료 문제'에만 관련된 것이 아니다. 아이들이 요구하는 것은 보다 원대하다. 그것은 다양하고 뉘앙스를 띤 훌륭한 책을 선택하여 아이들 각자의 '내면 극장'[26]이 풍요롭게 가꾸어지도록 고무하고, 아이들의 호기심과 학구열을 격려하는 일이다. 그렇지 않으면 어떻게 책읽기가 살아있고 독창적인 것이 될 수 있겠는가? 토론, 둘이서만 나누는 사적인 대담, 개인적 조언 등과 같은 시스템은 아이들 각자가 자신의 고유 리듬을 발견하도록 해주고, 특별한 개별적 요청도 인정될 수 있게 하며, 각자 자신의 삶을 좇을 수 있게 해준다. 아이들을 우선적으로 고려해 구상된 이 서비스는 어른들에게도 여전히 주요한 의미를 띨 수 있다. 감동적이고도 훌륭한 책을 자녀와 자연스레 나누어 읽으며 느끼게 되는 그 엄청난 기쁨을 발견하게 될 것이다.

바로 이것이 도서관의 역할이다. 모든 정보를 아이들 손닿는 데 두고, 자기 것으로 만들도록 도와주며, 현행 학계가 정보라는 단어에 부여하는 이중의 의미를 제대로 실현하는 정보 센터가 되는 것이다. 즉, '정보'란 지식을 뜻하는 일반적 의미뿐만 아니라, 이를 수용하는 사람에게 어떤 형태나 구조를 주거나 전달하는 의미까지 지닌다는 것이다. 지식은 이를 체험하는 사람을 변화시킨다. 지식은 또한 우리의 존재를 확장시킨다. 불가피하고 필연적인 외부로부터의 영향도 우리가 이렇게 통합되어 있을 때는 조절이라는 부정적인 의미

---

25) 이 책에 인용된 이 단어는 모두 앵글로 색슨적 의미가 적용된다.
26) 정신분석학자 Colette Chiland의 표현. 주 19)를 참조하시오.

를 잃어버린다. 그렇지 않고 만일 통합이 잘못 이루어지고 있다거나 개인적 단위를 존중하지 않는다면, 그때 그렇게 공인된 사고는 옹이나 암처럼 전이되어 간다. 공인된 사고의 세계는 생각하지 않아도 됨을 허용하고, 수동적으로 수용되는 표어의 세계이자 구호의 세계이기 때문이다.

우리가 클라마르 도서관에서 찾을 수 있었던 해결책이나, 다른 사람들이 다른 곳에서 찾았던 해결 방식은 시간의 흐름에 따라 변해 갔다. 그러나 기준이 되는 방침은 언제나 같았다. 그것은 바로 아이들에 대한 존중이었다: 그들의 개별적인 요구에 귀 기울이고, 이 아이에게 이 책이나 미디어가 어떤 중요성을 가지는지 인식하고, 많은 미디어 가운데 아이에게 알맞은 것을 선택하고, 자기 방식으로 읽고 자기 것으로 만드는 법을 도와주고, 그리고 도서관 또한 여러 규율에 따라 다른 사람들과 함께 살아가는 법을 배우는 장소임을 깨우쳐 주는 곳이었다. 도서관은 전달과 새로운 질문, 새로운 관심거리의 장소이며, 그리고 대면이 일어날 수도 있는 장소이다.

수없이 많은 조건 가운데 도서관이 채택하는 양식은 코앞에서 해결되기만 기다리는 수많은 문제의 숫자 꼭 그만큼이나 다양하다. 오늘날 도서관이 정보 센터로서의 역할을 충실히 수행하기 위해서는, 독자들에게 즐거운 순간에 읽을 만한 책을 제공하는 것뿐만 아니라 이제는 즐거운 순간에 합당한 생각을 이끌어 낼 수 있는 장소를 제공하는 것 역시 중요하다.[27]

---

27) Anna-Maria Kylberg, 「스칸디나비아 공공 도서관 계간지」 *Scandinavian Public Library Quarterly*, 제7권 3호(1974), 핀란드 교육문화부, p.10350

제 3 장
선택의 어려움

아이들의 책읽기에 있어 그 품질과 향상은, 어떤 책을 만나게 되느냐는 문제에 근본적으로 달려 있다. 이 만남이란 일부러 책을 찾지 않아도 주위에서 자연스러이, 그리고 즉시 접할 수 있는 상황을 전제한다. 즉, 아이의 손에 '그때 그때 떨어지는 책'들이 무릇 아이의 독서 질과 미래를 결정하게 되는 것이다.

이 사실을 다소 이론적으로 풀어보면, 아이들의 책읽기는 곧 우리가 그들을 위해 사거나 준비하는 책에 의해 주로 결정된다는 것이다. 이는 곧 우리가 책이나 독서, 그리고 아이에 대한 생각을 모두 동시에 해야 한다는 사실과 다름없다. 어른들은 일반적으로 어떤 책을 선택하여 아이들에게 제시하는 것일까?

학교에서

책, 보다 일반적으로 '씌어진 것'은 학업체계의 근간을 이룬다. 그렇기 때문에 학교에서는 책 한 권 한 권이 무척 주의 깊게 선별되고, 교사들이 그 내용을 잘 알고 있으며, 교육과정에서 요구되는 내용뿐만 아니라 책을 읽고 싶은 욕구를 함께 채워줄 수 있도록 다양하고도 폭넓은 선택이 이루어진다. 이 욕구가 없으면 진정한 독서 교육은 이루어질 수가 없는 것이다.

일반적으로 학교에서 질 높은 교육으로 아이들의 호기심을 자극하고, 이에 대한 대답을 줄 수 있는 동시에 그들의 다양한 욕구에도 대응할 수 있는 이러한 환경을 갖추고 있는가? 학급 문고로 일단의 해결을 볼 수는 있겠지만, 이것만 가지고는 지극히 간소한 총서 몇 권 이외 무엇을 제공할 수 있겠는가?

학급 문고의 내용은 교사가 독서에 대해 가지고 있는 인식을 밀접하게 반영하고 있다. 책읽기를 중요하게 여기지 않거나, 아이가 읽기만 한다면 모든 독서는 다 좋은 것이라 생각하는 교사라면 좋고 나쁜 구별을 두지 않고 책을 고르고 말거나, 또는 어느 외판원이 '꽤 괜찮은 조건'에 권유하는 책, 아니면 어디서 그저 얻은 책에 만족하고 말 것이다.

알아볼 시간도 부족하고, 적당하다고 여겨지는 가격대도 드문 것은 사실이다. 거기다 때때로, 어느 출판사의 대표가 학교 현장으로 와서 권유하는 것에 쉽게 유혹되어 버린다. 진지하다고 알려진 출판사의 저서들은 선택의 폭이 그다지 넓지 않다. 또한 간혹 사람들이 낡고 가치 없는 것들을 정리해 헐값에 싹 넘겨버리고 싶은 생각이 들 때에, 이 경우 보통 걸리는 것은 오래되고 지루하기 짝이 없는 책들이라, 이들은 도서관에 팔리지도 못하고 학급 문고로 돌아오는 것이다.

아이들도 간혹 교사가 '그 자신의' 도서관을 꾸미는데 도움을 준다. 우리가 바깥 여러 서점에서도 볼 수 있듯이, 아이들이 이제 정말 더 이상 자기와 관련되지 않는 책들을 가지고 오는 것이다. 이렇게 해서 학급 문고 도서관은 이것저것 끌어 모으고, 우연의 물결에 휩쓸려 닿은 책들로 채워지는 것이 보통이다.

또한 교사가 교과 과정에 필요한 사항이나 자신이 가르치고 있는 내용에 합당한 서적에만 치우칠 수도 있다. 이 경우 그는 교원 단체에 제시되고 표명한 요항, 즉 자료 문서나 확실한 교육적 내용을 담고 있는 앨범, 어떤 주제에 대한 연구를 심화시키는 데 '도움'을 줄 수 있는 이야기나 소설 읽기 등을 열심히, 그리고 어느 정도는 성공적으로 강조하는 출판물을 고르게 된다. 이러한 문학은 학사 편람의 연장에 다름 아니다. 물론 이와 같은 종류의 문학도 순기능이 없는 것은 아니다. 제한된 것이긴 하지만 독서의 실용적 기능에만 역점을 둔다면, 학교는 결국 반쪽자리 교육밖에는 할 수 없는 것이다. 이렇게 되어 버린다면 얼마나 애석한 일인가.

무척 다행스럽게도 아이들을 위해 책을 찾을 때 그들의 상상력이나 감수성을 자극하고 호기심을 열어주며 다양한 기대감에 응답할 수 있는 책을 찾으려 노력하는 교사도 종종 있다.

이런고로, 아이들의 독서 기회나 책 선택은 담임교사가 책이나 독서, 학교의 역할에 대해 가지고 있는 인식에 의해 크게 좌우된다. 이는 또한 학교 기관의 교육 제도에 따라서도 달라진다.

현 상황은 과연 어떠할까? 학교 도서 형편은 요 몇 년 사이 많이 나아졌다. 이미지가 실린 책들이 출판되면서 어린이 책에 대한 관심은 점차 일반 대중을 상대로 폭넓게 퍼져가고 있다. 교육자들 역시 이 분야에 관심을 가지게 되었다. 이제 공공 도서관에서 어린이 책을 조회하는 어른도 많아졌다. 단체 대출이나 정기적으로 자동 연장되는 시스템 덕분에 이 책들은 학교에도 들어가고, 한편 이와 같은 상황은 교사나 학생들로 하여금 진짜 학교 중앙 도서관을 마음대로 사용하고 싶다는 욕구를 불러일으켜 줄 수도 있다.

그러나 변화는 상당히 느리다. 정부 차원의 권고에도 불구하고 중앙 도서관에서 교육 실습을 실행하기란 여전히 힘들다. 물질적 자원의 어려움도 물론 있다. 하지만 이런 어려움은 중앙 도서관의 꿈을 이루지 못하게 하는 주된 장애 요소는 못된다. 학교 도서관을 위한 기금과 값비싼 시설물 - 자주 사용하지도 않고, 게다가 장롱 밑바닥에 쌓아 두고 잊어버리기나 하는 물품들이지만 - 을 살 수 있는 경비만 모으면 사실 이미 첫 삽을 뜬 셈이나 마찬가지다. 물론 불확실한 예산으로는 컬렉션을 연장해 나갈 수는 없다. 이 경우 매우 흔히는 그림책에만 예산이 배당된다. 이해하기가 쉽고 보다 재미있게 접근하도록 해주기 때문이다.

이러한 새로운 각도에서 독서 문제에 접근하도록 이끌어 주는 교육 과정이 없어 교사들은 상당히 자주 어려움을 당한다. 여기서 중앙 도서관은 자체의 기능적 시스템을 이용하여 학교 교육 제도에 대한 심오한 변화를 이끌어 내는 기폭제 역할을 한다. 단체 시설을 사용해야 한다는 사실은 혼자 일하는 것에 익숙한 많은 교사들로 하여금 우선 정신적으로 변화되어야 하는 어려움을 겪게 만든다. 만일 도서관이 학교나 어떤 교육 기관의 중심부에 자리하게 된다면, 교사나 학생들이 언제나 자유롭고 친근하게 드나들면서 풍성하고 다양하며 체계적인 참고 자료들을 공짜로 마음껏 활용할 수 있는 장소가 될 것이다. 또 새로운 것을 알게 되는 기쁨과 책읽기의 즐거움을 배울 수 있는 장소가 되기도 할 것이다. 도서관에서는 각 연령층에 따라 독서 수준이 다르고 정보를 소화하는 능력과 방식이 독자들마다 제각기 다르기 때문에 같은 한 권의 책이라 할지라도 마치 백과사전처럼 다양하게 쓰임을 받을 수 있다.

가정에서

어린이 독서는 또한 가족이 모였을 때의 선택과 행동거지에 의해서도 좌우되고, 보다 일반적으로는 아이의 주변에 있는 어른들에 의해 좌우된다. 그는 거기서 누구인가? 당연한 말이지만 우리는 각자 독서나 책에서 얻은 자기의 생각을 이야기한다.

부모가 여하튼 교육적 강박 - 철자법이나 문법을 익히기 위해 책을 읽히는 등 - 에서 벗어났을 때, 그들은 여러 생각 사이를 왔다갔다 한다: ① 책은 일단 아이를 몰두하게 한다. ② 책은 아이 봐주는 텔레비전이나 베이비 시터와 똑같은 역할을 해 준다. ③ 책은 아이가 자유로이 다른 활동을 못하게 막아준다. 장거리 여행을 위해 기차에 오르기 전, 이들은 사탕을 사면서 재빨리 문고판 한 권을 집어 든다. '아이가 내내 잠자코 있게 만들기 위해서'.

혹 선물 도서라면, 이때에는 종종 호화로운 표지 장정이나 이로부터 짐작되는 책의 가격 등이 책에 대한 관심 자체를 가려버린다. 우리나라는 물론 세계 어느 나라에서나 예쁘게 포장되어 나오는 선물 도서[28]는 말할 것도 없이 이해타산을 두드리는 - 일정한 짧은 기간 동안 - 출판사나 서점에 의해 기획된 것들이다. 비싼 가격 때문에 아이들은 스스로 책을 살 수 없으니, 결국 어느 정도는 자기가 읽을 책에 대한 선택권을 뺏기는 셈이다. 다행히도 문고판 서적들이 꾸준히 증가하고 있고, 몇몇 컬렉션은 오늘날 고전으로 평가받는 비범한 앨범이나 소설만 뽑아 다시 출판하는가 하면, 훌륭한 자료 문서들도 소형 출판하고 있다. 하지만 이 문고판들도 아이들의 용돈으로 사기에는 여전히 너무 비싸다.

어떤 부모들은 자녀에게, 특히 아이가 어릴 때 다른 교육적 도구와 같은 의미로서 '교육적' 책을 사준다. 이들은 곧 대상에 대한 지식을 제공하고, 아이가 놀이처럼 단어를 익히고 넓혀 나가도록 유도하고, 서로 다른 작용 사이

---

28) 출판 매체들이 청소년 도서에 관심을 보이는 것은 오직 연말 연휴 때뿐인 듯하다.

의 논리적 연결을 발견하도록 이끌어 주며, 책이나 또는 역사적 맥락에 친숙해지도록 도와주는 책이다.

한편 다른 부모들은, 아이의 알고 싶은 욕구와 호기심을 만족시켜 줄 수 있는 책을 사준다. 그리고 아이와 어떤 이야기를 함께 나누는 기쁨이나, 함께 감동을 느끼는 행복을 아이와 더불어 발견하는 부모도 있고, 또 점차 늘어나고 있다. 이들은 곧, 잠자리에 들기 전 이야기를 들려주고 듣는 것이 통과의례처럼 이루어지고, 그것이 하루의 특별한 순간, 어른과 아이 사이의 친밀한 한 순간, 그리고 그 어떤 것도 대체될 수 없는 소중한 경험으로 기록되는 가족이다.

어떤 부모들은 '교양 있는' 자녀로 만들고 싶은 나머지, 그 무엇보다 먼저 전위적인 화집 - 그 그래픽 스타일은 종종 보기에만 새로운 것들뿐이다 - 을 찾는다. 그들은 자기네들의 말대로 '아이를 한 장르의 미학에만 가두어 두지 않으려' 애를 쓴다. 이런 책이 어린 독자들을 언제까지 가두어 둘 수 있을지는 알 수 없는 일이다. 그래픽적 방식은 책의 일부 요소에 지나지 않는다. 이야기의 질은 어디에 있는 것일까?

마지막으로 또 어떤 부모들은 확실한 메시지를 담고 있는 책을 찾느라 온갖 주의를 기울이며 살피고 다닌다. 환경론적인 것, 성차별 반대, 인종차별 반대 등... 이들은 19세기 당시 이런 부류의 선조들과 닮아 있다. 비록 서로 다른 기준의 정신과 이념을 가지고 있지만 이들 두 세대가 공통으로 확신하는 것은, 책은 자연적 예시적 방식으로 학교나 가족, 사회의 정신적·사회적 행위에 영향을 끼친다는 사실이다.

사실 절대 다수의 부모들이 처해 있는 현실은, 자녀에게 사 주고 싶은 책에 대해 알아보고 찾고 질문을 던질 시간이나 방법, 간혹은 의도조차 없어 아예 사 주지 않거나 아니면 슈퍼마켓에서 장을 보다가 우연히 생각나서 재빨리 몇 권 사고 마는 것이다. 종종 이들은 늘 같은 총서만 사는 경향이 있는데, 이는 이 장르가 가장 편한 지표 중의 하나가 되기 때문이다. 사실 총서 시리즈란 그 자체로서의 커다란 의미를 띠는 것도 아닌데 말이다. 이 아이들의 개인 문고는 오직 하나의 총서, 그리고 같은 총서 시리즈로만 채워지게 될 것이고, 그는 결국 이 책들을 다 읽어 내어야 할 것이다. 종종 '여행용 잡낭(雜囊)' 같은 총서 모음은 그야말로 모은다는 것에 대한 그들의 욕구를 충족시켜 줄 뿐이다. 그들은 소유한다는 것에 만족감을 느끼며 책을 수집하는 것이다. 진짜로 읽을 의향도 없이.

책에 대해서 어떻게 알아볼 것인가? 요즘 프랑스에서는 어린이 책에 대한 관심이 점점 늘어가고 있는 추세이지만, 이에 대한 정보는 아직 많은 대중에게 전달되고 있지 않은 편이다. 일년 동안 발행된 이 분야 출판물을 전체적으로 세밀히 알 수 있는 진짜 전문가는 주요 언론사에서도 찾아보기 드물다. 대부분의 언론사에서는 아주 어쩌다 한번씩 이런 전문가에게 한 란欄을 제공할 뿐이다 - 바캉스 시즌이 시작될 때나 연말연시 연휴 때, 아니면 종종 이 아동도서 소개란은, '언론 봉사'정신에 입각한 '빠른 봉사'정신으로(presse가 언론이란 뜻 이외에 서두름이란 의미로도 해석되는 이중적 의미를 이용한 역설적 표현 -역자 주) 계획에도 없던 것을 이리저리 서둘러 만들어 내보내지는 경우가 많다. 신문에 함께 끼워 넣어 달라고 청을 넣는 어떤 회사 관련 내용물이나 또는 기타 다른 광고물의 들러리가 되어 특별 부록판을 장식하게 되는 것이다.

전문잡지의 경우라면, 이 분야 출판물에 대해 세세히 지적할 수 있는 비평가에게 의뢰하여 시평時評을 싣는다. 하지만 그들의 분석은 잡지의 교육적 이념적 경향에 방향이 맞추어진 것들이다. 게다가 이들 잡지는 일부 소수 교사들에게만 지급이 되고, 관심이 상당히 많은 부모가 아니라면 이런 종류의 출판물을 정기구독까지 할 필요성을 느끼지 못할 것이다.

수많은 시청자를 확보하고 있는 라디오 방송에서는 일년 내내 어린이 책에 대한 관심이 소홀하다. 텔레비전에서도 이러한 장르의 문학에는 별 흥미를 두지 않는다. 어떤 방송 프로그램에서도 아직 어른이나 아이에게 능동적으로 말을 걸어오지 않는다. 한 시간이면 서로의 생각을 듣고 나누는 멋진 기회가 될 터인데 말이다.

도서관은 다양한 작품 세계와 제대로 된 정보를 제공할 수 있는 장소이다 - 사서들 같이. 그러나 대부분의 사람들은 어린이 출판물에 대해 실제로 알아보기 위한 시간을 일부러 잘 내지는 않는다. 그래서 사실 여유로운 시간이 그리 많지 않은 현실 때문에 빠른 시간 내에 확실히 살 수 있는 책이나, 또는 환상적인 판매 조건에 있는 책을 골라 자녀에게 주는 것이다 - 예컨대 재고품 떨이 같은 경우.

그리고 책에 대해 알아보는 과정에 있어 기다림에 지쳐 성공하지 못하는 경우도 종종 있다. 나 역시 수많이 이런 경험을 했다. 이런저런 비평가가 칭찬한 책들은 대형 서점에서조차 손에 넣기 힘든 경우가 꽤 자주 발생한다. 이때에는 출판사에서 보급용으로 기획한 책을 사고 마는 것이 가장 흔히 취해지는 선택이다.

그러나 한편 몇몇 서점들이 청소년층을 대상으로 펼치고 있는 역동적인 활동상은 경의를 표할 만하다. 이들 덕분으로 프랑스 여러 지역에서 썩 훌륭한 어떤 일이 전투적으로 벌어지고 있다. 즉, 때때로 어떤 서점에서는 출판물이 유통되는 상황에 따라 귀한 책이나 특별히 눈에 띌만한 좋은 책이라 하더라도 균일 가격에 골라 가도록 내놓고 있다. 신간뿐만 아니라 햇수가 지난 것도 있지만 아이들 눈에는 모두 새것으로만 보이는 책들이라 이를 손에 넣기 위해서는 누구보다도 잽싸고 눈 밝은 전투적 감각을 가지고 있어야 하는 것이다. 이런 서점에서는 또한 작은 출판사에서 의욕을 가지고 출판한 독창적인 작품을 알리는데도 열성을 아끼지 않는다. 그들은 많이 읽고 분석하며 조언해 주고, 종종 도서관과의 긴밀한 관계 속에서 일해 간다. 하지만 이 같은 특별 서점은 거의 언제나 '은총 받은' 구역에서나 누릴 수 있는 사치에 불과하다.

게다가 프랑스 국민의 상당수가 도서관에 자주 다니지 않는다. 그들은 마치 도서관 문 여는 것 자체를 매우 두려워하는 사람들처럼 보인다. 그들의 눈에는 도서관은 교양을 갖추고 책 읽는데 익숙한 사람들만을 위해 준비된 장소같이 보인다. 슈퍼마켓의 '서적 판매 코너'에서 책을 사는 사람들은 보다 서민적인 이 계층 사람이다. 익명으로 아무런 두려움 없이 책에 다가갈 수 있기 때문이다. 하지만 대개 여기서는 좋은 책을 발견하기가 힘들다. 이곳에 진열된 책은 사람들이 어디서나 흔히 눈에 띄는 것들로서 역이나 신문 가판대, 작은 서적 및 문구 가게에서도 살 수 있는 것들이다. 서적 판매장과 문구 판매장 사이를 수시로 옮겨 다니며 일해야 하는 그 곳 판매원들로서는 제대로의 전문성을 가지기도 힘들어 그들에게 견식 있는 조언을 기대하는 것은 무리일 것이다. 하지만 근년에 들어 훌륭한 문고판 총서들이 출판되면서 이곳에서 책을 살 수 있는 선택의 폭이 그 질과 양면으로 넓어지고 있다. 그리고 또한 시리즈 형태로 제작되면서 거대한 산업적 규모로 생산되는 책과 슈퍼마켓 고객 전용으로조차 나오는 책들이 있다. '대중판' 이니 '민중판' 이니 하는 말은 낯 두껍게도 도서관까지 고객으로 계산하는 장삿속 출판업자들의 속셈을 에둘러 표현한 허울일 뿐이다.[29]

이렇게 되고 보니 결국 어른들은 원하건 원하지 않건 한정된 선택을 할 수밖에 없게 된다. 즉, 비판하고 내쳐버리거나, 아니면 가장 편하게 손 안에 주어지는 것을 취하거나, 혹은 아이들의 필요와 요구에 합당한 책을 구해주기 위해 최선을 다 하느냐의 문제로 귀결된다. 하지만 아무리 조회하고 알아보는 것이 쉽지 않은 일이라 하더라도 워낙 폭넓은 어린이 출판물 앞에서 사람들은 확신이 서지 않고 스스로 무지하다는 느낌을 갖게 된다. 어떤 것이 중요한 책인가? 책의 가치는 어떻게 판단하는지? 해마다 출간되는 수많은 책 가운데 실제로 어떻게 책을 선택하는가,[30] 지표가 전혀 없어 우리는 지극히 한정된 일부만 알고 있을 뿐이다. 그리고 무엇보다 어떤 책이 아이들의 관심을 끌 수 있고 감동시킬 수가 있는가? 이는 모두 우리가 알아야 할 중요한 문제들이다. 하지만 과연 어떻게 알 수 있을까?

아이들은 여러 복합적인 이유에서 책을 읽는다. 종종 그들은 부모의 기대를 저버리지 않기 위해 책을 읽기도 한다. 유순한 성격의 이 아이들은 하라면 하라는 대로 하는, 주어진 상황에 수동적으로 순응하는 기질이다. 이런 경우 부모의 염려가 자신을 짓누르고 있다는 사실을 느끼는 순간 아이는 무력화되고 자기가 책을 읽지 않아, 혹은 '읽어야' 할 책을 읽지 않아 부모가 슬퍼하는 것을 보면서 무기력해져 버린다. 이렇게 해서 아이는 무의식적으로 자신에 대한 어른의 지나친 기대에 반항하기 위해 책 읽는 것을 거부하게 된다. 무척 다행스러운 일로서 스스로 즐거움을 느끼고, 자신의 감정적 지적 그리고 예술적

---

29) 청소년 대상 서점의 발전방안에 대해서는 「어린이도서잡지」 *Revue des livres pout enfants*, N° 97(1984. 6-7) 및 보다 최근의 다른 논문들을 참조하시오. (97호에 게재된 글은 다음과 같은 것들이 있다: René Diatkine, "어린이와 책 소유 욕망" L'enfant et la possession du livre, pp.28-42 ; Alain Fiévez, "사람들이 좋아하는 책만 파는 특정 서점" Les Libraries spécialisées: vendre ce que nous aimons, pp.46 47 ; Anne Parnégiani, "여느 다른 서점과 차별화된 특별 서점들" Les Libraries pas comme les autres, pp.48-51 -역자 주)
30) 대한출판협회의 통계에 따르면 우리나라에서 한 해 출간되는 어린이 도서는 약 4000여 권을 헤아린다고 한다.

욕구를 만족시키고자 책을 읽는 사람들도 있다. 그러나 여기저기서 이삭 줍듯 주워 모은 책들은 얼마 못 가 그 부실한 실체가 드러나고 말 것이다. 아이들의 폭넓은 호기심에 다양하고 변덕이 심한 그들의 관심사에 어떻게 응답할 수 있을까?

제 4 장
도서관이 해야 할 일들

도서관의 역할은 누구에게나 무료로 다양하면서도 선별된 풍부한 컬렉션을 제공하는 것이다. 이 과업을 위해서는 원칙적으로 재정적인 방도와 전문성을 가지고 있어야 한다. 도서관의 역할은 어린이 독서에 요구되는 사항을 세밀히 채워가려고 노력하고, 부모나 교사들의 요구도 만족시키기 위해 힘써야 한다. 이를 위해서는 자유로이 이용할 수 있는 출판물 전체에 걸쳐 가능한 한 체계적이고도 철저한 연구를 실행해야 할 것이다. 그리고 독자들을 세심하고 주의 깊게 관찰하여 그들의 요구에 최선으로 응답하기 위해 노력해야 할 것이다.

한편 사서 역시 자신의 고유 취향이나 개인적 선택의 여지를 절대 초월할 수는 없는 노릇이다. 명시된 요구에만 그치고 말아, 아이들로 하여금 새로운 대지로 들어가는 것을 차단해 버린다면 이는 온당한 일이 아닐 뿐더러 아이들을 메마르게 하는 일이다. 도서관의 사서는 나룻배 사공 같은 존재여야 한다.[31]

도서관은 원하건 원치 않건 여러 다른 환경이나 교육에 의해 좌우되는 누구나의 여건이나 한계를 극복할 수 있도록 도움을 주는 도서를 마련해야 한다.

일종의 공익사업으로서의 도서관은, 모든 시민에게 효율적인 방법으로 다가설 수 있는 통로를 가지고 있어야 할 것이다. 원칙적으로 누구나가, 도시나 시골 할 것 없이, 자기 집 부근에서 도서관을 폭넓게 골라 다닐 수 있어야 하고, 무료로 마음껏 자료 열람을 할 수 있어야 할 것이다. 그것이 정식 도서관이건, 이동식 차량 도서관이건, 아니면 공립 도서관과의 밀접한 연계 가운데

---
31) 설명하기 쉽지 않은 단어이다. 사전적 의미는 강의 이편에서 저쪽으로 건너가게 해주는 뱃사공이란 뜻이지만, 중개자라는 이 실질적 뜻보다는 여기서 나는 보다 풍부한 은유를 통해 해석되는 의미를 부여하고 싶다.

아이들의 다양한 활동을 주관하는 작은 독서모임이건 간에. 여하튼 도서관이 언제나 당면하는 일은 '선택'해야 한다는 것이다. 희귀본이나 개인으로서는 여간해서 살 수 없는 작품 등을 황송하게도 소장한다 하더라도, 도서관의 예산 역시 가정이나 학교의 경우처럼 한정적이게 마련이다. 이로써, 최대한 현명하고 통찰력 있는 도서 선정 정책을 선택하고 수용해야 하는 충분한 이유가 되지 않을까? 선별이란 제한둔다는 것을 의미하는 것이 아니라, 오히려 그 반대이다. 선별한다는 것은 곧 가치를 부여하는 일이다. 그리하여, 이것은 도서관의 가장 막중한 책무 중의 하나이다.

독자의 요구나 질문에 가장 최선으로 부응하려는 것뿐만 아니라 하마터면 사장되어 버릴 뻔한 아이들의 잠재된 관심이나 질문을 유도하려는 노력의 일환으로서 도서관은 백과사전적인 도서 선정을 꾀하여야 한다. 도서관은 어떤 해당 분야나 대중의 핵심 관심사, 인접 참고 자료 소개 등에 대해 마치 부챗살을 펴가듯 우리의 시야를 확장시켜주는 것이다. 독자의 요구가 늘어나고, 보다 개인적 구체적이 될수록 도서는 더욱 확장되고 다양화된 범주에서 선정되어야 한다. 주어진 어떤 주제에 대한 다양한 문제에 단지 한 권의 책만으로는 만족한 응답이 될 수 없기 때문이다. 예를 들어 병든 멧비둘기 한 마리를 안고 있는 독자가 구체적으로 정확히 알고 싶은 조항들은 새에 관한 지극히 일반적인 서적 한 권으로는 해결되지 않을 것이다. 이 경우에는 새 기르기에 대한 보다 전문적인 책이 필요할 것이다. 그러나 한편 주제가 매우 한정적인 책 – 특히 기술적인 책이라면 더욱 – 은 그 분야에 이미 특별한 관심을 가지고 있는 사람 이외는 흥미를 끌게 되지 않을 것이다. 따라서 도자기 제조공들이 끊임없이 돌리기를 하지만 매번 다른 기예와 형태로 그 형상을 완성해 가듯이, 이런 양식으로 기술된 책이라면 어떤 특이한 관점의 질문이 발생했을 때 독자가 찾게 될 전문 도서가 되지 않을까? 사람들로 하여금 다른 기관에 조회 문의해 보도록 도움을 주는 것 또한 자료 연구에 대한 교육의 일부가 된다. 이러한 과정은 특히 청소년 독자에게 결정적인 요항이 될 것이다.

오늘날 도서관의 정보화나 그 조직망의 체계화는 각 지점의 특성을 살리게 만들어 주고, 공공 도서관의 경우 분명한 존재감 없이 백과사전식으로 존재하게 되는 총서들이 필요 이상으로 많아지는 것을 막아준다.

지나치게 방대한 범주의 총서는 독자로 하여금 지표를 잃은 채 허우적거리게 만들 수 있고, 결과적으로 독서열을 꺾어 버릴 수가 있다. 반대로 너무 축약된 총서는 곧 실망감을 안겨주게 된다. 그리하여 이는, 흥미나 관심사가 확장되고 연장될 수 있는 기회를 차단해 버린다. 또한 아이들의 변화무쌍한 관심사에나 다양하고 복잡한 질문에 응답할 수가 없다.

클라마르의 어느 한 초등학교 내에 조그만 도서관 설립 일을 추진하면서 우리가 확인한 바는, 처음 책이 한 가득 도착했을 때 그렇게 열렬히 환호해 마지않던 아이들이 얼마 지나지 않아 곧 보다 광범위한 총서의 필요성을 느낀다는 것이다. 처음 책들이 새로운 의문을 가지게끔 유도하였기 때문에 아이들은 보다 많은 것을 궁금해 하고 더 깊이 질문하게 된 것이다. 이 사실은 곧 어느 한 책읽기 모임에 등록하는 것이 얼마나 중요한 일인가를 말해 주고 있다. 주지된 바, 작은 규모의 독서 모임은 중요한 가치를 지니며 바로 이 소단위 규모 때문에 어디든지 곳곳에 파고들 수 있으며, 특히 도서관에 자발적으로 오지 않는 사람들의 삶에 획기적으로 침투될 수 있다. 이러한 크고 작은 독서 모임들은 공공 도서관과의 연계가 필연적이다.

사실 많은 공공 단체들이 방대한 총서를 소장할 형편은 못된다. 그런데 두세 학급뿐인 학교에서 아이들의 다양한 질문에 응답하고자 도서관다운 도서관을 갖출 수 있을까? 이런 시골 도서관은 진짜 조직망 내로 편입해 들어가야지만 존립할 수 있고, 또 살아남을 수가 있다. 앵글로 색슨계 나라나 스칸디나비아 반도국들의 주 도서관이나, 오늘날 대출 위주의 프랑스 도 단위 도서관들이 지역 소규모 도서관을 흡수 통합하는 형태로 이끌어 주는 경우처럼 말이다. 영국 코츠월 지방의 매우 조그만 어느 한 마을에 소재한 학교에서 훌륭하게 선정된 최소한의 책만으로 독서 여건이 얼마나 본질적으로 제공되고 있는지 나는 경이로움에 차서 바라다 본 경험이 있다. 대단히 실용적인 자료와, 한 번 읽는 것으로 끝나게 되어 있는 소설이나 두꺼운 그림책들은 아이들의 관심사에 무척이나 잘 부합하는 것이었다. 그 어느 책 한 권도 무용한 것이 없었으며 책장 위에서 잠자고 있는 것이 없었다. 이는 도서 선별이 성공적으로 되었을 뿐만 아니라, 교사가 그 내용을 완벽하게 이해하고, 또 아이들에게 그 책을 어떻게 잘 이용할 수 있는지 독서 지도를 훌륭하게 해준 덕분이었다. 이 도서관은 내게 소규모 단위에서 어떻게 책을 선별하고 이용해야 하는지, 그리고 친숙한 도서관 만들기 등의 문제를 각인시켜 주었다. 이 조그만 학교의 도서 컬렉션은 주 단위 도서관의 컬렉션에 보다 폭넓게 통합되어 있었다. 새로운 관심사나 흥밋거리가 발생했을 때 주(州)중앙 컬렉션에 조회하여 문제를 찾는 것은 쉽고도 빠른 해결책이었다.

공공 도서관에서 어느 한 분야의 어린이 총서가 일정한 어느 지점 이하로 떨어질 수 없는 것과 마찬가지로[32] 지나치게 확장되어서도 안 되는 것이다. 도서관의 자료 총서는 관리해야 하는 독자 수에 따라 적정한 선에서 결정되어야 한다. 영국의 사서 자네트 힐[33]은 도서관에서의 서가 수가 최대 얼마는 되어야 한다고 주장을 펼치는 무리를 경계시킨다. 즉 그는 너무 방대한 총서는 이미 시대에 맞지 않거나 뒤떨어진 주제를 담고 있는 책들로 뒤섞여 있어 오히려 모든 책이 그 가치를 빛내면서 제대로의 구실을 하지 못하게 만들어 버리기 때문에, 이런 부당함을 배제하기 위해서는 더 이상 소용에 닿지 않는 책들은 과감하게 치워내고 끊임없이 새로운 도서를 선별해 서가를 채우는 작업이 수행되어야 한다고 주장한다.

아직도 우리는 틀림없이 숫자상으로는 많지만 실제로는 무용지물에 불과한 도서관을 여기저기서 더러 보게 된다. 출판사들의 '다락방 정리'나 '서랍 정리' 결과로 나온 도서들로만 채워져 있기 때문이다. 장담컨데 이런 책 무더기는 오히려 책을 읽고 싶은 욕구를 달아나게 만드는 역효과만 낼 뿐이다. 과감히 치워버려야 하는 용기가 필요하다. 이러한 상황은 그런데 반드시 가난한 나라에서만 일어나는 것은 아니다. 하지만 결국은 곤란함만 떠안겨 주는 꼴인 이런 무책임한 호의의 희생은 부국보다는 빈국에서 더 자주 당해야 하는 일인 것만은 틀림없다. 만약 어떤 도서관에서 갔을 때 꽂혀 있는 책들이 부실하거나 엉망이라면 이는 필시 그에 따른 교육을 받지 않은 사람에게 맡겨졌거나, 혹은 불성실한 사람에게 맡겨져 무관심하게 아무거나 새로 출간된 책들만 집어 왔을 가능성이 많다. 특별한 주의를 기울이지도 않은 채 한 권 사고 만 이

---

32) Lionel Roy McColvin은 공공 도서관에서의 어린이 도서는 서로 다른 여러 장르의 책들이 균형을 이루는 가운데 언제나 1500 내지 2000권 이상이 서가에 꽂혀 있어야 한다고 주장한다. 『어린이를 위한 서가』 Libraries for Children, 런던: Phoenix House, 1961

33) Janet Hill, 『어린이도 사람이다』 Children are people, 런던: Hamish Hamilton, 뉴욕: Crowell, 1973

러한 책들도 결국은 모두 같은 수준의 것으로 평가받는다.

훌륭한 도서관은 정말 형편없는 책이나 평균적 가치를 지니는 수준의 책들만 가득 쌓아놓기보다는, 특히 뛰어난 저서로 판단되거나 사람들이 자주 찾는 애독서라면 기꺼이 진열 부수를 늘려 최대 다섯 부까지도 마련해 놓는다. 또한 언젠가 이를 읽게 될 미래의 독자들에게 좋은 경험이 될 수 있는 책을 찾아내고 평가하는데 온 열성을 기울인다. 오늘날 많은 나라에서 볼 수 있는 팽창주의적 출판 정책에서는, "이 책은 정말 가치가 있다"는 식의 정보를 과감히 흘리는 것이 중요한 관건이 된다. 이 같은 방침은 감히 취하지 못한다 하더라도 결정을 망설이다 결국 포기하고 마는 사서는 없는 것일까?

이런 상황에서는 '저절로 술술 읽히는 책'을 권하거나, 읽는 즐거움만은 확실하게 보장하는 매우 쉬운 책을 권유하게 될 가능성도 배제하지 못한다. 하지만 정말 중요한 점은, 왜 저 사람이 저 책을 선택했는지에 대한 동기를 신중히 숙고해야 한다는 것이다. 이는 곧 독자를 가까이 하는 사서로서의 책임감에 대한 문제이다. 아이가 완전히 자유로운 상태에서 책을 어떻게 처음 대하는지 유심히 관찰해 보면 이 문제는 어느 정도 알 수가 있다.

바로 이런 이유로 아이들과 직접적 일상적 접촉에 노출되어 있는 사서들이 컬렉션이나 신간에 대한 평가를 내린 다음, 과연 어떤 책을 아이들을 위해 취하고 버려야 하는지 결정적으로 선별해야 하는 것이다.[34] 이 결정은 학교 기관의 교육 취지에 온전히 부합하는 방향에서 취해져야 한다. 그리하여, 아이들의 현실적인 기대감과 호기심, 문화를 존중하면서 이들이 풍요로운 지식의 세계에서 자유롭게, 그리고 최선을 다해 자신의 길을 갈 수 있도록 해주어야 한다. 주의력 깊은 사서가 아니라면 과연 그 누가 이 지난한 과업을 감당할 수 있으리오? 아이들이 책에 대해 보이는 관심을 유심히 지켜보고 관찰함으로써 이 일은 가능해진다. 그리하여, 사서들은 아이들의 주변 친인척이나 부모, 학교 교사 뿐만 아니라 책을 만드는 출판업자나 회사 사장에 대하여서도 어떤 의미에서 아이들의 대변인 역할을 한다고 할 수 있다.

사서의 직업적 전문성을 존중하고 신뢰하면서 우리는 사서가 취해야 할

---

34) 도서 및 물품 구입을 위한 예산은 시 의회 투표를 통해 결정되고, 최종 예산액은 각 공공 도서관장에게 전달되어 여러 분야로 할당된다.

구체적인 행동 요령이나 다양한 독자층에 대한 정신적 교감 및 소통 방법 등을 끊임없이 심화하기 위한 교육의 장을 마련하고 있다. 또한 우리는 대도시에서 사서 중앙 본부를 조직하여 도서 구입을 위한 정보 수집과 상호 협조를 통해 더욱 이해의 폭을 넓혀 나가도록 장려하고 있다. 도시나 지방 할 것 없이 업무와 문제 연구에 대한 크고 작은 모임들이 조직되어 현장의 사서들과 함께 책을 분석하고 선정하는 근본적 과업에 대해 끊임없는 성찰과 논의가 이루어진다. 이에 대한 책임감이야말로 사서라는 직업의 핵심을 이룬다. 이 책임감은 책을 선별하는 능력에 그대로 이어질 뿐만 아니라 독자를 위해 조언해줄 때에도 매우 중요하다.

프랑스에서는 《책을 통한 즐거움》이 창립되면서부터 이러한 문제에 대한 연구와 도서 구입 등의 문제에 대한 정책을 이끌어 왔다. 《책을 통한 즐거움》 도서관은 지난 몇 십 년간 공공 어린이 도서관이 지속 가능한 발전을 이루는 데 있어 결정적인 촉매 역할을 했다. 또한 청소년 대상 출판물이 괄목할 만한 질적 성장을 이루는데도 공헌했다. 특히 어린이 독서에 대한 현실적 제반 문제들을 연구하고, 새로운 제안이나 조언도 망설이지 않는다. 지난 몇 년간 사서라는 분야 자체가 처음 시작된 몇몇 아프리카 국가에서 우리의 정책이 이들 활동의 근간이 되고 또 뿌리를 내릴 수 있도록 도와주는 힘이 되는 모습을 가슴 벅차게 지켜본 바 있다.[35]

도서관
아이들의 취향을 관찰하고
다양한 방식으로 이해하게 하며
멀리 내다보는 법을 가르치는 곳.

유년기란 훌쩍 지나가 버리는 짧은 기간이다. 이 길지 않은 기간을 아이는 자기 자신만의 속도대로 보내는 것이 좋을 것이다. 그래서 이제 막 이 시기에 접어들어 지내고 있는 아이를 보면 뭔가 좀 미안함을 느끼게 된다. ...의 시간

---
35) 《책을 통한 즐거움》은 프랑스 외무부 당국의 지원과 현지 제휴 기관들과의 긴밀한 협조 가운데 불어권 아프리카 몇 나라에 비평적 독서 모임을 창설하였다. 이 단체는 어언 18년 동안 현장 사서들을 연합하여 도서를 분석하고 어린이에 대한 연구를 하며 「타캄 티코」 Takam Tikou라는 연간 잡지를 발행해 오고 있다.

을 보내다, 라는 단어(occuper)가 지니는 이중적 의미 즉, ① 살면서 시간을 보내거나, ② 내면 세계를 침략한다라는 것을 동시에 상기하면서 말이다. 마치 우리가 정복한 어떤 나라를 침략해 쳐들어 가는 것처럼.

다섯에서 열다섯 살까지의 아동을 대상으로 볼 때 아무리 책 읽는 것을 좋아한다 하더라도 일정한 분량의 작품 이상을 읽는다는 것은 어려울 것이다. 게다가 다시 읽는 즐거움도 무시하지 못할 요소이다. 아이들의 경우에는 이 다시 읽는 즐거움이 유독 강렬히 느껴진다. 아이가 특히 좋아하는 두꺼운 그림책 같은 것은 한 번만 읽고 마는 경우 거의 드물다. 책읽기에 대한 자제력이 강한 아이라 할지라도, 재미난 소설이라면 읽고 또 읽는 경우도 허다하다. 어른들이 자주 누리지 못하는 즐거움을 아이들은 경험하는 것이다. 아이들이나 책을 항상 가까이 한 사람들은 모두 한 사람도 빠짐없이 다소 환상적 이야기를 몇 번이고 거듭 읽고 싶어 한다. 이를테면 자신이 막 먹어치우려는 소녀가 마련해 놓은 음식을 맛본 식인귀가 기가 막힌 그 맛에 넘어가, 이후 멋진 남편과 자상한 아빠가 되었다는 『제럴다와 거인』[36]이나 또는 벌 받은 아이가 괴물의 나라로 도망쳐서 그들의 왕이 되고, 조금 있다가는 마치 아무 일도 없었다는 듯 태연히 자기 방에 들어가 조용히 저녁을 먹는다는 『괴물들이 사는 나라』[37]같은 이야기를 말이다. 아이가 잠들기 전 머리맡에서 이야기를 들려주는 부모라면, 똑같은 언어로 말하는 똑같은 이야기를 아이들은 듣고 또 듣기를 즐긴다는 사실을 역시 잘 알고 있을 것이다.

아이의 독서 여건은 그러니까, 우리가 책을 선별해 주고 또 거기서 어떻게 방향을 잡고 나아가야 하는지 이끌어 주는 도움을 필요로 한다. '놓치기에는 너무 아까운' 책들을 그냥 스쳐 지나버린다면 너무 애석한 노릇이 될 터, 아이는 그 책을 알게 되는 기회를 잃어버리기 때문이다. 이런 책이란 어느 순간 꽤 괜찮은 책이라고 생각되다가, 언제 다시 꺼내 읽어도 그 때마다 전혀 다른 맛을 느끼게 해주는 미덕을 갖춘 것들이다. 사실 정말 내용이 풍성한 아이들 책은 어른이 읽어 보아도 생생한 즐거움이 그대로 전달되는 것인데, 하물며 이런 책을 어린 시절에 접할 수 있다는 것은 그 무엇과도 바꿀 수 없는 경험이

---

36) Tomi Ungerer, 『제럴드와 거인』 Zeralda's Ogre, 김경연 옮김, 비룡소, 2008
37) Maurice Sendak, 『괴물들이 사는 나라』 Where the Wild Things Are, 강무홍 옮김, 시공주니어, 2002

되어 준다. 그리하여 아이의 관심사 방향이나 상상력, 또는 감수성에 영향을 끼치는 결정적인 요소로 작용하게 된다. 미셸 뷔터는, "이 같은 책읽기는 깊이 각인되고, 그렇기 때문에 곧 바로 내면화되어 영원히 잊을 수 없는 것이 된다"고 깨우쳐 주고 있다.[38]

---

38) Michel Butor, "유아기 독서", 「라르크」 L'Arc, 쥘 베른 헌정 특별호 N°29(1966), pp.43-45

그림책 세상에서 참 좋은 책 찾아 읽기

제 5 장
유년기 삶에 있어서의 책읽기

　어린이의 삶에 있어, 보다 넓게는 우리 인간의 삶에 있어 책읽기란 얼마만큼의 비중을 차지하는 일일까? 읽을 책을 골라 준다거나 도서관에서 어떻게 행동해야 하는지 일러주는 것도 우리 어른들이 해야 할 일이지만, 이런 독서 지도 도움들 이전에 우리가 가장 우선적으로 숙고해 보아야 할 문제가 바로 이것이다. 하지만 역설적이게도 이에 대해 나름의 확신이나 신념에 바탕한 명쾌한 대답을 선뜻 피력할 수 있는 사람은 그리 많지 않다. 어린이들은 아직 언어의 의미를 온전히 깨닫는 책읽기를 할 수 없기 때문에, 자연 우리 어른들이 옆에서 도와줄 수밖에 없게 된다. 아이에게 책읽기를 권장하고, 실제 읽게 만들며, 읽는 것을 듣고 관찰할 수 있는 기회가 우리에게 있다는 말이다. 이 때 드러나는 아이의 태도는 우리, 곧 부모나 교사, 도서관 사서들에게 중요한 열쇠가 된다. 아이들이 작가로부터 받은 영감과 지식을 어떻게 소화하는지, 어떻게 자신의 내면 세계에 접목시키는지 알 수 있는 중요한 단초가 되기 때문이다. 목격자인 우리는 이제 아이의 손을 잡고 강을 건너는 사공이 되는 것이다.

　1980년대 초엽 이래 아이들은 실제 우리 사회의 문화적 주인공으로 부상되어 오고 있다. 그 이전에는 유아는 글을 읽을 줄 모른다는 생각 아래 도서관이란 장소와는 상관없는 존재로 인식되어 왔다. 하지만 오늘날 유아들은 어린이 책읽기에 대한 연구, 나아가 책읽기에 관련된 총체적인 문제에 이르기까지 변화를 이끌어 내는 주역의 역할을 톡톡히 해내고 있다. 아이들은 이제 우리의 긴 일생에 걸친 독서 활동이 보다 합리적인 근거를 토대로 한 여건 아래서 행해질 수 있도록 도움을 제공하는 존재가 된 것이다.

하지만 너무 이른 유아기 때부터 아이에게 책을 읽히려 들거나 이야기를 이해시키지 못해 극성을 부리는 것은 분명 지나친 욕심에 지나지 않는다. 과연 책읽기란 활동이 그토록 시각을 다투는 일일까? 여하튼 내 아이만은 남들보다 일찍 글을 떼게 하고 싶다는 억지를 부려서는 안 될 것이다. 그보다는 오히려 아이 곁에서 차분히 함께 있는 시간을 많이 가지면서 아이가 여유를 가지고 스스로 음미할 수 있는 기회를 만들어 주어야 한다. 책을 처음 대면하는 경이로운 설렘과 함께 오는 스트레스 또한 만만치 않기 때문이다. '아이에게 억지로 읽히려드는'[39] 헛된 욕심 앞에 겸손해지도록 하자. 오로지 교육적 목표에만 목을 매다는 살벌한 태도나, 무언가를 결코 건져내고야 말겠다는 실용적인 의지도 잠시 뒤로 미뤄두자. 틀에 짜인 교육 과정이나 경직된 학습 수단에 얽매이지 말도록 하자. 이러한 점들은 실제 부모나 교사들이 현장에서 봉착하는 가장 힘든 점 중의 하나이고, 오늘날 날로 복잡해지는 사회 현상들로 더욱 심각한 문제가 되었다.

아이와 함께 있으면 우리는 순수함이라든가 충만감, 오묘한 기분 등을 느끼면서 인간 정서의 바탕을 이루는 생명력이나 신비함, 행복감 등이 본능적으로 일어남을 깨닫는다. 그림책을 읽으면서, 이야기를 들으면서 아이들이 온몸으로 느끼는 그 완벽한 즐거움을 보는 순간, 우리는 감동과 경이로움을 느끼며 아이의 내면에 이미 자리 잡고 있는 세계에 대한 경외감을 가지게 된다. 이 경외감은 특히 거침없이 드러나는 강렬한 욕구의 힘에 대한 찬사일 것이다. 아이의 이 같은 잠재적인 에너지는 일생에 걸쳐 조금씩 발현될 것이고, 한편 책에서 얻는 교양이나 지식이 들어설 집이 된다. 아이가 책 읽는 것을 바라보는 우리의 마음은, 이들이 아직 강보에 싸여 있는 갓난쟁이였을 때 그 신비로운 존재를 한없이 들여다보면서 절로 솟구치는 경이로움에 어쩔 줄 몰라하던 그 때, 그 느낌과 다르지 않을 것이다. 아이로부터 느껴지는 어떤 본질적인 순수함이나 연약함은 우리의 보호 본능을 불러일으키면서 그의 곁을 지킨다는 특별한 기쁨을 맛보게 해준다.

아기들이 '책읽기'를 음미한다는 것은 사실 우리가 함께 있어 주어야 가능하고, 나아가 우리의 목소리나 몸짓을 필요로 하는 일이다. 우리의 관심과 사

---

39) 우리는 과연 텔레비전이나 다른 매체에 대해서도 이 만큼의 열의가 있는가?

랑도 물론 필요하다. 첫발을 뗄 즈음 우리가 곁에 함께 있으면서 뒤뚱거리는 발걸음을 행복한 감정으로 바라봐 줄 때처럼 아이들은 우리를 옆에 꼭 붙들어 매어두는 것을 좋아한다. "내가 할 수 있는 것 볼래?."[40] 낱말이나 이미지, 리듬 등으로 구성된 책에서 우리가 눈여겨 보아야 할 것은, 아이가 이를 통해 어떻게 세계를 이해해 나가고, 어떤 감수성을 내면에 각인하느냐 하는 것이다. 손에 쥐고 있는 이 조그만 물건(책) 속으로 하나의 세계가 들어와 페이지가 넘어감에 따라 하나둘 열리면서 마침내 아이의 세계관을 형성하는 밑거름이 되는 것이다. 본능적으로 솟구치는 즐거움에 빠져 아이는 이 때 탐색을 시작한다. 세세한 장면이나 등장인물에 오래 눈길을 주고, 이미지에 대한 인상을 손으로 짚어가며 흥얼거리기도 한다. 자신이 얼마나 흥미를 느끼고 있는지 우리에게 전해주기라도 하려는 듯이, 책 내용에 대해 모두 이해하고 있다는 것을 우리에게 은근슬쩍 자랑이라도 하겠다는 듯이. 아이는 애정 어린 손길로 책을 쓰다듬기도 하고 품에 안아도 본다. 잠시도 쉬지 않고 아이들은 이런 행위를 지칠 때까지 되풀이 한다. 아이들의 호기심이나 책에 대한 호감은 이렇게 끝이 없다. 아니 그보다는 굉장한 관심과 애정을 가지고 있다는 말이 좀더 정확한 표현일 것이다. 아이들도 자신이 특별히 좋아하는 책이 있다. 마음에 들지 않는 책은 단호히 덮어버릴 줄도 안다. 반면 자기가 좋아하는 책이라면 읽고 또 읽어 물릴 때까지 손에서 놓지 않는다. 자신만의 선택이 있는 것이다. 어리디 어린 것들이 얼마나 영리하고 감수성이 충만한지! 벌써 얼마나 뚜렷한 개성들을 가지고 있는지!

실제로 이러한 책읽기는 아이에게는 진정한 경험이 된다. 아이의 손이 닿는 주변 곳곳에 책을 배치하여 접근성을 높인다면, 이러한 책읽기가 수시로 반복되는 가운데 아이는 또 다른 새로운 경험을 만나게 된다. 언제나 거기 그곳에 있는 책이 읽을 때마다 조금씩 다른 경험으로 다가온다는 사실을 깨닫는 것은 굉장한 일 아닌가.

아이가 어느 정도 자라면 책읽기의 형태에 변화가 오고 우리와의 관계 또한 달라진다. 하지만 앞으로의 꽤 오랜 기간 동안에도 여전히 우리가 자기 곁

---

40) Jose Aruego의 그림책 제목: 『내가 할 수 있는 것 볼래?』 *Look What can I do*, 이경우 옮김, 다음세대출판사, 2000

에서 깊은 관심을 보이며 유심히 지켜봐 주기를 바란다. 이 같은 동반 관계는 아이에게 안정적인 책읽기 환경을 제공하는 중요한 정서적 요인이 될 뿐 아니라, 아이의 마음에 오래 각인되어 소중한 경험으로 남게 된다. 우리 어른들 역시도 좋은 책을 통해 아이와 만나는 이 순간 행복감을 맛본다. 그림책이나 이야기책을 앞에 두고 있는 순간만큼은 직장에서의 골치 아픈 문제나 일상의 하찮은 고민을 잠시 접어두고 아이와 함께 동심으로 돌아가 다시 한번 즐거운 인생을 살 수있는 은총을 허락받는 시간이다. 오로지 즐거움만 생각할 뿐 다른 그 어떤 것도 이 자리엔 초대되지 않는다. 무엇을 함께 바라보고 함께 느끼는 이러한 기회는 사실 그리 흔히 누릴 수 없는 귀중한 순간이기 때문이다. 서로를 바라보며 자신이 누구인지에 대한 또 다른 대답으로서 상대를 발견할 때 우리는 눈물이 나도록 웃게 될 것이며, 한편 가슴 한 켠 피어오르는 극도의 오묘한 감정에 몸을 떨게 될 것이다. 아이는 모든 것을 응석으로 때우려 하고, 어른은 괜히 잘난 체 하며 아이를 무조건 조율하려 드는 그런 공허한 관계는 여기선 결단코 없다. 서로의 순수한 경험들이 조우하여 상대방을 풍성하게 채워주는 것이다. 이것은 바로 갓 태어난 아이가 우리 세계로 들어와 그 순정하고 강렬한 생명력으로 작고 미약한 존재가 얼마나 소중한 가치를 지녔는지 깨닫게 해준 것과 같은 이치이다. 아이들은 자신이 발견한 세상의 그 모든 것에 대해 세세하게 느끼고 싶어 한다. 어른의 눈에는 아무것도 아닌 것으로 비춰지는 것까지도. 경험이 많은 우리 어른은 아이의 순진무구한 관점이나 깊은 감수성뿐만 아니라 그 이면에 피어오르는 이들의 의구심이나 감정적 동요, 정신적인 공허감까지 놓치지 않고 유심히 관찰하여, 유년의 강을 잘 건너올 수 있도록 도움의 손길을 내미는 사공이 되어야 한다. 바로 이 공간에서 친밀한 내면적인 만남이 조용히 이루어진다. 아직 나이가 어린 독자로서는 잘 아는 주변의 어느 누가 들려주는 이야기를 통해 책에서 본 경험들이 되살아나기 때문이다. 곰이나 고릴라, 개구리의 모습까지도, 또는 어떤 색상에 대해 가졌던 느낌까지도.

　아이들은 물론 어른처럼 책을 읽지는 않는다. 대신 확실하게 읽는다. 이미지에 숨어 있는 의미를 캐내느라 나름의 엄청난 집중력을 동원하고, 또 그 모습이 그대로 얼굴에 역력히 드러난다. 관심이 일어나거나 호기심이 발동하는 부분에서는 장면을 세밀히 보느라 아예 그 페이지만 붙들고 늘어진다. 글자를 해독하지 못하는 대신 의미를 부여하는 중요한 징후를 찾아내려는 노력을 엄청 쏟아 붓고, 갖은 고생 끝에 발견한 비밀스런 열쇠에 대해 퍽이나 자랑스러워한다. 한편 어른들은 내용의 줄거리 자체에 더 관심을 가지는 것 같다. 함께 나누는 이러한 책읽기 방식은 결국 아이나 어른 모두에게 아름답고 충만한 경험으로 남게 된다.

『생쥐 이야기』[41]의 저자 아놀드 로벨은 어울려 살아가는 아름다운 지혜를 키다리 피에르와 난쟁이 장의 산책이라는 멋진 은유에 담아 우리에게 들려준다. 한 권의 책을 함께 읽는다는 것은 동행의 기회를 만든 이 두 마리 쥐처럼 '아이와 어른'인 우리의 관계를 '그와 나'의 관계로 만드는 것 아닐까? 이 두 친구는 자주 함께 산책을 나간다. 키 크고 우람한 피에르와 땅바닥에 들러붙을 듯한 비실이 땅꼬마 장은 길을 걸으며 각자 자신들이 본 것을 서로 이야기해 주기로 한다. 키다리 피에르가 "새들아, 안녕"이라 할 때, 땅꼬마 장은 "무당벌레야, 잘 있었니?" 정원을 지나면서 키다리 피에르는 "이 키 큰 꽃들 좀 봐", 땅꼬마 장이 외치길, "아, 이 나무뿌리들이 얼마나 귀여운데!" 천둥이 치고 지나간 뒤 키다리 피에르는 무지개를 본다. 그는 키 작은 장을 창가로 데려와 위로 올려주면서 아름다운 무지개를 보게 해준다. 최초로 두 사람이 무엇을 함께 본 순간이었다. 두 친구가 함께 길을 걸으며 각자 본 것을 서로 나누었다는 이 이야기를 나는 참 좋아한다. 주변에 있는 것들에 다정한 관심을 가지고, 진지한 눈길을 주고받으며 서로의 말을 듣기를 좋아하고, 마침내 창가에서 드넓은 세상을 함께 바라보며 경탄한다는 이 스토리가 나는 참 좋다.

함께 책을 읽는다는 것은 얼마나 아름다운 풍경인가! 이는 결국 귀를 쫑긋 세우고 듣고 있는 아이와, 그 곁에서 책을 읽어주며 이를 통해 세상을 배워가도록 관심 깊게 살펴주는 어른, 이 두 사람 사이에 오가는 감정의 교류가 무엇보다 중요하다는 것이다. 눈길을 맞추며 서로의 삶을 풍성하게 채워주는 이 모습은 얼마나 숨 막히게 아름다운 것인가? 이것이야말로 진정한 삶의 소양 아닐까? 이러한 순간은 실제 우리 모두가 가정에서 어렵지 않게 실현할 수 있는 삶의 기쁨이다.

---

41) Arnold Lobel 글·그림, 『생쥐 이야기』 *Mouse tales*, 엄혜숙 옮김, 비룡소, 1997

책은 어느 정도 수준을 갖춘 훌륭한 책인가? 좋은 책이라면 큰 아이나 아직 나이 어린 아이, 어른이나 어린이할 것 없이 모두 즐거워하며 빠져들게 된다. 어린이의 감정을 잘 그려낼 줄 아는 작가는 졸렬하지 않고, 유쾌하면서도 세련된 기법으로 우리를 감동시키면서 아이에 대한 이해의 폭을 넓혀 나가게 해준다. 이러한 작가들은 실제 자신의 어린 시절에 대한 기억을 어제 일처럼 생생히 간직하고 있는 사람들이다. 이들은 주변 사람의 무관심이 아이에게 얼마나 큰 상처가 되는지 잘 알고 있다. 그러므로 서로의 존재를 감사한 마음으로 발견하게 되는 이 같은 경험은 결코 놓쳐서는 안될 매우 의미있는 일이다.

이러한 순간이 우리 삶에서 얼마나 귀중한 것인지 잘 알기에, 그러나 한편 이러한 기회를 누릴 수 없는 아이들이 어쩔 수 없이 많이 있다는 현실을 직시하면서 도서관은 어떤 방법으로든지 모든 아이들로 하여금 이 같은 경험을 가질 수 있도록 다양한 프로그램을 마련해 놓고 있다. 어린이 성장의 밑거름이 되는 상상력과 호기심의 문을 활짝 열어 주면서 일상의 진정한 기쁨을 맛보게 해주는 체험이 되기 때문이다.

비교적 근래에 들어 아이들은 도서관으로 진입하여 확실한 자리매김을 하게 되었다. 특유의 활력을 바탕으로 아이들 역시 이해하고 사물의 이름을 배우고 감정을 느껴 보고 싶은 욕구를 강렬하게 느낀다. 하지만 지식이나 문학적 소견은 이들이 혼자 해낼 수 없는 영역이다. 주변 사람, 특히 부모와 함께 아이는 무엇을 제일 먼저 배워 나간다. 그리하여 자신을 동반하여 이러한 경험을 함께 나눌 시간을 만들어 내라고 우리를 강요하는 셈이기도 하다. 대신 생각지도 못했던 콧등 쩡한 기쁨을 선사하면서 삶을 새롭게 바라볼 수 있는 힘을 주기도 한다.

그림책이란 왕국에서의 일상적 풍경들

단골손님들은 - 대개는 청소년이다 - 매일 학교 수업이 끝나는 대로 도서관으로 달려올 수 있는 시간만 목 빠지게 기다린다. 하교 시간 즈음엔 눈 깜짝할 사이 아이들이 빼곡히 몰려든다. "이야기책 좀 읽어 줄래요?" 옆에 보이는 아무 어른에게나 - 사서, 연수생, 형 또는 누나뻘로 보이는 옆 사람, 어린 자녀를 데리고 온 부모님들 – 늘상 하는 이 부탁은 마치 가족에게 하는 것처럼 지극히 편안해 보이고, 거의 자동적으로 튀어 나오는 수준이다. 아이들은 자기만의 고유한 기준에 따라 책을 선택한다. 책의 형태나 표지 색감, 마음에 드는 그림 등에 이끌려 책을 집어 든다. 아이들은 또한 제각기 특별히 좋아하는 그림책이 있기 마련인데, 이런 책은 조금도 지루해 하지도 않고 읽고 또 읽으면서 즐거움에 빠져든다. 대개는 아이 한 명에게 책을 읽어주는 것으로 시작하지만 점차 다른 아이들도 흥미를 보이면서 주변으로 모여든다. 이야기를 듣는 것은 이들의 선택이고 결정이다. 독자로서의 온전한 자유가 보장되어 있다. 책을 읽으라고, 이야기를 들으라고 강요당하는 일은 결단코 없다. 자신의 의지가, 기분이 결정하는 대로 따르면 되는 것이다. 책을 읽어주는 사람과 가장 가까운 거리에 있는 아이라면, 경우에 따라 무릎을 꺾어 꿇어앉기도 해야 할 것이며, 또는 곁으로 바싹 붙어 다른 사람을 위한 공간도 배려해야 한다. 이미지를 보여줄 때나 다음 페이지로 넘어 갈 때에는 보충 설명을 덧붙이고, 예상을 뒤엎는 의외의 일이나 흥미로운 사건, 또는 우리 일상과 관련된 요소 등을 통해 의미를 되짚어 준다.

 책을 읽는다는 행위에 대해 이렇게 편안하면서도 강렬한 욕구가 솟아오르는 기분은 곧 즐거움으로 상승한다. 얌전히 줄맞춰 앉아 있는 아이는 아무도 없다. 학교가 아니지 않은가? 정말 모두가 마치 가족과 함께 있는 것처럼 보인다. 최대한 편안한 자세로 자리 잡고서는 이야기 세계에 푹 빠져 들거나, 이야기를 들려주는 어른의 감미로운 목소리에 온 귀를 내맡긴다. "나보다 어른인 사람의 목소리를 듣는 것이 좋아요." 그 나이엔 다소 어려웠을 이야기를 듣고 난 후 한 어린 여자 아이가 내게 고백하듯 들려준 말이다. 우리는 이들에게 문자로 표현되었거나 낭독으로 전달되는 언어를 새로운 어법으로 해석해 주는 해설자인 것이다. 섬세하게 악보를 읽어주는 음악가인 것이다.

 많은 아이들이 옆구리에 그림책을 낀 채 이야기를 듣는다. 자신이 고른 책을 읽어달라고 차례를 기다리는 것이다. 혹여 내 차례가 오기 전에 행사가 끝나버리면 어떡하나 마음 졸이며, 자신이 특별히 좋아하는 그림책 한 권을 골라 혼자 조용히 구석진 자리를 차지하고선 싫증이 날 때까지 몇 번이고 읽고 또 읽는 아이들도 있다. 완벽히 혼자! 여자 아이들은 도서관에서 책읽기를 소꿈놀이처럼 즐기고 싶어 하는 경향이 있다. 자기가 제일 좋아하는 그림책을 골라 더 어린 아이들을 주변에 불러 모아서는 이야기로 들려주는 것이다. 텍스트의 의미를 늘 제대로 이해한 것은 아니지만 어울림직한 목소리를 요령껏 지어가며 열심히 '읽어' 내려가는 것이다.

어른들이 책을 권유하고 안내해 주긴 하지만 결국 고르고 결정하는 것은 아이들 스스로의 몫이다. 하지만 연령에 상관없이 우리가 아이들에게 꼭 소개해 주고 싶은 책이 있다. 이른바 고전이라 불리는 작금의 훌륭한 작품들이다. 이들은 재미있으면서도 가치 있고, 검증된 경험을 통해 아이들의 영감을 불러일으켜 줄 수 있는 책이다. 사서들은 이러한 사실을 잘 알고 있고, 훌륭한 작가나 삽화가들의 작품이 아이들의 세계에 얼마나 중요한 영향을 미치는지 누구보다 먼저 이해한 사람들이다. 아놀드 로벨 Arnold Lobel (1933~1987·미국)이나 모리스 센닥 Morice Sendak (1928~·미국), 제르다 뮐러 Gerda Müller (1926~·네덜란드), 브루노 무나리 Bruno Munari (1907~1998·이탈리아), 막스 벨티우스 Max Velthuijs (1923~2005·독일), 클로드 퐁티 Claude Ponti (1948~·프랑스), 토미 웅게러 Tomi Ungerer (1931~·프랑스 태생의 미국작가), 앤서니 브라운 Anthony Browne (1928~·영국) 등을 비롯한 기타 여러 작가들의 작품이 이에 속한다.

낭독 시간에 가장 성실하게 참여하는 부류는 청소년층이지만, 그렇다고 반드시 이들만 열심인 것은 아니다. 나이가 어떻든 우리 누구나 이야기나 그림책은 재미있어 하지 않는가. 짐짓 별다른 관심 없다는 표정으로 멀찍이 떨어져 주변을 맴돌고 있는 어른들이 더러 눈에 띄는데, 사실은 이들도 한 구절도 놓치지 않고 들으려고 귀를 쫑긋 세우고 있는 열혈 독자들이다. 나이가 좀 든 아이들이 자기보다 어린 아이들에게 책을 읽어주는 풍경도 드물지 않다. 체면 구기지 않고 그림책을 즐길 수 있는, 그야말로 누이 좋고 매부 좋은 기회를 잡은 셈이다. 우리에게 자문을 구해 오는 부모들은 대개 수준 높은 좋은 그림책을 찾아달라는 것인데, 아이가 책을 마음에 들어 하며 열심히 읽는 것을 보면 부모는 보란 듯이 흐뭇해 한다.

집에서도 읽을 수 있게 부모나 어린이들은 책을 빌려갈 수 있다. 보다 많은 책이 보다 많은 기회에 읽힐 수 있는 셈이다. 저녁 시간대 책읽기는 하루 일과 중 반드시 실천하고 넘어가야 할 의식儀式으로 아이에게 확실히 못박아

두는 것이 좋다. 『잘자요 달님』[42]이라 건네는 이 인사는 하루 동안 일어났던 재미있는 일들을 차례로 곱새겨 보고, 만났던 사람과 사건들을 회상하면서 잠들기 전 휴식의 시간을 느긋하게 즐기는 과정이다. 겪은 일들을 차분히 정리하고, 만난 사람들의 정다운 얼굴을 떠올리다 보면 어느덧 마음의 크기가 커지고 그 안 고통의 무게는 줄어들게 된다. 부폴레[43](Bufolet · 프랑스어 번역본에 주어진 두꺼비의 이름 –역자 주)처럼 우리는 아침마다 오늘 맞을 행운을 신나게 적어볼 수 있다. 코끼리[44] 아저씨처럼 아침마다 새로이 떠오르는 태양을 향해 환영의 나팔을 크게 한번 불어줄 수도 있을 것이다. 이 같은 일들은 우리로 하여금 즐거운 마음을 가지게 해준다. 하루를 함께 여는 방식으로서 꽤 괜찮을 것 같지 않은가!

함께 책을 읽음으로써 공동으로 습득한 새로운 지식은 우리의 일상을 윤택하게 적셔 주면서 보다 흥미롭고 이야깃거리가 풍성한 삶을 살도록 해준다. 아이들이란 원래 무언가를 중얼거리고 관찰하고 귀로 들으면서 즐거움을 느끼는 존재이다. 아이의 감정에 귀를 기울이고, 함께 책 읽는 일을 반복함으로써(이는 아이에게 말을 거는 것과 같은 일이다) 우리는 이들과 어떻게 소통해야 하는지 배우게 된다. "아기 곰이 말하기를, 우리 엄마 어렸을 적 이야기 좀 해 주세요." 언제나 자기 곁에서 필요한 모든 것을 충족시켜 주는 엄마 곰이 과연 어렸을 때는 어떤 모습이었는지, 아기 곰은 상상의 나래를 타고 달나라로 날아가 할머니께 물어 본다. "그래, 좋아." 할머니 곰이 대답하며 곧장 이야기보따리를 풀어 놓는다. "엄마 곰이 아직 어렸을 적 어느 봄날에 말이야..."[45] 달나라에 도착한 아기 곰은 혼자 생일 수프를 만들고, 지상에서는 이루어질 수 없는 온갖 소원을 말해본다는 이 이야기를 나는 참 좋아한다. 사실 아이들에게 들려줄 수 있는 이야기의 소재는 우리 주변에 지천으로 널려 있다. 일상생활 중 일어나는 소소한 일부터 좋은 이야깃감이 될 수 있을 것이고, 그에 앞서 아이를 데리고 이런 가까운 이야기를 도란도란

---

42) Margaret Wise Brown 글·Clement Hurd 그림, 『잘자요 달님』 *Good Night Moon*, 이연선 옮김, 시공주니어, 1996
43) Arnold Lobel 글·그림, 『개구리와 두꺼비가 함께』 *Frog and Toad Together*, 엄혜숙 옮김, 비룡소, 1996
44) Arnold Lobel 글·그림, 『코끼리 아저씨』 *Uncle Elephant*, 엄혜숙 옮김, 비룡소, 1998
45) Else Holmelund Minarik 글·Arnold Lobel 그림, 『꼬마 곰』 *Little Bear*, 뉴욕: HarperCollins Publishers, 1957

나눈다는 것 자체가 우리에게 살아가는 잔재미를 느끼게 해주는 일이다. 그러니 우선 주변의 일들을 찬찬히 둘러보면서 마음에 새겨두는 시간을 가져 보기 바란다.

책읽기란 곧 관계를 맺어가는 일이라는 것을 아이들은 금방 깨닫는다. 이야기와의 관계, 그리고 다른 사람들과의 관계 곧 책 주인공들과의 만남, 책을 읽어 주는 사람과의 만남, 각자 다른 개인적 삶을 가지고 있지만 지금 이 순간만큼은 모두 한 자리에 모여 같은 이야기를 들으며 함께 느끼고 있다는 친밀감으로 다가오는 친구들과의 만남…, 이 점은 우리 어른에 있어서도 마찬가지이다. 아이의 손을 잡고 강을 건네주는 뱃사공이나 지혜를 깨쳐 주는 선지자 역할을 한다고 자처하지만 사실 우리 어른들이란 아이와의 관계를 통해 느껴지는 근원적인 기쁨에 기대어 살아가는 존재인 것이다. 순정함과 신비로움을 간직하고 있는 아이들과 나란히 길을 걸으며 우리는 이들이 세상에 대해 느끼고, 이해하고, 배워 가는 방식에 경탄하고 감동을 받는다. 아이의 시선을 통해 우리의 시선이 풍성해져서 까맣게 잊고 지내던 어린 시절을 새삼 귀중하게 마음에 담게 되고, 아이와의 진정한 만남을 위해 이들의 눈높이로 돌아가서 장단을 맞추게 된다.

주변의 사소한 것들에 대한 아이들의 신선하고도 진솔한 이해, 깨어 있는 감성, 경탄할 줄 아는 순수함, 웃음과 눈물 등에 우리 어른이 함께 할 수 있다는 것은 정말 행복한 일 아닌가. 세속의 어지러운 삶을 영위해 가고 있는 우리로서는 이젠 되돌아갈 수 없는 세계의 것들을 아이를 통해 다시 맛보게 되었으니 말이다. 아이로서도 물론 나쁘지 않은 일이다. 아득한 자신의 어린 시절의 경험들을 반추하면서 친절한 미소로 응답하는 한 친근한 어른으로부터, 이렇게 이해받고 관심받고 있다는 느낌을 가지기 때문에 결국 서로에게 유익한 일이 되는 것이다.

책을 읽어갈수록 책 속의 주인공이 실제 살아 있는 인물로 느껴지는가 하면 온전한 가족의 일원으로 여겨지기도 한다. 좋아하는 이야기를 읽고 또 읽다 보면 자연히 그 내용을 훤히 꿰뚫게 된다. 앙드레 프랑스와의 『악어의 눈물』[46]이란 책에 나오는 상상의 악어처럼 가족에게 소개를 하고 만남을 주선하

---

46) André François, 『악어의 눈물』 Les larmes de crocodile, 파리: Delpire, 2004

기도 한다. 한가족의 식탁에 초대된다는 것은 무척이나 영광스러운 일이다. 이들의 식탁에 함께 앉아 식사를 나누면서 먼 낯선 바다를 여행했던 이야기를 들려주고 있는 자신의 모습에 아이는 스스로 감동한다. 무민[47](핀란드 전통 동화에서 유래한 캐릭터로 겨울잠에서 깬 요정 –역자 주) 이나 위니 더 푸우,[48] 원숭이 마르셀[49](프랑스어 번역본에서 주인공 원숭이에게 원래의 이름 윌리 대신 주어진 이름 –역자 주), 바바르 왕[50] 등은 사람들이 특별한 애정을 가지고 대하는 주인공들이다. 이들을 통해 우리는 삶의 필수불가결한 요소인 여유와 즐거움을 알게 되고 만끽한다. 이들과 함께 우리는 슬픔을 극복하고 삶의 경험을 넓혀 간다. 이렇게 해서 가정에서, 나아가 학교나 도서관에서 공동의 문화가 형성되는 것이다.

　죽음과 같은 본질적인 문제를 다루는 무거운 책도 있다. 어린이들도 이 문제에 관심을 가질 수 있다. 이 민감한 문제에 대해 적절하달 수 있는 기본 개념을 제시하는 책이라면 최소한 우리가 아이에게 해야 하는 대답을 도와주는 역할은 할 수 있을 것이다. 그 중 훌륭한 책들은 막연하고 통상적인 설명이 아니라, 페이지가 한 장씩 넘어갈 때마다 신성하고 숙연한 그 어떤 기운이 더해지면서 우리를 차츰 몰입하게 만든다. 이러한 관점에서 『오소리의 이별 선물』[51]은 죽음·별리·회상·포용 등의 주제를 가장 훌륭하게 그려내고 있는 수작으로 꼽힌다. 저자가 남다른 재능을 가지고 있는 작가라는 것을 의심할 수 없게 만드는 책이다. 작가는 자신의 어린 시절을 명징하게 기억하면서 삶의 이면에 감추어진 이러한 문제들에 대해 아이들과 함께 생각을 나누는 것이 바람직하고 또 당연하다고 여긴 듯하다. 이 책은 청소년이나 아직 어린 나이의 아이들, 어른이나 어린이 할 것 없이 누구에게나 두루 읽힐 수 있는 수준을

---

47) Tove Jansson, 『환상의 요정 무밍트롤』 *Trollkalens hatt* (Finn Family Moomintroll), 조동림 옮김, 곰출판사, 1993
48) Alan Alexander Milne 글·Ernest H. Shepard 그림, 『위니 더 푸우』 *Winnie the Pooh*, 이종인 옮김, 시공사, 1995 ; 『곰돌이 푸우는 아무도 못말려』 *Winnie the Pooh*, 조경숙 옮김, 길벗어린이, 2005
49) Anthony Browne 글·그림, 『윌리와 악당 벌렁코』 *Willie the Champ* , 허은미 옮김, 웅진닷컴, 2003
50) Jean de Brunhoff & Laurent de Brunhoff, 『바바르: 바바르 왕』 *Babar, Le roi Babar*, 파리: Hachette Jeunesse, 1975. 『바바르』 시리즈 중의 한 권. 사냥꾼의 총에 맞아 숨진 엄마를 뒤로 하고 아기 코끼리 바바르는 홀로 도시로 떠난다. 그곳에서 코끼리 세계를 만난 그는 마침 독풀을 잘못 먹어 세상을 떠난 왕을 대신해 권좌에 오르게 된다. 사촌 셀레스트와 결혼해 그녀의 이름을 딴 왕국을 세우고, 서양문명을 도입해 다스려 나가면서 겪는 갖은 모험을 이야기로 담았다. 주 119)를 참조하시오.(역자 주).
51) Susan Varley 글·그림, 『오소리의 이별 선물』 *Badger's parting gifts*, 신형건 옮김, 푸른책들 출판사, 2009

유지하고 있는 걸작이다.

　이 같은 훌륭한 책 덕분으로 어른과 아이들은 서로 참된 대화를 나눌 수 있는 기회를 맞게 된다. 수많은 청소년이나 어린이들이 컴퓨터 앞에 자기네들끼리 옹기종기 모여 긴 시간을 보내고, 부모는 부모대로 직장 업무에 쫓겨 바깥 생활이 분주하기 그지없는 오늘날, 아무리 짧더라도 이렇게 의미 있는 시간을 함께 보내는 것은 일상의 먼지를 털어버릴 수 있는 삶의 오아시스가 되어 준다. 이런 과정을 통해 형성된 자신감은 연령과 개인적 성격에 따라 형태를 달리하면서 끊임없이 확장되고 심화된다. 어려운 난관에 부딪치거나 혼란스러운 사춘기를 맞거나, 혹은 어떤 반대나 거부를 당한다 해도 이런 자신감은 쉬이 꺼꾸러지지 않는다. 자신을 믿으면서 스스로에게 말을 거는 법을 배웠기 때문이다. 그리고 이것은 결코 없어지거나 사라지지 않는 내면의 힘이 된다.

볼거리 · 생각할 거리

　도서관은 완전히 자유로운 공간인데다 눈만 돌리면 사방에 볼거리, 관찰할거리, 들을거리들이 쌓여 있는 곳이다. 마치 우리가 옷을 이것 저것 입어보거나 음식을 요모조모 맛보는 것과 같이 도서관에서는 무엇이든 시도해 볼 수 있다. 이런 과정을 거치며 초보 독자들은 자신의 취향이 무엇인지, 무엇을 좋아하고 좋아하지 않는지 조금씩 알아가게 된다.
　이 과정에서 우리 어른들도 어린이들이 어떤 방식으로 책을 읽는지, 선호하는 장르는 무엇인지, 어떤 이야기가 어떻게 왜 이들의 마음을 감동시키고 지성이나 감수성을 형성시키며 내면 심리를 움직여 가는지 배울 수 있다. 하지만 아이들은 근원적으로 어떤 미지의 영토를 간직한 존재이기 때문에 그 내면에서 무슨 일이 일어나고 있는지 우리가 정확히 꿰뚫어 볼 수 있는 기회는 그리 많지 않다. 아이들이 스스로 내뱉는 말은 대개 오랜 생각 끝에 나온 것이 아니라 거의 즉발적인 반응에 의한 것이지만, 우리에게는 상당한 암시를 던져 주는 열쇠가 된다. 아이들이 "그냥 그랬어요 / 참 재미있던데요 / 무지 재미있었어요 / 재미있어 죽을 뻔했다니까요 / 아뇨, 전혀 아니었어요"라 말할 때,

이런 표현에 묻어오는 그네들의 정확한 속내를 감지해야 한다. 이 연령대의 아이들은 누구를 의도적으로 기쁘게 해주어야 한다는 부담감을 느끼지 않는다. 느낀 대로 말하기 때문에 대답이 솔직하다. 좀더 나이가 들면 사정이 달라지기도 하겠지만. 아이들은 개인적 선호도에 대한 질문을 그냥 단도직입적으로 받으면 대개 완곡하게 에둘러 표현하는 경향이 있다. "좋은 책이에요"라고 대충 무난하게 표현할 때의 속뜻은 "별로 재미없었어요, 지겨웠어요"라는 것이다.

    도서관은 누구나 이용할 수 있고 모두에게 열린 공간이기 때문에 어떤 책이 누구의 손에서 누구의 손으로 건너가게 될지는 예외 없는 순차적인 약속으로 결정된다. 뒤에 있는 사람들은 아쉬움 반, 부러움 반 눈길을 보내며 쉽게 데스크에서 발을 떼놓지 못한다. 하지만 이런 기다림의 미학은 어린이들에게 시간에 바삐 휘둘리지 않고 신중하고 자연스럽게 나아가도록 가르치는 과정이 되기도 한다.

    책을 읽고 있는 어린이 '독자'를 주의 깊게 관찰할 필요가 있다. 책이나 이야기가 아이의 내면에서 어떻게 발효되고 열매를 맺는지 유심히 살펴야 한다. 어린이들과 일선에서 직접, 그리고 일상적으로 부대끼며 살아가는 여러 다른 사서들과의 긴밀한 교류 가운데, 우리는 심리학자, 소아과 의사, 언어학자, 인류학자 또는 기타 여러 학문 분야의 연구가로서 아이들을 지켜볼 수 있다. 사서들이 매일 현장에서 겪는 일들은 일견 단순한 것 같아 보이지만, 사실 심오한 연구의 본원적 토대가 될 수도 있다. 이러한 마음가짐을 되새기며 우리는 아이들에게 보다 가까이 다가서고 싶다는 열망과 함께 이들에 대한 애정 어린 관심과 관찰 또한 더욱 신중히 해야 할 것이다. 도서관은 어린이 생활과 가장 밀접한 현장인 동시에 다양한 아이들의 다양한 면모를 볼 수 있는 곳이니, 어린이에 대해 가장 흥미롭고 다채로운 연구를 할 수 있는 광장이라 할 수 있다. 상아탑에 갇혀 공자 왈 맹자 왈 하는 것이 아니라 이렇게 열린 현장에서 살아있는 지식을 체득한 이들 아동 전문가들은 어떤 수준의 연구인지를 떠나 각 분야의 지평을 넓혀줄 밑거름을 제공하는 것이다. 결국 정말 중요한 것은 현장에서의 세심한 관찰이라는 것이며, 이는 우리 모두가 실천해야 할 일이라는 것이다. 부모이건, 교사이건, 유치원 보조 교사이건, 전문 독서 지도사이건 그 누구라도. 어린이를 통해 우리가 배우는 또 한 가지 사실은 독서는 연령에 관계없이 우리 내면 세계에, 인간관계에 중요한 역할을 한다는 것이다. 또한 사회적 지위나 문화 수준, 생활여건에 상관없이 한 어른으로 살아가면서 의미 있는 독서를 통해 끊임없이 자신의 모습을 되돌아보고 성장시켜 나가야 한다는 사실이다. 그리고 관계 맺기와 만남의 연속인 삶의 공간에 도서관이란 존재를 어떻게 배치시킬 것인지, 사서로서의 책무는 무엇인지, 부모로서 해 주어야 할 일은 무엇인지 숙고하게 해준다는 것이다.

제 6 장

그림책, 누가 아이들을 이렇게 읽게 만드는가?

이 질문은 도서관에서 직접 책을 선택할 수 있는 권한이 있는 아이들이 자기가 특별히 좋아하는 책을 골라 지나치다 싶을 만큼의 집착을 보이며 빠져드는 것을 현장에서 목도하는 우리가 늘 치열하게 고민하는 문제이다. 문화적 환경을 초월하여 왜 아이들은 조금도 지겨워하는 기색 없이 항상 앤서니 브라운 Anthony Browne (1946~·영국)이나 클로드 퐁티 Claude Ponti (1948~·프랑스), 레미 찰립 Remy Charlip (1929~·미국), 마리오 라모스 Mario Ramos (1958~·벨기에) 같은 작가들의 작품만 찾아 읽는 것일까? 지구상 여러 다른 지역에서 이런 현상이 동일하게 일어나는 것을 나는 직접 확인한 바 있다. 왜 코카서스 산맥 끝자락에 사는 아이들까지도 이들 작가의 책에 열광하는가? 왜 아제르바이잔(옛 소련 연방의 공화국 -역자 주) 근방의 산골 아이들까지도 『농가: 옛 농가 그대로의 풍경』[52]에 감탄하면서 흠뻑 빠져드는가? 그저 옛날 방식으로 일을 하는 어느 영국 농가의 벽촌 일상을 그린 책일 뿐인데, 멕시코 소도시의 한 도서관 이름이 어떻게 아이들이 그토록 좋아하는 그림책 『푸른 개』[53]의 제목과 똑 같을까? 이 이름은 왜 또 다시 카라바흐(Karabagh·아제르바이잔 공화국의 행정도시 -역자 주)의 어느 다른 도서관 이름으로 선택되었을까? 왜 많은 아이들이 끊임없이 『갈레트 빵』[54]을 찾아 읽는가? 오징어 먹물 물감으로 채색된 구닥다리 그림책 『오리한테 길을 비켜주세요』[55]의 그 무엇이 수많은 동서양 어

---

[52] Philippe Dumas, 『농가: 옛 농가 그대로의 풍경』 Une ferme: croquis sur le vif d'une ferme d'autrefois, 파리: L'Ecole des loisirs 컬렉션 Archimède, 1997
[53] Nadja 글·그림, 『푸른 개』 Chien bleu, 최윤정 옮김, 파랑새 출판사, 2008
[54] Natha Caputo & Pierre Belvès, 『갈레트 빵』 Roule galette, 파리: Flammarion-Père Castor, 2000
[55] Robert McCloskey 글·그림, 〈오리한테 길을 비켜주세요〉 Make way for Duckings, 『네버랜드 칼데콧 수상작 세트 2』, 시공 주니어, 2006

린이를 감동시키는 것일까? 뉴잉글랜드라 불리는 보스턴의 혼잡한 거리를 거닐고 있는 오리 가족에 대한 흔히 볼 수 있는 소재인데도 말이다. 왜 아이들은 결론을 명쾌히 마무리지어 버리는 많은 다른 그림책에 대해서는 흥미 없어 하는 것일까? 새롭고 신나는 경험으로 이끌어 주는 알맹이 없이 그저 그런 결론으로 막을 내린 다른 책들과 이 책들은 과연 어떻게 구별되는 것일까? 바로 이 문제가 우리의 고민과 숙고가 시작되는 지점이다. 아이가 얼마나 책에 흥미를 느끼고 있는지, 얼마나 정확하게 이야기의 흐름을 따라가고 있는지 우리는 보면 안다. 아이들을 데리고 책읽기를 해 온 우리로서는 산증인인 셈이다.

아주 어린 아기들이라 할지라도 무엇이 그의 마음을 움직였는지 우리 눈에는 정확히 읽힌다. 유아들은 온몸으로 책을 읽는다. 『유모차』[56]란 책을 함께 읽던 중 아이가 느닷없이 책의 주인공 아이와 똑같은 행동을 하기 시작하는 것을 나는 본 적이 있다. 책의 내용에 몰두되어 그 아이가 하는 것처럼 자신도 스스럼없이 몸을 웅크리는 것이었다. 고전 그림책 작가 메리 홀 엣츠[57]는 온몸으로 체험하는 이러한 새로운 책읽기 방식을 선도한 입지전적인 인물로 꼽힌다. 『바로 나』[58]를 비롯한 그의 이야기들은 아이들로 하여금 책에 등장하는 동물을 그대로 따라 하고 싶게 만드는 마력을 가지고 있다. 이 작가의 『숲 속으로』[59]는 신나게 북을 두드리는 소년의 뒤를 따라 숲을 가로질러 가고 있는 한 무리의 동물 행렬을 그린 것인데, 기꺼이 이 행렬에 동참하여 소란스럽고 활기 넘치는 축제를 몸과 마음으로 함께 나누고 싶다는 욕구를 강렬하게 불러일으키는 작품이다.

책을 만진다거나 쓰다듬거나 품에 안아 보는 것은 아이들이 흔히 하는 행동이다. 에릭 칼의 『배고픈 애벌레』[60]처럼 아이의 신체적 참여를 적극적으로 유도하는 책도 있다. 애벌레가 배가 고플 때 하루는 사과, 다음 날은 배… 따

---

56) Michel Gay, 『유모차』 Pousse pousse, 파리: L'Ecole des loisirs, 2007
57) Marie Hall Ets (1895-1984) 미국 여류 작가. 프랑스의 대표적인 아동문학 출판사 L'Ecole des loisirs의 대표 Arthur Hubschmid가 1995년 브뤼셀에서 개최된 국제아동문학협회에서 갈파한 바. "이미지북의 짧은 역사가 배출한 최고의 작가군이라 할 수 있는 벤자민 라비에 Benjamin Rabier, 베아트릭스 포터 Béatrix Potter, 장 드 브뤼노프 Jean de Brunhoff, 루드비히 베멜만 Ludwig Bemelmans, 토미 웅게러 Tomi Ungerer, 모리스 센닥 Maurice Sendak 등과 어깨를 나란히 하는 작가"이지만 불행히도 이들만큼 잘 알려져 있지 않다.
58) Marie Hall Ets 글·그림, 『바로 나처럼』 Just me, 이상희 옮김, 비룡소, 2004
59) Marie Hall Ets 글·그림, 『숲 속에서』 In the Forest, 박철주 옮김, 시공주니어, 2003
60) Eric Carle, 『배고픈 애벌레』 The very hungry carterpillar, 이희재 옮김, 더큰컴퍼니, 2007

위를 먹다가 급기야 나뭇잎까지 갉아 먹어 구멍을 만들어 놓는다. 아이가 이 구멍 하나하나에 손가락을 갖다대면서 셈 연습을 할 수 있도록 꾸며놓은 것이다.

오늘날 모니터 화면이나 비디오 게임이 어린이 세계를 지배하는 주인공이 되어 버렸다. 제각기 자기 집에서 혼자 화면 뒤로 숨어들면서 아이들은 자신을 스스로 고립시킨다. 컴퓨터 화면, 게임기 화면, 텔레비전 화면… 하지만 이 많은 유혹에도 불구하고 왜 여전히 책이 선택의 여지로 남아 있는 것일까? 사실 오늘날 어린이 도서 분야는 그 어느 때보다 활발한 전성기를 맞고 있다. 마치 속도전을 치르듯 숨 막히는 빨리빨리… 문화로 살아가고 있는 요즈음, 왜 사람들은 잠시 멈춰 책 읽을 시간을 만들고, 그림책 한 권의 여유를 즐기고 싶어 하는 것일까? 급격한 변화의 시대에 책이라는 이 유물은 왜 여전히 젊은 영혼들에 막강한 영향을 끼치는 특별한 존재물일까?

그림책 읽기와 선택하기

책은 대상이고 독서는 경험이다. 그림책은 문자와 이미지를 통해 독자에게 전달된다. 책은 페이지를 넘겨갈수록 우리 마음속의 감정적 기복이나 불안감을 잠재우면서 차츰 안정이나 평온, 경건감 등으로 채워준다. 작품이란 이렇듯 함께 나누거나 전달이 되는 대상이다. 책읽기란 다른 사람을 만나는 일이다. 어린이의 책읽기는 주변의 가까운 어른과 함께 할 때보다 의미가 깊어지고, 이 어른이 스스로의 어린 시절에 대한 그리움을 간직하고 있고 세상을 느끼는 감각이 깨어 있는 사람이라면 보다 바람직한 결과를 맞게 된다. 책읽기란 또한 시간이다. 이야기를 들려주고 듣는 시간, 손을 잡고 강을 건네주는 뱃사공인 동시에 현장의 목격자인 가까운 어른과의 만남의 시간, 수준 높은 훌륭한 작품이라면 그림책은 어린이뿐만 아니라 어른에게도 동일한 감동의 파장을 낳는다. 어른은 스스로에 대한 자신감을 되찾으면서 자신을 존중하고 귀중하게 생각하게 된다. 그리고 자녀에 대한 감동과 애정이 증폭되고 아이 내면의 심오함이나 섬세함에 경탄하게 된다. 스스로 무엇을 이해할 수 있고, 또 이해를 받고 있다는 느낌으로 아이 역시 존재감을 가지게 된다.

책은 사라지거나 없어지지 않고 영원히 존재하는 대상이다. 꽂아 두면 언제나 거기 그곳에 있고, 손만 뻗으면 언제든지 마음대로 사용할 수 있다. 독자는 한가할 때에나 자신이 원할 때 책의 내용이나 자신의 경험, 느꼈던 감정 등을 수시로 되살려 낼 수 있다. 우리가 잘 알고 있는 바와 같이 아이들은 읽고 또 읽고 쉴 틈 없이 반복해 읽는 것을 좋아한다. 이들에게 책을 읽는다는 것은 존재의 영역이지 결코 행위에 관련된 일이 아니다. 시끌벅적한 일상을 뒤로 하고 밤이 열리는 시간, 이 조그맣고 단순한 물건 하나가 아이에게 더없이 귀중한 순간을 선사하는 것이다. 이 내면의 순간을 위해 자신에게 시간을 내어 준 고마운 어른 한 사람과 머리를 맞대고 앉아 있다는 안정감이 아이의 마음에 따스하게 번져간다. 아이는 이 때 세상의 모든 것을 빨아들일 수 있을 만큼 감수성이 활짝 꽃핀다. 함께 있다는 사실은 이렇게 우리를 행복하게 만들어 준다.

이야기는 끝이 났고, 책도 덮인다. 하지만 가정이나 학교, 도서관에서 누군가와 함께 나눈 이러한 시간과 경험은 결코 사라지지 않고 아이의 삶에 각인된다. 공동의 문화가 형성된다는 것은 바로 이러한 과정을 통한 것이다.

모든 것이 빠르게 돌아가고 거대하고 혼란스럽다 할지라도 책은 하나의 체계적인 세계를 담고 있는 것이기 때문에 우리는 가장 편안한 마음으로 자신의 리듬에 따라 함께 읽어나가면 된다. 함께 있는 것이 행복하고, 자신이 누구인지 발견하게 되고 동시에 상대방에게 자신을 발견시키는 일이 즐겁기 때문에 우리는 기꺼이 시간을 내어 함께 읽는다.

아이들은 익숙한 주변 대상에 대한 이미지의 점층적인 형태를 순차적으로 보여주는 그림 도판 읽기로 책읽기를 시작한다.[61] 이러한 과정은 이들에게 무

---

61) 뻬르 카스토 아틀리에 L'Atelier du Père Castor의 창시자 폴 포셰 Paul Faucher가 이 분야의 선구자로 꼽힐 만하다. 1950년대 이미 아기들을 위한 책으로서 그림 도판에 대한 필요성을 깨닫고 뻬르 카스토 도판을 발행했기 때문이다. (Flammarion 출판사의 어린이 도서 컬렉션인 Père Castor이 성공을 거두자 이 컬렉션의 책임자이자 당시 신교육 주창자 폴 포셰는 1946년 뻬르 카스토 아틀리에를 만들어 어린이들에게 기하학이나 분류법을 비롯하여 그림, 음악, 공작 등 살아있는 지식을 체험시키고자 했다. 이듬해 아틀리에는 체재를 바꾸어 뻬르 카스토 학교로 거듭나면서, 음악·미술·체육 등의 예체능 실습을 더욱 강화한 교육 과정과 아이들의 자발적 주체적인 참여로 이루어지는 수업 방식, 큰소리로 강독하는 사서 곁에서 도서 내용을 몸짓으로 재현하며 아이들을 이끄는 보조교사 등 어린이들의 정서를 일깨우는 교육을 표방한 도서관 중심의 학교로 자리매김했다. 1961년 정식 학교 승격 인가문제로 교육부와 마찰을 빚으면서 결국 학교는 문을 닫았지만, 설립자 폴 포셰의 교육 정신을 이어받은 학부모와 교사들이 중심이 되어 파리 근교에 안토니 새 학교라는 이름의 대안 학교를 설립해 현재에도 3-12세 어린이를 교육 조건에 상관없이 받아들이고 있다 -역자 주.

언가를 하나하나 알아나가고, 이에 대한 이름을 불러 확인하는 즐거움을 느끼게 한다. 어린 아이들에게는 무엇을 알고, 소유하고자 하는 본능적 욕구가 있다. 이름을 부른다는 것은 이 세상에 존재하는 모든 요소를 자신의 것으로 만들어 가는 한 방식이다. 수많이 다양한 요소들을 하나하나 받아들여 마침내 자신의 삶 속에 통합하는 것이다. 아이들의 환상을 멋지게 충족시켜주고, 또 이끌어내면서 진정한 예술작품의 경지를 이루는 몇몇 그림 전집이 있다. 이런 책들은 연령에 관계없이 모든 아이들을 자석처럼 끌어들이는 매력이 있다. 캐티 쿠프리와 안토닌 루샤르의 『모두가 한 세계』[62]은 이미지에 대한 섬세한 접근과 다양한 언어로서의 해석을 바탕으로, 사진이라는 매체가 담을 수 있는 최대한의 감성적 표현을 구현해 아기들에게 형태를 제시하고 있다. 이렇게 전달되는 세계는 그 어느 그림자 하나 강렬한 인상을 던지지 않을 수 없다. 아이가 세상을 처음 발견하는 이 순간은 대개 우리 어른과 함께 하게 된다. 우리는 이 신비롭고 시적인 창의력이 가득한 작품에 흠뻑 빠져 가장 평온한 기분으로 한 장 한 장 페이지를 넘겨 읽어가고 있는 아이의 행복한 표정을 본다. 사이즈가 좀 큰 책인데도 아이들은 놓치기 싫다는 듯 손에 꽉 쥐고 잘도 읽어 내려간다. 다른 여느 평범한 책들과는 확연히 구별되는 이 책은 두께가 제법 두터운 편인데도 오히려 이러한 부피감이 아이로 하여금 이 안에서 세상의 모든 것을 발견할 수 있으리란 기대감을 심어준다. 교묘하고 재미있게 줄거리를 짠 이미지 구성 방식 역시 기막히게 다채로워 어느 연령대의 어린이가 보더라도 눈이 즐겁고 흥미로운 경험을 할 수 있다.

이와 같은 뛰어난 작품을 통해 아이들은 새로운 언어로 자신만의 인식 체계를 구축해 가고, 책읽기가 유익하고 재미있다는 생각을 굳히게 된다. 자신에게 꼭 필요한 책을 찾아내고, 선택할 줄 아는 현명한 독자는 이러한 과정에서 길러지는 것이다. 아르메니아의 에르반이란 도시 내 어느 한 병원에서 만났던 7개월짜리 아이가 문득 생각이 난다. 유난히 얼굴에만 눈길을 고정시키고 오랫동안 쳐다보는 습성을 가진 아이였다. 나이든 여자 얼굴도 마다 않고, 흑백·컬러를 불문하고 사진이나 그림에 등장한 인형의 얼굴에 이르기까지 그 모든 형태의 얼굴을 관찰의 대상으로 삼고 있었다. 그런데 잠시 후 다시 보

---

62) Katy Couprie & Antonin Louchard, 『모두가 한 세계』 *Tout un monde*, 파리: Thierry Magnier, 1999

니 아이는 바로 자기 옆에 앉아 있는 어른의 얼굴을 유심히 살피고 있는 게 아닌가. 가까운 주변의 것부터 주의 깊게 살펴보라는 책의 가르침을 그대로 실천한 것이었을까?

가까운 주변 세계에 대한 눈을 뜨는 즐거움을 가르쳐 주는 타나 호번의 사진집 역시 마찬가지이다.[63] 도시의 일상적인 생활 풍경을 그저 있는 그대로 담은 것뿐인데도 그의 사진들은 형태나 색채에 대한 새로운 감각을 가지도록 만들어 준다. 평소 아무것도 아닌 것처럼 보이던 시시한 것들이 우리가 관심을 기울일 만한 가치가 있는 것으로 보이고, 심지어 경탄을 자아내게 만들기도 한다. 평범한 것들을 특별한 것으로 만들어 내는 것은 이제 그의 렌즈가 아니라 바로 독자의 마음이 된다. 예술 작품과의 만남은 자신에 대한 다른 사람이나 세계에 대한 아이의 시선을 보다 예리하고 깊이 있게 만들어 준다. 그리하여 우리가 살아가고 있는 제반 여건이나 환경에 보다 예민하게 생각하고 민감하게 반응하도록 만들어 준다.

단순한 그림 도판에 불과했던 것이 체계화된 이미지를 갖추게 되면서 오늘날 다양한 콘텐츠로 변주되고 있다. 우리가 일상을 살아가고 있는 모습들, 주변의 소음이나 고함 소리, 감각이나 감정까지도 예술의 소재가 될 수 있다. 그림과 사진을 교대로 배치한 『ABC 독본』[64]에서는 이미지에 대해 우선 감각적으로 느껴 보고, 이 느낌을 바탕으로 해당 단어를 소리 내어 읽어 보게 한다. 예컨대 전율이란 단어에서는 아이의 배 위에 한 줄기 물을 쏘아대는 이미지를 그림으로써 차가움의 전율을, 숨어 있는 늑대의 귀만 슬쩍 보이게 함으로써 공포의 전율을 먼저 몸으로 배우게 하는 것이다. 나이가 좀 든 아이나 어른과 함께 단어를 탐색해 나가기에 조금도 손색이 없을 만큼 개념을 알차게 채운 책이다.

400 마리의 동물을 종種별로 구분해 놓았을 뿐만 아니라, 피부색이나 몸집의 크기, 생활 습성에 따라 분류해 놓은 조엘 졸리베의 걸작 『똑똑한 동물원』[65]

---

63) Tana Hoban, 『흑과 백』 *White on Black*, 『백과 흑』 *Black on White*, 뉴욕: Greenwillow Books ; 파리: Kaléidoscope, 1993
64) Alain Serres 글·Lily Franey 사진·Olivier Tallec 그림, 『ABC 독본』 *Abécédire*, 부아젱 르 브리타너(Voisins-le Bretanneux, 프랑스): Rue du monde, 2001
65) Joëll Jolivet 글·그림, 『똑똑한 동물원』 *Zoo logique*, 최윤정 옮김, 바람의아이들 출판사, 2009

은 아이들이 스스로 찾아 읽을 만큼 유년층을 포함한 모든 연령대로부터 환영을 받는 책이다. 예컨대, "땅속에 산다", "바다에 산다", "깃털이 달렸다", "뿔이 달렸다" 등 알기 쉬운 기준에 따라 재미있게 나눠 그려 놓고 있다. 또한 자신만의 분류법으로 동물을 다시 분류할 수도 있다. 실제로 아이들은 분류하고 구분하는 것을 좋아한다. 셈하기 역시 아이들이 즐겨하는 놀이이고, 때론 걱정스러우리만치 열중하기도 한다. 동물은 제각기 이름이 있기 마련인데 아이들은 자기가 이들의 이름을 알고 있고, 또 부를 수 있다는 것을 다른 사람에게 보여주고 싶어 한다. 아이들은 입 밖으로 소리 내어 말하는 것 역시 좋아하기 때문이다. 단어가 복잡하고 어려울수록 도전 의식이 생겨 아이는 더 기운을 낸다.

세상에 존재하는 모든 대상에 대해 언어로 표현하고, 이해하고, 그리고 이를 누군가와 함께 나누자면 단어나 이미지를 필요로 할 것이다. 아이가 사물을 인식하고 말을 배우기 시작할 때 동반하는 어른이 곁에 있으면 훨씬 효과적인 결과를 얻을 수 있고 또 기억도 오래 간다. 이 때 어른은 아이가 내뱉은 말을 모두 그대로 다시 한번 말해 준다. 마치 메아리가 울리는 것처럼 아이는 스스로 대견함을 느끼면서 보다 의욕적으로 말을 배우려는 의지를 보인다. 어른은 마침내 아이의 세계를 이루고 있는 단순하면서도 풍요로운 감수성을 발견하게 되고, 기꺼이 이에 전염된다. 아이 역시 자신의 존재가 인정받았다는 느낌으로 충만감에 젖는다. 피터 스피어의 『비』[66]는 물구덩이 진흙탕으로 떨어진 빗방울이 주인공인데 시간이 지나다 보니 마치 따스하고 아늑한 집 안에 있는 듯한 느낌을 가진다는 이야기이다. 존 버닝햄의 『장롱』[67]은 냄비를 비롯한 여러 부엌 기구들이 찬장에서 나와 신나게 외출 나가는 모습을 시끌벅적한 즐거움으로 그린 작품이다. 한편 길베르토[68]라는 소년이 바람을 타고 노는 고즈넉한 풍경만이 책의 끝 페이지까지 조용히 흘러가는 작품도 있다.

주사위를 사방으로 돌리면서 이리저리 끼워 맞춰 집짓기 놀이를 하는 것처럼 아이들은 말을 가지고 놀이를 한다. 『모토르뒤 왕자의 반짝거리는 맛있

---

66) Peter Spier, 『와, 비다』 Peter Spier's Rain, 한솔교육, 2003
67) John Burningham 글·그림, 『장롱』 The Blanket, 런던: Jonathan Cape, 1975
68) Marie Hall Ets 글·그림, 『길베르토와 바람』 Gilberto and the Wind, 김서정 옮김, 프뢰벨 출판사, 2003

는 배』⁶⁹⁾는 유머라는 코드를 통해 아이들로 하여금 지루하지 않게 단어를 익히
도록 하는 책으로서, 동음이의 단어나 발음이 유사한 단어들 사이의 틈을 연
결할 수 있는 엉뚱하고도 재미난 상황을 만들어 내면서 기억에 남도록 하는
방식이다. 예컨대 모자가 자칫 성(城)이 되어 버리고(프랑스어 모자 chapeau /
성 château -역자 주), 마침내 고데머리를 한 점잖은 신사가 이 장대한 건축물
을 머리에 이고 낑낑대면서 다니는 것이다. 단어를 약간 비틀어 발음이나 철
자가 비슷한 단어들끼리 놀이처럼 즐기게 하고, 교차된 의미의 결과를 그림으
로 표현해 보여주고 있다. 즐거운 놀이 같은 기분이 들기 때문에 아이들은 지
루할 새 없이 많은 낱말을 배우게 된다. 더구나 일상생활 주변에서 흔히 볼 수
있는 소재를 바탕으로 하여 조금씩 응용 확장해나가는 신중함 덕분에 책이라
는 사실조차 잊어버리게 만든다.

알랭 르 소 역시 이 분야의 대가로 꼽힐 만한 작가이다. 『엄마는 자기 친구
이베트가 한때 정말 예뻤다고 내게 말했어』⁷⁰⁾에서는 이 예쁜 엄마 친구가 한
마리 새로 변한 이미지를 보여 주고, 『선생님께서 복습은 반드시 해야 한다고
내게 말씀하셨어』⁷¹⁾에서는 아이가 뜬금없이 다리미를 대동하고 나오는 장면이
펼쳐진다. 선생님 말씀을 거역해서는 절대 안 된다고 되뇌며(프랑스어 복습하
다 repasser / 다리미 fer àrepasser -역자 주).

엉뚱한 것 같으면서도 합리적인 배경을 바탕으로 하는 이러한 절묘한 아
이러니는 오로지 어린이 세계에서만 경험될 수 있는 것이다. 어린이들의 상상
력을 명확하게 꿰뚫고 있는 코르네이 추콥스키 Kornei Chukovski (1882~1969 · 러
시아 아동문학 시인 -역자 주)는, "아이들은 대부분 제 아빠와 같은 눈을 가지
고 있다"라는 말을 들으면, "뭐요? 아빠가 아이에게 눈이라도 주었답니까? 그
렇다면 아빠는 장님이 되었을 텐데, 아이도 제 아빠 눈처럼 아무것도 볼 수 없

---

69) Pef, 『모토르뒤 왕자의 반짝거리는 맛있는 배』 La belle lisse poire du Prince Motordu, 파리: Gallimard Jeunesse, 2001. 언어의 교착을 시도하는 이 책에서 lisse poire[lis-pwa:r]는 발음이 비슷한 histoire[istwa:r]로 연결되면서 곧, La bell histoire du Prince Motordu 『재미있는 모토르뒤 왕자 이야기』로도 읽힐 수 있다. 또한 poire는 (배처럼 길쭉하고 못 생긴) 얼굴이나 머리라는 뜻의 구어로 통용되기도 하여 『모토르뒤 왕자의 반짝거리는 아름다운 얼굴』로도 해석될 수 있다(역자 주).
70) Alain le Saux, 『엄마는 자기 친구 이베트가 한때 정말 예뻤다고 내게 말했어』 Maman m'a dit que son amie Yvette était vraiment chouette, 파리: Rivages Jeunesse, 1996
71) Alain le Saux, 『선생님께서 복습은 반드시 해야 한다고 내게 말씀하셨어』 Le prof m'a dit que je devais absoument repasser mes leçons, 파리: Rivages Jeunesse, 1996

겠네요" 라 비꼰다. 『위니 더 푸우』[72]의 저자 앨런 A. 밀른 같은 훌륭한 작가들은 아이들의 언어 창의력이 얼마나 논리적인 배경 아래 진행되는지 잘 알고 있다. 『아빠가 들려주는 푸우의 모험 이야기』[73]는 크리스토퍼 로빈을 찾아 떠나는 아기곰 푸우의 모험기이다. 자신을 그토록 열광시키는 짜릿한 장면이지만, 그러나 어쩐지 불안한 마음이 들기 때문에, '순식간 훌쩍 뛰어오르는 호랑이' 크리스토퍼 로빈이 얌전히 안전하게 앉아 있었으면 좋겠다고 푸우가 생각하는 것도 이와 같은 맥락에서이다. "바다를 그렇게 갑자기 둘로 갈라놓으면, 도대체 어느 세월에 복구하겠다는 겁니까?" 레이몽 드보 Raymond Devos (1922~2006· 벨기에 태생의 프랑스 코메디언이자 배우 –역자 주)가 유머러스하게 일침을 놓는 말이다.

이야기가 꼬리에 꼬리를 물고 이어지면서, 페이지가 점점 뒤로 넘어가면서, 그림이 점차 바뀌어 가면서 책의 알맹이는 여물어 간다. 이와 더불어 세계에 대한 아이의 경험이 틀을 갖추어 간다. 아이가 대면하는 최초의 책은 말하자면 손가락이 절로 장단을 맞추게 되는, 오랜 옛날부터 몸에 익숙한 노래의 후렴구와 같은 것이다. 이 세상으로 초대되어 온 아이들은 부드러운 목소리에 실려 오는 이 오랜 전통과 조우하는 것이다. "사냥을 떠나는 사람은 자고새라도 한 마리 잡아 온다."

잔느 아쉬베의 책은 아이로 하여금 안정된 순환적 리듬에 실린 사소한 사건들을 경험함으로써 일상의 삶을 배워나가게 한다. 매일 매일 반복되는 삶이 여기서는 하루하루가 특별하고 뜻 깊은 은총이 된다. 『괜찮아질 거야!』[74] 그림책에서는 왼쪽 면은 어두운 색감으로 슬픔을 표현하면서, "아! 비가 내리는데 아이가 저기 있네. 그는 목도 말라" 라 하고, 보다 화사한 색상의 오른쪽 면은 위무와 용기를 상징하는 것으로서, "아! 괜찮아질 거야. 물을 마시니 기분이 좋아지는걸" 하고 말한다. 문장의 리듬과 한 장씩 넘어가는 페이지의 리듬이 모두 일정한 호흡을 유지하면서 훌륭한 균형을 맞추고 있다. 일상의 사소

---

[72] Alan Alexander Milne 글·Ernest H. Shepard 그림, 『위니 더 푸우』 Winnie the Pooh, 이종인 옮김, 시공사, 1995 : 『곰돌이 푸는 아무도 못말려』 Winnie the Pooh, 조경숙 옮김, 길벗어린이, 2005
[73] Alan Alexander Milne, 『아빠가 들려주는 푸우의 모험 이야기』 Pooh's Grand Adventure: The Search for Christopher Robin, 최운권 옮김, 유진출판사, 1994
[74] Jeanne Ashbé, 『괜찮아질 거야!』 Ça va mieux!, 파리: L'Ecole des loisirs, 1999

한 불편이나 고통을 담백하게 받아들이되, 마침내 위안이나 해결책을 스스로 찾아간다는 메시지이다.

많은 그림책이 아이들의 생활을 예쁘게 꾸미거나, 혹은 좋은 측면들만 연출해서 보여주고 있다. 이들과 달리 아기들을 대상으로 하는 책에서도 과감하게 감정이나 유머를 도입하는 작가들이 있는데 바로 존 버닝햄 같은 이들이다. 『네가 만약』[75]에서 그는 우리 일상에서 흔히 만나는 예기치 않은 일, 당황스러운 사건 등을 그대로 노출시킨다. 오드리 푸시에의 『내 스웨터』[76]는 몸을 콕콕 찌르는 것이라 아무도 입으려 하지 않는 못난 스웨터 이야기이다. 어떻게 할까? 무슨 좋은 수가 없을까? 동물에게라도 주어 버릴까? 억지로 떠안기려 하지만 결국 어느 동물에게도 적합하지 않은 상황이 한 페이지 두 페이지 그려진다. 마침내 스웨터는 주인이었던 아이에게 돌아오고, 그는 반가워한다. 왜냐하면 이건 바로 내 것이니까! 언젠가 나는 이 이야기를 어느 모임에서 들려주고 있었는데, 한 아이가 갑자기 자기가 좋아하는 다른 어떤 그림책이 생각난다는 것이었다. 제목이 『동물들은 왜 옷을 입지 않아요』[77]라는. 이 연령층의 아이들은 책을 읽고 나면 그 분야의 반 전문가 행세쯤은 할 수가 있고, 그전에 읽었던 책과 능숙하게 연관지을 수 있으며, 또는 자신의 실제생활과 관련지어 생각하기도 한다.

세계는 넓고도 크다! 그러니 한 걸음씩 차근차근 발을 디뎌나가는 것이 현명한 일일 것이다. 읽기 교본이나 그림 도판, 셈하기 그림책들이 제공하는 아이 지도 방식이나 과정을 되도록 그대로 따르는 것이 무난하다. 숫자를 셈한다는 것은 곧 무한대나 무경계를 상상하는 일이다. 어마어마한 숫자를 제시하면서 우리로 하여금 밤하늘의 별을 따라 유랑하게 만드는 『백만은 얼마나 클까』[78] 처럼.

그림책에서 이야기 내용을 자연스럽고도 정교한 틀로 짜나가는 것은 매우 중요한 일이다. 일종의 긴 산책이라 할 수 있는 서사의 마디마디가 안정된 구

---

75) John Burningham, 『네가 만약』 Would you rather, 이상희 옮김, 비룡소, 2003
76) Audrey Poussier, 『내 스웨터야!』 Mon pull, 박정연 옮김, 보림출판사, 2007
77) Judi Barrett 글·Ron Barrett 그림, 『동물들은 왜 옷을 입지 않아요』 Animals shoud definitely not wear clothing, 정경임 옮김, 지양어린이 출판사, 2004
78) D. M. Schwartz 글·Steven Kellogg 그림, 『백만은 얼마나 클까』 How much is a million, 뉴욕: Lothrop, Lee & Sphepard Books, 1985

조를 이룰 수 있도록 전체 페이지에 치밀하게 배치되어야 한다. 각 마디가 자신에게 주어진 의미를 가장 충실하게 표현하는 가운데 유기적인 호흡을 통해 서로의 의미를 증폭시켜 주고 있는가 하는 점도 간과해서는 안 될 것이다. 아기 몽구스(쥐나 뱀을 잡기 위해 기르는 인도산의 족제비 -역자 주) 마리 루이즈는 엉덩이를 흠씬 두들겨 맞고서는 너무 화가 나 다른 엄마를 찾겠다는 결심으로 집을 나간다.[79] 길가에서 하나둘 마주치는 동물의 가족에게 마음 졸이며 물어 본다. "나도 당신의 아이가 될 수 있을까요? 우리 엄마는 더 이상 나를 좋아하지 않아요." 이에 대한 대답을 찾아가는 긴 여정이 사려 깊게 차근차근 책의 마지막 페이지까지 펼쳐진다.

서로 연관시켜 끼워 맞추고, 채우거나 비워내는 것은 아이들에겐 자연스러운 놀이이다. 특히 그림책에서 느꼈던 인상을 반추하는 이야기나 동화를 다시 접하게 되었을 때는. 전래 동화 『어머나! 무슨 무가 이렇게 많아』[80]는 셀 수도 없이 많은 무를 밭에서 뽑기 위해 할아버지는 할머니를 부르고, 할머니는 딸을 부르고, 딸은 고양이를 부르고, 고양이는 쥐를 부르고... 라는 이야기가 꼬리에 꼬리를 이어 전개되는 형식이다. 페이지가 바뀔 때마다 주인공이 따라 바뀌면서 그저 이렇게 끝까지 이어간다.

『엄마, 엄마, 나 아픈 것 같아요. 의사 선생님께 보내주세요. 빨리, 빨리, 빨리요...』[81] 훌륭한 솜씨로 엮어낸 기발한 엉뚱함이 웃음과 재미를 잔뜩 안겨주는 이 책 역시 아이들이 지겨워하지 않고 몇 번씩이나 보고 또 보고 싶어 하는 것 중 하나이다. 욕심쟁이 어린이와 의사 마법사, 조금 얼떨떨해 보이는 목격자로 등장하는 엄마, 이 세 사람 사이에서 벌어지는 외과 수술 중의 이야기이다. 과연 아이의 배에서 무엇이 나올까? 하나같이 괴상스럽기 짝이 없는 기이한 물건뿐이다. 검정과 컬러가 번갈아 채색된 책의 면은 뱃속에 감춰져 있을 때와 끄집어 내어져 바깥에 드러나는 상황을 대비하는 표현이다. 끝까지 읽고 나면 책머리로 돌아가서 다시 읽게 되는 작품이다.

---

79) Nathalie Savage Calson 글 · José Aruego & Ariane R. Dewey 그림, 『마리 루이즈의 가출』 *Runaway Marie-Louise*, 뉴욕: Charles Scribner's Sons, 1977
80) 러시아 옛 이야기, Praline Gay-Para 다시 지음 · Andrée Prigent 그림, 『커다란 순무』 *Quel radis dis donc!*, 김효림 옮김, 한국차일드아카데미, 2006
81) Remy Charlip & Berton Supree 글 · Remy Charlip 그림, 『도와주세요, 의사선생님』 *Mother, Mother, I feel sick, send for the Doctor, Quick, Quick, Quick...* 서울: 리틀랜드 출판사, 2003

그림책은 영원한 순환이라는 개념을 담고 있는데, 자연의 주기를 즐겨 그린다는 점과 끊임없이 새롭게 다시 읽을 수 있는 놀이라는 점에서 그러하다. 작가들은 책이라는 매체가 가지고 있는 본연의 물리적 여건을 최대한 활용한다. 페이지를 한 장 한 장 넘겨 가며 읽을 수 있는 연속성, 처음으로 되돌아 와서 다시 읽어 나갈 수 있는 반복성 등 다른 어떤 매체도 줄 수 없는 종이 책 특유의 미덕을 충분히 살려내는 것이다. 특히 레미 찰럽이나 브루노 무나리 같은 작가들이 이 분야의 모범이 될 만하다. 자연의 순환이나 이를 변형한 형태들을 절제된 가운데 능숙한 솜씨로 그려낸 옐라 마리의 책들은 자연 속으로 아이들을 초대하여 경이로움을 맛보게 한다.[82] 그의 『나무』[83] 그림책을 읽으면서 아이들은 나무 한 그루와 인근에 사는 주민들이 계절이 바뀌는 일년 동안 어떻게 자연의 섭리에 순응해 나가는지 세밀한 모습으로 변화를 관찰하는 재미에 빠진다. 봄에 새싹들이 땅을 뚫고 올라오는 경이로운 생명력, 새끼를 낳으려고 알을 품은 어미 새가 둥지를 틀고 있는 다정한 모습, 찬란한 색상 아래 펼쳐지는 뜨거운 여름 열기, 떡갈나무 잎들이 수줍게 떨어져 내리는 가을, 보금자리를 찾아 떠나는 철새들의 황망한 날갯짓, 겨울 양식을 부지런히 실어 나르는 오소리...

브루노 무나리나 타나 호번, 고경숙 등의 작가들의 작품은 아이들로 하여금 스스로 답을 찾고 발견해 나가도록 길을 제시하면서, 이 과정에서 생각지도 않았던 예상 외의 일들을 즐겁게 만나고, 마침내 감동을 느끼면서 세계에 다가서게 만든다. 함께 참여하고 있다는 즐거움과, 무언가를 알아맞힌다는 뿌듯한 기쁨을 아이들에게 선사하는 것이다. 타나 호번의 『다시 한번 보세요』[84]는 사물을 관찰하는 법을 놀이처럼 재미있게 익히도록 이끌어 주는 그림책이다. 책면에 동그랗게 구멍을 낸 것은 다음 페이지에 그려진 사물의 디테일한 부분을 특별히 눈여겨 보게 하기 위한 장치이다. 동물들은 과연 무엇을 꿈꾸고 있을까? 브루노 무나리는 『결코 만족하지 않아』[85]를 통해 이를 흥미롭게 보

---

82) 「어린이도서잡지」 N° 105-106(1985. 12)에 게재된 옐라 마리의 인터뷰를 참조하시오. Elisabeth Lortic, "105-106호의 일 대 일 대담, 옐라 마리와 함께" Tête à tête n° 105-106: Iela Mari, pp.24-26
83) Iela Mari, 『나무』 L'Albero, 시공주니어, 1996
84) Tana Hoban, 『다시 한번 보세요』 Look again, 뉴욕: MacMillan, 1971
85) Bruno Munari, 『결코 만족하지 않아』 Mai contenti, 세그라트(Segrate, 이탈리아): Modadori Publishing, 1945

여주고 있다. 송아지는 물고기가 되기를 꿈꾼다. 그렇다면 이제 물고기는 무엇이 되고 싶어 할까? 해답을 찾아가는 것은 독자의 몫이다. 다음 페이지를 넘기면 해답을 찾아가는 징검다리 역할을 하는 작은 수수께끼가 주어지고, 그 다음 페이지에는 바로 이 작은 수수께끼를 풀 수 있는 또 다른 징검다리 수수께끼가 주어지고... 이런 형태로 수수께끼를 계속 이어가면서 마침내 책의 마지막 페이지에 닿으면 첫 페이지와 다시 연결이 되게 하는 것이다. 고경숙의 『마법에 걸린 병』[86] 역시 놀라운 발견의 기쁨을 아이들에게 느끼게 해주는 작품이다. 코카콜라나 향수병에는 과연 어떤 동물들이 숨어 있는 것일까? 악어? 코알라? 병 모양의 가리개만 들쳐보면 답은 의외로 쉽게 찾을 수 있다. 이 모든 책에서 일시적인 눈가리개 책략을 쓰는 것은 나중 발견의 기쁨을 증폭시키기 위한 일종의 도구이다. 호기심이 발동하면서 아이들의 참여 욕구도 높아진다.

『트럭 아저씨』[87]에 등장하는 주인공은 매우 분주한 모습이다. 아들의 학교 축제에 시간 맞춰 도착해야 하기 때문이다. 하지만 웬걸! 난관은 점점 더해지기만 한다. 책의 페이지가 뒤로 넘어갈수록 주인공 남자의 크기가 점점 작아지는데, 그가 목적을 달성할 수 있는 시간의 여분이 점점 줄어드는 이미지를 겹친 것이다. 생쥐의 여행기라 할 수 있는 아놀드 로벨의 작품도 있다.[88] 엄마를 만나러 자동차로 떠난 생쥐가 길가에서 쉼 없이 방해를 받게 된다. 롤러 스케이트를 사는가 하면 새 신발까지 사 신는 등 온갖 비책을 동원한 끝에 겨우 시간에 맞춰 도착할 둥 말 둥, 큰 것에서 작은 것으로, 작은 것에서 좀더 큰 것으로, 비워가며 채우고 채워가며 비우는 것, 이 그림책이 다른 책보다 특별히 뛰어난 점은 바로 이것이다.

페이지 채워 나가기

간결하기 그지없는 그림책 『모두 어디에 있을까』[89]을 보면 다음과 같은 방

---

86) 고경숙, 『마법에 걸린 병』, 재미마주, 2005
87) Bruno Munari, 『트럭 아저씨』 L'Uomo del camion, 세그라트(Segrate, 이탈리아): Modadori Publishing, 1945
88) Arnold Lobel 글·그림, 〈여행〉 The journey, 『생쥐 이야기』 Mouse Tales, 엄혜숙 옮김, 비룡소, 1997
89) Remy Charlip, 『모두 어디에 있을까』 Where is Everybody, 시드니(sydney, 미국 오하이오 주): Scott

식으로 표현을 채워나간다는 것을 알 수 있다. 최종적으로 정해진 구상에 따라 우선 책의 양면에 몇 개의 선으로만 단순한 이미지를 잡아 나간다. 페이지를 넘겨가며 이 초안에 선을 조금씩 보충하면서 입체적인 개념을 입힌다. 이쯤 해놓으면 대략의 밑그림이 완성된 셈이다. 각 면마다 손질이 더해져야 할 요소들은 이제 거의 절로 눈에 드러나기 시작하는데, 긴장감을 잃지 않으면서도 자연스러운 틀 속에 마무리 손질을 한다. 최종적으로 각 그림에 상응하는 말을 붙이고 이들의 이름을 결정하면 끝이 난다. 아이들은 페이지를 넘겨가며 책 읽는다는 사실에 자부심을 느낀다. 페이지가 한 장씩 넘어감에 따라 새나 태양, 산, 강, 물고기 등이 쉴 틈 없이 등장한다. 회색이나 검정, 노란색으로 이루어진 하나의 세계인 것이다. 그 다음 어른 한 명과 아이가 등장한다. 구름이 뭉게뭉게 일어나고, 비가 내리면서 페이지는 어두워진다. 태양이 사라진다. 마침내 모든 것, 모든 사람이 사라진다. 아이들은 눈앞에 보이는 이 대상들을 손가락으로 또박또박 짚어가며 시키지 않아도 자진해서 이름까지 불러본다. 으쓱해 하며.

풍성한 내용

이러한 훌륭한 그림책과 더불어 아이들은 자신을 발견하고, 나아가 세계를 발견하고 사물의 이름을 익혀가는 것이다. 책이란 많은 것을 가르쳐 주는 학교와 같기 때문에 열심히 읽다 보면 유익한 정보와 다양한 지식을 얻을 수 있다. 안노 미쯔마사 安野光雅[90]는 책의 이러한 교육적 기능을 가장 멋지게 요리하는 작가 중의 한 사람이다. 『벼룩시장』 Le Marché aux puce에서 보는 것과 같이 그의 그림에는 복잡한 풍경이나 이상야릇한 물건들이 그득하다. 그 안을 가만히 들여다보면 디테일 하나하나가 익살스럽기 그지없다. 그의 다른 작품 『늑대야, 너 거기 있니?』[91]에서는 나뭇가지 사이에 숨어 있는 늑대를 찾아내기 위해 책의 내용을 이리저리 꿰맞춰가며 머리 바쁘게 읽어야 한다. 세계를 뒤죽

Publishing Co., 1957
90) 이 장에 언급되는 안노 미쯔마사의 책은 파리 Flammarion 출판사에서 번역 발행된 『요술 냄비』 Pot magique를 제외한 나머지 모두 L'Ecole des loisirs 출판사를 통해 발행되었다.
91) 安野光雅, 『늑대야, 너 거기 있니?』 Loup y es-tu?, 파리: L'Ecole des loisirs, 1999

박죽 사방으로 뒤섞어 보는 것—, 책이란 매체를 통해서나마 한번 이러한 모험을 시도해 볼 수 있다는 것은 정말 행운이라 해야 되지 않을까? 그 밖의 많은 다른 작품에서도 안노는 이러한 방식을 즐겨 사용한다. 정반대의 관점을 서로 교차시켜 보기엔 능히 사실적인 것처럼 보이지만 자세히 보면 어떤 불가능의 세계를 구성해 나가는 『집짓기 놀이』 Jeux de construction 같은 책이 대표적으로 꼽힐 만하다. 이러한 작업은 읽는 사람에게 생각할 거리를 던지기 때문에 아이들은 우리에게 물어 온다. "이게 어떻게 가능해요?" 현실과 상상 사이를 즐기는 이 같은 놀이는 픽션의 특성이요, 특히 판타지의 고향 아니던가? 마르셀 에이메의 『착한 고양이 알퐁소』[92]나 C. S. 루이스의 『나니아 연대기』[93]를 생각해 보자. 우리가 발을 딛고 살아가고 있는 이 한치 어긋남 없는 세계에서 출발해 상상의 세계로 우리를 이끌어 가면서 새로운 방식으로 보고 생각할 수 있다는 것을 깨닫게 하지 않던가.

이들과 같은 그림책 예술가는 책이란 매체가 줄 수 있는 고유의 기능을 최대한 이용한다. 다른 어떤 매스컴 매체에서도 결코 이와 같은 방식으로 이야기를 풀어나가거나 들려줄 수는 없다. 자신이 원하는 리듬에 따라 시간이 있을 때 한가로이 한 장 한 장 넘겨 가며 읽을 수 있는 매체는 단지 책뿐이다. 규격 또한 자유로워 손 안에 쏙 들어오는 작은 판형의 문고판부터, 너무 커서 바닥에 펼쳐 놓고 엎드려서 보아야만 편히 볼 수 있는 큰 판형의 사진 앨범까지, 다양한 크기로 만날 수 있다. 바야흐로 모든 정보가 화면을 통해 전달되는 영상의 시대, 책은 우리에게 보다 절실한 가치로 다가온다.

그림책이란 페이지가 넘어감에 따라 '사물 변형 놀이'가 점점 더 적극적으로 펼쳐지는 변화의 공간이라 할 수 있다. 책은 또 우리가 싫증날 때까지 이 놀이를 몇 번이고 반복해서 즐길 수 있는 순환의 공간도 된다. 이 두 가지 사실은 어린이의 특성에 매우 잘 맞아 떨어지는 점들이다. 우리는 아이에게 "이 다음에 네가 어른이 되면…"이라 말하지만 아이는 우리에게 "엄마 어렸을 적 이야기 좀 해주세요"라 요청한다. 언젠가 아이들이 그 순수한 눈동자를 반짝

---

[92] Marchel Aymé, 『착한 고양이 알퐁소』 *Les Contes du Chat Perché*, 최경희 옮김, 작가정신 출판사, 2003
[93] C. S. Lewis, 『나니아 연대기』 *The Chronicales of Narnia*, 햇살과나무꾼 옮김, 시공주니어, 2005
그외에도 계림출판사(김민선 옮김, 2006), 팝업북으로 펴낸 넥서스주니어 출판사(박인정 옮김, 2008) 등 국내 여러 번역본이 있다(역자 주).

이며, "이 다음에 엄마가 어린 아이가 되면…"하고 말할 날도 오겠지!

『달라질 거야』[94]는 이 그림책에 등장하는 주인공 아이의 꿈이지만, 사실 정말 이렇게 달라지고 변할 수 있다는 것은 어마어마한 일이다. 안개는 고양이가 되고, 의자는 고릴라가 되고… 언뜻 작가는 아이들에게 꽤나 유치한 놀이를 한번 해보자는 듯이 보이기도 한다.[95] 어떻게 단단하고 차가운 순제품이 완전 반대로 감성적이고 유순하며 미지근한 체온을 가진 동물로 변할 수 있을까? 전혀 다른 차원의 세계가 펼쳐지는 것이다.

이러한 모습 바꾸기가 사람에게 적용될 때에는 위험천만한 일이 되기도 한다. 만일 사람들이 나를 알아보지 못한다면? 이 문제는 여러 훌륭한 책이나 그림책, 소설 등에서 자주 다루어지는 주제이다. 고전 그림책 『파랑이와 노랑이』[96]에서는 아주 가까운 친구 사이인 이 두 사람이 함께 초록이 되기로 하고, 실제 그렇게 되었는데 막상은 당황스럽기만 하다. 엄마 아빠가 우리를 못 알아볼 수도 있겠지, 두 아이는 하염없이 울기만 한다.

만일 내가 모습이 바뀐다면 그래도 넌 나를 알아볼 수 있을까? 핀란드 신화에서 전해져 내려온 이야기 요정 무민은 이에 대한 답을 시사한다.[97] 하필이면 요술쟁이 아저씨 모자 안으로 들어가 버리는 바람에 그는 알아볼 수 없을 만큼 형체가 변해 버렸고, 친구들은 당연히 그를 못 알아본다. 하지만 천만 다행으로 엄마 무민이 있다. 엄마는 두 팔을 활짝 벌려 반기며 말한다. "얘야, 어서 이리 온. 난 언제 어디서고 내 자식은 알아볼 수 있단다." 엄마나 가까운 사람들의 사랑을 이렇게 확인할 수 있다는 것은 얼마나 큰 위안이 되는가. 『엄마 난 도망갈 거야』[98]는 꼬마 토끼가 벌이는 일종의 놀이 같은 흥겨운 이야기로서, 엄마 토끼와 나누는 대화가 마치 한 가락 노래처럼 운율에 맞춰 컬러와 흑백이 교대로 채색된 책의 양면에 펼쳐진다. 엄마가 "만일 네가 물고기가 된

---

94) Anthony Browne, 『달라질 거야』 Changes, 허은미 옮김, 아이세움, 2003
95) 파리 Kaléidoscope 출판사에서 출간된 앤서니 브라운과의 인터뷰, 『앤서니 브라운, 작품 이야기』 Anthony Browne, Histoires d'une oeuvre를 참조하시오.
96) Leo Lionni, 『파랑이와 노랑이』 Little Blue and little yellow, 이경혜 옮김, 파랑새어린이 출판사, 2003,
97) Tove Jansson, 『환상의 요정 무밍트롤』 Trollkalens hatt (Finn Family Moomintroll), 조동림 옮김, 곰출판사, 1993
98) Margaret Wise Brown 글·Clement Hurd 그림, 『엄마 난 도망갈 거야』 The Runaway Bunny, 신형건 옮김, 보물창고, 2008

다면 난 낚시꾼이 될 거야"라 말하면, 아이는 "만일 엄마가 낚시꾼이 된다면 난 바위가 될 거야"라 되받는다. 다시 엄마가 "그러면 나는 이 산을 오르고 올라 네가 있는 곳까지 가고 말 거야"라 말한다.

하지만 정말 모습이 바뀐 채로 살게 된다면 끝판에는 무시무시한 결과를 맞이하게 될 것이다. 책들이 궁극적으로 말하고자 하는 것은 바로 이 점이다. 존경받는 아동 문학 작가 윌리엄 스타이그의 작품에서도 이 문제는 자주 다루어진다. 『당나귀 실베스터와 요술 조약돌』[99]에서 당나귀는 어쩌다 요술을 잘못 부리는 바람에 스스로 바위가 되어 버리고, 결국 부모에게 자신을 알릴 수도 없는 상황이 된다. 『캘러브와 케이트』[100]는 마녀가 꾸민 계략에 넘어가 일순 개로 변해 버린 남편 이야기이다. 나를 좋아하고 또 내가 좋아하는 주변 사람들에게 어떻게 나를 확인시켜야 하나? 이들 작품에서 주제가 되는 것은 언제나 이러한 소통불능의 고민이다. 두 발로 걷게 되는 순간부터 우리 누구나가 당면하는 숙명적인 문제 아니던가!

『높은 곳에 올라앉은 고양이 이야기』는 보름달이 휘영청 뜬 밤 델핀과 마리네트는 지키지도 못할 맹세를 경솔히 했다가 마침내 각자 당나귀와 말로 변하고 말았다는 마르셀 에이메의 고전 문학작품이다. 두 소녀의 부모는 당연히 자녀를 알아보지 못하고, 오히려 동물이 된 이후 이들이 머물고 있는 농장의 모든 동물에게 지극히 냉담하게 군다. 자신의 진정한 모습을 다시 한번 돌아보게 만들고, 함께 살아가는 주변 사람들에게 자신의 정체성을 인정받는다는 것이 얼마나 귀중한 일인지 책은 우리에게 일러주고 있다.

이야기란 대개 "누구는... 무엇을 했다"든가, "누구는... 어떻게 되었다"와 같은 형태를 기본적인 틀로 하고 있다. 어린이들은 자기 자신을 다른 대상에 투사해 보는 특이한 습성이 있다. 곰이나 난쟁이, 심지어는 도둑이나 말, 먼지투성이 장난감... 그 어떤 것으로부터라도 자신의 감정을 길어 올릴 줄 안다. 이런 과정을 통해 이 세계가 크고 작은 다양한 요소로 구성되어 있다는 것을 어렴풋이 배워 나간다. 정원사 아저씨의 장갑을 겨우겨우 타고 오르다 번번이 땅으로 굴러 떨어지고 마는 『달

---

99) William Steig, 『당나귀 실베스터와 요술 조약돌』 *Sylvester and the magic pebble*, 이상경 옮김, 다산기획, 1994
100) William Steig, 『캘러브와 케이트』 *Caleb and Kate*, 뉴욕: Farrer, Straus and Giraux, 1977

팽이 발자국』[101]을 아이들은 동정심 가득한 마음으로 뒤따라간다. 담장 높은 어둠 아래 언제나 불안정한 삶을 이어가는 도둑 같은 사람의 어려운 형편도 기꺼이 함께 나누고 싶어 하는 마음이 아이들에게는 있다. 『샬롯의 거미줄』[102]이 너무 대견하고 귀여워서 아이들은 응원의 박수를 보낸다.

문학으로 들어오다

유아들이 처음으로 책과 만나는 과정을 르네 디아킨 René Diatkine (1918~1988 · 프랑스의 정신분석학자 및 심리치료학자 -역자 주)은 "아이가 문학으로 들어온다"라는 고상한 말로 단정한다. 하지만 어떻게 사람이 책 속으로 들어갈 수가 있단 말인가? 어떻게 어떤 대상이, 그 속으로 빨려 들어가고 싶다는 욕구가 솟구칠 만큼 강렬하게 존재할 수 있단 말인가? 좋은 글과 이미지, 생명의 순환을 상징하는 리듬감을 갖춘 수준 높은 그림책들은 우리로 하여금 그 안으로 자기도 모르는 사이 들어가도록 만든다.

우리가 집이란 구조물에서 살고 있듯이 어떤 책에서도 살 수가 있다. 자유롭게 몸을 움직일 수 있으려면 일정한 공간이 필요하듯, 우리의 영혼 역시 움직일 수 있는 공간이 있어야 성장하고 나아가게 되는 것이다. 책은 언제나 두 팔 활짝 벌려 우리를 환영하면서 이 공간을 제공한다. 『하나 둘 셋 애기 담배풀 아저씨』[103]는 첫 페이지서부터 얼마나 다정하게 독자를 맞아들이는가. 클로드 퐁티의 첫 작품『아델의 그림책』[104] 역시 작가가 은밀히 숨겨 놓은 은유적 코드로 가득하다. 훌륭한 책은 마치 집의 지붕처럼 아이의 머리 위에 살포시 얹혀 상상의 나래를 펼칠 수 있는 공간을 만들어 준다. 우리는 그 문을 열어 주기만 할 뿐 아이는 자신의 방식으로 받아들이고, 자신의 관점으로 바라본다. 이 책에는 인형이나 여러 동물들, 상상 인간 등이 등장한다. 아이는 기

---

101) Ruth Brown, 『달팽이 발자국』 Le Snail Trail, 뉴욕: Crown, 2000
102) E. B. White 글 · Garth Williams 그림, 『샬롯의 거미줄』 Charlotte's Web, 김화곤 옮김, 시공주니어, 2000
103) Quentin Blake, 『하나 둘 셋 애기 담배풀 아저씨』 Un deux trois Monsieur Pétunia, 파리: EURREUR PERIUMS Gallimard Jeunesse, 1983
104) Claude Ponti, 『아델의 그림책』 L'Album d'Adèle, 파리: Gallimard Jeunesse, 1986

꺼이 이들의 동반자가 된다. 아이는 이들과 함께 자신의 이야기를 만들어 간다. 저자는 어린이의 상상력의 세계에 대한 깊은 조예를 가진 작가로서, 그의 많은 작품에서 이러한 재능이 빛을 발한다. 이상야릇하고 기이한 분위기의 C. 퐁티의 그림책들은 엉뚱하고 아연실색할 경험들이 수두룩하다. 하지만 마침내 하나같이 유쾌하고 즐겁게 우리의 세계를 확장시킨다. 흠뻑 빠져들어 우리는 마치 하나의 놀이처럼 이 새로운 발견을 즐기게 된다. 작가란 우리를 상상의 세계에 초대하고, 문을 열고 들어갈 수 있는 열쇠를 건네주는 사람들이다.

나도 함께 들어갈 수 있어요? 훌륭한 책에 묘사되는 삶의 모습들을 아이가 열중하여 읽고 있다는 것은 이런 말을 건다는 의미에 다름 아니다. 아기 코끼리 바바르 곁에서 초콜릿 에클레르(éclair · 프랑스인들이 디저트로 즐겨 먹는 케이크 과자의 일종 –역자 주)를 먹고 있는 노부인 이야기[105]를 읽을 때면 아이들은 절로 침을 꼴깍거리게 된다. 소꿉놀이를 즐기던 에드워드 시대의 영국 아이들과도 어울려 이 놀이를 함께 한다. 그러다 잠시 후엔 세귀르 백작부인 Comtesse de Ségur (1799~1874 · 러시아 태생의 프랑스 여류작가 Sophie Rostopchine 의 필명 –역자 주) 작품에 나오는 어린이들과도 스스럼없이 어울려 성 안에서 즐겁게 뛰어논다. 어느 한쪽이 옛날 방식으로 살아가고 있다는 것은 서로에게 아무런 문제가 되지 않는다. 주인공이 코끼리나 쥐라 해도 상관이 없다. 아이들도 책에서 친구를 찾는다. 스스로 생각건대 자신이 살아가는데 필요하다고 여겨지고, 마음이 절로 열리는 감동을 느낀다면 아이들은 기꺼이 이들과 함께 한다. 메리 홀 엣츠 책에서의 주인공 소녀가 호숫가에서 부스럭거리는 소리에 동물들이 놀랄까 염려하여 발걸음도 삼간 채 아무 소리 없이 조용히 서 있는 모습을 볼 때, 아이들은 따라 숨을 죽이게 된다.[106] 제랄다가 거인을 위해 준비한 군침 도는 소풍 도시락을 볼 때, 아이들은 입맛을 쩝쩝 다시며 쉽게 눈을 떼지 못한다.[107] 이 모든 가상의 주인공들은 아이에겐 실제로 존재하는 인물로 각인된다. 이들과 함께 놀고 싶다는 강렬한 욕구가 내면에 꿈틀대는 것을 느끼면서 아이들은 이들 주인공에게 흠뻑 빠져드는 것이다. 이들은 밋밋하고 핏

---

[105] Jean de Brunhoff, 『아기 코끼리 바바르 이야기』 *L'Histoire de Babar, le pitit éléphant*, 파리: Le Jardin des Plantes, 1931. 사냥꾼의 총에 엄마를 잃은 바바르가 도시에 혼자 나와 배회할 때 알게 된 노부인(역자 주).
[106] Mary Hall Ets, 『나랑 같이 놀자』 *Play with me*, 양은영 옮김, 시공주니어, 1994
[107] Tomy Ungerer 글 · 그림, 『제랄다와 거인』 *Zeralda's Ogre*, 김경연 옮김, 비룡소, 2008

기 없이 그려지는 실체감 없는 주인공들과는 확연히 다른 존재감으로 다가온다. 이들 등장인물들이 주고받는 눈길을 보라. 책이란 허구의 공간을 극복하는 그 어떤 살아 있는 열기가 느껴지지 않은가. 이렇게 맺어지는 이들 사이의 긴밀한 관계 한 틈에 책을 읽는 독자가 끼어들 수 있는 공간이 생기는 것이다. 이는 곧 아이에게는 실제 삶이 된다.

어떤 주인공들은 등만 보인 채 우리로 하여금 뒤를 좇아가게 만드는 경우도 있다. 이들은 무언가 자신의 일을 완수해 나가는 중이므로 독자들은 궁금증을 더해 이들을 따라간다. 일본 작가 고다 다니우치의 그림책들은 투명한 영혼으로 써 내려간 명상적이고 완만한 한편의 시와 같다. 『언덕 너머 저편』의 아이는 언제나 등을 보인 자세로 등장한다.[108] 책의 끝 면까지 시종일관 아이는 초원의 푸르름 가운데 한 점 눈에 띄는 노란색 모자를 쓰고 있다. 독자는 이 주인공 아이에 대해 신중하고 말이 없을 것이라 짐작하고, 혹은 명상에 잠겨 있을 것이란 추정까지 한다. 이러한 느낌은 곧 우리들 자신을 명상으로 이끌어가는 원동력이 된다. 아이는 조용하고 은밀하게 우리를 자신의 곁에 초대한다. 사방 고요함 가운데 우리는 그와 함께 동녘이 터오르는 언덕을 오른다. 이윽고 정상에 다다라, 이제 우리는 자리에 앉아 내려다본다. 거친 숨을 내뱉으며 멀리서 달려와 우리 앞을 지나는 기차가 어느덧 멀리 사라져 가는 것을.

뜻밖의 재미난 사건들이 수두룩한 『커다란 갈레뜨 빵: 구리와 구라의 모험』[109]에서는 숲으로 소풍을 떠나는 귀여운 쥐 두 마리의 분주한 걸음을 보면서 우리도 잰걸음으로 따라 나서고 싶은 충동이 솟구친다. 먹을거리 가득 담은 바구니를 들고 콧노래 흥얼거리며 신나게 걸어가는 두 쥐와 함께 노래를 따라 부르면서 발을 맞춰 걷고 싶은 욕구가 절로 생기지 않겠는가? "우리는 구리와 구라, 논밭의 쥐 중 최고의 먹보들이지. 자! 우리가 왔어. 구리와 구라가 말이야." 반면 침울한 색조를 띤 『아기 올빼미』[110]는 엄마로부터 버림받은 막내 아기의 고통을 공감할 수 있는 이야기이다. "엄마가 보고 싶어요, 우리 엄마…!"

---

108) Kota Taniuchi, 『언덕 너머 저편』 *Up on a hilltop*, 뉴욕: F. Watts, 1969
109) Reiko Nakagawa & Yuriko Yamawaki, 『커다란 갈레뜨 빵: 구리와 구라의 모험』 *La galette géante: Les Adventures de Guriet Gura*, 파리: Autrement, 2008
110) Martin Waddell 글·Patrick Benson 그림, 『아기 올빼미』 *Owl babies*, 캠브릿지(미 매사추세츠 주): Candlewick Press, 1992

페이지가 뒤로 넘어감에 따라 애절함이 짙어지면서 이야기는 주제를 강하게 드러낸다. 어느 비극의 성가 같은 이 절규에 어른이나 아이 모두 마음이 애잔해진다.

픽션 작품은 아이들이 쉽게 빠져드는 장르이다. 자신이 실제 겪은 경험이나 감정들이 묻어나면서 이미 익숙한 환경에 있는 듯한 느낌을 처음부터 받기 때문이다. 아이가 상상의 세계로 나래를 펼쳐 오르는 것은 바로 이 순간이다.

『폴라 익스프레스』[111]를 읽는 아이들은 한밤중 잠옷 바람으로 집을 나서는 주인공 소년의 뒤를 살금살금 뒤좇아 가는 목격자의 역할을 하게 된다. 아이들은 소년의 발걸음에 곧 자신의 그것을 겹쳐 놓는다. 소년을 따라 상상의 세계로 들어간 아이는 안개 자욱한 허공을 지나 곧 하늘로 날아오를 기차 안의 안락한 옛 식당차에서 소년과 함께 동판화와 옻칠 가구 옆에 앉아 뜨거운 코코아를 한 잔 그득 즐기고 있는 자신의 모습을 그려본다. 소년과 함께 아이는 꿈의 세계를 본다. 세상 모든 산타 할아버지들이 모여 회의를 하고 있는 그 어마어마한 광경을. 주인공 소년의 발자국을 빌려 이 같은 상황을 막 경험한 아이들이 책의 마지막 면을 덮을 즈음 무슨 생각에 잠기는 것일까? 말로 설명할 수 없는 어떤 감정을 경험했다는 막연한 확신! 내가 이 걸작을 읽어 주었던 어느 아이가 꿈속에서나 일어날 수 있는 일이라 못내 아쉽다는 표정을 지으면서도, 한편 파리의 어느 위대한 박물관에서 느꼈던 그 장엄한 기분이 되살아난다며 내게 대답했던 말이다. 여러 아이들이 단체로 함께 읽었던 이 현란한 그림책 덕분에 그간 다른 차원의 존재로만 느껴왔던 산타 할아버지가 이웃 아저씨처럼 친근하게 다가오게 되었다. "산타 할아버지가 나를 한번 만져 주었으면 좋겠어요." 아이가 상상의 세계에서 지상으로 내려오며 나직이 속삭였던 말이다.

이야기의 포문은 "옛날 옛적에 누구는 …이었었다"라는 형식으로도 열릴 수 있다. 눈 깜짝할 사이 우리를 멀고 먼 다른 공간, 다른 시간으로 날라다 주는 황홀한 문장 아닌가? 열쇠는 늘 문 위에 걸려 있다. 책을 읽어주는 어른이 적절히 조절을 해 준다면 옛날 이야기 가운데서도 아이들은 현대 문화를 살아

---

111) Chris van Allsburg 글·그림, 『폴라 익스프레스』 *Pola Express*, 보스턴: Houghton Mifflin, 1985 국내에 애니메이션 영화와 뮤지컬 음반이 나와 있다(역자 주).

가는 자신의 모습을 끄집어 낼 수 있다. "아이 한 명 한 명이 우리 인간이란 종의 역사를 되풀이하는 존재이기 때문에 태아 때부터 인간 정신의 소양을 배운다."[112]

다양한 독서 리듬

우리가 자주 보아 왔듯이 아이들은 이미 유년기서부터 다양한 표현 방식을 받아들일 태세가 되어 있다. 책의 목적에 따라 이야기를 서술하는 형태나 페이지를 꾸미는 방식을 통해 책읽기가 다양한 리듬에 의해 진행되도록 구성되어 있다. 어떤 이미지에 시선을 고정시킨 채 오랫동안 머물 것인지, 아니면 재빨리 넘어갈 것인지는 독자가 결정하는 일이다. 반대로 마음에 거의 들지 않거나 시시한 느낌이 드는 이미지에 대해서도 어떤 결정을 할지는 오롯이 독자의 몫이다. 책은 독자에게 이러한 자유를 허용한다.

토미 웅게러의 그림에는 그의 특유의 소름끼치는 재능들이 유감없이 발휘된 디테일이 가득하다. 이런 작품을 대하면 우리는 상상을 뛰어넘는 그 어떤 기발한 디테일이 어디에 또 숨어있을까 하는 호기심에 가득 차서 이리저리 시선을 기웃거리게 된다. 독자로 하여금 늘 새로운 어떤 것을 찾아내려 두리번거리게 만드는 것이다. 아놀드 로벨의 『색채의 마술사』[113]에서는 브뤼겔의 미술작품에서처럼 무대에 정교하게 연출된 한 무리의 사람들이 마치 살아 숨쉬는 듯한 생동감으로 전해진다. 아이들은 조금도 지겨워하지 않고 이 장면을 몇 번이고 반복해서 찾아본다. 자신이 특별히 좋아하는 책이라면 보다 열심히 이미지에 대한 탐구를 하게 될 것이다. 여기에 문자로 표현된 내용은 없다. 독자 스스로가 완전 자유로운 상태에서 자신의 이야기를 적어가는 것이다.

몇몇 그림책들은 주인공 아이의 꿈과 감정, 느낌 등을 내면화하려는 의도로서 그저 침묵으로 조용히 보여주기만 할 뿐, 그 어떤 이야기나 목소리도 들려오지 않는다.[114] 지베르토라는 아이가 주인공으로 등장하는 그림책에서는 바람에 몸을 맡기고 호흡을 함께 하는 것들, 곧 흔들리는 꽃잎이나 연, 작은 배

---

112) Paul Hazard, 앞 p.26의 글
113) Arnold Lobel, 『색채의 마술사』 *Le Magicien des couleurs*, 파리: L'Ecole des loisirs, 1972
114) 주 108)의 일본 작가 Kota Taniuchi 대표작 『언덕 너머 저편』을 비롯한 작품을 참조하시오.

의 돛, 비눗방울 등의 풍경만이 책의 끝 페이지까지 채워져 있다.[115] 메리 홀 엣츠의 이 작품에서는 은은한 색감의 배경들이 이러한 고요하고 명상적인 움직임들을 잘 받쳐주고 있다.

『괴물들이 사는 나라』[116]는 책의 양면에 걸쳐 그림들이 크고 널찍하게 펼쳐져 있는데 이는 곧, 기이한 괴물들의 끔찍한 모습을 주인공 맥스와 함께 찬찬히 훑어가며 전율을 느끼고 싶어 하는 아이들의 심미적 쾌락을 허용하는 공간이 된다. 이런 장면에서는 아이들은 저절로 눈길이 멈추어져 한동안 떼 놓지 못한다. 레미 찰립이 삽화를 그리고 마가릿 와이즈 브라운이 글을 쓴 『죽은 새』[117]는 이 장르의 책 가운데서도 남다른 특이함이 묻어나는 책이다. 어느 새 한 마리의 죽음과 안장식, 그리고 이후에도 지속되는 삶의 모습들을 통해 명상의 세계로 우리를 초대한다. 치밀하게 연출된 장면들이 일종의 놀이처럼 교묘하게 이어지는 가운데 이미지와 텍스트는 서로 침범하는 일이 없이 책의 양면에서 각자의 몫을 겸손히 지킨다.

그 어떤 준엄한 슬픔이 배여 있는 이미지가 책의 양면에 폭넓게 펼쳐져 있는 장면을 대할 때면 아이들은 본능적으로 솟구치는 반응을 느끼게 된다. 색감은 한결같이 세 가지 톤으로 유지가 되는데, 특히 죽음을 상징하는 차가운 색상과 삶을 의미하는 따스한 색상이 빚어내는 대비 효과를 잘 활용하고 있다. 이미지와 교대로 등장하는 텍스트는 넓은 양면의 백지 위에 단 한 줄로 모습을 드러내면서 마치 휴식을 취하는 듯한 나른한 여유를 전달한다. 이 책의 모든 요소들이 곧 명상 그 자체라 할 수 있다. 잠이 든 듯 리듬조차 느긋하고 완만하다. 분위기는 장중하지만 결코 무겁게 가라앉지는 않는다. 거짓된 철학을 과장하지도, 억지 눈물을 짜내려고도 하지 않는다.

레미 찰립의 또 다른 작품 『네드는 참 운이 좋아』[118]는 이와는 전혀 다른 장르로서 밝고 화려한 색상을 통해 행운이나 행복을 그려내고, 어둡고 칙칙한 색상을 통해서는 불행이나 불운을 표현하지만 번갈아 페이지를 유쾌하게 장식한다.

---

115) Mary Hall Ets 글·그림, 『길베르토와 바람』 Gilberto and the wind, 뉴욕: Penguin Group(USA), 1978
116) Maurice Sendak 글·그림, 『괴물들이 사는 나라』 Where the Wild Things Are 강무홍 옮김, 시공주니어, 2002
117) Margaret Wise Brown 글·Remy Charlip 그림, 『죽은 새』 The Dead bird, 뉴욕: Young Scott books, 1958
118) Remy Charlip, 『네드는 참 운이 좋아』 Fortunately, 이덕남 옮김, 비비아이들, 2006

이미지와 텍스트가 모두 큼직하게 드러나는 『바바르』시리즈의 페이지 연출 기법은 우리가 살고 있는 이 현실 세계에서 실제 일어나고 있는 일이라는 현장감을 표현한 것이다.[119] 한편 수스 박사는 『모자 쓴 고양이』[120]가 벌이는 발칙한 짓들을 격렬한 리듬에 실어 그려내고 있다. 어느 비오는 날 지루함에 몸을 꼬이고 앉아 있는 아이들에게 재미있게 놀 수 있는 기발한 아이디어를 제공하면서 겪게 되는 이야기들이다. "훤한 대낮에 결코 이렇게 심드렁하게 지낼 수는 없어. 우리 모두 배꼽이 빠지게 웃을 수 있다는 걸 내가 장담하지."

인도네시아 출생의 네덜란드 작가 데청 킹의 『케이크 도둑』[121]에서는 많은 등장 인물이 들락날락한다. 삶이란 이런 어수선한 관계 가운데 애면글면 굴러간다는 것이다. 쥐 두 마리가 개 부부의 케이크를 훔치고 두 원숭이가 고양이 부인의 모자를 훔치고...등의 두서없는 연결이 책의 양면을 사방 가득 채워 나간다. 페이지가 넘어감에 따라 길은 점점 파고가 높아지고 마침내 거센 소용돌이에 휩쓸리게 된다. 텍스트도 없고 여백도 없다. 삶은 모든 곳으로 이렇게 흘러넘치는 것이다. 이 그림책은 믿을 수 없을 정도로 기괴한 모습을 하고 있는 다중의 인상을 디테일하게 묘사하고 있는데, 읽고 또 읽다 보면 결국 묘한 발견의 즐거움을 느끼게 된다. 정말 볼거리가 많기 때문이다.

다양한 글자 표기법

어린이에게 그림책은 좋은 예술 서적이 될 수 있다. 무엇을 배울 수 있는 교육의 장이 될 뿐만 아니라 미래의 취향이나 감수성 형성에 결정적인 토대가

---

119) 아내 세실이 두 자녀를 위해 만들고, 들려주던 이야기에 스토리를 보다 치밀하게 구성하여 Jean de Brunhoff이 창조한 캐릭터가 코끼리 바바르이다. 1931년 『아기 코끼리 바바르 이야기』가 최초로 선보인 이래 수년간 400만 부가 넘게 팔리면서 당시로서는 드물게 미국에서 성공한 프랑스 책이란 영예를 얻었다. 아버지의 죽음 이후 Laurent de Brunhoff가 작업을 이어받아, 1948년 이래 『바바르의 여행』, 『바바르의 친구들』, 『바바르 장가 가다』, 『바바르 아빠되다』, 『바바르의 가족들』, 『바바르의 미국 여행기』 등으로 바바르의 이미지를 친근하게 실체화하면서 '국민 바바르'를 탄생시킨다. 〈아기 코끼리 바바르〉라는 이름의 실내 유희가 만들어져 유행되고, 동명의 테마 숙소들이 등장할 정도로 캐릭터 상품 개발에 성공한 대표 주자로 꼽힌다. 17개국 언어로 번역되었고 TV시리즈를 비롯하여 애니메이션 영화, 비디오 게임, 노래, 오케스트라 교향곡 등으로 만들어 지기도 했다. 현재 150 종의 바바르 시리즈가 Hachette Jeunesse 출판사를 통해 발행되었다(역자 주).
120) Dr. Seuss, 『모자 쓴 고양이』 The Cat in the Hat, 뉴욕: Random House Books for Young Readers, Grolier Book Club Edition, 1957
121) Thé Tjong-Khing, 『케이크 도둑』 Waar is de taart? (Where is the cake?), 거인출판사, 2007

되기 때문이다. 어린 시절에 들었던 어떤 동화나 이야기는 강렬한 불꽃을 간직한 채 아이의 기억 한복판에 자리를 잡고, 아이의 삶과 더불어 성장하게 된다. 아이가 다양한 방식이나 스타일을 많이 알면 알수록 감수성은 세련되고 풍요로워진다. 유아들이 처음 무엇을 그려대기 시작하는 시기에 얼마나 다양한 표기 방식에 흥미를 느끼는지 우리는 실제로 보아 잘 알고 있다. 이는 곧 이미 정형화되고 정량화되어 버린 우리 어른들의 사고방식에 갇혀 있는 수많은 문제에 대해 다시 질문을 던지고 생각해 보게 만든다. 그 어떠한 스타일도 무조건 거부하고 밀쳐내어도 좋은 것은 아무것도 없다. 아이들을 주의 깊게 관찰하고 보다 많은 관심을 기울이는 것만이 그들의 태도나 성향에 대한 우리 어른의 편견을 깨뜨리고 바로 세울 수 있는 근거를 마련하는 길이다.

오랜 기간 동안 우리는 충분히 넓은 표면으로 색상을 입혔거나 테두리가 분명하게 처리된 색채의 그림만을 아이들이 이해할 것이라 믿어왔다. 그러나 유아들을 대상으로 한 그림책 속표지에 은은한 색감의 세밀한 스케치를 선보인 존 버닝햄의 실험이 획기적인 성공을 거둠으로써[122] 곧 아이들이 상당히 어릴 때부터 정교한 감각 체계를 가진다는 사실이 증명된 셈이다.

필립 뒤마[123]나 영국 삽화가 에드워드 아디존의 그림책[124]은 단순한 소묘로 이루어진 것이 많은데, 더러는 눈에 띠는 특별한 색상 없이 흑과 백으로만 채색되기도 한다. 이러한 형태는 익살스런 잭 켄트[125]의 그림책이나 시끌벅적한 퀸틴 블레이크[126]의 책에서도 자주 볼 수 있다. 어둡게 가라앉는 분위기도 아니고, 멋없이 인상을 곧이곧대로 그린 것도 아닌 이러한 간명한 소묘 방식은, 여백의 틈 사이로 아이들의 상상력을 불러들이는 역할을 하면서 이들의 창의력

---

122) John Burningham 글·그림, 『개』 The Dog, 『장롱』 The Blanket, 런던: Jonathan Cape, 1975
123) Philippe Dumas, 『에드워드 이야기』 Histoire d'Edouard, 파리: Flammarion, 1976
124) Edward Ardizzone, 『자니의 운 나쁜 날』 Johnny's bad day, 런던: Bodley Head, 1970
125) Jack Kent(1920-85·미국 어린이 문학작가이자 일러스트)의 그림책은 파리의 Sorbier 출판사나 Flammarion 출판사를 통해 다수 발행되었다. (한국어 번역본으로는 『용 같은 건 없어』 There's no such thing as a dragon(노경실 옮김, 교학사, 2004) 나 『한밤중에 일어난 일』 Little peep(황혜진 옮김, 산하, 2005)에서 그의 그림을 감상할 수 있다 -역자 주).
126) Quentin Blake(1932-): 영국 어린이 도서 작가 겸 삽화가, 만화가. 자신이 직접 쓰고 그린 책도 많지만 국내에는 로알드 달 Roald Dahl의 글에 삽화를 넣은 그의 책들이 소개되어 있다. 『찰리와 초콜릿 공장』 Charlie and the chocolate factory (2004), 『우리의 챔피언 대니』 Danny the Champion of the World (2006), 『마틸다』 Matilda (2004), 『제임스와 슈퍼 복숭아』 James and giant peach (2000) 등이 모두 시공주니어에서 발행되었다(역자 주).

을 일깨워 준다. 텍스트가 제시하는 바를 상상력의 힘을 빌려 완결시켜야 하는 소설의 경우, 이와 같은 간단한 스케치를 덧댄다면 보다 복합적인 책읽기 여건을 제시하는 셈이다.

흑백 사진으로 구성된 그림책은 유아를 포함한 모든 연령대의 사람들이 흥미를 가지는 장르이다. 눈으로 직접 보는 순간 생각했던 것 이상의 재미와 감동을 느끼기 때문이다. 프랑스에서 어린이들이 사진을 '읽을' 수 있는 능력이 있다는 사실이 인정되기까지는 오랜 시간이 필요했다. 비록 텔레비전을 통해서라지만 아이들은 아주 어릴 때부터 실제 사진 읽는 일을 거의 매일 해 오고 있는데도 말이다. 타나 호반의 사진 책[127]은 전설적인 성공을 거두었고, 이 알라[128]나 도미니크 다부와[129] 등의 사진집 또한 훌륭한 작품이라는 것은 논란의 여지가 없다.

유아들을 유심히 관찰해 보면 흑백 사진을 대단히 흥미로워 하고, 나아가 나름의 섬세한 감수성으로 감상한다는 것을 알 수 있다. 사진집 『어여쁜 아가들』[130]은 어린이들 사이에서도 많은 인기를 누리고 있는 작품이다. 무늬 없는 밝은 색 바탕 위에서 모든 종류의 감정을 그대로 드러내고 있는 거의 실제 크기의 아기들 얼굴이나, 다양한 자세를 취하고 있는 아기들의 단순하면서도 앙증맞은 사진을 한 장 한 장 정성스레 넘겨가며 감동에 빠져 감상하는 어린이들이 생각보다 꽤 많다. 책의 말미에 은색 종이가 한 장 끼워져 있는데 이는 거울과 같은 역할로서 어린 독자에게 이젠 바로 스스로의 얼굴을 바라볼 차례라는 전언일 것이다.

유아들에게 바치는 진정한 헌사요, 뛰어난 예술 작품인 『흑과 백』, 『백과 흑』[131]은 강렬한 대비 효과에서 비롯된 극적인 아름다움을 아이들의 사랑스러움을 표현하는 기본 틀로 응용하고 있는 작품이다. 미국 여류 사진작가 타

---

127) 주63)을 참조하시오.
128) Ylla (1911-1955): 오스트리아 출신의 여류 사진작가로서 프랑스·미국·인도 등지에 살면서 주로 동물을 소재로 한 사진 작품을 많이 남겼고, 이 분야 대표작가로 자리매김했다. 대표 작품집으로 사후에 뉴욕, 파리, 런던, 함부르크 등지에서 동시에 출간된 『아프리카의 동물들』이 있다(역자 주).
129) Dominique Darbois (1925-): 파리 여류 사진작가로서 『어린이의 대지』 Terre d'enfant (파리: Editions Xavier Barral, 2004) 및 『아프리카, 여인의 땅』, 『카불, 빼앗긴 과거』 등의 작품집이 있다(역자 주).
130) David Ellwand, 『어여쁜 아가들』 The Big book of Beautiful Babies, 뉴욕: Dutton Children's Book
131) 주63)을 참조하시오.

나 호반은 불과 몇 개월밖에 되지 않은 어린 아이들이 느끼는 감정을 예리하게 포착하여 흑백의 대비 또는 사진 표면의 광택 정도 차이를 통해 더욱 민감하게 드러나도록 한다. 일본 작가 가츠미 고마가타 역시 이와 똑같은 방식으로 즐겨 작품을 만든다.[132] 검거나(『백과 흑』) 흰색 바탕(『흑과 백』)을 배경으로 실루엣이 명징하게 드러나도록 연출함으로써 작가는 사진 예술의 능동적인 아름다움을 구현하고 있다. 아이들은 여기에서 주변의 일상적인 사물들, 즉 젖병이나 열쇠, 턱받이, 물고기 등을 귀중하게 바라볼 줄 아는 시각을 배운다.

그 외 다른 그림책들도 이 같은 원리에 의해 실루엣을 처리하는 경우가 많다. 『농장의 동물들』[133] 역시 정치한 선으로 다듬어진 동물의 형태들이 책의 양면에 활짝 펼쳐지면서 흑과 백의 뚜렷한 대비 가운데 아름다운 실루엣을 만들어 낸다. 아이들은 농장이나 가금 사육장, 마구간 등으로 초대되어 위를 살짝 덮고 있는 작은 깃털을 들치면서 각종 동물을 컬러 사진으로 만날 수 있다. 이는 매우 단순한 놀이 과정을 통해 아이들로 하여금 눈앞에 주어진 대상에 주목하고, 시선을 집중시킬 수 있도록 훈련하는 훌륭한 교육방식이다. 한편 아주 어린 나이의 아이들도 지극히 단순화된 이미지를 인식할 수 있다는 사실이 입증되고 있다.

실루엣이나 스케치가 밋밋한 색상이거나 현란한 색감을 띠거나 잉크로 그려졌거나 오징어 먹물로 만든 그림물감으로 그려졌거나 상관없이 아이들은 아주 어린 유아기부터 다양한 형상 언어에 흥미를 느끼고 민감한 반응을 보인다.

아이들은 또한 책이라는 대상을 접하면서 몸으로 전해지는 온갖 기분을 즐길 줄도 안다.[134] 손으로 직접 만지면서 감각적인 접촉이 이루어지는 이러한 만남에 있어 아이는 모든 요소를 하나하나 관심 있게 들여다본다. 종이의 질

---

132) 駒形克己, 『작은 눈 시리즈』 Series Little Eyes, 도쿄: 惱成社
133) François Delebecque, 『농장의 동물들』 Les animaux de la ferme, 파리: Du Panama, 2006
134) 「어린이도서잡지」 La Revue des livres pour Enfants N° 110 (1986. 9)에 게재된 브루노 무나리의 인터뷰를 참조하시오. 매우 주목할 만한 인터뷰로서 다양한 방식으로 책을 따스하게, 차갑게, 혹은 부드럽게 느낄 수 있도록 하는 촉감북에 대한 문제를 다루고 있다. (Elisabeth Lortic, "과학, 기술, 청소년, 1986년 가을 빌레트 과학기술관과의 협업으로 펴낸 특별판 19호, 배 안에서 주사위 점수 따기 놀이와 도서 : 브루노 무나리와의 인터뷰", pp.65-70 –역자 주)

이나 책의 판본 형태, 서체 등을 비롯하여 아이들이 결코 무관심하지 않은 향기의 문제까지. "난 이 책 싫어요 이상한 냄새가 난단 말이에요..."

팝업북은 분명 매력적인 대상이다. 아이들이 얼마나 좋아하는지 새삼스레 말할 필요도 없다. 몇몇 책은 상당한 성공을 거두었는데『유령이 배회하는 트위들 쌍둥이 형제의 집』[135] 이나, 로버트 사부다의 근사한 솜씨로 빚어진 삽화가 아이들로 하여금 꿈속에서까지 공룡이나 해저 괴물을 만나게 만들어 버린 『이상한 나라의 앨리스』[136]를 대표적인 예로 꼽을 수 있을 것이다. 하지만 제작 기법이 엉성하거나 잘못되어 원작의 향기를 제대로 피워내지 못하는 경우도 드물지 않다. 그림책『잘자요 달님』[137]의 경우 팝업북 형태로 제작되는 과정에서 완전히 위악적인 결과를 맞고 말았다. 어둠을 흐르는 경건함이나 밤 시간 특유의 내밀한 느낌 등이 훼손되면서 본래의 의미를 되새기기가 힘들어진 것이다.

예술적 감각이 빛나는『어두운 밤에』[138]는 책 바탕 면의 검정이나 회색, 혹은 투명한 색상 사이의 대비를 입체적으로 이용하고 있다. 깊은 동굴에 대한 표현은 책의 여러 면을 찢어 포개 놓음으로써 생기는 볼륨감으로 강조하고, 그 실루엣은 투명한 바탕색을 통해 드러나도록 했다. 새벽 동녘이 밝아오는 이미지 역시 페이지가 넘어감에 따라 자연스럽게 드러나도록 했는데, 투명하거나 회색 색상의 구름 또는 안개 이미지를 통해 독자의 관심을 불러일으킨다.

좀더 구색이 갖추어져 도서관에 외국어로 표기된 그림책이 함께 있다면 보다 다양한 책읽기를 즐길 수 있을 것이다. 세계적인 대도시에서 책을 함께 편집하고 동시에 발행하는 출판 시스템이 갖추어진 오늘날 우리에게 날아오는 대부분의 번역서는 앵글로 색슨 지역이나 북구 스칸디나비아 반도, 또는 일본 등 거의 늘 일정한 지역에서 창작된 작품들이다. 하지만 전 세계 독자로

---

135) Howard Goldsmith 글·Jack Kent 그림·Carlo DeLucia 예술감독, 『유령이 배회하는 트위들 쌍둥이 형제의 집』 Twiddle Twins' haunted house, 그린빌(Greenville, 미 뉴욕주): Mondo Publishing, 1996
136) Lewis Carroll 글·Robert Clarke Sabuda 그림, 『이상한 나라의 앨리스』 Alice's Adventures in Wonderland, 뉴욕: Simon & Schuster, 2003. 이 텍스트에 대한 수권의 한국어 번역본이 나와 있지만, 아쉽게도 팝업계의 대부라 일컬어지는 로버트 사부다의 이 팝업북은 아직 국내에 선보이지 않고 있다(역자 주).
137) Margaret Wise Brown, 앞 p.78의 책
138) Bruno Munari, 『어두운 밤에』 Nella notte buia, 밀라노: G. Muggiani, 1956

부터 변함없는 관심과 지속적인 사랑을 받는 책도 분명 있다. 이들을 독자에게 소개해야 하는 것이 바로 사서들이 해야 할 일이다. 다행히도 오늘날 유럽에는 아시아나 라틴 아메리카, 아프리카 등에서 만들어진 그림책들이 서서히 들어오기 시작하면서 아이들이 비교적 쉽게 구해 볼 수 있게 되었다. 재미있는 사실은 이야기 내용이나 그림 형태에서 각 나라마다의 특징이 뚜렷하게 드러나 도식화될 수 있을 정도라는 것이다. 익살스러움과 함께 움직임이 살아있는 일본 그림책[139], 섬세함과 유머와 판타지를 즐기는 앵글로 색슨 국가들의 그림책, 자연을 강조하고 전통 예술의 우아한 아름다움을 계승하는 한국 그림책, 환상적 현실초월적인 측면과 함께 쾌활함과 우울함이 교묘히 혼재되어 있는 유라시아 나라들의 그림책... 물론 이 그림책들을 모두 번역할 수는 없는 노릇이다. 하지만 그림을 통해 어느 정도 내용을 감지할 수 있고, 이야기를 끌어가는 기본 골격만 이해한다면 책을 보는데 그리 큰 어려움은 없을 것이다. 이러한 책을 충분히 즐기며 감상한다는 것은(따로 배우지 않아도 아이들은 여기에 대한 본능적인 능력이 있다) 또 다른 문화, 또 다른 표현법, 또 다른 감수성을 향해 영혼을 활짝 열어놓고 받아들인다는 뜻이다.

    그림책을 통해 사물이나 대상을 처음 발견하고 익혀가는 중요한 시점에 아이에게 미에 대한 기존의 굳어진 관념을 강요한다면, 이는 곧 아이의 기호나 경험의 폭을 제한하고 섣불리 결정짓는 행위가 될 것이다. 아이를 오롯이 지금 이 시대의 문화권에만 가두어 두려는 것 역시 아이의 영혼을 삭막하게 만드는 불행한 일이다. 아이들에게는 모든 것이 새롭고 신선하게 느껴진다. 클라마르 도서관에서의 몇몇 옛 고전들은 아이들이 몇 번이고 다시 찾아 읽고 또 읽으면서 여전히 감동의 기쁨을 누리는 원천이 되어주고 있다. 오늘날에도 영국이나 미국, 북유럽 등지에서 끊임없이 재발행되고 있는 이 책들은 세월이 지나도 조금도 늙지 않았기 때문이다. 이들 나라에서 도서관은 아이들로 하여금 이 같은 훌륭한 책을 발견하게 하고, 이해하게 하기 위해 갖은 노력을 한다. 레슬리 브룩이 삽화를 그려 넣어 보다 역동적인 기운으로 되살려 낸

---

139) 특별호로 꾸며진 「어린이도서잡지」 La Revue des livres pour Enfants (파리: La joie par des livres 발행) N° 64(1978. 12)와 N° 118(1987. 12 - 1988. 1)에 게재된 쥬네비에브 파트 Geneviève Patte의 일본 그림책 관련 글을 참조하시오. "일본 어린이도서의 예술성"(N° 64, pp.18-24) ; "일본 여행 수첩: 쥐와 책"(N° 118, pp.40-50).

어느 전통 동화의 친근하면서도 포복절도할 유머[140], 아서 래캠 Arthur Rackham (1867~1939·영국 일러스트)의 신비롭고도 환상 가득한 삽화들, 원시적인 생명력이 넘쳐흐르는 귀스타브 도레 Gustave Doré (1832~1883·프랑스의 예술가이자 조각가, 일러스트)의 판타지, 단순하면서도 재치 있는 페이지 연출 기법이 1930년대 초엽에 프랑스에서 출간된 『아기 코끼리 바바르 이야기』[141]와 닮아 있지만, 개구쟁이 행동들이 보다 자주 등장해 쾌활한 분위기로 그려지는 1940년대 초엽의 미국 그림책 H. A. 레이의 『호기심 많은 조지』[142] 등 시대를 초월한 감동을 선사할 수 있는 작품이 우리에겐 너무나 많다. 폴 갈돈이 쓰고 삽화를 그린 『빨간 암탉』[143] 역시 아이들이 좋아할 수 있는 요소를 많이 가진 책이다. 이들 책은 그림의 형태나 표현 양식이 상대적으로 구식이라 할 수 있지만 등장인물들이 내던지는 말이나 행동, 책의 페이지 연출 방식 등은 오늘날에도 여전히 효력을 발휘하고 있다.

텍스트와 이미지

그림책에서 이미지는 이야기를 좇아가는데 도움을 주는 실마리가 된다. 어른 한 명이 자리를 함께 해서 아이와 같이 책을 봐 주어야만 어린 아기들은 책 읽는 법을 조금씩 터득해 나갈 수 있다. 어린 아이들은 이미지를 금방금방 체계적으로 연결시킬 수가 없기 때문이다. 이미지란 본질적으로 다의적인 속성이 있고, 또 그렇기 때문에 풍성한 컨텐츠가 될 수 있는 것이다. 그래서 텍스트나 이를 읽어 주는 어른의 목소리가 이러한 이미지의 모호한 구석을 명확

---

140) Leonard Leslie Brooke, 『세 마리 곰』 The Three bears, 런던: Frederik Warne, 1904 ; 『아기 돼지 세 마리 이야기』 The Story of the three little pigs, 뉴욕: Frederik Warne & Co., 1905
141) 주 50)를 참조하시오.
142) Hans Augusto Rey & Margaret Rey, 『호기심 많은 조지』 Curious George, 보스턴: Houghton Mifflin Company, 1941. 이후 『호기심 많은 조지의 깜짝 생일 파티』, 『호기심 많은 조지의 첫 등교일』, 『호기심 많은 조지 수족관 구경가다』, 『호기심 조지 아이스크림 사 먹으러 가다』등의 일상생활을 중심으로 한 친근한 시리즈가 출간되면서 국민적 인기를 얻어 TV시리즈와 애니메이션 영화, 비디오 게임 등으로 제작되었다. 또한 플로리다 유니버셜 스튜디오에는 《노란 모자를 쓴 사나이》라는 이름의 조지 테마파크가 꾸며져 있다. 노란 모자를 쓴 사나이는 아프리카에 사는 원숭이 조지를 도시로 데려와 동물원에 가두어 놓은 사람이다. 조지는 그곳을 탈출하는데 성공하지만 얼마 못가 다시 노란 모자 사나이에게 붙잡히고 만다. 우여곡절 끝에 조지가 그의 집에 들어가 함께 지내면서 일어나는 갖가지 에피소드들이 각 시리즈의 주제를 이룬다(역자 주).
143) Paul Galdone 글·그림, 『빨간 암탉』 The Little Red Hen, 엄혜숙 옮김, 시공주니어, 2007

히 보충하면서 이야기를 끌어가는 중심축이 되어야 한다. 그런데 대단히 유감스럽게도 텍스트를 장황하게 늘어놓는 것을 마치 작가된 기본 도리라 여기기라도 하는 것인지 많은 작가들이 미주알고주알 이야기를 친절하게 풀어놓는다. 그림책의 수준이 혹여 텍스트의 장단長短에 좌우되기라도 한다는 것일까? 여기엔 필시 교육과 밀접하게 관련된 어떤 왜곡된 선입견이 여전히 작용하고 있음에 틀림없다. "지나치게 만연한 텍스트는 서사 내용을 혼자 열심히 강조하는 고집을 부리기 때문에, 이 경우 이미지는 들어설 자리를 빼앗기고 결국 따로 노는 꼴이 되고 만다. 텍스트가 이미지를 한 발 한 발 뒤좇아 간다면 결국엔 아무 쓸모없는 대담만 나눈 결과가 되고 만다. 이미지를 통해 이미 보여주고 있는데, 매리는 분홍 원피스를 입고 있다는 말이 왜 또 필요한가? 이보다는 오히려 이미지로는 표현될 수 없는 어떤 정황, 예컨대 그녀는 엄마를 기다리고 있다는 등의 말이 훨씬 연속적인 효과를 내면서 어린이들의 상상력에 가 닿을 것이다"[144]. 고이드의 『똑, 똑, 똑』[145]은 이런 관점에서 모델이 될 만한 책이다. 텍스트가 이야기 내용을 단숨에 내뱉어 버리는 대신 호흡을 잠시 멈춘 채 아이로 하여금 이미지를 찬찬히 관찰하게 함으로써 내용에 관련된 어떤 숨겨진 징후를 발견할 기회를 준다. 외딴 폐가에 머물며 언젠가 자신의 거처로 되돌아가기만을 고대하는 육중한 짐승이 과연 얼마나 큰 몸집을 가지고 있는지 아이에게 상상의 실마리를 제공하는 요소들이 간간이 배어 있다.

교육적 효용에 대해 잘못 이해하고 있는 탓에 어떤 그림책의 텍스트는 불필요하게 내용을 복잡하게 만들거나, 뭔가의 쉽지 않은 알맹이를 품속 깊이 간직하고 있기라도 한 듯 이야기를 어렵게 풀어가며 고상한 표정을 짓는다. 결국은 전혀 이해 불가능한 횡설수설이 되고 만다. 한편 이야기 내용이나 진행 방향에 아무런 도움도 되지 못하는 감탄사를 연신 연발하면서 스스로 책읽기에 방해 요소를 만들어 가는 사람들이 있다. 정반대로 큰소리로 아이에게 책을 읽어 주면서 낱말이나 이야기의 흐름을 쉬운 용어나 줄거리로 바꾸어서 마음대로 읽어 나가는 사람도 있다. 그런데 아이들은, 특히 나이가 아주 어린 아기들은 활자화된 모든 것은 무조건 확고 불변하다는 생각을 직관적으로 해

---

144) Isabelle Jan, "어린이 책에 있어서의 텍스트" Le texte dans le livre pour enfants, COLLETIF & Laurence Lentin, 『말하기부터 읽기까지』 Du parler au lire, 티롱(Thiron, 프랑스): E.S.F. Editeur, 1999
145) Tan Koide & Yasuko Koide, 『똑, 똑, 똑』 Toc, toc, toc, 파리: L'Ecole des loisirs, 1999

버린다. 그런고로 어른이 읽어주는 텍스트에 아주 약간이라도 변화가 생기면 아이들은 당황스러워 한다. 이는 결국 텍스트를 있는 그대로 수용하되 큰 목소리로 편안하게 읽어 나갈 수 있는 내용과 구성을 갖춘 책을 선택해야 한다는 결론에 이르게 한다. 좋은 책들은 대개 이러한 점들이 고려되어 있다.

  텍스트가 없는 책이라 해서 반드시 아이들에게만 해당되는 것은 아니다. 엘라 마리의 책들은 독자로 하여금 가장 쉽고 가장 간단한 방법으로 생생한 변화를 체험하게 해준다. 자연이 변화하는 아름다움과 일정한 주기로 늘 새로이 반복되는 그 변화 자체의 영원불변성을 주목하면서, 이러한 변화와 불변의 양축으로 오묘하게 진행되는 자연의 호흡에 조용히 우리를 초대한다. 좀더 복잡한 구조 가운데 이야기를 풀어갈 수 있는 코드를 제시함으로써 책의 내용을 대신하는 경우도 있다. 이를테면 『빨간 풍선의 모험』[146]은 아무런 텍스트 없이 몇 개의 색상만 책면에 흔적처럼 남겨 놓고 여백에 독자를 적극적으로 참여시켜 상상력으로 이끌어 나가게 만든다. 아이에게 기본적인 원리를 설명해 주면, 특히 아직 나이가 어린 아이들은 암시를 슬쩍슬쩍 던져주는 코드를 이용해 이야기를 풀어가는 과정을 꽤 재미있어 한다. 일종의 놀이처럼 즐기는 것이다.

  일본 삽화가 안노 미쯔마사[147]의 책들도 텍스트 없이 구성된다. 『그날』이란 그의 작품은 아이나 어른 할 것 없이 페이지를 한 장 한 장 넘겨가며 마을을 지나는 기사를 끝까지 좇아가고 싶은 마음이 들게 하는 어떤 마력이 있다. 아이들은 어른이 조금만 도와주면 숨은 그림이나 장면 찾기, 혹은 다중 속으로 숨어 든 주인공 찾아내기 놀이를 땀을 뻘뻘 흘려가며 즐긴다. 조감도 놀이를 통해 꼭꼭 감추어진 어떤 익살스러운 상황이나 재미있는 장면 찾아내기 역시 아이들이 무척이나 열심히 하는 놀이이다.

  피터 스피어의 걸작 『노아의 방주』[148]에서는 대홍수가 일어난 시절을 경험할 수 있는 아찔한 재미가 있으며, 동시에 피난 온 동물들과 인사를 나누고 친구가 될 수 있는 기회도 있다.

---

146) Iela Mari, 『빨간 풍선의 모험』 *Il palloncino rosse*, 시공주니어, 1995
147) 安野光雅, 『그날』 *Ce jour-là* (1978), 『벼룩시장』 *Le Marché aux puces* (1985), 파리: L'Ecole des loisirs
148) Peter Spier, 『노아의 방주』 *Noah's ark*, 김경연 옮김, 미래아이(미래 M&B), 2004

문자가 없는 만큼 스토리가 매우 단순한 『바닷가에서의 하루』[149]는 아이들이, 아무리 나이가 어린 아이라 할지라도 일종의 놀이처럼 이야기를 풀어나갈 수 있는 그림책이다. 해변에 점차 날이 밝아 오면서, 여기저기 활기를 띠기 시작하고, 온갖 부류의 사람들이 하나둘 모여들면서, 각종 사건들이 일어난다는 이야기의 흐름을 책의 양면을 이용한 활짝 트인 공간에서 순차적으로 그려간다. 우리 삶의 수많은 모습들이 사방 가득 들어찬 공간에 독자를 초대하여 정신없이 따라가게 만드는 이러한 형태의 책에서 만일 텍스트가 등장한다면, 행여 재미있는 장면을 놓칠까 성실히 구석구석 훑어가는 집중력을 방해하는 결과가 될 것이다.

일본 작가 안노 미쯔마사가 기꺼이 선택한 침묵은 타나 호반의 경우와 같이 결국 장 피아제[150]가 말하는 다음과 같은 사실에 맥락이 닿아 있다. "우리가 아이에게 가르치는 그 모든 것은 결국 아이가 그것을 스스로 창조하거나 발견하는 데 방해만 될 뿐이다." 안노가 덧붙인다. "텍스트는 우리가 이제 막 받아들인 것을 너무 쉽게 믿어버리게 만들 수 있다." 숨바꼭질하듯 그림을 뒤져 무엇을 찾아내는 것은 흥분 섞인 긴장감을 가지게 하고, 혼자서 궁리하고 이리저리 맞춰가며 마침내 발견해 내는 커다란 충만감을 안겨준다. 책을 읽는 즐거움이란 이야기 안으로 들어가 여행할 수 있는 시간을 선사받은 것이다. 텍스트와 마찬가지로 이미지 안으로 들어가 여행할 수도 있다.

작가들은 때때로 책의 바탕 면 연출 방식이나 그림의 배치·조합 관계를 실험하기도 한다. 어린이들은 이 문제에 퍽 민감한 편이고, 반응도 빠르다. 아기 말라게트와 늑대는 친구 사이임에도 정녕 함께 살 수가 없어 서로 헤어져야만 했다.[151] 이 지점에서 우리는 작가가 구현한 책면의 연출 방식을 눈여겨볼 필요가 있다. 두 주인공을 책 양면의 말단 자리에 각각 배치시킨 가운데 이 힘들고 아스라한 헤어짐을 어떻게 그려내는지.

어린이들은 또한 만화의 세련된 공법이나 유머 기술에서 영감을 얻은 작가들이 이를 재치 있게 응용하여 새로운 표현 문법으로 탄생시킨 작품에 열광

---

149) Yuichi Kasano, 『바닷가에서의 하루』 *Une journée à la plage*, 파리: L'Ecole des loisirs, 1983
150) J. C. Bringuier, 『장 피아제와의 자유 대담』 *Conversations libres avec Jean Piaget*, 파리: Robert Laffont, 컬렉션 Réponses에서 인용함.
151) Marie Colmont 글·Gerda Muller 그림, 『말라게트』 *Marlaguette*, 파리: Flammarion-Père Castor, 1994

한다. 엷은 색감으로 채색된 선화線畵 이미지를 선보인 『코끼리』[152] 를 예로 들 수 있다. 책의 첫 머리 장식 컷에 동물들이 어슬렁거리고 다니는 가운데 몇몇 은 표지판을 귀엽게 감고 있거나 수줍은 듯 뒤로 몸을 숨기는 모습 또한 발랄하면서도 참신한 느낌을 준다.

레미 찰립과 같은 삽화가의 유머러스한 재기는 무슨 말로 설명을 해야 할까? 우리 세 마리 곰 출판사에서 발행된 그의 이미지 북 『아마 눈이 오나봐』[153] 에서는 마치 눈이 내리는 허공처럼 오로지 흰 면만 계속 이어진다. 눈에 띄는 유일한 흔적이라고는 책의 각 면 아래쪽에 얌전히 내려와 앉은 단 한 줄의 짧은 텍스트뿐이다. 이 텍스트는 문자라는 매개체가 얼마나 가공할 만한 힘으로 이미지를 자아올리는지 여실히 보여준다. 통념을 뛰어넘어 유쾌한 농담이나 유머를 즐기고 싶어 하는 어린이들의 취향에 꼭 들어맞는 감각을 통해. 이는 곧 문자로 표현된 언어에 대한 깊은 찬사인 것이다.

---

152) Wilhelm Schlote, 『코끼리』 *Das Elefantenbuch*, 마인 강변의 프랑크푸르트(Frankfurt Am Main, 독일): Insel, 1974

153) Remy Charlip, 『아마 눈이 오나봐』 *On dirait qu'il neige*, 『눈송이』 *Boule de neige* vol. 1, 파리: Les Trois Ourses, 2004. 레미 찰립은 『엄마, 엄마 나 배 아파요』 *Maman, Maman, j'ai mal au ventre* (Berton Suprée 그림, 파리: Circonflexe, 2002) 등의 주옥같은 작품을 통해 프랑스인들 사이에 점점 인지도를 높여가고 있다. 그의 작품은 책이라는 매체로서 구사할 수 있는 예술적 기술을 가히 완벽하다할 수준으로 성취하고 있으며, 언제 다시 읽어도 항상 새롭게 감상할 수 있는 미덕이 있다. 또한 장면과 장면 사이의 구성이 치밀하고, 페이지가 넘어감에 따라 내용이 점진적으로 완결되면서 독자로 하여금 새로운 발견을 찾아 페이지를 넘기는 즐거움을 만끽하게 해 준다.

제 7 장

소설과 이야기, 고전과 그밖의 책들

"책읽기와 관련된 모든 것에는, 보다 엄밀히 말해 독서 행위에는 관능적이고 매혹적인 그 무엇이 있다. 우리는 마치 눈으로 책을 집어삼킬 듯이 달려들어, 자기 자신이 뿌리째 뽑히고 마는 느낌을 받는다. 그리하여 마침내 우리 머릿속은 끊임없이 너울거리는 이미지들이 만화경처럼 펼쳐져 잠잘 수도 없고 다른 생각을 할 수도 없다. 만일 책에서 본 아름다운 문장이 있다면, 모래톱에 부서지는 파도와 같이 끊임없이 우리 귓가에 맴돌고, 혹 만일 이야기였다면 그 사연은 수천 장의 화려한 그림을 그려 내며 우리 눈앞에서 파노라마처럼 펼쳐지는 것이다. 찬란하게 눈부시는 시절, 그러나 한편 어쩐지 어수선한 어린 시절을 지나며 우리는 이 최후의 즐거움을 추구하기 위해 책을 그토록 열성적으로 읽고 그토록 좋아하는 것이다."[154]

우리에게 마법을 걸어오는 이러한 책은 대체 어떤 것일까? 무척이나 풍성한 내용으로 도서관에서 책꽂이에 머물 틈도 없이 분주한 이러한 작품은 어떤 것일까? 이토록 많은 사랑을 받는 책이라면 대개 찾는 독자를 실망시키지 않기 위해 그 자리에서 언제든지 꺼내 읽을 수 있는 한 권씩은 따로 선반에 비치되어 있다. 동시에 이런 인기 작품은 집으로 대출해 갈 수 있게 하기 위해 여러 부수를 마련해 놓는다. 아이들이 이와 같은 책을 읽고 싶다는 욕구를 몹시 강하게 드러낼 때에는 이들을 실망시키는 일이 절대 없어야 한다.

책이 언제 출간되었느냐 하는 것은 그리 중요한 문제가 아니다. 어린이 도서관으로서는 현행 문학 출판물에만 선을 긋는 것은 아니다. 『바바르』[155]나

---

154) Robert Louis Stevenson, 『인간과 책의 관계에 대한 일고찰』 Familiar Studies of Men and Books, 런던: Chatto & Windus, 1896

155) Jean de Brunhoff, 『아기 코끼리 바바르 이야기』 Histoire de Babar, le petit éléphant, 파리: Le Jardin des modes, 1931. 『아기 코끼리 바바르 이야기』는 출판사 부속의 동명 잡지 「Le Jardin des modes」에 2년간(1931-32)

『보물섬』[156]같은 작품은 언제나 변함없이 신선한 감동을 선사하고, 요즈음 읽어도 출간 당시에 조금도 뒤지지 않을 만큼의 무게를 느끼게 해준다. 한스 A. 레이의『호기심 많은 조지』[157]와 같은 고전은 아이들이 누구나 하고 싶어 안달하는 모든 엉뚱한 일들을 저지르고 다니는 이 얼렁뚱땅 말썽쟁이 같은 유형에 대해 포용력이 없었던 1940년대에 출간된 책이지만, 이런 연대 의식 같은 문제는 여기서 별 의미가 없다. 보다 중요한 사실은 내용이 읽고 이해하기가 쉽고 간결하면서도 유쾌한 그림을 곁들이고 있다는 것이다. 이런 훌륭한 책들의 향기는 세대가 바뀌어도 없어지지 않는 것이다. 현대에 출간되는 책 중에서도 어떤 작품들은 독자들의 열렬한 반응 속에 곧바로 영향력을 가지게 되어, 쥘 베른의 소설이나 피노키오의 모험만큼이나 중요한 작품으로 자리매김을 하고 있다.

그렇다면 과연 그 무엇이 시간의 흐름을 뛰어넘고, 당시의 유행을 초월하는 책을 만드는 것일까? 물론 온전히 일치한다고는 볼 수 없지만, 전 시대에 태어나긴 했어도 오늘날까지 여전히 젊음을 간직하고 있는 몇몇 고전 작품을 분석해 봄으로써, 제임스 스틸 스미스가 자신의 저서『아동 문학에의 비평적 접근』[158]에서 열거한 요소들을 확인할 수 있을 것이다. 무릇 고전이란, 인간 존재의 세계에서 발생할 수 있는 중요한 사건들을 다루어, 아이들로 하여금 이를 효과적인 방식으로 이해하고 체험하게 하는 책이다. 삶과 죽음, 우정과 증오, 충성과 배신, 정의와 불신, 의심과 확신 등…

엄청난 모험이나 위험천만한 상황을 연출해 아이들을 완전히 집중적으로 빠져들게 만드는 것은 바로 책의 세계이다. 또한 책은 어떤 특징적 성격의 인

연재되다가 연재가 끝난 이듬해 단행본으로 출간되었다. 1922년에 창간된 이 잡지는 유행의 정원이란 제목답게 당시 시대의 경향을 주도하는 다방면의 대중문화예술을 과감하게 한 자리에 끌어 모아 충격적인 동거를 시행했던 프랑스 최초의 월간 유행정보지였다. 사진·요리·디자인·의상 특히 당시만 해도 생소한 분야였던 기성복 등을 아방가르드적 관점으로 선보이며 독자를 신선한 충격에 빠뜨렸다. 1954년 Hachette 출판사에 흡수된 이래 이러한 전위적 성격은 한층 진화되었지만, 잡지는 1997년 폐간되었다. 이러한 인연으로 바바르 시리즈는 오늘날까지 Hachette Jeunesse 출판사를 통해 발행되고 있다(역자 주).

156) Robert Louis Stevenson,『보물섬』 *Treasure Island*, 임형요 옮김, 삼성출판사, 2007
157) Hans Augusto Rey & Margaret Rey 글·Hans Augusto Rey 그림,『호기심 많은 조지 자전거 타다』 *Curious George rides a Bike*, 보스턴: Houghton Mifflin Harcourt, 1973. 프랑스어 번역본으로는 파리 Mango출판사에서 발행된 조지 시리즈 전집이 있다.
158) James Steel Smith,『아동 문학에의 비평적 접근』 *A Critical approach to children's literature*, 뉴욕: McGraw Hill, 1967

물을 창조할 수 있고, 누군가를 묘사하여 중요한 의미와 살아있는 감각을 부여한 상황으로 끌어들임으로써 아이들로 하여금 진짜 같은 느낌으로 감상할 수 있게 만들기도 한다. 상상의 세계를 만들어 아이들이 그 곳에서 어느 한순간을 살 수 있게 만드는 것 역시 책의 힘이다. 섬세한 감각과 때로는 강렬한 필치로써, 어린이 세계 주변의 실태를 포착하고 조명하는 것 역시 책이 기꺼이 맡은 소명이다. 마침내 책은 어떤 상황이나 인물의 성격, 사물에 대해 아이들이 이해하고 함께 나눌 수 있는 수준의 해학으로 멋지게 풀어 보여주는 유머도 즐긴다. 한 마디로 말해 고전이란, 아이의 상상력에 다른 어느 곳에서도 만나지 못할 강렬한 체험을 부여하는 작품들이다. 모르고 지나가기에는 너무나 아쉬운 것이다.

이런 조건을 만족시킨 책이라면 비록 현대에 출간되었다 할지라도 곧바로 고전으로 취급되는 경우가 드물지 않다. 이 같은 책은 다른 아이나 사서들을 감격시킬 정도로 유난히 빈번하게 대출 요청 리스트에 오르지만 실상 책의 권수는 턱없이 부족하다. 도서관 서가에 꽂힐 틈도 없이 부족한 부수로 구비되거나, 아니면 아예 구입 카탈로그에 오르지 못한 경우도 있다.

예를 들자면, 도서관에서 구입한 어떤 책이 사람들에게 뜨거운 환영을 받는다. 시간이 지나도 이 책에 대한 사람들의 예사롭지 않은 관심과 열렬한 칭찬이 변치 않고 지속된다. 그러면 이 책은 고전이 되는 것이다.

『마루 밑 바로우어즈』[159]는 어느 (인간)가족의 눈을 피해 마룻바닥 아래에 숨어 사는 소인국 가족 이야기이다. 키는 연필 길이에 불과하지만 생김새나 습성, 생활방식은 인간과 똑같은 이들 세 명의 가족은 인간이 먹다 버린 것을 주워 먹거나, '훔치는 것이 아니라 빌리는 것(borrow)'이라 기어이 주장하면서 아주 작은 것들을 슬쩍슬쩍 훔치고, 수도관을 뚫어 물을 구하며, 생필품을 직접 만들어 쓰기도 하면서 살아간다. 잉크와 펜으로 묘사된 섬세하고 정교한 삽화를 통해 손에 잡힐 듯 생생하게 그려지는 지하공간에서의 생활은 결국 전쟁에 대한 비판과, 이에 대한 불안이나 공포, 인간 문명에 대한 불신 등을 이야기하기 위한 배경이다. 보수적이고 고집불통인 아빠와 달리 성격이 활달한

---

159) Mary Norton 글·Beth Kruth & Joe Kruth 그림, 『마루 밑 바로우어즈』 The Borrowers, 손영미 옮김, 시공주니어, 1996 ; 『구두 속에 사는 난쟁이들』, 최운권 옮김, 유진출판사, 1999

딸의 행적으로 인해 결국 집주인에게 들켜 쫓겨나면서 『들판의 바로우어즈』 The Borrowers Afield(1955), 『해상의 바로우어즈』 The Borrowers Afloat(1959), 『공중의 바로우어즈』 The Borrowers Aloft(1961) 등의 5편 시리즈로 확장되었고, 영국과 미국에서 영화 및 TV 시리즈, 연극으로 공연되었다. 1952년 출간과 함께 카네기 상(Carnegie Medal)을 수상했고, 2007년 영국 도서관 및 정보 전문인 협회(CILIP·Chartered Institute of Library and Information Professional)가 뽑은 《지난 70년의 기간 동안 출간된 어린이 문학 중 가장 뛰어난 10》에 들기도 한 걸작이다.

『위니 더 푸우』[160]는 크리스토퍼 로빈이 다양한 성격의 숲 속 친구들과 함께 엉뚱하면서도 재미난 모험을 즐기며 살아가는 이야기이다. 꿀과 모험, 노래 만들기를 좋아하는 느림보 곰돌이 푸우, 겁 많은 아기 돼지, 아는 척 하기 좋아하지만 무슨 일이 생기면 발벗고 나서 해결사 역할을 도맡는 올빼미, 잔소리쟁이 캥거루, 그리고 장난꾸러기 등, 크리스토퍼는 이들 친구 모두를 좋아하지만 시골뜨기처럼 굼뜨고 엉뚱한 구석이 있으나 착하고 순박한 푸우에게 남다른 호감을 느끼며 은밀한 사랑의 감정을 키워간다. 자연스럽고 익숙한가 하면, 특이하면서도 환상적인 사건들을 함께 경험해 나가면서 이들은 우정의 소중함을 우리에게 일깨운다. 탄생한 지 80년이 넘는 세월이 지났지만 여전히 유쾌하고 해맑은 곰돌이 소년 푸우는 인형극·TV시리즈·비디오 게임·라디오 극 등의 형태로 거듭나면서 현대에도 국경을 넘나드는 중요한 문화 콘텐츠가 되고 있다. 한국어는 물론 히브리어나 에스페란토어 등 21개 국 언어로 번역되었고, 그 중 라틴어로 번역된 것은 출간된 지 2년만인 1960년 미국 역사상 최초로 뉴욕 타임스 베스트셀러 리스트에 이름을 올린 외국어 서적이 되었다.

『꼬마 니콜라』[161]는 현대를 살아가는 어린이로서 발랄하고 직설적인 화법으로 어른들의 세계가 못마땅하다고 투덜거린다. 그의 불평은 어른들이 만들어 놓은 편견과 질서를 무시하고 어기는 악동 행위로 이어지면서 잘못된 교육

---

160) Alan Alexander Milne 글·Ernest H. Shepart 그림, 『위니 더 푸우』 Winnie the pooh, 이종인 옮김, 시공사, 1995; 『아빠가 들려주는 푸의 모험 이야기』, 최운권 옮김, 유진출판사, 1994; 『곰돌이 푸우는 아무도 못 말려』 조경숙 옮김, 길벗어린이, 2005 등 국내 여러 번역본이 있다. 프랑스어 번역본으로는 Jacques Papy가 옮긴 Histoire d'un ours comme ça (『어느 곰의 이런 이야기』, 파리: Presses de la Cité, 1946)가 원작 텍스트에 충실하면서도 가히 시적 경지라 할 만큼 훌륭하게 번역된 작품으로 꼽힌다.
161) René Goscinny 글·Jean-Jacques Sempé 그림, 『꼬마 니콜라』 Le Petit Nicolas, 신선영 옮김, 문학동네, 1999

시스템 등을 교묘히 꼬집는다. 하지만 다른 한편 사정이 어려운 사람에게는 기꺼이 달려가 도움을 주는 등 삶에 대한 따스한 기대를 끝내 놓지 않는다. 교사나 부모 등 무뚝뚝해 보이지만 내심 사랑이 많고 낙천적인 어른들과 경쾌한 반란을 즐기는 천진한 악동들 사이에서 벌어지는 모험들은 삶의 기본적인 원칙과 교훈들을 신나고 재미있게 엮어나간다. 저자는 놀랄 만큼 정확하고 예리한 시선으로 어린이 세계를 꿰뚫어 보면서 동심을 잃은 어른들의 어리석은 지혜를 대비시킨다. 발칙하고 익살스러운 언어와 절묘하게 조화를 이루는 촌철살인의 삽화는 책을 읽는 재미를 한껏 더해주는 요소가 된다. 이 책의 최대 미덕인, 마치 우리들 자신의 이야기인 듯 느껴지는 실체감은 작가의 민첩한 관찰력에 근거한다. 자신의 어린 시절을 투영하면서 어린이 눈높이에 맞추어 그들 세계의 본질을 바라보려한 노력의 산물인 것이다. 거창하고 새로운 이야기가 아닌, 예컨대 축구를 하다가 유리병을 깨뜨렸다거나 장학사 선생이 오는 날의 소동 같은 우리 주변 어디에서나 일어날 수 있는 에피소드를 통해 단순하면서도 결코 간단치 않은, 장난기 가득하면서도 나름 심오한 성장통을 겪어내고 있는 아이들의 내면 풍경을 명징하게 그려내고 있다는 점도 이 책이 최고의 탁월한 캐릭터를 생산했다는 평가를 듣게 하는 요인이다. 1960년의 첫 출간 이래 지금까지 90여 종의 에피소드가 더해져 발행되고 있다.

사랑스럽고 흥미로운 모험이 가득한 『꼬마 곰』[162]은 현직 교사가 직접 쓴 이야기이니만큼 어린이들의 마음의 텃밭에 있는 중심 요소들을 정확히 짚어내는 미덕이 있다. 〈생일 수프〉, 〈꼬마 곰 달로 가다〉 등 다섯 편의 에피소드는 한결같이 칭얼거리는 꼬마를 대하는 엄마의 친절하고 재치 있는 행동을 통해 우리에게 따스한 위안을 건네주는 이야기들이다. 곁에서 언제나 온갖 시중을 들어주던 엄마 곰이 하필 오늘 자기 생일날, 어디에도 보이지 않는다. 엄마가 자신의 생일을 잊어버렸다고 생각한 꼬마 곰은 섭섭한 마음을 애써 감추며 친구들이 좋아하는 수프를 직접 만들기로 하고 소매를 걷어붙인다. 친구들이 모여들고 막 스프를 뜨기 시작한 순간 엄마 곰은 커다란 멋진 케이크를 들고 나타난다. "난 네 생일을 한번도 잊어 본 적이 없단다. 앞으로도 그런 일은 결코 없을 것이다"라며 오해 속에 잠시 자신을 원망한 꼬마 곰을 품에 꼭 안는다.

---

162) Else Holmelund Minarik 글·Arnold Lobel 그림, 『꼬마 곰』 *Little Bear*, 엄혜숙 옮김, 비룡소, 1997

후자의 이야기는 다음과 같이 펼쳐진다. 어느 날 꼬마 곰이 달에 가서 놀다 오겠다며 새로 꾸민 동굴 집으로 들어간다. 엄마 곰은 점심때까지는 돌아와야 한다면서 순순히 허락한다. 거침없는 상상의 나래 아래 달에 도착한 꼬마 곰은 평소 이룰 수 없었던 소원을 이야기하고, 해보고 싶었던 일들을 하나하나 해보고, 만나고 싶었던 이들을 모두 만난다. 이윽고 할머니를 만나 엄마 곰 어렸을 적 이야기를 듣는다는 것이다. 어린이들의 꿈과 환상을 현실 가까운 그 어느 곳쯤에서 펼쳐놓는 작가의 뛰어난 솜씨가 돋보인다.

『꼬마 돼지』[163]는 타인을 이해하고 사랑하는 방식에 관한 마음을 알려주는 책이다. "우리에게는 네가 이 세상 최고의 돼지"라며 무척 아껴주던 주인 농부 아주머니가 어느 날 우리를 청소한다. 사랑하는 꼬마 돼지가 안락하게 지낼 수 있도록 온 힘을 다해 깨끗이 청소하는 바람에 정작 꼬마돼지가 좋아하는 진흙탕까지 말끔히 치워져 버렸다. 몸을 느긋하게 파묻고 이리저리 뒹굴기라도 한다면 천국같이 편안한 이 보금자리를 말이다! 기분이 나쁘다 못해 화가 치밀어 오른 꼬마 돼지는 마침내 다른 진흙탕을 찾아 집을 나간다. 하지만 자신이 좋아하는 그 보드랍고 진득한 진흙탕은 눈에 쉽게 띄지 않는다. 이곳저곳을 돌아다니다 마침내 도시 한복판 조그만 진흙탕을 발견하고는 그는 얼른 뛰어들었다. 그런데 어쩐지 좀 이상하다? 푹신한 감이 없는 데다가 점점 딱딱하게 굳어져 오기까지 한다. 결국 꼬마 돼지는 보도에 처박혀 꼼짝달싹 못하는 신세가 되고 말았다. 때마침 그를 찾아 나선 주인 농부 부부가 사람들이 웅성거리는 가운데 구경거리가 되고 있는 꼬마 돼지를 발견했고, 그는 이들과 함께 다시 집으로 돌아온다. 때맞추어 비가 내리면서 우리 앞에 다시 진흙탕이 생긴다. 폭신하고 아늑한 보금자리를 되찾게 된 꼬마 돼지는 마음껏 뒹굴며 즐거워 한다. 농부의 아내는 약속을 한다, 다시는 진흙탕을 치우지 않겠다고.

『돼지가 한 마리도 죽지 않던 날』[164]은 셰이크 교도의 농부 아들인 12살 소년이 이웃집 암소가 새끼 낳는 것을 도와준 보답으로 돼지 한 마리를 받는다는 이야기로 시작된다. 하지만 수태를 할 수 없는 이 돼지를 아버지는 어느

---

163) Arnold Lobel, 『꼬마돼지』 *Small Pig*, 엄혜숙 옮김, 비룡소, 1997
164) Robert-Newton Peck 『돼지가 한 마리도 죽지 않던 날』 *A Day No Pigs Would Die*, 김옥수 옮김, 사계절, 2005

날, 기어이 도살한다. 태어나 처음으로 가졌던 자신의 소유물인 돼지를 잃는 슬픔은 곧 아버지를 향한 원망과 미움으로 이어지지만 한편 아버지의 눈에 살짝 맺힌 눈물과 굳게 닫힌 입술을 보는 순간, 소년은 삶의 현실적 조건을 이해하자며 마음을 달랜다. 인간이란 존재에게 그 무엇보다 절실한 것은 의식주를 해결해야 하는 본능적 필요라는 엄연한 사실을. "눈으로 보지 않아도 가슴을 활짝 열고 보면 알 수 있지…", "하루 일이 끝나면 냄새가 몸에 배여 있지. 그래도 네 엄마는 불평 한번 한 적 없단다(…) 오히려 나한테서 성실하게 노동한 냄새가 난다더구나…" 등의 대화는 우리에게 엄숙한 노동의 가치와 세상의 잣대를 넘어선 가족간의 사랑을 다시 한번 일깨워 준다. 평생 힘든 노동으로 맞바꾼 가난 속에 가족을 지켜오다 세상을 떠난 아버지의 뒤를 이어 어린 나이에 가장이 된 소년의 고된 성장담을 통해 작가는 세상의 아버지들에 대한 이해와 연민, 가난한 살림에도 결코 가난하지 않은 가족 간의 사랑, 별리의 아픔을 이기고 앞날을 꿋꿋이 헤쳐 나가는 어린 소년의 삶에 대한 용기 등을 이야기한다.

『멋진 여우 씨』[165]는 현대 동화에서 '가장 신나고 재미있으며 뻔뻔하기까지 할 정도로 대담한 어린이 책을 만드는 작가'로 평가받는 로알드 달의 작품이다. 어린 시절 학교에서 장난을 치다가 지팡이로 두들겨 맞곤 하던 자신의 끔찍한 기억을 회고하면서, "어린이들이 책을 보면서 절대 위축되어서는 안 된다. 책은 아이들을 억누르는 대신 재미와 흥미, 호기심이 넘쳐나는 짜릿한 모험을 즐길 수 있다는 것을 보여 주어야 한다"는 의지를 집필 철학으로 삼고 있는 그는 전 세계 어린이들로 하여금 게임 대신 책을 손에 들게 한 선도자라는 찬사를 듣고 있다. 쓰잘 데 없는 어른들의 규칙을 마음껏 조롱하는 통쾌한 내용, 재미와 즐거움이 배여 있는 생생한 묘사, 훌륭한 플롯으로 짜여진 탄탄한 전개 등을 모자라지도 넘치지도 않게 어린이 눈높이에 맞추어 그려 내는 그의 책들은 부당한 기존의 규칙을 견뎌내어야 하는 억압 속에 처해 있는 어린이들에게 긍정과 희망을 안겨 준다.

책은 자신을 잡으려고 온갖 수단을 동원해 추적해 오는 세 농부를 능히 따

---

165) Roald Dahl 글·Quentin Blake 그림, 『멋진 여우씨』 Fantastique Maître Renard, 햇살과나무꾼 옮김, 논장 출판사, 2007

돌릴 만큼 교활하고 꾀많은 여우의 지혜에 관한 이야기이다. 때로는 어른을 부당하게 악의적으로 그린다는 문단의 부정적인 평가와 같이 작가는 이 책에서도 여우를 좇는 세 농부를 각각 탐욕스러운 뚱보, 작달막한 배불뚝이, 술주정뱅이 비실이 등으로 묘사하면서, 제각기 다른 고약한 인상이지만 마음만은 서로 닮아 하나같이 치사하고 게걸스럽고 비열한 인물로 설정한다. 이기심 가득한 이들이 의기투합하여 해결할 일이 한 가지 생겼으니, 곧 자신들의 농장으로 숨어들어 가축을 몰래 잡아먹고 달아나는 여우를 잡는 것이다. 오합지졸들의 모자라고 서툰 머리 위에 올라앉아 여우는 갖은 꾀로 이들을 따돌리면서 자신의 가족을 지켜낼 뿐 아니라, 인근 모든 생명체들이 걱정 없이 먹고 살 수 있는 재원을 확보한다. 이대로 마냥 앉아 죽음을 맞이할 수 없다는 비장한 각오로, 사흘을 굶었지만 있는 힘을 다해 땅을 파 비상구를 만들어 가던 중 운 좋게도 바로 이 악당들의 식품 저장고에 다다른 것이다. 어리석으며 둔하고 이해심 없는 이들 세 농부의 무능력한 행위를 비웃으며 자신의 현실 앞에 들이닥친 위기를 극복하기 위해 최선의 노력을 하는 여우 씨의 모습은 곧 포기할 줄 모르는 도전자로서 창의적 아이디어로 절체절명의 위기를 헤쳐 나가는 용기의 메시지를 전한다.

『고통의 강』[166]은 상식적으로 보아 정상이라 하기 어려운 가정에서 주인공들이 어떤 갈등을 겪고 어떻게 성장해 나가는지를 주로 그려내는 작가의 작품이다. 진중한 이 주제를 친구에게 이야기하듯 편안하게 끌어나간다는 평가처럼, 이 책 역시 부모가 잠시 집을 비운 사이 12살배기 소년이 겪는 엄청난 일을 긴장감 넘치는 구도 가운데 흥미진진하게 그려가고 있다. 작품의 배경은 1880년대 중엽 미국의 서부 개척 시대이다. 아빠 엄마는 새로 태어날 동생을 맞이하기 위해 며칠 전 도시의 한 병원으로 떠난 상태이다. 들판 한가운데 있는 이들의 집에서 소년이 장작에 불을 막 붙이려는 순간 한 인디언이 깜짝 놀라 기겁을 한다. 곧이어 시작되는 인디언 부대의 공습, 무서운 적대심으로 공격해 오는 그들을 겨우 피해 소년은 안락의자에 푹 파묻혀 세상 모르고 쉬고 있던 할머니를 급히 데리고 나와 얼마 전 자신이 만들어 놓은 뗏목을 타고 고통의 강이라 불리는 강에 함께 몸을 싣는다. 인디언이나 늑대의 습격 등 갖은 고생

---

[166] Betsy Cromer Byars 글·Rocco Neqri 그림, 『고통의 강』 Trouble River, 뉴욕: Viking Press, 1969

에 시달리며 강을 따라 내려오던 중 친하게 지내는 한 이웃 가족이 불에 타 죽었다는 소식을 우연히 듣게 된다. 마을로 돌아와 보니 과연 저만치 자기 집 부근에서 연기가 모락모락 피어오르고 있는 것 아닌가. 뜻하지 않은 위기에 놓인 소년의 모험기를 통해 가족과 책임감을 중시하는 미국 문화의 경향을 고전적인 호흡으로 그려내고 있는 작품이라 할 수 있다.

『구두닦이 소녀』[167]의 10살배기 주인공 소녀는 이번 여름을 고모네 집에서 보내고 싶어 한다. 하지만 집안 사정이 너무 어려워지자 부모는 소녀를 집 바깥으로 내친다. 어쩔 수 없는 선택이라는 것을 알지만 그는 우울하고 겁도 난다. 하지만 그런 기분에 젖어 있을 여유조차 없다. 당장 먹을 것을 해결해야 하는 입장으로서는 일자리를 구하는 것부터 급선무이다. 하지만 나이 어린 소녀를 받아주는 곳이라곤 어디에도 없다. 고생 끝에 간신히 얻은 일자리는 길거리 구두 박스에서 구두 닦는 일을 하는 할아버지의 조수역이다. 무릎이 까지도록 꿇어 앉아 소녀는 열심히 구두를 닦는다. 하지만 그것도 잠시 모종의 사건들이 일어나고, 구두 박스는 영원히 문을 닫아야 할 처지에 놓인다. 이 조그만 박스 하나가 문을 여는 데에도 소녀가 아직 한참을 더 자라야 알 수 있는 거리의 생존 법칙이 숨어 있다. 마침내 집으로 돌아오게 된 소녀는 그동안 철없이 안이하게만 살았던 자신의 태도에 반성한다. 가난한 가정 형편이 늘 불만스러웠고, 그런 책임을 부모에게 돌려 그들과도 겉놀며 지냈던 과거 자신의 모습들... 소녀는 결국 여름 방학 동안 자신이 원한대로 고모네 집에서 일을 하면서 긍정적인 사고방식과 자신감을 얻는다.

『샬롯의 거미줄』[168]은 1953년 출간된 이래 전 세계적으로 4천 5백만 부 넘어 판매된 아동 문학의 고전이다. 작가 스스로 '농촌의 헛간과 분뇨를 예찬한 것'이라 밝혔듯이 이 작품은 생명을 순환시키는 대자연의 농장을 배경으로 한다. 함께 태어난 형제 중 몸집이 가장 작다는 이유로 아기 돼지는 죽임을 당할 처지에 놓이지만 인정 많은 농가 주인 딸의 손에 구출된다. 다른 농장으로 보내진 아기 돼지는 그곳에서 샬롯이라는 이름의 거미를 알게 된다. 생활 습관을 비롯해 여러 모로 서로 다른 둘은 갈등을 겪기도 하지만 마침내 둘도 없는 친

---

167) Clyde Robert Bulla 글·Leigh Grant 그림, 『구두닦이 소녀』 *Sheoshine Girl*, 뉴욕: Crowell, 1975
168) E. B. White 글·Garth Williams 그림, 『샬롯의 거미줄』 *Charlotte's Web*, 김화곤 옮김, 시공주니어, 2000

구 사이가 된다. 크리스마스가 다가오는 어느 겨울 날, 아기 돼지는 자신이 곧 크리스마스 식탁을 위한 햄으로 만들어질 것이라는 무시무시한 소식을 접하고선 절망과 공포에 휩싸이게 된다. 하지만 샬롯 거미는 친구의 죽음을 두 손 놓고 바라볼 수만은 없다. 사려 깊고 침착한 샬롯은 묘안 끝에, '이 아기 돼지는 위대한 돼지', '근사한 돼지', '예사롭지 않은 돼지' 등의 문구를 자신의 거미줄로 짜 사람들에게 주입시키기로 했다. 예상대로 사람들은 기적의 돼지라 여기며 죽이기는커녕 신성하게 모시기까지 한다. 샬롯은 죽을 때까지 친구의 생명이 담보된 거미줄 짜는 일을 멈추지 않았고, 마침내 아무도 없는 외진 곳에서 홀로 쓸쓸히 목숨을 거둔다. 어느덧 어른으로 자란 돼지는 샬롯과의 잊지 못할 우정을 마음속에 간직한 채 샬롯의 새끼거미들을 돌보는데 헌신한다. 하찮아 보이는 거미와 돼지가 서로의 삶을 구원해 주는 이 이야기는 서로 다른 습관과 입장에 있는 타인을 이해하는 마음, 우정과 생명의 소중함 등을 통해 우리 삶의 구석진 가치를 되돌아보게 하는 묵직한 울림으로 전해온다.

『라스무스와 방랑자』[169]는 『말괄량이 삐삐』시리즈로 유명한 스웨덴 작가 아스트리트 린드그렌의 책으로서 1958년 한스 크리스티안 안데르센 상을 수상한 작품이다. 쾌활하고 씩씩한 9살배기 고아 소년 라스무스는 고아원에서 장난을 치다가 원장 선생님에게 물세례를 퍼붓고 만다. 거기다 고아원을 방문한 어느 부인의 양산을 고장 낼 뻔한 일까지 겹치면서 원장실에 불려가 혼이 날 생각에 고민하던 그는 한밤중 고아원을 도망쳐 나와 자신을 받아줄 양부모를 찾아 나선다. 하늘 아래 가진 것이라곤 하나 없는 라스무스는 자기 앞에 주어진 매일 매일의 상황을 긍정적으로 받아들이고, 나아가 즐기기까지 하면서 드넓은 세상을 향해 걸음을 옮겨 놓는다. 여름철 따가운 햇살 아래 물장구치기를 즐기고, 달콤한 낮잠까지 향유하는 어린 방랑자 라스무스. 이런 그가 부르는 목청 맑은 노래 한 소절에 마음을 열고 친절을 베푸는 사람들 덕분으로 한순간 행복을 맛보는가 하면, 색안경을 끼고 대하는 나쁜 사람들 때문에 궁지에 몰리기도 하고 강도를 만나 죽을 고비를 넘기기도 한다. 이런 여러 사람들과의 조우 끝에 마침내 라스무스는 든든한 길동무 한 사람을 만나게 되고, 그

---

[169] Astrid Lindgren 글·Horst Lemké 그림, 『라스무스와 방랑자』 *Rasmus på luffen*, 문성원 옮김, 시공주니어, 2001.

의 도움으로 마음씨 따뜻하고 친절한 양부모를 만나 행복한 가족의 삶을 살아 간다는 이야기이다. 고아라는 사실로 인해 자신을 불행 가운데 묶어 두는 어 리석음을 라스무스는 범하지 않는다. 또, 고아라는 사실 하나만으로 불행과 섣불리 연결하는 우리의 못난 편견을 그는 단호히 거부한다. 자신의 삶을 스 스로 개척하고 원하는 바를 적극 찾아나서는 어린 고아 라스무스의 모습을 통 해 우리는 "하늘은 스스로 돕는 자를 돕는다"라는 오랜 진리를 다시 한번 떠 올리게 된다.

『똑, 똑, 똑』[170]은 숲 속으로 소풍을 떠난 다람쥐 세 마리가 길을 잃게 되었 는데 마침 인근에서 통나무집을 하나 발견하면서 시작되는 이야기이다. 살금 살금 문을 열고 들어가 보니 집은 비어 있었고, 따뜻하고 안락하기까지 했다. '야호!' 눈앞에 아른거리는 침대에 올라가 편히 드러누워 쉬고 싶다는 유혹은 그리 오랜 시간을 버티지 못했다. 잠시 후 문이 살며시 열리더니 토끼 두 마리 와 너구리 세 마리가 빼꼼 머리를 보인다. 이들 역시 길을 잃고 헤매던 중 이 곳으로 오게 된 것이다. 다행히 침대는 널찍하고 편안하여 모두 함께 누워 밤 을 오소도손 보내기 안성맞춤이다. 하지만 잠시 후 또 다시 문이 열리면서 이 번엔 몹시 크고 시커먼 물체 하나가 등장한다. 바로 이 집 주인이었던 것이다. 초대받지 않은 이 손님들을 과연 어떻게 대할 것인가? 더불어 살아간다는 것 의 가치를 일깨우며 이야기는 밝고 따스하게 끝을 맺어간다. 섬세하고 정감 있는 삽화가 곁들여져 이야기를 읽다가 자꾸 앞으로 페이지를 넘겨 그림을 확 인하게 만들고, 어린 아이들뿐만 아니라 나이가 좀 든 아이들이 보아도 충분 히 감동을 느낄 만큼 여운이 깊다.

『생강 빵 토끼』[171]는 딸과 단둘이 사는 엄마가 학교에서 돌아오는 딸을 위 해 생강 빵을 만들다가 마침 토끼 모양으로 빚은 것이 계기가 되어 일어나는 일련의 사건을 기발한 내용으로 엮어낸 것이다. 이 토끼 모양 빵은 며칠 전 딸 이 들판에서 실제 토끼를 처음 본 것을 기념해 주기 위한 엄마의 깜짝 선물이 다. 주문한 야채와 밀가루가 채소 가게 아저씨의 마차에 실려 집에 도착하자 엄마는 빵을 굽고 근사한 토끼 모양으로 만들어 낸다. 엄마가 잠시 자리를 비

---

[170] Tan Koide & Yasuko Koide, 『똑, 똑, 똑』 *Toc, toc, toc, Keiko Watanabé* 옮김, 파리: L'Ecole des loisirs, 1983
[171] Randall Jarrel 글·Garth Williams 그림, 『생강 빵 토끼』 *Gingerbread Rabbit*, 뉴욕: Macmillan Publishing, 1964

운 사이 부엌 기구들과 냄비·프라이팬들이 위풍당당하게 서 있는 토끼에게 일러준다. "넌 곧 잡아먹힐 목숨이야. 부엌에 끌려온 모든 것의 운명이지!" 혼비백산한 토끼는 문을 열고 달아나 숲 속으로 도망을 간다. 뒤따라오는 엄마를 피해 여우 굴로 잠시 몸을 숨기는데, 맛있는 빵 하나가 자기 발로 굴러들어 왔다는 생각에 멋모르고 좋아하는 여우 덕분에 목숨을 아슬아슬 건진 토끼는 다시 멀리 도망친다. 마침내 진짜 토끼의 눈에 띄고, 그들의 집에 들어가 함께 행복하게 살아간다는 이야기이다. 그럼 엄마는 어떻게 되었을까? 믿을 수 없는 사태가 눈앞에서 벌어지는 바람에 정신이 쏙 빠진 엄마는 이번엔 토끼 모양 생강 빵을 만들어 복슬복슬한 털로 씌워 딸에게 주리라 다짐한다. 오늘날 보아도 조금도 퇴색한 느낌이 없는, 펜과 잉크로 그려진 정치한 삽화는 이야기의 시대적 배경과 멋지게 어울려 풍성한 상상력을 일구어 내고 있다.

『전투 마』[172]는 암갈색의 멋진 털을 가진 말이 일인칭으로 자신의 생에 대한 회한을 들려주는 형식이다. 싸움터에서 겪었던 자신의 기구한 삶을 회고하는 것이다. 평화롭고 한적한 농가에서 주인 아들 13살배기 소년과 아름다운 우정을 나누며 행복하게 살고 있던 말이 적자 난 농가 운영 자금을 마련하려는 주인의 손에 영국 기병대로 팔려가게 된다. 때는 1914년, 막 시작된 제 1차 세계대전의 전쟁터로 끌려가 서부 전선 최전방에 배치된 말은 전쟁의 포화 속에 무너져 내린 인간들의 영혼이 극단적으로 피폐해져 가는 모습을 현장에서 목도한다. 하지만 음지가 있으면 양지도 있는 법, 싸움터라고 예외가 될 수는 없다. 상처당한 자신의 몸을 정성껏 돌보아주는 귀엽고 사랑스러운 소녀에게 말은 감사함을 넘어 애틋한 사랑의 감정까지 느끼고, 자신의 초상을 그려줄 정도로 아껴준 장교와 감정을 교류하며, 천진한 사병들과 장난치며 함께 놀고… 그러던 어느 날, 말은 등 위에 타고 있는 장교와 함께 적군에게 포위되고 마침내 적진으로 끌려가 무기 수송말로 배치된다. 적진에서 지내는 생활이 점차 익숙해져 가면서 말은, 인간이란 국적을 떠나 모두 같은 희망과 같은 꿈을 일구며 살아가고 있음을 발견한다. 이들 적군 중에도 아군 못지않은 훌륭한 휴머니스트가 있고, 결국 국경과 승패를 떠나 올바른 가치관과 존경스런 성품을 지닌 사람은 도처에 있다는 것이다. 다만 자신들도 이해하지 못한 어떤 정

---

172) Michäel Morpurgo, 『전투 마』 *War Horse*, 런던: Kaye & Ward Ltd., 1982

치적 격랑에 떠밀려 서로 총부리를 겨누고 있을 뿐, 특히 나이 든 독일 장교와 젊은 영국 병사가 나누는 이야기를 통해 전쟁의 무상함과 인간의 어리석은 이기심이 통렬하게 고발된다. 이 모든 와중에서도 말은 참된 우정을 나누던 농가 주인 아들을 사무치게 그리워하며 다시 만날 날을 손꼽아 기다린다. 이 책은 전쟁을 배경으로 한 서사 내용으로 어린이들에게 평화에 대한 메시지를 전하는 교훈이 될 뿐 아니라, 여기에 우정이나 사랑, 인류애 등의 정서적인 측면들을 적절히 뒤섞어 강렬한 감동을 길어 올리고 있다.

『토비 롤네스』[173]는 '나이에 비해 결코 크다 할 수 없는' 1.5밀리미터의 키를 가진 소년이다. 태곳적부터 자리를 지키고 있는 거대한 참나무 안이 그의 집이다. 부모님을 무척 사랑하고 호기심이 좀 많을 뿐 남달리 유별난 구석이라곤 없는 그가 어느 날 갑자기 예상치 못한 운명의 소용돌이에 휩싸여 죽음과 만남, 거짓과 위선, 미움과 배반, 복수 등으로 점철된 일련의 사건에 연루된다. 나무와 땅의 경계선에 사는 흙껍질 족과 높은 가지에 둥지를 틀고 사는 종족, 그리고 낮은 가지 왕국 사이를 오가는 겹겹의 음모와 정치적 고난을 겪는 와중에도 그는 성숙한 청년으로 자라 자연의 아름다움을 느끼고 사랑에 눈 뜨기도 한다. 친구의 배신과 돈 때문에 쫓기는 고통, 거짓과 위선 뒤에 밝혀지는 핏줄의 비밀, 돌아가셨다고 믿었던 부모님을 원수의 손에서 다시 구해 내기 위한 고난 등을 모두 이겨내고 마침내 그는 사랑하는 여자와 결혼하여 소소한 일상에 고마움을 느끼며 행복하게 살아간다는 내용이다. 전 2권으로 구성된 이 책은 사랑과 배신 · 용기 · 인간의 어리석음 등이 빚어내는 삶의 편린들을 기발한 상상력과 신선한 언어로 풀어냈다는 평가를 얻으며 2007년 한스 크리스티안 안데르센 상을 수상했다.

자신에게 적합한 책 고르기

주제나 혹은 이를 풀어나가는 방식으로 인해 매우 소수의 아이들에게만 주목을 받는 책들이 있다. 이들에게는 무척 중요한 책이긴 하지만, 말할 나위

---

173) Timothée de Fombelle 글 · François Place 그림, 『토비 롤네스 I: 멈춰진 삶』 *Tobie Lolness: La vie suspendue*, 『토비 롤네스 2: 엘리샤의 눈동자』 *Tobie Lolness: Les yeux d'Elisha*, 김주경 옮김, 주니어김영사, 2008

없이 도서관은 이 아이들이 이런 책을 만날 수 있는 매우 귀중한 장소이다. 또한 아이들이 자신의 취향이나 관심사를 바탕으로 자기 자신이 누구인지를 발견할 수 있는 장소이기도 하다. 모든 사람이 좋아할 만한 책만 가져다 놓는다는 것은, 이는 오히려 가장 작은 공분모를 목표로 삼는 것과 같은 결과를 가지고 올 것이다. 대량 생산되는 수많은 작품들의 실망스러운 허접한 내용들도 같은 맥락에서 짚어 볼 수 있다.

도서관에서는 자유로이 책을 선택해서 읽기 때문에, 아이들은 이를 통해 자신의 특이 체질이나 개성적 기질을 알아차릴 수 있게 된다. 무릇 각 개인은 고유한 특성을 가진 유일한 존재이다. 좋은 책은 고유의 독창성이 녹아 있는 유일한 저작이다. 이 말은 곧 가장 내밀한 개인성을 바탕으로 독서를 해야 한다는 것을 의미한다. 자신의 개인적 품성에 따른 독서 방식은 자신이 누구인지 깨닫게 해주고, 잠재된 능력을 보다 풍성하게 꽃피울 수 있게 해줄 것이다. 각 개인의 개별적 특성은 자연스레 도서관 분위기를 채우게 될 것이고, 도서관 역시 보다 개인화된 요구와 끝없이 다양한 독자의 요구에 적응해 나가게 될 것이다.

『누가 나를 부르는 것일까』[174]나 『언덕 위의 소년』[175]과 같은 일본 그림책들은 매우 간결한 이미지나 흔치 않은 주제를 통해 - 예컨대, 어느 광적인 아이의 꿈 - 사람들의 시선을 끌고, 소수의 아이들 위주로 상당한 영향력을 발휘하고 있다. 지극히 제한된 숫자의 아이들만 열광하지만 이들에게 남겨진 책의 인상은 말할 것도 없이 매우 독창적이고도 심오한 것이리라.

『버드나무에 부는 바람』[176]은 거의 읽히지 않는 책인데, 이는 일군의 중대한 작품들처럼, 어느 정도의 미적 감각이나 유머 감각, 그리고 독창성을 갖춘 어른 한 사람의 낭독 지원이 필요하기 때문이다.[177] 그러나 이를 특이한 독창

---

174) Kota Taniguchi, 『누가 나를 부르는 것일까』 Who's calling me? 뉴욕: H. Z. Walck, 1973
175) Kota Taniguchi & Peggy Blakeley, 『언덕 위의 소년』 Boy on a Hill Top, 런던: A&C Black, 1970
176) Kenneth Grahame 글·Ernest H. Shepard 그림, 『버드나무에 부는 바람』 The Wind in the Willows, 신수진 옮김, 시공사, 2003
177) Alan Alexander Milne 글·Ernest H. Shepard 그림의 『위니 더 푸우』 Winnie the Pooh를 Jacques Papy가 훌륭한 솜씨로 번역한 것 (『어느 곰의 이런 이야기』 Hlstoire d'un ours comme ça, 파리: Gallimard, 1988)이나, Beatrix Potter의 책들을 번역한 (파리 Gallimard Jeunesse, 컬렉션 Beatrix Potter) 『심술쟁이 꼬마 토끼 피에르』 Pierre Lapin: Le méchant petit lapin (Alice Liège 옮김, 1980), 『토끼 피에르는 어디로 달아나버렸을까』 (Laurence Model 옮김, 1998), 『잘 자, 토끼 피에르야』 Dors bien Pierre Lapin (Alice Liège 옮김, 2007) 등이 이런 경우에 해

성으로 받아들이는 사람에게는 결코 잊지 못할 소중한 경험으로 남게 될 것이다. 이야기는 이렇다: 쥐와 두더지를 동반하고서 그는 강가를 어슬렁거리고 있다가 갑자기 두더지와 함께 깊은 숲 속에서 길을 잃고 말았는데, 나뭇잎 사이로 수많은 눈들이 그를 노려보며 호시탐탐 기회를 엿보고 있다. 마침내 오소리가 겁에 질려 죽을 듯이 떨고 있는 친구들에게 문을 열어 주고, 따뜻한 부엌으로 맞아들여 천장에 매달린 맛난 음식을 대접하자 그는 비로소 안도의 숨을 내쉬게 되었다.

그리고 『한밤중 톰의 정원에서』[178] 같은 책도 소개하고 싶다. 또래의 아이가 없는 숙모 집으로 내쫓긴 어린 소년 톰은 혼자 심심하게 지내게 될까봐 전전긍긍한다. 그러나 톰은 매일 자정, 이상한 시계가 열세 번 자명종을 칠 때 안뜰 마당으로 나가는 문을 열면 비밀 정원의 신비한 어린 소녀 해티를 만나게 된다. 다른 시간으로부터 온 해티의 삶의 한순간을 이렇게 함께 하면서 톰은 과거와 현재로 이어지지 않는 시간과, 꿈과 현실을 맺어주고 또 떼어 놓기도 하는, 눈에 보이지 않는 어떤 미세한 끄나풀을 발견하게 된다.

독창성이 빛나는 이러한 책들은 상상력의 문을 열어준다. 이리하여 『한밤중 톰의 정원에서』를 읽으면서 독자들은 시간에 대한 숙고 - 상상의 시간과 실제 현실에서의 시간과의 만남에 대한 진지한 명상 - 를 하게 된다. 이 책을 읽음으로써 독자의 지적 감수성이 일깨워지는 것이다.

비록 훌륭한 책이라 알려져 있긴 하지만 이런 책은 당장 몇몇 아이들밖에는 감동을 주지 못한다는 명분 아래 어떤 사서들은 이를 구비하거나 널리 알리는데 망설임을 가졌다. 그들 자신이 보기에는 엘리트주의적 경향이 있는 도서선정 방침에 반대한다는 스스로의 입장을 표명하면서. 사실, 각 독자로 하여금 보다 풍성한 어떤 여지로 들어서게 하는 것, 이것이 가장 중요한 문제이다. 아니면, 능숙한 작품에는 접근할 수 없다고 생각할 정도로 사람들이 아이들의 능력을 무시한 것일까? 혹은 보다 독창적인 책들을 좌시하며 형편없는 책들만 조장하고 뿌려대는 대량 배급 시스템의 희생자에 불과한 아이들이기

당된다. (같은 시리즈는 아니지만 베아트릭스 포터의 한국어 번역본은 『피터 래빗 시리즈』(프뢰벨유아연구교육소(편), 프뢰벨미디어, 2003) 에서 볼 수 있다 -역자 주).

178) Philippa Pearce 글·Susan Einzig 그림, 『한밤중 톰의 정원에서』 *Tom's midnight garden*, 햇살과나무꾼 옮김, 창작과 비평사, 1993 ; 『한밤중 톰의 정원에서』 *Tom's midnight garden*, 김석희 옮김, 시공주니어, 1999

에, 누군가가 그들에게 권유하지 않는다면 결코 자신들의 자발적인 의지로는 선택하지 않았을 책들을 아이들에게 쉽게 다가서게 하는 이 어렵고도 흥미로운 업무를 외면하고 만 것일까?

* *

아동 도서가 아이들의 욕구를 고려하지 않은 채 어른들의 손에서 만들어지고, 판단되고. 선택된다는 사실은 우리가 주변에서 흔히 보는 일이다. 태생적인 한계라도 안고 태어난다는 것일까? 왜 아이들을 그 많은 출판물 중에서 혼자의 힘으로 선택하도록 내버려 두지 않는가? 이런 질문은 간혹 어느 한 교육 이론의 지류를 신뢰하는 지지가로부터 사서들에게 던져지는 것으로서, 이들은 대체로 스스로 지시내리기 좋아하는 엄격한 사람이 되고 싶어 하지 않는 사람들이지만, 서투른 방식을 택해 대단히 잘못된 판단을 하고 있는 것이라 나는 생각한다. 프낙[179] 같은 대형 서점에 가서 책을 고를 때, 그 엄청난 선택의 기로에 서서 우리 어른들마저도 압도당하듯 느끼는 그 막막한 당황스러움이라니! 머릿속에 정확한 제목을 암기하고 가지 않으면 오히려 너무 많은 엇비슷한 책들 때문에 의욕이 떨어지고 만다. 아이를 완전히 혼자 책을 고르게 내버려 둔다는 것은, 대량 배급 시스템에 의해 파생된 어떤 질 나쁜 여건에 아이를 아무런 방어책 없이 내보내는 것이며, 문학 작품마저도 광고 효과에 의지해 팔아먹으려는 속셈에서 막대한 자본을 도서 시장에 풀어 놓는 출판사 측만 좋은 일시키는 꼴이 될 것이다.

아이들이 자신들 스스로가 그 필요성을 느끼는 문학 작품을 생산해 낼 것이고, 그래서 어른들이 쓴 작품은 배제할 것이라는 상상은 그야말로 한갓 꿈같은 환상일 뿐이다. 아이들의 창작품을 무시하고 싶은 마음은 전혀 없지만, 하지만 현실적으로 볼 때 다른 아이들의 기대감을 충족시켜 주는 그들 작품은 그리 많지 않다는 사실이다.

선별이란 검열 사상이나 그 어떤 형태의 제한과도 대치되는 개념이다. 오히려 반대로, 선별은 풍성함의 동의어이다. 책에 대한 선별은 곧 다양한 실체

---

179) FNAC: 도서·음반·영상 문화 관련 제품 등을 온·오프라인으로 판매하는 프랑스 최대의 대형 프라자.

에 대한 가치를 부여하고, 종종 획일화된 방식으로 되풀이되거나 바꿔치기 방식으로 번복되는 책 산더미 가운데서 좋은 책을 떠오르게 만들어 주는 것이다.

도서관 : 어린이들의 특성 관측소

　도서관은 아이들이 아무런 강제된 조건 없이 책을 '실험'해 볼 수 있는 매우 멋진 장소이다. 도서관은 아이들에게 폭넓은 선택을 할 수 있게 하고 - 게다가 무료로, 그리고 유용한 사고, 엄밀하게 말하면 교육적 사상을 제공한다. 아이들은 도서관에서 의식이 깨어 있다. 어른이 권하는 책을 거부할 권리가 있음을 스스로 느끼게 된다. 보통은 우리가 부추기면 아이들은 매우 솔직하게 그대로 받아들여 버린다.
　사서는 수많은 아이들의 각 개별적인 반응을 꼼꼼히 관찰할 수 있어야 한다. 너무 일반화된 관점을 지양하려는 노력 가운데 아이들의 이러한 특성을 일반 대중이나 부모, 출판업자, 언론인들에게 알리고, 한편 아이가 책을 선택할 때 간접적인 매개자가 되어야 한다.
　출판업자나 작가들은 때때로 독자의 반응을 정확히 알 수 없어 유감스러워하는 경우가 있다. 사실 어린이나 청소년층에서 문학 작품을 받아들이는 상황에 대해 중요하게 여기는 비평가는 그리 많지 않다. 이럴 때 사서들이 먼저 이런저런 책들이 아이들에게 환영받고 있다는 정보를 줄 수가 있을 것이다. 이 정보는 한편 판매 부수를 통해 드러나는 일련의 최종 사실과 긴밀히 연결되면서 도서 시장에 대한 유용한 자료를 형성할 수가 있을 것이다.
　도서관 조직망이 훌륭하게 짜여져 있고, 성공적으로 뿌리를 내리고 있으며 활기차게 운영되고 있는 나라에서는, 사서들은 출판업자들에게 꽤 중요한 자리의 사람으로 인정받는다(원고료를 지불할 필요도 없고, 발행 여건이 비교적 쉬운 -역자 주). 고전작품을 끊임없이 찍어내어야 하는데, 이는 대개 도서관에서 먹여 살리는 셈이 되기 때문이다. 이런 상황에서 도서관과의 긴밀한 관계 가운데 일을 하는 앵글로 색슨계나 스칸디나비아 반도의 출판업자들은 레슬리 브룩의 그림책[180]이나 이를 매우 경쾌한 필치로 해설한 이야기 집 『세 마리 암곰』이나 『아기 돼지 세 마리』[181]같은 미필적 고전작품을 태연하게 해마다 거듭 찍어내고 있다.

이 분야에서 프랑스의 경우는 지난 몇 년 사이 경향이 약간 바뀌었다. 두 가지 요인 때문인데 우선은 복구풍의 취향이 대두된 데 기인한 것이었고, 또 다른 한 가지는 어린이 책의 미적 감각이나 예술적 감수성에 대한 기대가 늘어났기 때문이었다. 도서관은 수적으로 일단 많고 또 사람들의 발길이 보다 자주 닿는 곳이기 때문에 누구보다도 효율적으로 이 재발견된 유산을 독자나 부모들에게 알릴 수 있다. 도서관은 또한 독자들의 관심밖으로 점점 밀려나는 일련의 책들에 대해 출판업자들이 주의 깊게 살펴볼 수 있도록 도와줄 수 있다. 이는 이미 오래 전부터 젊은 세대에 외면당하고 있는 고전작품이, 그러나 여하튼 끊임없이 재출간되어 나오는 불행을 막아줄 수 있다.

공상문학 분야에서는, 문학이 들어서서 메워야 할 간극에 대해 출판업자들과 논한다는 것이 어쩐지 좀 미묘한 일이 된다. 상당히 많은 소설이 교육자들의 기대를 충족시켜 줄 요량으로 쓰여 진다. "…이런 주제를 다룬 작품이 없어요." 일반적으로 사람들이 요구하는 것은 어린이나 청소년들이 민감한 관심을 보일만한 사회적 주제를 취급하는 작품이다. 이 같은 '사회 소설'은 대개 이런저런 문제에 대한 학교 숙제를 준비하는데 도움이 되고자 쓰여진 것처럼 보인다. 억지로 짜맞춘 듯한 분위기, 간략 건조한 기술 양식, 여기저기서 끌어모은 산만한 정보 등으로는 독자들이 유익한 체험을 쌓기가 불가능하다. 여하튼 한 가지 확실한 사실은 설사 주문을 받아 책을 써야 하는 경우라 하더라도, 작가가 재주가 없거나 자신이 없는 상태에서 쓰여진 책보다는 그래도 훨씬 어려움이 덜하다는 것이다.[182]

아동문학의 역사에서 보면, 몇몇 천재 작가들은 사실 외부 요청으로 인해 스스로 더욱 분발할 계기를 갖곤 했다. 이렇게 해서 소위 《최초의 독자층》이

---

180) Leonard Leslie Brooke, 『세 마리 곰』 The Three bears, 런던: Frederik Warne, 1904 ; 『아기 돼지 세 마리 이야기』 The Story of the three little pigs, 뉴욕: Frederik Warne & Co., 1905
181) Paul Galdone 다시 쓰고 그림, 『곰 세마리』 Three bears, 허은실 옮김, 보림 출판사, 2004
182) Geneviève Patte, "미국 이야기를 읽고 자라는 프랑스 아이" Le petit lecteur français á la sauce américaine, 「어린이도서잡지」 N° 77(1981. 3), pp.19-28을 참고하시오.

라 불리는 어린이 독자에게 시도될 실험 판이 얼마만큼 필요한지 알게 되고, 이를 바탕으로 그림책에서 소설로 넘어갈 것인지가 결정된다. 미국에서는 출판업자들이 토미 웅게러나 아놀드 로벨, 이스트먼, 모리스 센닥 같은 대 예술가들에게 양면적 요구를 충족시켜 줄 수 있는 작품 즉, 초보자들도 매우 편하게 접근할 수 있는 내용과, 동시에 독자의 유머감각, 보다 넓게는 감수성을 불러일으키면서 감동을 줄 수 있는 내용의 책을 써달라고 부탁한다.[183] 이 대 작가들은 초보 독서라는 상황에서 주어지는 여러 한계를 통해 오히려 영감을 얻는다. 마가릿 미크[184]가 주장하듯, "작가가 어떤 이야기를 만들어 간다는 것은 아이의 지식에 대한 욕구를 충족시켜주기 위해서 일뿐만 아니라, 자기 자신에게도 보다 세련되고 풍부한 사고를 촉발시켜 자신의 한정된 독서 경험을 깨닫고 이를 더욱 발전시킬 수 있는 여지를 가지게 해준다. 그래서 예술적 도전이 시작되는 것이다."

모든 도서관은 일종의 관측소라 할 수 있다. 아이들에 대해, 대답하기를 재촉하면서 그리고 마음대로 조종하려 들면서, 모든 책을 '과학적으로' 시험해본다는 것은 있을 수가 없는 일이다. 아이들은 결코 실험 대상이 될 수 없다. 그러나 도서관은 설사 대단히 많은 수의 아이들이 있다 하더라도 이들이 자유로움 가운데 드러내는 개인적인 반응들을 주의 깊게 살펴볼 수 있고, 아이들을 모두 각각 평가할 수 있고, 다른 아이들과 함께 논의하고 의견을 나누는 과정에서 각자의 사고를 보다 견실히 다져가게 하는 동시에 서로 다른 방식으로 사고할 수 있음을 가르칠 수 있는 장소이다.

---

183) 뉴욕 Harper and Row 출판사의 훌륭한 컬렉션 《난 읽을 수 있어요》 *I can read books* 시리즈를 참고하시오. 《과학, 난 읽을 수 있어요》 *Science I can read books* (뉴욕: HarperCollins) 컬렉션이나 《초보자를 위한 입문서》 Beginner books 컬렉션 (뉴욕, 런던: Random House)도 매우 훌륭하다.
184) Margaret Meek, "책 읽는 것이 즐겁다구요?" *Vous avez dit plaisir de lire?* 「어린이도서잡지」 N° 95(1984. 2-3) p.2(편집인 권두언)

제 8 장
픽션 작품 선택하기

　어른이 그림책이나 이야기, 소설 등의 아동 서적을 읽을 때, 그는 우선 주관적으로 그 모든 내용의 흐름을 판단하게 될 것이다. 말할 것도 없이 독서란 『보물섬』의 작가 로버트 L. 스티븐슨이 지적했듯이 심미적 기쁨이나 지적 즐거움에 의해 이루어지기 때문이다.[185] 공짜로 누릴 수 있는 즐거움은 문서 자료이건 환상 문학 작품이건 장르를 막론하고 모든 책이 제공하는 미덕이다. 이런 즐거움은 모든 독자에게 공평하게 주어지지만, 특히 아이들에게는 각별한 체험이 되어 준다. 바로 이 생생한 즐거움이야말로 아이들로 하여금 새로운 세계로 들어설 수 있도록 이끌어 주고, 작품을 자신의 것으로 만들도록 도와주는 원천이 아닐까? 비록 어른들과는 다른 차원에서 체험되는 것이라 할지라도, 이는 가슴 떨리는 감동의 기쁨이고, 다른 사람과 통하고 있다고 느껴지는 희열이며, 자신의 즐거움뿐만 아니라 고통이나 고뇌까지 함께 나누고 있다는 데서 느껴지는 기쁨이다. 또한 상상력을 자극하는 기쁨이요, 지식이나 지혜를 알아가는 기쁨, 그리고 복잡하기 그지없는 세계를 점점 능숙히 조정해 나가고 있다는 기쁨이다. 그리하여, 아이는 활자로 표현된 이 조그만 형적(形迹)을 뛰어넘어 사고나 상상력, 감정을 동원하여 내면 세계에 침잠하는 즐거움 때문에 독서를 하게 된다. 자신의 삶과는 다른 인생들의 내면을 들여다봄으로써 아이는 자기 자신의 경험을 점점 넓혀가는 것이다.
　하지만 이것은 아이가 거기서 어떤 방식으로든지 자기 자신을 발견할 수 있고 한편 기존의 확고한 사고 지반을 바탕으로 안정감을 가지고 새로운 세계에 발을 내딛을 수 있을 때에만 가능한 일이다. 책을 읽는다는 것은 즐거움을

---
[185] Robert Louis Stevenson, 앞 p.119의 책

찾는 동시에 자기 자신이 누구인지 그 정체성을 찾아가는 일이다. 책을 읽는 동안 우리는 흠뻑 몰입되어 주인공의 삶을 대신 살아가게 되고, 그리하여 마치 내가 그 사람인 것 같은 확신이 들다가도 마침내 마지막 책장을 덮는 순간, 그와 닮은 듯 하면서도 또 다른 나 자신의 모습을 발견하게 되는 것이다.

아이들은 종종 빈틈없는 거의 완벽한 경지의 동화同化현상을 생생하게, 그리고 즐거움 가운데 체험한다. 언젠가 내가 러셀 호반의 그림책 『프랜시스의 취침 시간』[186]을 읽어 주었던 5살짜리 사내아이 벤자민이 생각이 난다. "…이 지구상에 있는 모든 아이들처럼 아기 오소리는 잠자리에 조금이라도 더 늦게 들기 위해 갖은 핑계를 끌어다 댄다." 흥분된 표정의 벤자민이 여기서 나의 말을 자르며, "꼭 나 같아요. 하지만 난 안 그래요." 라 소리치는 것이었다. 이 몇 마디 단어로 그는 자신이 읽고 있는 책에 대한 독자의 심리 반응을 완벽하게 대변해 주었다.

동일화의 욕구는 우리 내면에 강렬한 힘으로 자리 잡고 있는 본능적 요인이기 때문에 무의식적으로, 또 그만큼 심오한 방식으로 우리를 이루는 가장 본원적인 요소인《살아온 경험》에 가 닿는다. 이러한 욕구는 보이지 않는 우리 마음의 저 깊숙한 골짜기에 살면서 자유로이 떠돌다 반응의 대상을 적절히 만나면 제대로 발현되는 것이다. 벤자민의 경우에는 보송보송한 털을 가진 조그마한 동물(아기 오소리)이었다. 바야흐로 고전의 반열에 오른 『파랑이와 노랑이』[187]의 경우처럼 때로는 한 방울의 색상 흔적만으로도 동화 욕구를 이끌어 낼 수 있다.

이렇게 독서란 풍성하고 여러 복합적 의미, 그리고 쉽게 드러나지 않는 깊은 의미를 통하여 뜻을 전달하기 때문에, 이를 바탕으로 형성되는 이러한 심리 구조는 다분히 무의식적인 것이 되어 금방 효과가 눈으로 확인될 수 있는 것은 아니다. 그리고 이와 같은 현상은 품격 높은 문학 작품일수록 더욱 심화되고, 의도적인 교육적 목적에 따라 생산된 작품이라면 그 효과를 기대하기 어렵다. 책읽기를 통한 심리 구조의 변화는 독자 각자에 따라 예측할 수 없는 여러 다른 방식으로 일어나는데, 각 개인의 내·외면적 삶의 형태에 따라서

---

[186] Russell Hoban 글·Garth Williams 그림, 『프랜시스의 취침 시간』 *Bedtime for Frances*, 뉴욕: HarperCollins Publishers, 1960

[187] Leo Lionni, 『파랑이와 노랑이』 *Little Blue and little yellow*, 이경혜 옮김, 파랑새어린이 출판사, 2003

달라진다. 그렇기 때문에, 환상 문학 작품을 분석한다는 것은 언제나 미묘한 일이고, 나아가 결정적으로 평가한다는 것은 불가능한 일이다.

우리는 어떤 분석틀을 이용해 볼 수도 있다. 내용 분석, 어휘 분석, 그리고 문체 분석 등, 이는 까다롭고 다루기가 결코 쉽지 않으며 복잡한 도구들이다. 사서들은 분석의 대상이 되는 작품에 대해 이와 같은 틀을 이용한다거나 해서 세밀히 검토해야 할 것이다.

한편 내용 축약 분석틀도 시험 대비용 요점 정리 장부로서는 유용하게 쓰일 수 있을 것이다. 이런 형식은 꽤 많은 요항을 최대한 객관적으로 정리 열거하고, 설명할 수 있는 잇점이 있다. 일목요연하고 이해되기 쉬운 방법으로 작품에 대한 정보를 전달하는 방식을 취하기 때문이다. 그러나 이런 기계적이고 인위적인 틀에만 의존한다면 작품의 전체적인 조화와 균형 가운데서 찾을 수 있는 풍성하고 다양한 가치는 포착하지 못할 것이다.

진정한 문학작품이란, 이리저리 끌어 모은 요소들을 덧붙여서 결국 이들이 서로 따로 놀고 있거나 거의 기계적인 작용밖에는 하지 못하고 있는 그런 단순한 생산품이 아니다. 아무리 과학적 분석에 의해 객관적인 요소를 갖춘다 하더라도, 모든 독서가 그렇듯 독서 평론은 여전히 주관적인 요소가 개입되고, 이해할 수 없는 여지가 발생한다. 비평가의 비판은 어디까지나 한 개인적인 생각일 뿐이다. 좋은 작품이란 형식과 내용이 떨어질래야 떨어질 수 없을 정도로 합치되어 있고, 독자 각자로 하여금 자신만의 개성적인 방식으로 읽고 발효시키게끔 이끄는 독창적인 방식으로 창의적인 텍스트를 발효시키는 것이다.

아동 문학의 경우 독서 평론은 훨씬 복잡한 양상을 띤다. 독자로 여길 수 있는 사람들이 비평가와는 다른 연령층에 속해 있는지라, 자연 그들 연령에서 나올 수 있는 특유의 요구는 묻혀져 버릴 수 있기 때문이다.

어린이 도서를 분석하고 비평하는 법을 배우려면, 많이 읽고 올바른 지표를 바탕으로 이들 작품을 서로 비교해보는 일은 필수적이다. 언젠가 나는 집에 대해 환기시키는 방법에 대한 한 연구가 매우 풍성하고 다양한 방식으로 접근하는데 감동을 받은 일이 있는데, 곧 상당한 분량의 책을 섭렵하고 분석한 노력의 결과라는 것을 알게 되었다. 이와 반대로 어떤 책들은 그 빈곤한 내용이 금방 드러나고 마는데, 특히 시리즈로 출간되는 책들이 이런 경우가 많은 것 같다. 신통치 못한 작가의 재능으로 인해 많은 사람들로 하여금 마치 자기 자신이 그 곳 현장에 함께 있는 듯한 느낌을 가지게 하는 뼈대가 약한 것이다. 다시 말해 심오한 동화현상을 전혀 이끌어 내지 못한 탓이다.

상상력의 진실

많은 책(단지 어린이 책만 아니라)을 읽고 비교하다 보면 환상 문학작품에서 근본적인 기초 지식을 이끌어 낼 수 있게 된다. 이런 문제들이 제기될 수 있다: 작가가 작품에 구현하고 있는 방식들은 효과적인가? 또는 작가가 제시한 목적에 부합하는 방식들인가? 언어는 합당하게 구사되고 있는가? 혹은 주인공으로 하여금 '학교용 글짓기' 체로 말하게 하지는 않는가? 비록 상상의 세계에서 일어나는 일이라 할지라도 상황은 합당하게 설정되었는가?

만일 책이 제1학급(우리나라 고등학교 3학년에 해당 -역자 주) 학생을 위한 것이라면, 우리는 사고나 감정을 경험할 어떤 여지를 가질 수 있고, 또 주인공을 대신해서 그럴듯한 말을 할 수 있을까? 이 분야의 성공적인 모델로서 바로 『작은 행복이 흐르는 집』[188]을 꼽을 수 있다: 11살의 어린 소녀가 일기 형식으로 자신의 일상을 들려주는 이야기로서 곧 약간 방탕한 아버지, 엄마의 빈 자리를 못 메워 쩔쩔매면서 구시렁거리기만 하는 이모, 그리고 남동생과 여동생들이 모두 각자 엄마의 순간적 부재로 곤란을 겪는 모습을 그린 것이다. 즉 말하자면, 실제 열두 살의 아이들은 이렇게 긴 작품이나, 이렇게 구성이 야무진 책이나, 이렇게 훌륭한 책은 결코 쓰지 못하겠지만, 이 책만큼은 완벽하게 신뢰를 받고 있고, 그 어느 한 마디도 버릴 것이 없는 진실한 작품으로 평가받는다.

책이 현실주의자로 자처하고 나온다면, 그는 오히려 죽음이나 질투, 폭력 등과 같은 현실에서 가장 중요한 문제들을 외면하게 되는 것 아닐까? 반대로 책이 환상주의자로 자처한다면 정말 그런 모습인가? 아니면 억지로 조작된 국면은 없는 것일까? 환상 세계의 속성이란 내적 논리성과 전후 간의 긴밀

---

188) Colette Vivier, 『작은 행복이 흐르는 집』 La Maison des petits bonheurs, 파리: Bourrelier, 1937

한 결합, 이론적 견실성, 신뢰할 수 있는 믿음 등이다. 우리의 일상 세계를 지배하는 원리나 요소를 집어던진 채, 그 어떤 이 세상의 그림자도 지워버린 채, 환상 세계는 오로지 본질적인 진상 그 자체만 조명한다. 앵글로 색슨 민족은 이 방면에 특별한 재능을 가지고 있다. 『이상한 나라의 앨리스』나 『호비트의 모험』[189] 등의 작품으로 증명되듯이. 『호비트의 모험』은 안락한 일상과 자신의 슬리퍼, 찻잔 등을 사랑하는 토끼가 아무것도 모른 채 겐돌프라는 마술사에게 넘어가 보물을 되찾으러 떠나는 난쟁이들과 함께 원정을 나선다. 그는 일련의 영웅적 활약을 펼치게 되지만, 그러나 안락한 자기 동굴에 대한 향수는 단 한 시도 떨쳐 버릴 수가 없다는 스토리이다. 『워터십 다운의 열한 마리 토끼』[190]는 자신 없고 소심한 토끼들이 태어난 고향 동굴을 떠나 타역 길 위에서 벌이는 영웅 서사적인 활약에 대한 이야기이다. 어느 작은 시골 마을에 다다르긴 했지만 그들은 곧 위험에 처하게 되고, 이를 극복하는 과정에서 순전히 물질적인 안락에 대한 유혹을 느끼게 된다. 하지만 이 안락의 대가로서 자신들의 자유를 포기해야 하는 처지에 놓인다. 이 책의 훌륭한 덕목은 토끼 세계의 매우 실제적인 사실과 인간세계의 부에 대한 문제를 자연스럽게 잘 뒤섞어 소재로 이용했다는 점이다. 토끼 신화를 끌어 들여 간접적인 수단으로 삼았을 뿐만 아니라 정치와 사회 문제, 나아가 그들이 해결해야 할 삶과 죽음의 문제까지 두루 제시하는 작품이다.

만일 책이 연애 소설로 분류된 것이라면 독자는 실망스러워하지 않을까? 연애는 수긍할 만한 것인가? 눈길을 끌 만한 새로운 전개가 있는가? 너무 느리게 진행되는 것 아닌가? 이 장르의 모델로는 『보물섬』[191] 직계 계열로 분류되는 가필드의 『잭 홀번』[192]이나, 현대적인 유머 감각을 갖춘 훌륭한 연애 소설로 꼽히는 『징고 장고』[193] 등의 시드 플라이슈먼의 소설을 들 수 있다. 아버지라 자처하는 모험가에 의해 주인공은 고아원에서 나오게 된다. 혈연의 진실에 대해 아들은 강하게 의심을 품지만 결국 고아원 생활보다 훨씬 신나는 아버지와

---

189) John Ronald Reuel Tolkien, 『호비트의 모험』 Bilbo en hobbits äventyr, 공덕룡 옮김, 동서문화사, 2004
190) Richard Adams, 『워터십 다운의 열한 마리 토끼 1, 2, 3, 4』 Watership Down, 햇살과나무꾼 옮김, 사계절, 2003
191) Robert L. Stevenson, 『보물섬』 Treasure Island, 임형요 옮김, 삼성출판사, 2007
192) Léon Garfield, 『잭 홀번』 Jack Holborn, 런던: Constable Young Books, 1964
193) Sid Fleischman 글·Eric von Schmit 그림, 『징고 장고』 Jingo Django, 보스턴: Little, Brown, 1971

의 삶을 택하게 된다는 이야기이다.

　　탐정 소설의 경우, 수수께끼 같은 비밀이 실제로 있는가? 논리적 과정을 거쳐 설명되는가? 라는 문제가 중요하다. 이 같은 관점에서 보면 많은 시리즈들이 거의 설득력을 얻지 못하고 있는 실정이다. 오히려 청소년층에 아가사 크리스티 같은 고전 탐정문학을 소개하는 것이 어떨까?

　　시사 소설이라면, 상황을 종합적인 맥락에서 설명하는가? 라는 관점이 중요하다. 하지만 때로는 청소년들의 반항이나 어떤 사회적 정치적 문제를 강렬한 이슈로 부각시키려는 주제가 점점 방향을 잘못 타고 흐르다가 결국은 오히려 본질을 상쇄시키고 핵심을 빠뜨려 버리는 작품도 보게 된다. 이것은 작가가 너무 여러 소재를 이것저것 다루고 있거나, 또는 마니교 방식이나 도식적인 방법으로써 현실에서는 찾아볼 수 없는 이상한 사건을 설정하여 끝없이 물고 물리는 복잡한 정황 가운데 전개해 나가는 경우에서 자주 볼 수 있는 일이다. 어떤 작가들은 아이들을 사랑하고 염려하는 최상의 호의를 베풀려는 의도 가운데 청소년층을 위한 작품을 쓰기도 한다. 이럴 때는 종종 어투조차도 한 수 가르치려 드는 훈계조로 나가거나, 아예 아이들 사이에서 유행되는 말투를 찾아다 쓰기도 한다. 하지만 아이들도 알 것은 대개 다 알고 있기 때문에 자신들의 문제에 대해 이렇게 얄팍한 사고로 미주알고주알 하다가 마침내 편견의 우리를 만들어 자신들을 가두어 버리려드는 이런 건방진 책은 사양한다. 물론 아이들의 관심사나 흥밋거리, 문화 등을 무시하거나 과소평가하자는 이야기가 아니라, 그러나 한 가지 확실한 것은 주문에 의해 제작된 작품이 아이들의 기대를 충족시켜주기란 매우 드물게 볼 수 있는 경우라는 것이다. 이런 작품은 오히려 아이들이 학교에서 간단한 발표를 해야 할 때 도움을 주려고 만들어진 책 같다. 여러 항목이 수집 정리되어 있지만, 이들은 그 주제에 대한 서류라고 보는 것이 더 정확한 말일 될 것이다.

　　이야기와 소설의 경계 지점에 있는 책들이 있다. 독일에서는 이런 책을 대중적 민속 동화인 《민속 동화》 Volksmärchen와 대비되는 개념으로 《예술 동화》라 부르고 있다. 《예술 동화》 Kunstmärchen는 전통에 그 뿌리를 두고 있다 하더라도, 어떤 작가의 특징이 뚜렷하게 드러나는 문학 작품이다. 그러나 그림 형제의 컬렉션은 이런 경우에 해당되는 것은 아니다. 이 분야의 길을 턴 사람은 페로의 책을 보고 영감을 얻은 안데르센이다. 보다 근래에는 마르셀 에이메 작품을 들 수 있는데, 매우 현실적이고 실제적인 일상 세계에 요술이 자연스럽게 녹아있는 배경을 바탕으로 하고 있다. 즉, 현실과 요술이라는 이 두 동떨어진 논리가 때로는 서로 부딪히기도 하고, 때로는 서로 결합하기도 하면서 전후 긴밀한 맥락과 설득력 갖춘 세계를 펼쳐 보이면서 어린이뿐만 아니라 어른들도 즐길 수 있게 해준다.

구전 전통 동화들은 특별한 문제를 안고 있는데, 곧 문자로 기술되는 과정에서 그 전달 형식에 따라 서로 조금씩 다른 여러 버전이 전해져 내려온다는 것이다. 그림 형제나 페로의 작품은 비록 구연 전통과 온전히 일치하는 것은 아니지만 흥미롭고 매력적인 요소가 확실히 있기 때문에 대성공으로 이어진 것이다. 페로는 결국 구연동화의 유산에 자신의 특색을 녹여 내고, 시대의 특징을 반영시켜 자기만의 작품을 만들어 낸 것이다. 멋진 일 아닌가? 더욱 주목해야 할 것은 바로 개인의 문학 작품도 아직 존재하지 않고, 전통에 대한 존경심도 없던 시대에;《화법》이라는 개념이 부재한 상황에서 모든 이야기가 균일하고 특색 없는 어투로 말해지면서 독창적인 품격이나 색깔을 띠지 못하고 있을 때;『일리아드』가 성경이나 사가(saga 중세 북유럽 문학의 장르로서 전설, 영웅담 형식 -역자 주), 코르네이유(17세기 프랑스 비극 작가 -역자 주) 스타일로 이야기되고 있을 때; 이야기의 얼개가 디테일한 부분에서 달아나 버리거나, 필요 없는 장식을 달아 둔화되거나 때때로 변형까지 되어 버리던 시대에 페로의 성공이 이루어졌다는 점이다.

한 이야기에 대한 여러 다른 버전을 비교하는 것은 사서가 해야 할 중대한 업무 중의 하나이다. 이는 세밀한 작업이어서 여러 사람이 나누어 하면 더 좋은 효과를 볼 수 있다. 또 국립어린이도서협회인《책을 통한 즐거움》La Joie par les livres[194]이나 민중 전통 및 예술박물관 같은 전문 기관에서 나온 참고 자료나

---

194) 이 협회는 2008년 프랑스국립도서관의 한 분과로 흡수되면서 정식 명칭이《국립청소년문학협회-책을 통한 즐거움》Centre National de la littérature pour la Jeunesse -La Joie par les Livres로 바뀌었다.《책을 통한 즐거움》은 1963년 어느 한 독지가의 뜻에 따라 파리 중심가에 어린이 도서관을 지으려는 목적으로 창설되었다. 결국 도서관은 파리 근교의 클라마르 지역에 들어서게 되었고, 소재 시 명을 따서《플래인 시의 어린이 및 청소년 도서관 La Bibliothèque des enfants et de la jeunesse de la Plaine》으로 명명되어 지역의 청년 문화 활동의 중심지가 되고 있다. 이 책에 자주 거론되는 클라마르 도서관이란 바로 이 도서관을 가리키는 것으로서, 클라마르 행정도시에 속해 있기 때문이다. 이 협회의 주요 활동으로는 프랑스 국내외를 중심으로 한 국제 서적 교류 사업, 사서 교육 및 연수활동, 그리고 한스 크리스티안 안데르센 수상 작가에 대한 프랑스 대표를 추천하는 일 등

민속학자 폴 들라뤼[195]와 같은 전문가들이 연구 발표한 서적을 이용할 수도 있다. 이 같은 비교를 통해 별 중요한 내용을 구성하지 못한 채 거추장스러운 장식만 되고 있는 부분을 쳐내고 끈질긴 생명력을 유지하는 핵심 요소만 추려낼 수 있다. 누가 보아도 어른용으로 나온 문집을, 게다가 간단한 설명과 더불어 길게 늘려 쓴 주석을 달고 있기라도 한다면, 아이들에게 빌려주기는 당연히 힘들 것이다. 그러나 아이들에게 들려 줄 한 시간짜리 이야기를 준비할 때는 유용하게 쓰일 수 있다. 부모들은 이런 식으로 어른 전용 책을 이용할 수 있을 것이다. 그 외 딴 책들도 모든 연령에 적절히 이용될 수 있다.[196]

시

프랑스에서는, 예컨대 시와 같은 몇몇 문학 양식은 오랜 기간 동안 그 정체성을 인정받지 못하고 있었다. 오늘날은 어떤 몇몇 시집이나 콩틴(comptine 유희에서 빼어버릴 사람이나 술래를 정할 때 아이들이 부르는 노래 -역자 주)이 아이들에게 가장 사랑받는 작품 중의 하나가 되고 있다.[197] 지난 수십 년에 걸쳐 시인이나 시 모음집 편찬자를 중심으로 몇몇 선구자들이 어린이나 교육 관계자들의 정신세계에 시에 대한 이미지를 새롭게 심어 놓기 시작했다. 현 시대 청소년들의 감수성을 건드릴 수 있는 고금의 시를 뽑아 시집을 만들었고, 이들 중 대대로 민족 유산이 되어 온 일련의 아름다운 시들은 이제 새로운 젊은 독자를 만나 다시 살아나게 되었다. 이를 계기로 현대 시 문학 분야도 예전에 없는 활기를 띄게 되었다. 일부 문학 담당 교사들이 과감하게 주선한 문학 특강 시간의 기회를 통하여 교육 현장의 실태를 절감한 시인들이 아이들의 정서를 일깨워주고 삶에 대한 성찰의 기회를 제공할 수 있는 시를 쓰기 시작한 것이다.

이다. 또한 출판사업도 활발하여 어린이 도서 관련 서적 및 격월간지 「어린이도서잡지」 *La Revue des Livres pour Enfants* 를 발행한다. 이 책의 저자 Geneviève Patte는 1965-2002년 이 단체의 초대대표를 역임하면서 초석을 놓았다 -역자 주).
195) P.Delarue & M. L. Ténèze, 『민속 동화』 *Le Conte populaire*, 제 1권(1957), 제 2권(1964), 제 3권(1976)
196) 예를 들자면 Marthe Robert의 서문이 실린 그림 형제의 동화책 *Les Contes de Grimm* (파리: Flammarion, 컬렉션 L'Âge d'or, 1967)
197) 특히 Didier Jeunesse와 Rue du Monde 출판사의 훌륭한 간행물들.

시 문학 분야의 출판물은 현재 상당히 다양하다. 특히 시 모음집이 대세를 이루고 있는데, 종류도 셀 수 없을 만큼 많거니와 그 가치도 제각각이다. 더러는 주제별로 다루어진 것도 있다. 이런 시집들은 여러 가지의 《주제》를 중심으로, 즉 예를 들면 창문,[198] 밤, 불, 여행 등과 같은 주제별로 시를 집결시킨 것이다. 이 같은 분류법이 때때로 강렬한 교육적 효과로 이어지지 않는 것은 아니다. 또한 발견의 기쁨을 주기도 할 것이다.

최근 어린이 출판물의 다른 한 현상은 한 시인의 작품만 집중적으로 수록한 시집이 나오고 있으며, 간혹 시 한 편만을 소개하는 화집도 눈에 띈다. 한편 갈리마르 출판사의 《시》 컬렉션 Collection En Poésie처럼 어른을 위한 시집 시리즈 역시 무궁무진한 보고가 되고 있다.

그러나 이 문학 세계에서도 별의별 일이 다 벌어진다. 자크 프레베르나 로베르 데노스, 클로드 로이 같은, 아이들의 사랑을 한결같이 받고 있는 대시인들을 슬그머니 보고 베낀 작품들을 뻔뻔하게도 예사로이 내놓고 있다. 그들이 빼낼 수 있는 것은 단지 시적 상상력의 어떤 허울뿐인데도 말이다. 시 문학이란 이미 장르의 특성상 얼마나 암시적이고 함축적인 의미로 형성되는 것인가.

프랑수아 비용[199] 이후, 시가 언제나 은총이나 덧없음을 노래하는 것만은 아니며, 시가 언제나 필연적으로 '시적'인 것이 아니라 시의 사회적 의미를 동반하는 것이란 사실을 우리는 알고 있다. 시란 일종의 초 언어적인 그 무엇, 천사의 주술 같은 것이란 걸 우리는 잘 알고 있다. 그리고 현대시 이후로는 논리적 고리마저 생략되어 버린다. 시는 또 그 외에도 숱한 어려운 문제를 제기한다. 하지만 아이들의 경우에는 결코 그렇지 않다는 것을 우리는 확인할 수 있다. 아이로 하여금 바닷물에 풍덩거리는 즐거움을 원 없이 느끼게 해주고, 화로에서 익어가는 자두 파이의 노릇한 향기를 느끼게 해주는 텍스트나 이미지야말로 보다 시적인 것이 아닐까? 아래의 어린 피에르가 말하는 소원이니

---

198) Jean Delaite & François Delebecque, 『시에 그려진 창문의 이미지』 Fenêtres en poésie, 파리: Gallimard, Folio junior 컬렉션, 1981

199) Villon François de Montcorbier (혹은 des Loges): 15세기 프랑스 대서정시인. 정당방위로 인정받긴 했지만 24세에 저지른 살인을 필두로 강도·투옥·절도 등의 파란만장한 삶을 거쳐 마침내 31세에 유혈 낭자한 암투에 참가한 죄로 교수형을 언도받고, 이듬해 처형됐다. 개방적인 정신으로 일상적이고 대중적인 제 요소를 작품 소재로 취해 자신은 물론 주변의 성직자·부르조아·학생·매춘부·거지 등의 잡다한 사회를 묘사했다. 섬세한 감정, 거친 사실성, 강렬하고 진실한 표현 등으로 근대 최고 시인 중 한 명으로 꼽힌다 -역자 주.

까(이 시에서는 다소 환각적인 이미지로 재현되어 아이의 시각이라고 보기에
는 다소 합당치 않는 대목도 있는 것이 사실이다).

> 나는 피에르라는 아이,
> 우리 집 정원에 피어 있는 꽃들을 나는 기억하고 있다.
> 꽃잎이 띠고 있는 색깔의 이름을 나는 알고 있고
> 이들이 내뿜는 향기의 비밀을 알고 있다.
> 물론 나는 그 꽃들을 좋아한다.
> 하지만 나는 밤도 보고 싶고
> 동물이나 창백한 달님,
> 그 밖에도 아이들이 어른이 되기 위해 알아야 할
> 그 모든 것을 보고 싶다.[200]

번안

현대 독자에게 수용되기 위해서는 어떤 작품들은 번안이라는 과정을 거쳐야 한다. 내가 보기에는 오늘날 읽더라도 번안할 필요가 없을 것 같은 세귀르 Ségur 백작부인[201]이나 그림 형제 작품도 간혹 번안이 된다. 이유는 잘 모르겠지만. 그리하여, 원본에서 중심 포인트를 간결하게 집어내고 스타일을 바꾼다. 이쪽은 아동용 도서이기 때문에 매우 단순해야 한다고 생각하거나, 아니면 쓸데없이 과장되게 부풀려지는 쪽으로 형태가 바뀌어 간다.

마찬가지로 젊은 독자들의 감수성을 배려한다는 미명 하에 등장인물들의 성격을 과감히 변형시키고, 이들의 행동까지 바꿔버리는 일도 서슴지 않는다.

---

200) Isabelle Jan, 앞 p.114 의 글.
이 시는 M. F. Daussy & J. L'Anselme, 『피에르와 올빼미』 Pierre et le hibou (파리: Hachette, 1972) 에서 부분 인용한 것임.
201) Comtesse de Ségur (1799-1874): 러시아 태생으로 나폴레옹 전쟁 때 프랑스로 망명했다. 이후 세귀르 백작과 결혼함으로써 얻은 세귀르 백작부인을 필명으로 하여 (본명은 Sophie Rostopchine) 문학 활동을 펼쳤다. 주로 자신의 어린 시절의 어둡고 밝은 기억들을 바탕으로, 이에 어린이들을 세심히 관찰하고 발견한 면모들을 덧붙여 생생한 느낌으로 묘사한 어린이 소설을 발표했다. 『당나귀 꺄디숑』 Mémoires d'un âne (원영옥 외 옮김, 계수나무, 2004), 『소피는 말썽꾸러기』 Les Malheurs de Sophie (원영옥 옮김, 여름나무, 2005), 『투덜이 장과 명랑한 장』 Jean qui grogne et Jean qui rit (정진숙 옮김, 아이들판, 2006) 등의 한국어 번역본이 있다(역자 주).

논란의 대상이 된 미국 저작물, 『초콜릿 전쟁』[202]을 처음 프랑스어로 번역하는 과정에서 저질러진 실수 또한 이와 같은 형국이었다. 무엇보다 먼저 책을 올바로 선택해야 한다: 만일 책이 어린이 층에 적합한 것이 아니라면 청소년 컬렉션으로 발행해서는 안 된다. 그러나 만약 조금 큰 아이들이 소화해낼 만하다고 판단이 되면, 작품과 작가를 모두 존중하는 마음으로 충실히 번역하여 발행해야 한다. 로버트 커미어가 이 소설을 통해 이야기하는 것은 다음과 같은 내용이다: 어느 미국 가톨릭계 중학교에 갓 입학한 한 신입생이 모든 신입생이 그렇듯, 신입생 길들이기를 겪어 내는 과정을 그린 이야기이다. 신입생 골탕 먹이기 조직의 우두머리는 주인공으로 하여금 학교에서 자체의 보조 지원금을 마련하고자 조직한 초콜릿 판매단에 일련의 기간 동안 참여하지 못하도록 압력을 넣는다. 골탕 먹이기 기간이 끝난 후에도 주인공은 계속 참가 거부의 뜻을 굽히지 않는다. 도저히 감당할 수 없는 지경으로 그를 괴롭히는 변태 성욕 교사(수사修士)의 행패에도 불구하고, 이전에 그를 학대했던 짓궂은 악마들이 다시 돌아와 죽도록 지긋지긋하게 굴어도 주인공은 굳건히 잘 견뎌낸다. 이 불공평한 싸움을 혼자 고전 분투하며 헤쳐 가는 모습을 그려가면서 소설은 끝나는데, 드디어 판매단을 운영하는 수사가 암암리에 그를 받아들인다는 결말에 이른다.

최초의 프랑스어 번역본에는(파리: Hachette, 1976) 미국 원본과 달리 중학교는 가톨릭계가 아니었고, 교사들도 수사가 아니게 그려졌다. 물론 독자층을 넓히기 위해서였다. 미국 가톨릭계 중학교에서 매우 전형적으로 볼 수 있는 행위인 '판매'에 있어서도 프랑스에서는 이해 불가능한 맥락이었다. 수사의 권위적이고 독선적인 면모도 가톨릭 국가인 프랑스에서는 논란을 몰고 올 수 있는 여지가 되었다. 주인공의 나이도 열세 살 대신 열여섯으로 바뀌었다. 포르노 잡지를 훔쳐보는 그의 행위에 대해 충격을 완화하려는 교육책임에 틀림없다. 이러한 모든 조치는 말할 것도 없이 일반 상식적 사고에 기준을 맞추려 한 것이다: "아이들은 순진하고, 청소년들은 성 변태적 경향이 있다."

---

202) Robert Cormier, 『초콜릿 전쟁』 *The chocolate war*, 안인희 옮김, 비룡소 , 2004
프랑스에서는 불성실한 첫 번째 번역 논란 이후 Michèle Poslaniec에 의한 보다 충실한 두 번째 번역본이 1984년 파리 L'Ecole des loisirs 출판사의 컬렉션 Medium Poche에서 『초콜릿들의 전쟁』 *La Guerre des Chocolats*이란 제목으로 발행되었다.

우리는 때때로 책의 외형적인 형태를 번안하기도 한다. 로르 세갈이 편집하고 모리스 센닥이 삽화를 그린 그림 형제의 멋진 동화집이 이런 경우에 해당한다. 이 선집의 미국판에서는 모리스 센닥이 가장 좋아하는 이야기인 『노간주나무』[203]를 제목으로 올렸다. 아이들을 행복하게 만들어 주고, 어른들을 올빼미로 만들어 버리는 바로 그 이야기이지 않은가! 하지만 프랑스판에서는[204] 이 〈노간주나무 이야기〉가 삽화가 없는 동화집에 실렸는데, 그것도 책의 끝 무렵 어디쯤이었다. 물론 책의 제목으로는 아예 뽑힐 수 없는 것이었다. 성인 구매자들의 간담을 서늘하게 만들 수 있는 일은 적어도 피해야 한다는 출판사 측의 생각 때문이었다(노간주나무는 껍질이 비늘처럼 벗겨지는 잎을 가진 상록수이며, 그 나무는 모로코 가죽 제조용으로 쓰인다 –역자 주).

픽션 작품에 삽화 넣기

소설은 늘 삽화를 필요로 하지는 않는다. 하지만 삽화는 어린 독자층을 붙잡아둘 수 있는 요인이 되는데, 이는 이미지를 통하여 텍스트를 율동적으로 만들어 주고, 문맥의 기운을 북돋워 주면서 독서를 좀더 수월한 분위기에서 할 수 있게 만들어 주기 때문이다. 그러나 한편 어설픈 삽화는 오히려 청소년들로 하여금 쉽게 싫어하게 만들 수도 있다. 삽화란 본질적으로 텍스트와 모순되지 않아야 하며, 리듬감에 대한 긴장을 놓지 말아야 하고, 책의 스타일을 존중하고, 은근하면서도 동시에 쾌활한 활력 가운데 재현되어야 한다.

사진은 상상 문학 작품의 삽화에 그런대로 어울릴 만하다. 특히 우리가 스스로 상상하기를 즐기는 어떤 인물상에 대한 경우라면 보다 나은 효과를 볼 수도 있다. 그러나 한편 사진은 어떤 경우 아주 상당히 거슬리는 느낌을 주거나 매우 불쾌한 느낌마저 들게도 만든다. 이쯤 해서 우리는 일반적인 상황을

---

203) Wilhelm Grimm 글·Maurice Sendak 그림, 『노간주 나무를 비롯한 그 외 몇 편의 그림 형제 동화』 *The juniper tree. and other tales from Grimm*, 로르 세갈 Lore Segal과 아놀드 로벨 Arnold Lobel이 선별한 작품에 대해 랜덜 자렐 Randall Jarrell과 로르 세갈 Lore Segal이 옮김, 뉴욕: Farrar, Straus and Giraux, 1973

204) Jacob & Wilhelm Grimm 글·Maurice Sendak 그림, 『나의 고슴도치 한스와 그 밖의 열세 가지 이야기』 *Hans mon hérisson, et treize autres contes*, Armel Guerne 옮김, 파리: Gallimard Jeunesses, 컬렉션 Folio Junior, 1979

한 번 둘러볼 필요가 있겠다. 에티엔 델세르트[205]는 흥미롭고 과감한 경험을 한 번 해보자는 시도로서 새러 문 Sarah Moon이라는 사진사에게 매우 현대적인 방식으로 『빨간 모자』 Le Petit Chaperon rouge에 삽화를 넣어 달라고 부탁했다.

오랜 기간 동안 외면당해 오던 흑백 그림은 장·단편소설에 그려 넣는 은은한 톤의 삽화에 다시 응용되기 시작했다. 이 영역에서 성공한 그림의 공통점은 단순하고 간결한 필치의 스케치를 구사하고 있다는 것이다. 대표적인 예로서, 현대를 살아가는 한 말괄량이 소년의 일상을 아이들 말투에 그대로 얹어 유쾌한 풍자 속에 들려주는 『꼬마 니콜라』[206]의 삽화나, 『찰리와 초콜릿 공장』[207]에 미셸 시메온이 그려 넣은 무척 간소한 삽화를 들 수 있다(영어 원작의 삽화는 Quentin Blake가 그렸지만 프랑스어 번역본에서는 삽화가가 바뀐다 -역자 주). 부모의 죽음을 계기로 두 숙모 슬하로 들어 간 가여운 소년 제임스가 이들로부터 도망치던 중, 우연히 정원에서 자라고 있던 요술 복숭아가 저절로 뽑혀져 나와 숙모들을 짓눌러 뭉개게 되자, 이때부터 진짜 모험이 시작된다는 이야기이다. 『나무 위의 남작』[208]의 삽화 또한 언급하지 않을 수 없다. 부당하게 벌을 받고 있던 한 어린 소년이 나무 위로 도망쳐서는 가족들의 눈물겨운 간청도 아랑곳하지 않고 두 번 다시 내려오지 않겠다고 결심한다. 나무 위 높은 곳에서 그는 일련의 사건들이 벌어지고 있는 모습을 유유자적 지켜본다는 이야기이다.

아이들에게 보여주는 이야기책에 반드시 삽화를 그려 넣어야만 하는 것일까? 요즘 들어 클로드 라푸엥트 Claude Lapointe가 뛰어난 솜씨로 삽화를 그려 넣은 피에르 그리파리의 『브로카 가의 이야기』 같은 경우를 보면, 오히려 타블 롱드 출판사의 삽화 없는 밋밋한 옛 버전이[209] 여전히 아이들에게 뜨거운 사

---

205) 이것은 1938년 파리 그라셋 Grasset 출판사의 《머슈우 샤》 Monsieur Chat 컬렉션으로 출간되었다. (입으로만 전해 내려오던 전통 이야기인 〈빨간 모자〉는 샤를 페로가 최로로 작품화하여 『엄마 거위 이야기』라는 동화집에 수록하여 1697년에 파리 클로드 바르뱅 Claude Barbin 출판사를 통해 출간했다. 100년 후 독일의 그림 형제에 의해 다른 결말로 그려지기도 했다 . 여기서의 원전은 샤를 페로 Charles Perrault (1628-1703)의 것을 가리킨다 -역자 주).
206) René Goscinny 글·Jean-Jacques Sempé 그림, 『꼬마 니콜라』 Le Petit Nicolas, 신선영 옮김, 문학동네, 1999
207) Roald Dahl 글·Michel Siméon 그림, 『찰리와 초콜릿 공장』 Charlie et la chocolaterie, Elizabeth Gaspar 옮김, 파리: Gallimard Jeunesse, 2007
208) Italo Calvino, 『나무 위의 남작』 Il Barone rampante, 이현경 옮김, 민음사, 2004
209) Pierre Gripari, 『브로카 가의 이야기』 Contes de la rue Broca, 파리: Editions de la Table Ronde, 1967

랑을 받고 있다. 그림 형제나 페로의 동화집처럼 어른 층을 겨냥하고 나온 많은 이야기책들이 아이들 층에서 즐겨 읽히고 있는 것도 마찬가지의 맥락이다. 이따금씩은 개인적인 상상력이 들어설 여지를 남겨 두는 것도 나쁜 일은 아닌 것 같다.

어떤 삽화들은 설사 다소 아동적인 요소를 가미한다 하여도 애당초 어린 이용으로 제작된 것이 아닌 이야기책을 허망하게도 아이들 수준으로 유치하게 떨어뜨려 버리는 경우가 있다. 이런 경우에 해당하는 것이 바로 그림 형제의 동화에 온화한 색감의 이미지들을 삽화로 넣은 『초롱꽃』의 최근 발행판[210]이다. 이와 같은 행위는 결과적으로 그 독자층을 어린이에게만 제한하는 확실한 방법 이외는 아무것도 아니라는 사실이 드러날 것이다. 같은 책에 펠릭스 호프만이 삽화를 넣은 것[211]이나 모리스 센닥의 그림이 곁들여 있는 것[212]은 이야기라는 장르의 원초적인 소명에 맞게 어린이나 어른 모두에게 감동을 선사하고 있는데 말이다. 호프만의 그림들은 어쩐지 우리가 아이들에게 제공해야만 할 것 같은 어떤 '귀여움'이 깃들어 있는 대신 그만큼 보다 본질적인 진정성이나 필치의 힘찬 맛은 떨어지는 것이 사실이다. 아이들은 자기 수준에 꼭 맞추어 새로이 제작된 그림을 항상 필요로 하는 것은 아니다. 어른들 마음에 드는 삽화라 할지라도 아이들 역시 충분히 즐길 수 있다. 그림 형제 작품을 장식하고 있는 센닥 삽화는 진중하고 재기 넘치는 필치라는 점에서 알브렛 디르 Albrecht Dürer (1471~1528 · 독일 르네상스 시대의 화가이자 판화가)의 〈요한 묵시록〉 Apocalyse (1498) 그림과 닮아 있다. 모리스 센닥이나 펠릭스 호프만, 이반 빌리빈[213]이 성공한 것은 무엇보다 원문의 이야기 자체를 그대로 존중했다는 사실에 근거를 두고 있다. 그들의 삽화는 겸손하고 조심스런 시선으로 어

---

210) Jakob Grimm & Wilhelm Grimm, 『초롱꽃』 Raiponce, 파리: Grasset et Fasquelle, 1984
211) Wilhelm Grimm 글 · Félix Hoffman 그림, 『찔레꽃 공주』 Dornröschen, 한미희 옮김, 비룡소, 2000
212) Wilhelm Grimm 글 · Maurice Sendak 그림, 『노간주 나무를 비롯한 그 외 몇 편의 그림 형제 동화』 The juniper tree. and other tales from Grimm, Lore Segal과 Arnold Lobel이 선별한 작품에 대해 Randall Jarrell과 Lore Segal이 옮김, 뉴욕: Farrar, Straus and Giraux, 1973
213) Ivan Iakovlevich Bilibin (1876-1942 · 러시아 일러스트 겸 실내장식 건축가, 디자이너): 러시아 일러스트레이션의 황금시대를 연 예술가로서 러시아 구전 문학이나 전래 동화에 섬세하면서도 신비로운 기운의 삽화를 덧댄 그의 작품들은 상상 속의 환상 세계를 현실적인 것으로 믿게 만들어 버리는 힘이 있다. 『깃털 왕자와 개구리 공주』 Tale of Csar Saltan: or The Prince and the Swan Princess (이정희 옮김, 도서출판 문원, 2003), 『아름다운 바실리사』 Basilisa the Fair (김대희 옮김, 아모르문디 출판사, 2006) 등의 한국어 번역본이 있다(역자 주).

떤 암시를 내비치면서 독자의 상상력의 빗장을 벗겨준다. 상상력 그 자체가 되어 우리 머릿속을 점령해 버리는 것이 아니라 이들은 모두 원문에 절대 충실하고, 각자 자신만의 스타일이 있으며, 자신만의 개성적인 해석을 통해 작품에 접근한다. 이 중 빌리빈은 두 사람과는 매우 다른 방법으로 이야기를 부각시킨다. 즉, 그는 근엄한 위엄과 종교적인 엄숙함이 묻어나는 분위기를 이미지에 부여해 텍스트 내용의 초월적 차원을 강조한다. 그림 동화집에 나타나는 센닥의 이미지들은 호프만의 경우와는 달리 이야기의 내용을 모두 시시콜콜 설명하려 들지 않는다. 현실주의적 감각과 환상을 교묘하게 혼합하여 탄생시킨 단 하나의 이미지로써 이야기 전체를 감싸고도는 분위기를 장악하도록 만들어 버리는 것이다. 독자들이 빠져 들지 않을 수 없게 만드는 힘이다. 한편 펠릭스 호프만의 이미지들은 마치 둔주곡遁走曲의 이중창처럼 텍스트의 리듬을 충실히 동반하고 뒤따른다.

    아무리 삽화가 하나의 창작물이고 작품이라 할지라도, 무엇보다 책 전체를 이루는 한 부분이라는 사실이 중요한 것이다. 그 이미지들이 비춰 내고 있는 책의 내면 풍경 즉, 서로 불가분의 관계에 있을 수밖에 없는 서사 구조를 이해하지 않은 채 삽화의 기능이나 효력을 논할 수는 없는 일이다.

호기심의 집,
도서관에서 더불어 함께 살아가기

제9장
참고 자료에 대한 이해와 선택

도서관, 모든 호기심의 집

풍성하고 누구나 쉽게 접근할 수 있는 장서를 갖추고 있는 도서관은 각 개인의 리듬에 따라, 그리고 혹시 그곳에서 발견할 수 있는 어떤 해결책을 통해 호기심을 만족시킬 수 있고, 또 더욱 발전시킬 수 있는 장소이다. 도서관에서는 어떤 문제에 대해 다양한 방식으로 접근 모색할 수가 있고, 개인적인 진도 조절을 용이하게 할 수 있으며, 자료 비교도 쉽게 할 수 있다. 또한 도서관은 우리에게 뜻밖의 기쁨도 마련해 놓는다. 결국 도서관은 우리가 그 곳에서의 모든 만남에 대해 특별한 의미를 부여할 수 있는 곳이다. 이 만남들은 이후의 모든 삶의 근본적인 방향을 결정하게 될 수도 있기 때문이다. 많은 학자들이 이 점을 인정하고 있다. 젊은 시절, 어떤 책을 읽고 어떤 예술가나 연구자를 만난 경험은 자신들의 인생과 직업 결정에 중요한 역할을 했노라 증언하고 있다.

원칙적으로 도서관은 아무것도 강요하지 않는다. 제시하거나 제공할 뿐이다. 이 점에서 도서관은 학교와는 다르고, 더욱 엄밀히 말하면 교실 생활과 다르다. 학교에서는 교사가 필수적인 어떤 지식을 공인된 교육 과정에 의해 여러 교육적 수단을 이용하여 전달해야만 한다. 도서관에서는 무엇보다 아이들의 호기심이 가장 중요한 문제가 된다. 미리 정해진 그 어떤 프로그램 없이 각자 자신의 리듬에 맞추어, 자신이 원하는 길을 가는 것이다. 독서는 대부분의 경우 혼자서 하지만 만일 아이가 원한다면 어른이 함께 동반해줄 수 있고, 지도해줄 수도 있다. 어른들은 아이가 탐구를 잘 할 수 있도록 지원하면서, 다양한 여러 관점이 있을 수 있음에 주목하도록 하고 필요한 경우 다른 방식으로 제공되는 정보를 참고할 수 있도록 도와준다.

학교나 도서관은 지식을 전달하는 장소이다. 이 두 기관은 서로 다르면서 한편 상호 보완적이다. 그런데 문제는 도서관이 제시하는 지식 접근 방식이 아이들이 교실에서 해 온 방식과는 다르다는 것이다. 사서들은 이 중요한 사실을 충분히 깨닫고 있어야 하는데, 실제로는 그렇지 못한 경우도 많이 있다. 도서관에서는 의문을 가지고 있는 분야로 아이들을 유도하여, 목적에 이를 수 있는 방법을 일러주고, 스스로 방향을 잡아 나아갈 수 있도록 도와주어야 한다. 어떤 지식에 대한 의문을 풀거나 책을 선정하는 과정, 그리고 학교 숙제나 개인적인 의문에 대한 정보를 찾는데 아이들을 개별적으로 도와주고, 이들과 함께 이야기를 나누려면, 사서들은 책의 성격이나 가치를 판단할 수 있어야 하고, 자신의 전달 능력을 알고 있어야 한다. 그렇기 때문에 도서관은 선택의 기준을 결정하기 위해 특별한 관찰이 이루어지고 있는 곳이다.

아이들을 위한 참고 자료 서적은 어떻게 선택할 수 있을까? 이 문제에 대한 연구물은 그리 많은 편이 아니다.[214] 게다가 과학이나 기술 분야의 정보는 오늘날 본질적으로 바뀌어 가고 있다. 저서와는 다른 정보 양식, 특히 인터넷을 통해 정보를 찾고 연구하는 추세가 일반화된 오늘의 현실은 참고 자료 서적의 기능과 형식에 대해 다시 생각하게 만들고, 아이들의 자료 조사 태도와 탐구 과정이 보다 다양화되도록 엄격한 방식으로 다시 연구해야 한다는 필요성을 일깨워 준다. 도서관에서의 아이들의 일상적 공부, 생활을 잘 지도하는 것도 지나치게 편중된 교육적 발상으로부터 이들이 벗어날 수 있도록 도와주는 한 방법이 될 것이다.

책을 분석하는 작업은 매우 미묘하고 어려운 일이다. 그런데 또 이 세상에 책은 왜 그리 많은지... 종종 지나치다. 그런데 적지 않은 책들이 많은 오해를

---

214) Margery Fisher, 『어린이 문학에 있어서의 논픽션의 관점과 사실 문제』 *Matters of facts, aspects of non fiction for children*, 레체스트(Leicester, 영국): Brockhampton Press, 1972
이 뛰어난 저작물은 영국의 경우를 집중적으로 다루고 있다. 하지만 작가를 분석해 나가는 과정은 불어권 밖의 사람들에게도 흥미를 줄만하다.
Michel Defourny, 『어린이들로 하여금 세계를 발견하게 하고 성찰하도록 도움을 준 몇 권의 그림책에 대해』 *De quelques albums qui ont aidé les enfants à découvrir le monde et à réfléchir*, 파리: L'Ecole des loisirs, 컬렉션 Archimède, 2003

짊어지고 태어난다. 마치 사람들이 《자료적·정보적》이란 말과 《교육적》이란 말을 혼동한 채 책을 쓰는 것 같다. 호기심이란 공짜로 주어지는 것이지만, 한편 그것은 세심한 주의와 창의성, 상상력을 필요로 하고, 그리고 사람들이 주로 문학이나 예술 장르에만 해당된다고 생각하는 기교도 사실 필요로 한다. 만약 어떤 호기심을 풀기 위해 읽고 있는 책이 흥미진진한 체험으로 느껴지지 않는다면, 이것은 의심할 나위 없이 이 책은 별 소용이 없다는 말이다. 책을 읽다가 문제에 대한 원인을 발견한 사람이라면 여하튼 어떤 종류의 기쁨이 느껴지게 마련이다. 사람들이 참고 자료가 될 수 있는 서적에 대해 가질 수 있는 가장 심각한 불만 중의 하나는 바로 이 책들은 너무 지루하다는 것이다.

책을 분석하고 선정하기 위해 기준적인 이런저런 요소들을 뽑아보는 것은 일견 비교적 쉬워 보인다. 그러나 그 어떤 주제들이 매우 많이 있을 때는 과연 아이들에게 명확하고, 구체적이며 실제로 도움이 되는 정보를 제공한다는 것이 그렇게 쉬운 일일까? 아이들이란 경탄하고 감동하며 질문은 할 줄 알지만, 이해하기에는 너무 제한된 경험과 좁고 빈약한 기초적 지식밖에는 가지고 있지 않은 것이다.

정확성에 대한 확인은 꼭 필요한 일이다. 하지만 종종 이 문제는 사서들의 능력을 뛰어넘는 일이라, 대중화내지 통속화라는 민감한 문제를 두려워하지 않는 전문가에게 도움을 청하게 된다. 그러니까, 사서들 모두가 정확성을 판단하기 위해 이런 저런 확인을 하면서 필요한 전문적 지식을 가지고 있는 것은 아니다. 세균 문제라든가 중국에 관한 것을 모두 줄줄 꿰고 있을 필요는 없는 것이다.

어느 정도의 접근 용이성을 가지고 있는가, 하는 것도 중요한 문제이다. 처음부터 끝까지 꼼꼼히 읽어야 할 책인가? 또는 읽을 수 있는 책인가? 아니면 단지 참조용으로 만들어진 것인가? 만일 후자라면 정말 참조할 만한 것인가? 아이들의 조사 탐구 활동에 합당한 어휘들로 색인이 정리되어 있는가? 단어는 적확하면서도 쉽게 이해할 수 있는 것인가? 목차는 일목요연하게 구성되어 있는가? 물론 특히 과학 분야 서적이라면 색인이 있고 없고의 문제가 책의 가치를 결정하는 자동적 또는 결정적인 잣대는 아닐 것이다. 어떤 책들은 색인이 없더라도 뛰어난 저작인 경우가 있고, 또 다른 책들은 색인이 있기는 하지만 효율적인 안내를 하지 못하여 복잡한 설명을 다 읽어 보아야 겨우 해당 문제를 찾을 수 있는 경우도 있다. 저작물의 전체적인 맥락을 바라보면서 뉘앙스를 가지고 판단할 줄 알아야 한다. 사서뿐만 아니라 많은 학자들도 책에서 사소한 잘못을 발견하고 나면, 조금은 성급하다 할 지점에서 쉽사리 전체를 판단해 버리는 경우가 종종 있다.

참고 자료가 될 수 있는 도구를 분석하고, 또 이것이 얼마나 손쉽게 다루어질 수 있는지를 확인하는 일은 대단히 중요한 일이다. 하지만 여기서 그쳐서는 안 된다. 어느 정도 필수적으로 거쳐야 하는 절차 이외의 문제들이 자유롭게 제기될 수 있는 분위기에서 아이들이 요구하는 바를 성심껏 들어주고, 또 이에 대해 진지하게 고민하는 일이 필요하다. 또한 주어진 정보가 아이들의 호기심을 어느 정도에서 충족시키는지, 나아가 아이의 지적 욕구를 한 단계 높이 끌어올리는 견인차 역할을 하는지에 대해서도 확인해야 한다. 어떤 간접적인 수단을 이용할 수 있는지? 이런 책이 과연 아이들에게 효과적으로 다가갈 수 있을지? 그리고 아이들 마음을 움직여 놓을 수 있을지? 단지 여기 저기서 정보들을 끌어 모아 진열만 해 놓은 것인지? 아니면 앎의 기쁨을 느끼게 해주고 보다 넓고 깊은 발견을 하고 싶은 의욕을 자극해줄 수 있는 책인지? 아이가 자신의 힘으로 지식의 영역으로 들어와 나름의 시계視界를 가질 수 있도록 이끌어 주기 위해 작가는 어떻게 아이에게 말을 걸고 있는지? 하는 문제도 함께 살펴야 한다.[215]

아이들의 탐구 활동에 함께 참가하여 동반자의 역할을 하는 교사나 사서는 아이의 다양한 기대감이나 욕구 충족 문제에 대해 아이가 구체적으로 무엇을 알고 싶어 하는지, 그리고 어떠한 방법으로 그를 만족시켜 줄 수 있는지 정확히 알아야 한다. 오늘날 사람들은 아이들에게 주로 픽션 그림책을 건네주고, 이들이 어떻게 감상하는지 그 방식에 대해 주의 깊게 살펴본다. 참고 자료 저서들을 제시할 때에도 이 같은 종류의 주의 깊은 관찰이 필요하다. 이러한 집중된 관찰을 통해 생각을 더욱 깊이 모을 수 있고, 마침내 어떤 책을 선택해야 하는지 느낌을 갖게 된다. 이렇게 해서 아이들이 학교 숙제를 하기 위해 참

---

215) 상당히 중요한, 그러나 너무 자주 소홀히 취급되는 이 문제에 대해서는, 앞에서 언급된 Margery Fisher의 저서를 읽어 보기 권한다. 작가나 이 분야 이론가, 사서들을 막론하고 모두에게 거의 필수적으로 읽혀야 할 책이다.

고 자료를 찾을 때 오류를 피하고 효율적인 방법으로 다가설 수 있도록 이끌어 줄 수 있는 것이다. 또한 작가나 출판 관계자들에게도 아이들에 대한 이러한 고찰의 결과를 전해, 효과적으로 대응할 수 있도록 도움을 줄 수 있다.[216]

또 다른 중요한 일은 교사들이 내어준 문제에 대해 거듭 생각하고 고찰해 보아야 한다는 것이다. 과연 이 문제들이 아이의 성장 정도나 심리, 그리고 능력을 고려한 것인가 확인해야 한다는 것이다. 어느 정도 주의를 요구하는 책을 초등학생이나 중학교 저학년 학생이 혼자 읽는다면, 별표로 표시된 덧붙인 설명들을 누구의 도움 없이 스스로 모두 이해한다는 것은 사실 그리 쉬운 일이 아니다. 너무 어렵거나 불가능하게 느껴질 때가 더 많을 것이다. 이 연령의 아이들은 아직 이런 방식으로 책을 읽어 나가는 것에 익숙하지가 않다.[217]

작품의 가치를 판단할 때에 여러 다른 환경에서 어떻게 평가되었는지 혹 비교할 수 있으면 아주 바람직한 일이다. 같은 책이라 하더라도 나라에 따라 곧 미국, 일본, 영국, 프랑스 등의 문화적 전통에 따라 다르게 받아들여지고, 다른 의미를 부여받게 된다는 사실을 발견하고 나면 매우 재미있어진다. 아이들이 어떤 작품에 대해 어떤 반응을 보이고 얼마나 좋아했는지 분석하는 일은 작가들에게 새로운 방향을 제시해줄 수 있고, 학교나 도서관에 비치할 책을 선정하는 사람들에게도 참고가 될 수 있으며, 결국 아이들에게 보다 다양한 책을 제공할 수 있는 터전을 마련하는 것이다.[218]

프랑스의 경우, 현재 어린이 책을 펴내고 있는 출판사들이 이전에는 학교 교과서를 찍어 내던 출판사였던 경우가 많다. 이러한 태생적 한계 때문에 이들은 구습에 젖어 지금도 종종 옛날에 쓰던 기술 방식 그대로 그림책을 만들고 있다. 이렇게 해서 곧 아이들이 개인적으로 읽는 책이라는 사실을 고려하지 않고, 마치 교과서처럼 지식을 형식적인 틀 안에서 나누어 전개하거나, 아니면 한 가득 지식 창고 같은 그림책이 나오는 것이다. 실용주의적 성향이 강

---

216) 목적에 충분히 부합하는 교육적 절차를 거친다면 좋은 학습 참고서도 유용한 참고 서적이 될 수 있다. 게다가 이런 서적은 도서관뿐만 아니라 집에도 늘 있는 책이다. 문제는 필요에 맞게 잘 골라야 한다는 것이다.
217) 제 16장에 기술된 도서관과 학교의 공조에 대한 부분을 참고하시오.
218) 1990년대에 우리 단체와의 협력 가운데 신생 Circonflexe 출판사에서는 다른 나라 특히 일본이나 미국에서 발행된, 아이들의 지적 발전에 도움을 줄 수 있는 그림책을 번역·발행했다. 컬렉션 Archimède 역시 외국의 훌륭한 그림책들을 선별하여 번역판으로 발행했다. 이 출판사에서는 일본의 몇몇 대표적 그림책에서 영감을 받아 창작품으로 성숙시켜 발행하기도 했다.

한 앵글로 색슨계 나라에서는 경험의 모색이라는 측면과 획일화되지 않은 여러 다양한 과정을 중시한다. 이들의 교육 방식은 구체적인 문제를 꼭 찍어 말해 준다기보다는 언뜻 보기엔 형식적인 일반 내용에 그치고 마는 일군의 지식에 대해 구태여 어렵사리 학생들에게 이해시키려 몰고 가지 않는 편이다. 말하자면 그냥 있는 그대로를 받아들이자는 것이다. 지식 습득에 있어 개별적인 과정을 중시하는 이러한 방식은 곧 도서관이 제공하는 참고 자료들이 여러 종류 다양하면서도 실제 보충적인 내용들로 채워진다는 사실로 이어진다.

우리가 알고 있는 어떤 일본 출판사는 말하자면 지난 시절의 무거운 학습 관행을 벗어 던져버렸다.[219] 《교육》이란 문제에 그리 목매달지 않는 것이다. 이 출판사에서 무엇보다 중요하게 생각하는 것은 바로 아이들이 어떤 문제에 관심을 느끼고 주목하도록 만드는 간접적인 교묘한 수단이다. 그리고 이 문제는 대개 예술성을 인정받는 진정한 예술가들에게 의뢰된다. 많은 출판사들이 독자를 초대하여 자유로이 회사를 둘러보도록 하고, 이벤트도 함께 즐긴다.

* *

참고 자료를 분석하고 선정하는 과정에서 아이들이 서로 다른 방식과 진도로써 이들을 이해하게 된다는 사실을 항상 염두에 두어야 할 것이다.

참고 자료를 찾아야 하는 몇 가지 이유

막연한 호기심에 끌리기도 하지만 대개 어떤 책이 눈에 띄는 것은 책의 표지나 제목, 또는 삽화가 주는 왠지 모를 궁금증에 근거하는 경우가 많다. 이런 요소에 끌려 책을 이리저리 뒤적이며 탐험해 보는 것은 매우 중요한 과정이다. 그러니 이 점을 너무 무시해서는 안 될 일이다.

『동물과 그들의 최고 기록』[220]과 같은 아이들에게 매우 인기 있는 몇몇 작품을 보면, 아이들이 이 페이지 저 페이지를 뒤적거리며 옮겨 놓은 즐거움을

---

219) Fukuinkan Shoten 出版社와 그 번역본을 발행한 파리 출판사 Circonflexe, L'Ecole des Loisirs의 컬렉션 Archimède 등.

220) Annette Tison & Talus Talyor 외, 『동물과 그들의 기록』 Les Animaux et leur records, 파리: Piccolia, 2009

놓치지 않고 책의 전개 양식에 고려하고 있다는 것을 알 수 있다. 아이는 시간을 충분히 갖고, 자유롭게 그리고 무상으로 이런저런 정보를 수집하고 있는 셈이다. 이 경우 아이의 마음과 정신은 활짝 열려 있고 여유롭게 된다. 바로 이런 때에 아마 아이들은 가장 많은 것을 받아들일 수 있을 것이다. 교사나 사서들이 실제로 현장에서 목격하는 바, 책을 읽다가 지루해지면 아이들은 소설보다는 참고 자료 쪽으로 가는 것을 더 좋아한다는 것이다. 페이지마다 넘쳐나는 소설의 삽화는 아이들로 하여금 책을 읽을 필요도 없이 그냥 자동적으로 넘기기만 하면 되게 만들어 버린다. 하긴 아이들에게는 편하기 그지없는 이런 독서 행태를 교묘히 이용하는 작가도 있다. 책의 내용이야 이해하건 말건. 매력적이면서도 눈에 쉽게 들어오는 삽화는 그림의 제어題語를 보게 만들어 이를 참고로 더욱 풍성한 이해를 하게 만들고, 나아가 좀더 깊이 알기 위해 텍스트를 보고 싶게 만들면서, 결국 삽화와 제어를 통해 얻은 정보를 토대로 보다 단단한 문맥 내에서 내용을 이해하게 만들어 준다. 다시 말해 《이야기 하고 있는》 이미지가 중요하다는 것이다. 더러는 아이들이 외국어로 된 그림책을 열심히 넘겨가며 보다가 우리에게 달려 와서는 텍스트를 번역해 들려 달라고 떼를 쓰던 모습이 생각난다.[221] 이미지가 그들로 하여금 궁금한 생각이 들도록 만든 것이다. 그래서 결국은 텍스트가 설명하는 그 한마디도 놓치고 싶지 않았던 것이다.

    자연이나 동물, 또는 해저 세계에 관한 좋은 텔레비전 방송 프로그램도 종종 아이들의 호기심을 발동시킨다. 이 경우 아이는 도서관에 와서 이 분야에 대한 책을 유심히 찾아본다. 이런 식으로 유발된 호기심은 대개 금방 잊혀지고 마는 것이지만, 그러나 한편 실제로나 아니면 지금 당장은 아니더라도 아이의 진지한 관심사로 이어질 수도 있다.

    도서관에 와서 서가 사이를 한가로이 돌아다니다가 우연치 않게 새로운 관심거리를 발견할 수도 있는데, 이 경우 좋은 책일수록 그만큼 눈에 뜨일 확률이 높다. 대표적인 예를 들 수 있는 책이 바로 『고딕 성당: 이 아름다운 건물이 지어지기까지』[222]이다. 정밀하고도 생생한 수많은 크로키로 한 성당이 설

---

221) 주로 영국과 일본 그림책이었는데, 특히 전자의 경우 Usborne, Bodley Head 출판사, 후자는 Fukuinkan Shoten 출판사 작품들이 인기를 끌었다.
222) David Macaulay, 『고딕 성당: 이 아름다운 건물이 지어지기까지』 Cathedral: The Story of its Construction.

립되면서 거치는 여러 다른 단계의 공사 과정을 세밀히 보여주고, 실제로 구사된 작업 기술뿐만 아니라 인부들의 일하는 모습까지 두루 소개하면서 이 책은 도서관을 이용하는 아이들에게 그야말로 폭발적인 관심을 받았다. 어떤 구체적이고 실제적인 일에 대해 정확한 것을 알고 싶어 하는 아이들의 성향과 맞아떨어졌던 것이다. 이 책이 아니었더라면 아이들이 자발적으로 성당 짓는 일에 관심을 두거나 할 것인가? 이 책의 성공으로 우리가 확실히 알 수 있는 사실은 솜씨 좋게 다루어지기만 한다면 그 어떤 주제도 아이들의 관심을 이끌어 낼 수 있다는 교훈이다. 그저 그런 정도의 흥미밖에는 주지 못하면서 확실히 장사는 되는 그런 주제 범주에 아이들을 묶어두고 있는 현재의 엉터리 상황과는 정반대가 아닌가.

아이들이 구체적인 질문을 가지고 참고 자료를 찾을 때, 이 경우 대개는 순전히 학교 숙제나 공부 때문인데 이런 현상은 지극히 정상적인 것이다. 《배우는 것을 가르치는》 것이 바로 학교의 임무 아니던가? 하지만 아무리 혼자서 조사하고 탐구한다 해도 아이들의 이런 행동은 학교에서 받은 수업 방식의 영향을 받는다. 무릇 교육이란 일종의 독단주의적 원칙을 토대로 하기 때문에, 그리고 《질의-대답》이란 단순한 체계 위에서 출발하는 것이기 때문에, 이런 분위기에 노출되어온 아이들은 대개의 경우 되풀이하기 쉽거나 보고 베끼기 쉬운 문장을 찾으면 거기서 만족해 버리고, 좀더 잘 이해해 보려는 노력은 아예 생각도 않는다. "어디서부터 어디까지 베껴야 하나요?"라는 말은 곧 아이들이 문제를 자기 것으로 소화하지도 못했고, 또한 별다른 흥미를 느끼지도 못했다는 반증이다. 이럴 경우, 얻은 지식이나 정보는 아이에게 아무런 의미가 없다.

이따금 아이들이 훨씬 뻔뻔한 표현으로 요구해 온다. "...이런 주제를 다루고 있는 책 좀 찾아주세요." 사서가 책을 찾아주면서 묻는다. "이 책은 너무 어렵지 않겠니?" 혹은 "이 책 괜찮겠니?" 아이가 대답하기를, "상관없어요. 어차피 우리 선생님을 위한 일인데요, 뭐." 현실은 이렇게 왜곡되어 있다.

이런 잘못된 행태는 현행 도서 컬렉션이 일견 성공한 것처럼 보이지만 사실은 속 빈 성공이라는 것을 증명한다. 학교에서 필요로 하는 교육적 측면으

하유진 옮김, 한길출판사, 2003

로는 정말이지 엄청난 힘을 쏟아붓고 있지만, 정작 아이들 세계의 진짜 문제, 가령 "내가 기르고 있는 새가 지금 아파해요. 무슨 일일까요? 그리고 난 어떻게 해야 하나요?"라든가 "공룡은 사람을 먹어요?" 같은 질문에 대해서는 대답을 들을 수 없다는 것을 이미 아이들도 너무 잘 안다.

아이가 정말 알고 싶은 것을 물을 때에는 훨씬 까다로워진다. 아무 대답이나 듣는데서 결코 만족치 않는다. 정말 가치 있는 정보는 한 마디도 들려주지 못한 채 온갖 횡설수설을 늘어놓은 책이라면 그는 던져버린다. 바보 같은 문맥을 꾸며 내고 있거나, 앞뒤 잘 맞지 않는 대화를 질질 끌어가고 있거나, 쓸모없는 수식만 장황하게 늘어놓고 있는 작가의 책도 사양한다. "오! 마치 역사책에 나오는 루이 14세처럼 근엄하고 자신에 차 있는 모습으로 농가 뜰의 한 가운데를 한껏 뻐기며 지나가고 있는 닭장의 왕, 수탉 선생의 화신께서 저기 오시도다!"[223] 이 모든 단어가 그저 한 마리 보잘것없는 암탉을 기르는 일에 대한 이야기를 하기 위해 동원된 허사였던 것이다.

너무 태깔 나게 꾸민 텍스트도 불필요한 텍스트만큼이나 아이로 하여금 책의 내용이 자신과는 아무 상관이 없다고 생각하게 만든다. 이런 책들은 빈약한 정보에 비해 너무 많은 노력을 쏟아붓기를 원하고, 독자의 감정에 와 닿는 언어를 구사하지 않으면서도 독자에게는 생생한 감정을 느끼도록 강요한다. 교묘하게 엉뚱한 방향으로 흘러가면서 결국은 독자의 지식에 대한 노력을 망쳐버리는 악의적인 책들이다.[224]

인위적이고 지루하며 허황된 이런 표현과는 극단적인 대척 지점에 있는 경우로서, 너무 건조하고 표정이 없는 말이나 또는 아무런 소용에 닿지 않는 전문적인 용어를 잔뜩 대동한 책도 있다. 이들은 보통 저서를 좀더 현학적인 품위를 갖춘 것으로 치장하기 위해, 우리가 어렵지 않게 표현할 수 있는 어떤 물건이나 현상을 우회적으로 표현하기 위해 갖다 놓은 단어 이외는 아무것도 아니다. 설혹 이 단어들이 색인에도 나와 있거나, 책 면에서 붉은 색으로 표시

---

223) A. M. Pajot, 『암탉 피코타』 *Picota, la poule*, 파리: Hatier, Collection Ami-Amis

224) 앞서 나는 어디쯤에선가(p.34) 앓고 있는 햄스터를 치료해야 한다는 '다급한' 용무를 가지고 도서관을 찾아 온 어느 아이 이야기를 잠깐 했었다. 아이는 필요한 꼭 그 해답을 찾기 전에는 포기할 기색이 전혀 없었다. 다행히도 우리는 다른 사족 없이 아이가 원하는 바에 명료히 부합하는 정보를 담은 책을 짧은 시간 내에 찾아 줄 수 있었다.

되어 특별 강조의 의미를 띈다 할지라도.

물리학자 프랑스와즈 발리바르[225]는 어린이 층을 겨냥한 과학 서적에 많은 관심을 가졌다. 엄정한 판정 결과 그녀는 이른바 과학 입문서라 자처하는 책들에 대해 사정없이 비판했다. "이 책들은 사실에 기초한 정보를 특히 숫자화하여(숫자가 많이 보일수록 과학적으로 증명된 것이라는 믿음을 준다는 착각 아래) 눈사태가 난 것처럼 쌓아 놓은 집대성에 불과하다. 이들 대부분은 청소년들의 머리만 얼얼하게 만들 뿐이어서, 이들은 정보는 아예 뛰어넘고 보거나 아니면 그냥 책을 덮어 버린다. 《아동 과학 참고 자료집》(이름은 나쁘지 않다)에는 《참고 자료》가 정말 너무 많다. 다시 말해 지식 자체를 위한 지식만 수집되어 있을 뿐이어서, 아무런 설명도 없이 그냥 책에 용어만 언급되어 있는 실정이다."[226]

이런 왜곡은 사람들이 질문 던지기를 잊어버리기 때문에 발생되는 불행이다. 작가는 누구를 대상으로 말을 거는가: 어린이인가, 성인 구매자에게인가? 하지만 종종 교육적 목적에 사로잡힌 우리들은 짐짓 교육적인 인상을 근엄하게 지어 보이는 이 가짜 포장에 그만 깜박 속아 질문 문제는 자주 뒷전으로 밀려나 버리고 만다. 도무지 이해할 수 없는 이 텍스트와 삽화들이 오히려 아이들에게 "이것도 모르다니 난 정말 바보야"라는 생각을 갖게 만드는 데도 말이다. "참고 자료 서적의 큰 불행은 교육적 억압에서 스스로 자유로워질 줄 모른다는 것이고, 더불어 구매 당사자이자 평가자, 감정인인 어른들 눈치만 본다는 것이다." 피터 유스본의 지적이다.

이 출판업자[227]는 책과는 다른 장르의 매체가 존재한다는 사실과, 스스로 청소년층을 대상으로 실험해본 결과 얻어 낸 분석을 토대로 역동적인 변화의 길을 모색했다. "무겁고 지루한 책은 사회체계 안에서 볼 때 어른들의 환영은 이끌어 낼 수 있겠지만 아이들에게는 잠재우거나 달아나게 만드는 것 이외에

---

225) 명성높은 과학잡지「라 르쉐르쉬」La Recherche(SES:Société d'Éditions Scientifiques · 과학출판물협회, N° 372, 2004. 2)에 발표된 Françoise Balibar의 신랄하기 그지없는 이 논문, "천재에의 중압감 속에서"는 1980년대의 아동 과학 서적에 대한 반성적 고찰을 이끌어 내는데 중요한 역할을 했다. 발리바르 여사는, 이 장르 대부분의 책들이 아동 과학 서적이란 명칭을 부여받을 자격조차 없다는 가혹한 평가를 내렸다. 과학적이지도 않을 뿐더러 아동을 위한 수준도 아니라는 분석에 근거한 것이었다.
226) Françoise Balibar, "작가에게 요구한다" On demande des auteurs, 「어린이도서잡지」 N° 126-127통합호 (1989. 5), pp.45-47
227) Peter Usborne, "유스본 스타일" Le style Usborne, 「어린이도서잡지」 N° 126-127통합호(1989. 5), pp.70-72

는 아무것도 해줄 수가 없다(...). 주로 학교를 대상으로 펴내던 오락성 서적을 이제 우리는 접고, 대신 집에서 책을 읽는 독자를 직접 상대하기로 결정을 내렸다. 더 이상 학교 교과서나 다른 여타의 참고 도서와 경쟁하는 것이 아니라 우리는 텔레비전이나 만화, 오늘날 상당한 수준으로 전문화되어 있는 가정 오락 등의 분야와 싸울 것이다(...). 오랜 숙고 끝에 우리는 의도적으로 시각적 매체에 관련된 회사와 손을 잡았고, 한편 전통적인 교육 전문 출판사로서의 우리의 소명인 면밀한 연구, 정확한 사실, 계획과 실험의 검증이란 기본 정신은 언제나 잊지 않고 염두에 둘 것이다."

변화하는 시대 환경을 잘 읽어 내고, 비전에 기초하여 유연하게 적응하는 태도야말로 자신의 효력을 잃지 않는 핵심이라는 것을 보여주는 진정한 출판 정신 아닌가!

현대 참고 서적의 진정한 대부라 할 수 있는 뻬르 카스토 아틀리에 l'Atelier Père Castor(p.87의 관련 역주를 참고하시오 -역자 주)의 설립자 폴 포세는 1930년경부터 이미 삽화나 페이지 연출 양식, 서체 등에 관한 연구에 막대한 투자를 아끼지 않았다. 이런 결과 진정한 고전의 반열에 오른 이 컬렉션의 그림책들은 같은 한 권의 책으로 여러 다른 형태의 독서를 가능하게 만든다. 다양한 글씨체를 즐길 수 있고, 널찍한 페이지에 프레스코 양식(갓바른 회벽 위에 수채로 그리는 화법 -역자 주)으로 그려진 삽화를 감상할 수도 있으며, 또는 아래쪽에 친절하게 설명된 해설 도표의 도움을 받아 디테일들을 자세히 음미해 보는 여유를 누리게도 만들어 주는 것이다. 이와 같은 점들은 오늘날의 아이들에게도 여전히 유효한 독서 양식으로 이어질 수가 있다. 뿐만 아니라, 필요한 부분에 덧붙인 보충 설명은 보편적이면서도 필수적인 핵심을 놓치고 있지 않는 수준이기 때문에 여러 다른 연령층의 아이들이 보아도 무방할 정도다. 한편 책 이외의 다른 정보 매체를 연결하는 솜씨도 자연스럽고 매끈하다.

오늘날 참고 자료로 쓰일 수 있는 그림책들의 주된 경향은 어떤 한 문제에 양면 페이지를 할애하여 세세한 설명표를 곁들인 몇 개의 삽화를 통해 표현하고, 보다 상세히 알려면 알록달록한 그림 없이 깨끗한 백지 위에 차분히 기술되어 있는 텍스트를 읽어 보게 하고 있다. 이 같은 전개 양식은 독자들이 보다 집중되게 주의를 기울일 수 있는 여건을 제공하려는 의도에서 비롯된 것이라

보아지는데, 간혹 씩은 함부로 사용되어 알맞은 방식이 아니라는 느낌을 가지게도 한다. 곧 독자의 주의력 집중을 빌미로 삼아 보다 긴 전개 과정이 필요한 복잡하고 어려운 문제에도 같은 비중의 페이지가 배당되고, 반대로 별 중요하지도 않은 사소한 문제 역시 같은 양으로 다루어진다는 것이다.

도서관은 '교과 과정에 없는' 문제에 대해서도 진심으로 중요하게 생각해야 하며, 우리가 섣불리 대수롭지 않은 것이라고 여겨버린 문제들도 소홀히 다루어서는 안 된다. 아이들에게는 자기가 의문을 품고 있다는 사실에 대해 자신감을 가진다는 것이 중요하기 때문에, 아무리 하찮은 것이라 할지라도 자기의 질문이 다른 사람의 관심을 받을 만한 것이라고 확인하는 것 역시 중요한 문제가 된다. 이런 과정에서 아이의 인생에 새로운 어떤 길이 열리게 될지도 모르기 때문이다. 작가들은 - 그리고 아마 사서들도 - 이러한 아이들의 사고 구조가 얼마나 중요한지 깨달아야 하고, 자신에게 익숙하게 받아들여지도록 노력해야 할 것이며, 각자 자신의 영역에서 아이들의 이러한 특성을 어떻게 살려야 하는 것인지, 어떻게 이끌어 주어야 하는 것인지 고민해야 한다. 사소한 의문을 가지는 이 같은 과정이야말로 아이들이 장차 훌륭한 연구가가 되기 위한 첫걸음이 될지도 모르는 일이기 때문이다. 더러 어떤 책들은 순전히 상업적인 의도에서 《질문-대답》이란 항목을 부제로 달아 놓는다. 그렇지만 너무 남용하지는 말았으면 좋겠다. 아이들에게 전혀 알맞지 않은 헛된 질문들을 나는 많이 봐 왔기 때문이다. 질문은 산만하고 대답은 너무 추상적이어서 쉽게 와 닿지를 않는다. 서로 연결되지 않은 정보들을 모자이크 조각처럼 꿰맞춘 것도 드물지 않다.

참고 자료가 될 수 있는 이러한 장르의 서적은 '혼자서 조용히' 읽어야 하는 경우가 많으므로, 독자의 마음을 어떻게 휘어잡을 수 있는가 하는 문제가 특별히 중요해진다. 과연 어떤 요소가 책을 펼쳐 보고 싶게 만드는 것일까? 그리고 한 자도 놓치지 않고 끝에서 끝까지 읽고 싶게 만드는 것일까? 표지서부터, 첫 페이지에서부터, 설혹 아이가 잠시 착각에 빠져 생각한다 할지언정 정말 자신과 관련된다는 흥분 가운데 관심이 발동되도록 하는, 또는 무언가에 이끌려 아이가 감탄해 마지않는, 이런 상황을 만들 수 있는 요소를 갖추는 것이 중요하다. "가장 작은 단위의 한 방울 물도 300×10억×10억이라는 셀 수 없이 많은 분자를 담고 있다."²²⁸⁾ 동물들은 어떻게 잠을 잘까?²²⁹⁾ 비가 오면 이들은 어디로 갈까?²³⁰⁾ 식물이 정말 육식을 할 수 있을까?²³¹⁾... 또한 아이가 일상생활에서 늘 부딪히는 단순한 문제들을 돌아다볼 수도 있다: 무릎이 까진 이 자리에 딱딱한 껍질은 왜 생기는 것일까?²³²⁾ 바로 이럴 때 아이의 정신은 깨어나고, 머리는 움직이기 시작한다. 그리고 들을 준비가 되어 있고, 따라서 스스로 책을 찾아 읽게 된다. 이 때 작가는 숨돌릴 겨를을 주지 않고 아이를 붙잡아 둘 줄 알아야 한다.

참고 자료를 쓰는 작가는 일종의 완전한 작가라 할 수 있다. 현상이나 사실을 해설하고, 앞뒤 인과 관계를 맞추어 설명하며, 비교와 대조를 통해 더욱 깊이 접근하는 데에 충분한 시간을 가지고 작업해야 한다. 그리고 표현에 적합한 언어를 찾아야 하고, 보다 확장된 범주로 독자의 감동과 흥미를 이끌어 올 수 있도록 과감하게 비교를 해야 하며, 참고 요항을 첨가하여 독자로 하여금 새로운 정보를 적극적으로, 혹은 비판적으로 받아들여 이들을 모두 모아 잘 정리하도록 이끌어야 한다. 무릇 아이들이란 희미한 그 무엇이나 미미한 징후에 대해 그 확실한 사실만 받아들이기 때문에 불분명한 것은 스스로 수정하고 조합 연결해 보는 것이다. 아이들은 누구나 연구자가 될 수 있는 자세를 이미 갖추고 있는 셈이다.

아이는 생생한 궁금증을 가지고 있는데, 너무 일반적이거나 매우 모호한 문장 속에서 우회적인 표현으로 문제를 빙빙 돌리기만 한 채 미묘한 맛을 더해 주는 디테일은커녕 명쾌한 해답조차 제시하지 않는 책이라면 아이는 얼마나 배신감을 느끼게 될까! 연구자나 아이들이 공통적으로 가지고 있는 점이 바로 디테일에 대한 관심인데도 말이다. 디테일한 요소들이 분명하고 명확하게 드러나도록 기술해야 한다. 이 작은 문제들은 지식의 연장선에서 볼 때 중

---

228) Jean Marzollo 글·Water Wick 그림, 『난 숫자를 찾아요』 *I Spy little numbers*, 뉴욕: Cartwhell, 1999
229) Paul Showers 글·Wendy Watson 그림, 『사람은 모두 잠을 자요』 Sleep is for Everyone, 뉴욕: HarperCollins, 1997
230) Gerda Muller 글·그림, 『비가 오면 동물들은 어디로 가요』 Où vont-ils quand il pleut, 신선영 옮김, 파랑새 출판사, 2007
231) Linna Bentley, 〈동물을 잡아먹는 식물〉 Plants that eats animals, 『보들리 헤드 자연과학 도감』 *A Bodley Head natural science picture book*, 런던: The Bodley Head, 1968
232) 柳生弦一郎(Yagyu Gen-Ichiro), 『상처딱지』 *What is a scab?*, 엄기원 옮김, 한림출판사, 2005

요한 의미를 띄는 한 징후가 될 수도 있기 때문이다. 아이들을 이해시키고, 다른 현상들과 연결하여 생각하게 하며, 다른 질문이나 발견으로 나아갈 수 있도록 이끌어 주는 것은 바로 우리 어른들이 할 일이다.

지식의 그물망

정보는 어떤 다른 체계망에 연결되어 확장될 때 진정한 의미를 가진다. 어떤 새로운 정보를 자신의 것으로 만든다는 것은 곧 이미 획득된 경험이나 지식에 이를 필연적으로 결합시킬 수 있어야 한다는 것이며, 나아가 어디에 어떻게 결합시켜야 하는가를 안다는 것을 의미한다. 그리고 또한 이 새로운 정보가 어떻게 다른 의문들로 저절로 발전되어 나갈지를 안다는 것까지도 포함한다. 진정한 전문가라면 이와 같은 체계 속에서 더욱 풍성해질 수 있는 정보를 토대로 한 생각을 제시할 줄 안다. 이들은 연합적 사고를 제시하여 숙고를 하게 만든다. 가령 예를 들면, 잠자리의 비상 거리에 대한 연구가 어떻게 헬리콥터의 발명가에 영향을 끼쳤는가 하는 식이다. 인간의 지능은 이와 같이 조금은 뜻밖이면서도 동시에 수긍할 수 있는 상황에 주어졌을 때 작동된다. 우리의 경험으로 확인한 바, 아이들은 정상적인 지적 단계에 만족을 느끼면서도 다른 한편으로는 늘 좀더 윗수준의 것을 본능적으로 갈망한다.

구매자의 시선을 단번에 붙들려는 의도에서 '...에 대한 완전정복'이란 식의 책들이 여전히 너무 많이 나오고 있다. 한 문제에 30페이지씩 할애하여 전반적인 요점들을 짚어준다는 등의 설명 방식을 강조하는 책들인데, 이런 일률적인 설명은 연령층에 따른 수준 문제는 전혀 고려하지 않고, 게다가 관점조차 일정하지 않고 여기저기로 왔다간다 한다. 이 같은 책이 어떻게 지식의 더 넓은 체계망으로 뻗어갈 수가 있겠는가? 어떻게 보면 주제가 오히려 닫혀 버리는 것이다. 이 책들은 종종 혼자서 여기저기서 아무렇게나 베껴 급하게 만들어진 경우가 많고, 주제도 다양해서 자동차, 선사시대, 해저 세계, 천문학 등 중구난방으로 퍼져 나간다. 이런 책은 어른이 한 번쯤 죽 훑어보고 "이런 형태의 설명 보고서라면 나라도 정말 흥미를 느끼기는 힘들겠다"는 생각이 들 때 손에서 놓아 버리는 것으로 그 가치는 충분히 족하다.

이와 반대로 알리키의 『먼 옛날의 화석 이야기』[233] 같은 책은 자칫 지루해질 수 있는 주제를 아주 재치 있게 다루어 아이에게 친근하게 다가가고 있다. 화석이 어떻게 형성되었으며 어떻게 어디서 처음 시작되었는지 설명한 다음, 이를 토대로 지금은 멸종된 종들의 삶을 재구성하여 보여준다. 작가는 때때로 과감한 독창성을 발휘하기도 하고, 한편 재미있고 익살맞은 어조도 즐긴다. 가령 시베리아 빙하에서 발견된 고대 화석 매머드를 가리키며 '분화구에 핀 데이지 꽃'이라는 것이다. 아이들이 능히 물어올 수 있는 질문을 먼저 스스로 던져 놓기도 한다: "그 고기는 맛있었어요?" 대답은 유머 속에 진실을 담아 보낸다: "그럼, 그것 자체는 약간 질기기도 하고 맛은 없는데, 그래서 매머드가 늙어가기를 기다리지!" 뿐만 아니라, 다채로운 이미지로서 매머드를 둘러싼 주변의 일들을 향연처럼 펼쳐 과학적인 앵글을 통해 보여준다. 마지막으로 책은 아이들에게 스스로 어떻게 화석을 만들 수 있는지 설명하면서, 한 예로서 자손을 위해 남긴다는 메모와 함께 작가의 손을 점토 속에 직접 넣어 자국이 찍힌 모습을 보여준다.

훌륭한 참고 자료의 특성은 결국 청소년들로 하여금 간접 경험이란 쉬운 수단을 통해 지식 체계에 자신의 힘으로 들어설 수 있게 하고, 시간과 공간을 초월한 세계로 들어갈 수 있는 사다리를 제공하여 사물이나 현상을 비교 또는 인과관계를 통해 바라볼 수 있게 하며, 또한 자신이 지금 제시하고 있는 눈앞의 바로 그 자료를 통하여 직접 아이의 문제를 해결해줄 수 있어야 한다는 것이다. 같은 페이지 내에 코끼리 한 마리와, 바로 옆에 이와 크기가 똑같은 조개비 하나가 아무런 설명도 없이 그려져 있는 것을 그대로 동시에 보아야 한다는 것은 정말이지 유감 천만한 일이다. 보다 더한 일은, 도대체 무슨 생각에서인지 이 같은 종류의 사진 그림책에 아프리카 아이들의 일상적인 삶을 소개하고 있냐는 것이다.[234] 사전적 개념으로 축소된 다양성도 다양성으로 인정해야 한다면 결국 개념이란 거짓말에 불과할 뿐이라는 생각이 든다. 이 역시 진실이 빠져 있기 때문이다. 이런 자료는 사람들에게 편견만 덧입힐 뿐이다.

출간과 동시에 고전으로 등극된 《뻬르 카스토》 Père Castor 컬렉션의 『대지

---

233) Aliki, 『먼 옛날의 화석 이야기』 *Fossils tell of long ago*, 뉴욕: Thomas Y. Crowell, 1972
234) 파리 Nathan 출판사의 《세계의 어린이》 *Enfants du monde* 컬렉션

의 아이들』그림책은 매우 구체적으로 범주가 정해진 맥락 안에서 이런저런 외국 아이들을 소개하면서 위의 경우와는 근본적으로 다른 수순으로 이야기를 풀어 간다. "〈아메리카 토인, 아모〉는 북미에 살고 있는 보통 인디언이 아니다. 그는 토인 부족에 속하고, 구체적으로 어디어디에 살고..." 하는 식이다.

게다가 해당 분야에서 본보기가 될 만한 이런 그림책들은 스토리도 억지로 짜낸 황당무계한 소재를 토대로 하지 않고, 필요 없이 감정적인 색채를 덧씌우는 일도 없다. 대신 캐릭터가 생생히 살아 있는 주인공의 삶을 섬세하고 정교하게, 그리고 심오한 진실에 덧붙여 만들어 가는 것이다. 아이들은 이런 주인공에게 자기 자신을 동화할 수 있고, 비로소 값진 정보들도 길어올릴 수 있다. 『아프리카 소인종 만가주』[235]을 읽으며 아이들은 오두막살이도 체험해 보고, 산림을 헤매며 사냥도 나선다. 가시덤불 무성한 삼림 지대의 무서움도 느끼고, 너무 두려워 덜덜 떨다가 마침내 험난한 하루를 보낸 끝에 모두 무사히 다시 만나게 되는 기쁨도 마치 자신의 것인 양 뚜렷이 각인한다. 이렇게 해서 아이들은 자기와는 다른 삶을 살아가고 있는 사람들의 내면과 방식을 배우게 되는 것이다.

인류학적인 이런 영역에서는 감정이나 정서, 그리고 알아가는 기쁨 등을 모두 함께 경험할 수 있다. "허황된 교리주의, 메마른 지식주의는 이제 그쳐야 한다. 이와는 반대로 교감을 일깨우고 자신과는 다른 점이나 같은 점을 발견해 나가도록 아이들을 격려해야 한다(...). 외국의 또래들이 어떻게 응석을 부리고, 또 벌을 받는지? 부모에게 어떻게 이야기하는지? 그들 부모는 또 아이에게 어떻게 말을 거는지? ...이런 모습을 보는 것은 아이에게 흥미로울 뿐만 아니라 정신세계를 살찌워 주는 밑거름이 된다. 이것이야말로 우리가 다른 사람을 안다고 말하는 바로 그것이다."[236]

말할 나위 없이 우선 작가가 주제에 대해 스스로 충분히 이해한 다음, 이를 전달하려는 강한 욕구를 가져야 한다. 그리고 이야기를 풀어내는 기술도 충분히 숙지해야 한다. 이런 측면에서 볼 때 폴 에밀 빅토르의 『조그만 눈송

---

235) Jean Michel Guilcher 글·Cana 그림, 『아프리카 소인종, 만가주』 *Mangazou, le petit pygmée*, 파리: Flammarion-Père Castor, 컬렉션 《지구의 아이들》 Les enfants de la terre , 1952
236) Isabell Jan이 「어린이도서잡지」에 기고한 한 논문에서. 여기서는 Michel Defourny의 앞의 책에서 인용함.

『이 아풋시아크』[237]는 중요한 의미를 띄는 작품이다. 작가는 인생의 긴 기간 동안 에스키모족들과 함께 살아온 탐험가로서, 마침내 자신의 경험을 바탕으로 아이들 그림책을 만든 것이다. 1948년에 출간된 이 고전은 오늘날까지 아이들이 흥미진진하게 읽는 책이다. "자신이 꿈꾸어 왔고, 또 마침내 이루었던 그 인간적인 체험이 너무나 강렬했던 나머지 작가는 아이들에게 이 이야기를 들려주어야겠다는 맹렬한 욕구를 느꼈다. 작가는 매우 신중한 태도로 이 작업을 수행해 나간다. 부자연스럽게 꾸민 멋이 전혀 없는, 생생하고 세밀하며 사실적인 정보들을 페이지마다 가득 채워 독자에게 전해주고, 게다가 이 정보들은 모두 객관적인 논의를 통해 사실 여부가 증명된 것들이다. 하지만 문장은 시적이다. 이야기꾼들 사이에 대대로 전해내려 오던 사람 끄는 재능을 직관적으로 이어받았다는 듯이. 구수한 반복법과 두운법(동일 자음을 반복하면서 여러 낱말을 전개해 가는 방식 -역자 주)을 능란히 구사해 나간다. 작가가 얼마나 어린이들을 진짜 독자, 곧 주의 깊게 읽고 까다롭게 요구하는 독자로 상정했는지 처음부터 끝까지 우리는 느낄 수 있다. 짐짓 예쁘게 꾸며진 부분도 없고, 현실을 다시 매만지지도 않았으며, 검열하는 듯한 준엄한 목소리도 아니다. 사냥꾼들은 몰래 목을 지키고 있다가 성가시게 낑낑대는 개들은 한 발에 차내버리고 적시적발의 총구를 겨누어 놈들을 낚아채듯이, 현실의 모든 상황은 무엇으로도 대체할 수 없는 꼭 그만의 원칙에 의해 흘러갈 뿐이다."[238]

작가라면 모두 그렇겠지만, 참고 자료 서적을 쓰는 작가 역시 서술의 기술을 잘 익혀 능란하게 이야기를 이끌어 가야 한다. 간단히 말해 이야기할 줄 알아야 한다는 것이다. 이런 점에서 볼 때, 그저 여기저기서 자료를 주워 모아 수집하는 사람보다는 노련한 학자들 중에서 다른 사람에게 무언가를 전달하기 좋아하는 사람이라면 이 분야의 보다 적합한 작가가 될 것이다. 단지 사실이나 정보의 진술에서 그치는 문제가 아니기 때문이다. 자신들의 주제에 정통

---

237) Paul-Émile Victor, 『아풋시아크, 작은 눈송이』 *Apoutsiak, le petit flocon de neige*, 파리: Flammarion- Père Castor, 컬렉션 《지구의 아이들》 Les enfants de la terre, 1997. 세계 각국, 특히 제 3국의 어린이 생활을 소개하는 이 컬렉션 책으로서 그 외 『서인도제도 앤틸에서 온 페페』 *Féfé des Antilles* (Annie Butel 지음, 1993), 『카사망스에서 온 세네갈 소년 아수아』 *Assoua, petit sénégalais de Casamance* (Bénédicte De la Ponciere 지음, 2009) 등이 있다(역자 주).

238) Daniel Jacob, "명작 해부: 거침없는 발걸음, 빅토르 폴 에밀의 작은 눈송이 아풋시아크", *Apoutsiak, le petit flocon de neige Victor P.-E.: anatomie d'un chef-d'oeuvre*, 「어린이도서잡지」 N° 210(2003. 4), pp.57-69

해 있기 때문에 그들은 편안하고 자유로이 청중에게 이야기할 수 있다. 콘라드 로렌스나 장 헨리 파브르, 혹은 장 로스탕 같은 대가들의 작품을 생각해보면 금방 알 수 있지 않은가. 이들의 몇몇 과학 저서들은 연령을 막론하고 모든 사람들이 마치 소설처럼 읽고 즐기는 작품이 되었다.

사실 어린이를 위한 참고 자료들이 시중에 참 많이 나와 있다. 이야기책이나 순전히 픽션풍의 그림책에 뒤지지 않는 즐거움을 아이들에게 안겨 주면서 읽히고, 또 반복해서 읽히기도 한다. 《이야기에 실어 들려준다면 난 이해할 수 있어요》, 이것은 어린이 도서 전문 컬렉션인 아르키메스 Archimèdes가 표방한 원칙이다. 이야기에 녹여 들려주는 것이 사실 아이들에게는 이해하기가 쉽고 감동도 얻기 쉬울 것이다. 아직 미숙한 젊은 연구가라면 모두 알아야 한다는 것 자체가 전혀 중요한 문제가 아니라, 오히려 아이들을 이해시키고 감동시키는 방법이라든가, 어떻게 하면 아이들의 흥미를 끌 수 있을 것인가 하는 문제를 항상 염두에 두는 자세, 아이들의 지식 체계나 이해 체계에 적극적인 관심을 가지고 살펴보는 것 등이 정말 필요한 일이다.

아이들은 지능은 마치 일종의 게임 같은 논리적 추론에 의해 이해를 받아들인다. 그래서 아이들은 굉장히 단순한 그림책을 읽을 때 진정한 기쁨을 느낀다. 『집은 왜?』[239]를 읽으면서 우리 인체 구조 역시 논리적으로 짜여져 있음을 깨닫게 되는 것이다.

참고자료 서적에서 이미지는 어떤 기본적인 역할을 맡는다. 우선 독자의 눈길을 끌어 와서 머물러 앉힌 다음, 상세히 설명하고 해설해 주는 역할이다. 그리고 관찰하는 법과 비밀을 벗겨나가는 법도 가르쳐 준다. 훌륭한 참고자료 서적들은 결국 관찰하도록 유도하는 책이다. 아이들이 자신의 주변을 직접 둘러보면서 관찰하도록 할 수도 있고, 혹은 삽화를 요리조리 뜯어보면서 관찰하게 만들 수도 있다.

예술가들은 훌륭한 《전달자》들이다. 교육적 의도가 없다 하더라도 그들은 아이들과 교류하면서 진정한 기쁨을 느낀다. 삽화라도 엄중한 기준을 둔다면 어떤 환상적 요소들을 바탕으로 할 수가 있다. 곡물에 대한 건조로운 자료를

---

239) Satoshi Kako, 『집은 왜?』 *Pourquoi une Maison?*, 동경: Fukuinkan Shoten; 파리: L'Ecole des loisirs, 컬렉션 Archimède, 1994

토미 웅게러가 효과 적절한 삽화를 넣어 표정을 바꾸어 놓은 것이라든지[240], 진지한 예술가들 곧, 작가나 삽화가들뿐만 아니라 과학 전공자들, 그리고 대중 교육 보급자들에 이르기까지, 이들의 재능을 기막히게 이끌어 낼 줄 아는 앵글로 색슨계의 몇몇 참고자료 서적에서 우리는 성공적인 사례를 확인할 수 있다.

『그럼 대체 오르니카는 어디에 있다는 거야』[241]는 이 장르에서 모델로 추천될 만한 책이다. 개학 날 새로 온 아이가 다른 아이들 틈에 섞여 경험하는 일들을 그린 것으로서, 책을 읽으면서 아이들은 종種을 분류하는 원리를 재미있게 배우게 된다. 그럼 오리와 오소리는 어디에 넣어야 하지? 이리저리 따져봐도 쉽게 자리를 찾아줄 수가 없다.

지식이나 과학적 정보 전달을 목적으로 하는 책이라 할지라도 유머스러운 해설 방식이나 놀이 같은 접근 과정을 통해 얼마든지 재미있게 꾸밀 수 있다. 잡지 「올빼미」[242]가 훌륭한 모범을 보여준다. 이 책은 서로 어울릴 것 같지 않은 것들끼리 비교하면서 결국은 고개를 끄덕일 수밖에 없는 연결 고리로 묶어 설명해 나가는 재치가 특히 돋보인다. 이런 과정을 통해 이해한 것들은 아이들이 쉽게 잊어버리지 않는다. 못생겼지만 마음 착한 산파 아저씨 투투 박사(주변 개구리들의 알을 받아내는 역할을 하는 산파 개구리) 이야기를 어떻게 잊을 수 있을까? 투투를 친구 삼아 아이들이 결코 쉽게 접할 수 없는 주제를 친절하고 상세하게 풀어가는 이야기 덕분으로 콘라드 로렌츠 Konrad Lorenz (1903~1989, 오스트리아 생물학자이자 동물학자, 1973노벨생리의학 부문 수상자 -역자 주)나 파브르 Jean Henri Fabre (1823~1915, 프랑스 곤충학자, 『파브르 곤충기』의 저자 -역자 주) 저작물 못지 않은 관찰을 마친 셈이 된다.

---

240) Millicent E. Selsam 글·Tomi Ungerer 그림, 『씨앗, 그리고 더 많은 씨앗』 Seeds and more seeds, 뉴욕: Harper, 1959
241) Willi Glasauer 글·Gérard Stehr 그림, 『그럼 대체 오르니카는 어디에 있다는 거야』, 파리: L'Ecole des loisirs, 컬렉션 Archimède, 2000. 이 그림책은 2001년 학술상(Le Prix La Science)를 수상했다.
242) 「Hulotte」: 1972년 프랑스 최북단 아르덴느 Ardennes 지방의 어느 학교 학습지로 시작된 이래 현재까지 창시자 Pierre Déom의 일인 집필체제(글·그림)를 고수하면서 정기구독자에게만 판매되는 자연주의 잡지. 홍보 활동 없이 오직 입에서 입으로 전해지는 명성에 의해 확보된 프랑스 국내외 약 16만 구독자에게 석 달에 한번씩 배달되는 이 잡지는 다음과 같은 특징으로 이름나 있다. 곧, 프랑스의 잘 알려졌거나 알려지지 않은 동·식물에 대해 사진 없이 오직 흑백의 세밀한 스케치를 통해서만 표현한다는 점과, 이들을 의인화하여 유머스럽게 텍스트를 풀어가는 재치, 그리고 전문가들의 자문을 일일이 거친 믿을 수 있는 내용이 바로 그것이다(역자 주).

『알과 암탉』, 『나무』, 『사과와 나비』등을 쓴 옐라 마리[243]와 같은 예술가의 그림책들은 페이지가 넘어감에 따라 주제가 변형되고 순환되는 구조를 솜씨 좋게 엮어내고 있다. 끈질긴 생명력으로 피어오르는 풀과 나무, 수많은 야생동물의 여정, 그리고 이들의 삶과 죽음을 통해 아프리카 초원의 준엄한 생명력과 장대한 자연 변화 과정을 사실적이면서 풍부한 감성이 녹아있는 그림과 이야기로 그려내는 일본 삽화가 요시다 도시의 『엄마와 아기 코뿔소의 사랑』, 『엄마 잃은 아기 누』 등은 감동으로 우리의 마음을 적시기도 하면서 동시에 어떤 올바른 메시지를 던져 주고 있다.[244] 꼭 예술에 관한 책이나 학술 서적만 이래야 되는 것일까? 이런 종류의 책들은 사람들이 아주 큰 기쁨을 가지고 볼 수 있는 책이다. 아이들은 여기서 양면에 걸쳐 널따랗게 그려진 삽화를 오래 감상하며 즐긴다. 그 넓은 프레스코 벽화에서도 아이들은 상상력을 자극하는 어떤 디테일은 금방 잡아낸다. 가령 상처 입은 코뿔소 등을 치료해 주기 위해 온 찌르레기 새를 재빨리 파악한다거나 하는. 이런 감수성으로 아이들은 이 책에서 어린 새끼와 커다란 짐승들이 함께 살아가고 있는 아프리카 대초원에서는 과연 이들이 어떤 생활을 하고 있는지 알고 싶어 한다. 이런 그림책은 연령을 초월하여 독자에게 강한 호소력을 지닌다. 그리고 참고 정보는 꼭 필요한 그 자리에 꼭 필요한 그만큼만 있다.

　아이들의 마음은 또한 완벽할 정도로 세밀히 묘사된 그림이나 삽화를 천천히 음미하는데서 만족감을 느낀다. 예술가이자 수학자인 안노 미쯔마사[245]는 이 분야에서 해학을 통한 표현으로 걸출한 실력을 인정받고 있다. 텍스트의 도움 없이도 혼자 충분히 제 뜻을 전해가는 이미지들은, 문자를 읽는 수고 대신 독자들에게 성의 있는 관찰과 일종의 놀이 같은 게임을 청해 온다. 가령 『요술 냄비』에서는 게임을 통해 어떤 수학 법칙을 매우 꼼꼼하게 발견해 나가도록 독자를 이끈다. 이 작가의 작품은 예외 없이 모두 이 한 원칙에 토대를 두고 있다: 《세심하면서도 표정이 풍부한 이미지들의 들끓음》 일반적으로 텍

---

243) Iela Mari, 『빨간 풍선의 모험』 *Les Aventure d'une petite bulle rouge*, 1995, 『나무』 *L'Arbre, le loir et les oiseaux*, 1996, 『알과 암탉』 *L'uovo e la gallin*, 2006. 모두 시공 주니어를 통해 번역 발행되었다. 「어린이도서잡지」 *La Revue des livres pour enfants*, N° 105-106(1986 겨울호)에 게재된 저자의 인터뷰를 참고하시오.
244) Toshi Yoshida, 『엄마와 아기 코뿔소의 사랑』 *La quelle*, 『엄마 잃은 아기 누』 *La première chasse*, 바다어린이 출판사, 2002
245) 일본의 저명한 어린이 그림책 작가.

스트가 없는 그의 작품들은 독자로 하여금 무언가를 추구하는 과정의 즐거움을 체험하게 하고, 결국은 여기저기 시선을 옮겨 다니며 자신의 힘으로 찾고야 마는 만족감을 선사한다. 『늑대야, 너 거기 있니』에서는 양면의 화면 가득히 숲 속 풍경이 들어와 앉는다. 나뭇잎들 사이로 숨겨진 그림자를 보고 동물을 알아맞혀야 하는 게임이다. 아이들은 온갖 주의를 다 기울여 관찰하고, 지혜를 거듭 짜낸다. 온 통찰력을 동원해 바라보고, 알아맞히려고 이리저리 생각을 굴려보며, 은근슬쩍 보이는 것을 뚫어져라 관찰하고, 가정을 내려 보고, 도움이 될 수 있는 관련 요소를 궁리해 내느라 애를 쓰고... 이런 모든 단계의 노력은 연구자의 연구 태도와 다를 바가 무엇이겠는가? 과학적 요소를 품은 안노의 모든 그림책은 학술적 범위에서 엄중히 검증된 내용을 초과하지 않으며, 동시에 유머라는 필터로 걸러내어 재미있고 역동적인 분위기에서 전달되기 때문에 아이들뿐만 아니라 어른들도 환호해 마지않는 뛰어난 예술서이다. 치밀한 계산 가운데 악동 같은 장난기로 독자를 끝없는 사변 속으로 몰아넣는 이 작가 덕분으로 우리는 우리도 모르는 사이에 수학자가 되어 가는 것이다.[246]

한편 멕시코 테콜로트 Tecolote 출판사에서 발행된 일련의 훌륭한 그림책들은 이미지나 역사 자료를 책의 각 면에 넉넉하게 제시하여, 선先 에스파니아대의 약전에 나와 있는 기호나 표기들의 의미를 풀어가면서 제대로 된 인류학을 배우도록 만들어 준다.

경탄할 만큼 잘 짜여진 구조와 생생한 느낌을 그대로 전하는 미국 예술가 타나 호반[247]의 사진 앨범은 말 그대로 눈을 기쁘게 하는 책들이다. 『흑과 백』이나 『백과 흑』 작품집은 다시 알아보고 이름 부르는 데서 즐거움을 느끼는 아이들을 위한 작은 《자료집》이라 할 만하다. 조금 더 아이들을 위한 앨범은 따로 있는데, 거의 게임 같은 세심한 관찰을 통해 단어를 연결하는 방식으로 구성되어 있다. 복합적으로 형성된 사진의 이미지를 해석하기 위해 그 숨

---

246) 安野光雅의 작품으로는 『즐거운 이사 놀이』(박정선 옮김, 비룡소, 2001), 『이상한 그림책』(고향옥 옮김, 비룡소, 2006), 『집요한 과학씨 지구로 해시계를 만들다』(김주영 옮김, 웅진주니어, 2008) 등이 있다. 그리고 숫자 훈련을 위한 그림책으로서, 『함께 세어 보아요』(마루벌 출판사, 1997), 『항아리 속 이야기』(박정선 옮김, 비룡소, 2001), 『천동설 이야기』(예상열 옮김, 한림 출판사, 2002), 『어린이가 처음 만나는 수학 그림책』(편집부 옮김, 한림 출판사, 2004)등이 있다.
247) 국제적인 명성을 누리는 미국 사진가 타나 호반 Tana Hoban은 오늘날 프랑스에서도 상당히 알려져 있다. 특히 유아기 사진앨범으로 명실상부한 성공을 거둔 탓에, 이 분야에서 가장 뛰어난 예술가 중의 한 명으로 인정받고 있다. 미국에서는 Greenwillow, 프랑스에서는 Kaleïdoscope 출판사를 통해 작품집이 발행되었다.

은 의미를 이 잡듯이 뒤져내어야 하는 것이다. 간혹 군데군데 단어를 제시하여, 우리 일상생활 주변에서 얼마든지 볼 수 있는 친근한 요소들을 사진 기술로 변형시킨 이미지들을 관찰하고, 분류하고 추론하여 목적하는 단어를 찾아내도록 돕는다.

관점이나 시점의 측면을 운용한다는 것은 상당히 능숙하고 비범한 작품에서나 볼 수 있는 작업이다. 대표적으로 인용할 수 있는 『줌』[248]은 마치 한 게임이 페이지를 넘어가면서 벌어지는 듯한 이미지를 연출한다. 주 앵글은 닭 한 마리를 비춰내고 있고, 그 뒤의 앵글은 무대 장치 벽면 앞에 선 두 명의 아이, 그리고 다른 새로운 앵글이 이 뒤로 비추고 있는 인상은 앞의 벽면이 이제 제3의 아이 손 안에 쥐어진 장난감에 불과한 것이라는 것을 보여준다. 크고 작은 모양으로 한없이 늘어선 러시아 인형 같은 이런 중첩 이미지들은 눈에 보이는 현실의 실제 현상들에 대해 새로운 의미를 가지고 되돌아볼 수 있게끔 만든다. 사물을 보는 법을 가르친다는 형식으로 되어 있지만, 사실은 이를 통해 관점이 얼마나 중요한 것인지 가르치는 것이다!

팝업북이나 만화는 학술적이거나 전문적인 사실 또는 현상에 대해 설명하거나 소개할 때 매우 효과적인 매개체로 사용될 수 있다. 안노 미쯔마사가 지구와 해의 광학적 관계를 설명하고자 만든 책이 훌륭한 본보기이다.[249] 인체를 설명하는 책이 19세기 시절에나 사용하던 공자왈 맹자왈 식의 단조롭고 평면적인 표현에 머물 수는 없는 일이다. 하지만 팝업북은 오늘날 너도나도 식의 유행에 쫓겨 무조건 만들고 보자는 심산으로 지나치게 남용되는 경향이 있다. 결국 질 높은 결과물을 기대하기 어렵고 실제 제멋대로 만들어진 것들도 많다. 동행하는 텍스트가 상황이 요구하는 설명을 성실히 받쳐주지 못한다면, 이들은 마치 화음 없는 합창처럼 아무런 감동 없는 시시한 소꿉장난만 펼쳐놓는 꼴이 되고 말 것이다.

몇몇 그림책은 과학적 지식이나 학술적 내용을 전혀 내세우지 않고서도 아이들의 과학적 사고 형성과 발달에 일정한 역할을 하고 있는 것들이 있

---

248) Istvan Banyai, 『줌』 Zoom, 파리: Circonflexe, 컬렉션 Aux Couleurs du Monde, 2002
249) 安野光雅, 『집요한 과학씨 지구로 해시계를 만들다』, 김주영 옮김, 웅진주니어, 2008

다. 언젠가 나는 한 아이에게 『당나귀 실베스터와 요술 조약돌』[250]이라는 책을 읽어 준 적이 있는데, 어쩌다 요술을 서툴게 부리는 바람에 주인공 당나귀가 갑자기 돌이 되어버린다는 이 이야기를 듣고 아이는 꼭 필요한 가설이라도 얼마나 신중한 숙고 끝에 내려야 하는지, 그리고 실험 정신이라든가 연역적 추론 등에 대해 무궁무진한 생각을 쏟아내는 것이었다. 이 책이 빌레트 박물관[251]의 서가에 초대된 것은 지극히 온당한 일이다. 같은 작가의 또 다른 작품 『치과 의사 드스토 선생님』[252]에서는 몸집 육중한 짐승들을 마치 어린 아이 다루듯 친절하게 치료해주는 저명한 쥐 치과 의사가 유독 여우에게만은 마음의 경계를 풀지 않고 있다. 이가 아파 쩔쩔매는 와중에서도 호시탐탐 자신을 잡아먹을 궁리에 골몰하고 있다는 것을 알아차렸기 때문이다. 성실하고 머리 좋은 의사 선생님과 교활하고 꾀 많은 여우 사이의 일종의 심리 탐색전을 유쾌하게 그려가고 있는 이 책 역시 빌레트 박물관 서가에 꼽혀 아이들의 사랑을 흠뻑 받고 있다.

효과적인 방식으로 다루기가 힘든 주제이긴 하지만 성 관련 교육도서는 반드시 필요하다. 매우 민감한 이 문제에 대해 어른들이 아이와 함께 다가설 수 있는 매개자 역할을 하기 때문이다. 이 분야의 책에서 중요한 것은 아이들은 다양한 심리적 성장 과정을 가지고 있다는 사실을 이해하고 있어야 한다는 점이다. 일반적으로 보아 훌륭한 설명 방식이지만 아주 어린 아이들에게는 통하지 않는 몇 개의 방식이 있다. 이 경우 아이는 들은 내용을 되도록 빨리 잊어버리려고 애까지 쓴다. 자신에게는 필요하지 않다고 여기기 때문이다. 성문제란 결코 간단치 않은 주제이기 때문에 고민 끝에 어른들은 종종 자신이 할 수 있는 모든 종류의 설명 방식을 동원해 어떻게든 아이에게 이해시켜보려고 애를 쓴다. 아이는 그런 각도에서 이 문제를 받아들일 준비가 되어 있지 않은 데도 말이다. 코르네이 추콥스키는 어린이 상상력의 세계에 대한 자신의 저서

---

250) William Steig, 『당나귀 실베스터와 요술 조약돌』 *Sylvester and the magic pebble*, 이상경 옮김, 다산기획, 1994

251) Médiathèque des enfants du Musée des Sciences et de l'Industrie de la Villette. 파리 19구에 위치한 과학 산업기술 박물관. 특히 어린이 체험을 중시하는 미래형 복합문화공간이란 개념으로 대통령의 직접 지휘 아래 1986년에 개관되었다. 과학 기술 체험관 및 이동식 자석 배치가 특징인 대강당, 전면 유리로 장식된 대형 원형 극장, 미래 지향적인 비전을 표현한 도시 공원 등 현대첨단 과학기술과 문화예술이 아우러진 4만여 평의 이 박물관은 매년 800만 이상의 관람객에게 신선한 충격으로 미래 체험을 선사한다(역자 주).

252) William Steig, 『치과 의사 드스토 선생님』 *Doctor De Soto*, 조은수 옮김, 비룡소, 1995

에서 이 문제를 환기한다.[253] 태내에서 무슨 일이 있었는지, 그리고 어떤 과정을 통해 자신이 세상에 나오게 되었는지 본인에게 이 일을 소상하게 들려주는 것이 좋겠다는 생각을 엄마가 굳혔다는 이야기를 들은 후, 5살배기 꼬마 볼릭이 어떤 반응을 보였는지 작가는 들려준다. 볼릭은 엄마 뱃속에 아직 머물고 있던 자신의 모든 삶을 한 편의 소설로 그려서 엄마에게 들려줄 생각을 한 것이다. "여기 엄마 등과 배 사이에 얇은 막이 하나 있었어요. 이 막에는 문이 하나 있었는데, 무척이나 작은 문이었지요. 또 아주 조그만 방도 하나 있었는데, 내가 엄마 뱃속으로 들어갔을 때에는 어떤 조그마한 아저씨가 거기에 살고 있었어요. 나는 아저씨에게 놀러 가기도 하고 차도 함께 마시며 작은 정원에서 뛰어 놀기도 했어요. 거기엔 모래가 펼쳐진 작은 정원도 있었지요."

그림책 『아기』[254]는 출생 이전 엄마 뱃속에서 살았던 자신의 모습에 대해 아이들이 얼마나 궁금해 하면서 원초적인 관심을 가지는지 여실히 증명해 주는 책이다. 단, 딱딱한 이론적 설명은 절대 사절이고 대신 환상적이고 포근한 해설을 통해서 말이다. 물론 이 책은 자료를 가득 끌어모아 놓고 구태의연한 설명이나 덧붙이는 그런 지루하고 불성실한 태도를 전혀 보이지 않는다.

많은 열혈 청소년 팬을 거느리고 있는 주디 블룸의 책에 주목할 필요가 있다.[255] 사춘기 시절 자신을 괴롭히던 성적 문제들이 무엇이었는지 세세하게 기억을 떠올려 책에 그대로 반영했기 때문이다. 객관적인 참고 자료의 성격이 아니라 살아 있는 체험들을 녹여 쓴 그의 소설 작품은 성문제에 대해 시시콜콜한 궁금증이나 남모를 고민을 안고 있는 독자들에게 더없이 좋은 친구가 된다. 이런 점에서 그의 소설들은 상당히 위력적이다.

연령을 초월하여 읽힐 수 있는 책

관심이 자극을 받았을 때, 어느 정도 기초가 갖추어져 있으면 아이는 그

---

253) Kornei Chukovsky, 『아이들의 언어 세계와 동화, 동시에 대하여 두 살에서 다섯 살까지』 From two to five, 홍한별 옮김, 양철북, 2006
254) Fran Manushkin 글·Ronard Himler 사진, 『아기』 Baby, 뉴욕: Harper & Row, 1972
255) Judy Blume, 『그 다음은 아무 것도 몰라요』 Et puis, j'en sais rien(1982), 『세상 끝난 게 아니야』 Ce n'est pas la fin du monde(1985), 『영원히』 Pour toujours(1990) 등의 책이 모두 파리 L'Ecole des loisirs 출판사를 통해 발행되었다(역자 주).

주제에 대해 알아볼 수 있는 그 어떤 책이라도 읽고 싶은 마음에 자발적으로 책을 찾는다. 마치, "요술을 부려 이 도서관의 책을 모두 다 읽고 나면 다른 주제를 찾겠어요"라는 말을 심각하게 하는 어느 작품 속의 남자 아이처럼. 지질학 책을 읽는 것을 그렇게 좋아하던 어느 독자가, 이렇게 열심히 공부한 끝에 지질학 분야를 완전히 다시 보게 되어 진정한 실력을 갖춘 전문가로 거듭난 경우도 있다. 그는 이후, 요즘 시대 흔히 자행되는 출판계의 상업적 회로를 탈피한 정말 의미 있는 책을 써서 우리를 기쁘게 하였다.

결국 성인을 위한 서적, 특히 참고 서적을 참고하는 법을 알아야 한다. 성인을 대상으로 한 좋은 입문서는 아이들의 흥미를 이끌어 낼 수도 있다. 그러나 가령 새나 바위 등에 대한 확인 수준의 입문서라면 이런 책은 단순한 분류만 제시할 뿐 아이들 고유의 지적 발전 단계를 고려하지 않은 것이다. 반대의 경우도 마찬가지로, 매우 훌륭하게 만들어진 아동용 입문서라면 어른을 열중하게 만들 수도 있다.

교과서 역시 참고 도서로 사용될 수 있다. 아이들이 역사책을 보고 싶다고 신청할 때 적절한 보유 분이 없으면 우리는 종종 특별히 잘 쓰여졌다고 여겨지는 교과서의 한 파트를 취해 읽히곤 했다. 교과서는 사전처럼 참고 사항을 확인한다거나 모르는 것에 대한 대답을 찾아볼 수 있는 자료가 된다.

한편 몇몇 참고 서적은 가정에서 자주 사용되기도 한다. 어린 아이들이 이런 도구를 능숙하게 사용하려면 아직은 대개 어른의 도움을 필요로 하고, 함께 무엇을 찾는다는 것은 우리에게 또 다른 즐거움을 주기 때문이다.

거의 일반 어른용 수준에 육박하는 참고 서적들이 어린이용인 양 나오는 것들이 많다. 제시된 자료가 어린이들이 충분히 이해할 만한 수준이라야지만 이들이 이를 바탕으로 계속 탐구를 진행해 나갈 수 있다는 것은 두말할 필요가 없다. 어떤 주제에 열중하면 아이들은 조금 어렵다 느껴지더라도 끝내 읽어 내는 경우가 많긴 하다.

어린이용 도서나 또는 어른용 서적에서 주제가 다소 산만하게 구성되어 썩 좋은 표본이 못 되는데도 아이들은 아랑곳 않고 다른 것은 모두 잊어버리고 오직 그 요항만 열심히 찾아본다. 우리는 이렇게 빈 곳을 채워가는 것이다.

몇몇 도서관에서 어린이용 어른용 할 것 없이 각종 참고 도서를 종류별로 완벽하게 구비하려고 시도한 적이 있다. 완전한 컬렉션을 가진다는 것이 이론적으로 보면 매우 흡족한 일이겠지만, 그러나 결과적으로 보아 생각했던 것만큼 효과적인 것은 아니었다. 아이들은 자신들만의 영역이 있는 것이다. 한편 쉽게 이해하기 어려운 고차원적인 작품들까지 거론해 가며 너무 큰 볼륨으로 구성된 방대한 참고 서적은 어쩌다 흥미로운 것을 발견할 수도 있는 아이들의 눈을 가려 버린다. 어른을 대상으로 한 책의 설명 일부에라도 어린이도 읽을 수 있게 난이도를 고려하고, 마찬가지로 어린이용 도서도 어른도 함께 읽는다는 점을 늘 잊지 말아야 할 것이다.

오늘날 다양한 매체들의 도전 가운데 책은 어떻게 살아남을까?

도서관의 효력이란 원래 책을 읽을 수 있는 장소이며, 게다가 끝없이 다양한 자원을 보유하고 있다는 것이다. 곧 다양한 내용, 다양한 관점, 그리고 다양한 지원 매체들이다. 그러면 이 매체들을 어떻게 효율적으로 이용할 수 있을까? 문제는 예외를 두지 않고, 서로 혼동도 하지 말고 다른 여러 매체를 모두 함께 생각해야 한다는 것이다. 단, 근본적인 관점을 잃지 말고, 이들 매체 간의 교류를 극대화하면서. 참고 자료의 측면에서 보면 이들 매체는 제각기 다른 방식으로 접근하여 자료를 취하는 것이 효과적인 셈이다.

인터넷 사이트들은 어떨까? 최근의 조사에 의하면 "오늘날 어린이들을 놓고 볼 때, 이들을 위한 그림 분야의 사정은 전 세계적으로 열악한 편이다. 어린이 책(참고 자료가 될 수 있는) 분야만큼 풍요로운 영역은 그리 많지 않다. 정보의 관점에서 보나, 이미지의 측면이나 또는 편집 기술로 보아서도 이들 영역은 어느 한 출판업자가 개인적으로 해낸 결과이기는 거의 힘들고, 그보다는 회사나 정부 기관, 문화·교육 기관들의 합작품인 경우가 대부분이다."[256]

"기존의 참고 자료를 다른 정보 매체를 통해(그 중의 하나로 인터넷 사이트를 선택!) 보다 완전하게 보완된 형태로 제공하려는 것이 그 목적이라 명시되어 있는 도서관에 있어, 도서 선정은 《순전히 그들의 구매 정책에 의해 결정

---

256) Véronique Soulé, "도서관에서의 인터넷: 도서관이 통신망에 접속될 때" Internet en bibliothèque : Quand les bibliothèques se mettent au net, 「어린이도서잡지」 N° 208(2002. 12), pp.75-78

되어야 할 문제이다." 도서관은 결국 책 선정을 위해 고심에 고심을 더한 구상을 하고, 모든 지식 분야의 책을 두루 구비하기 위해 노력한다. 그런데 그들의 인터넷 사이트에 등록되어 있는 장서는 듀이 분류법에 의해 정리된 것이다. 인터넷을 통한 책보기는, 도서관 자체의 다른 모든 가능성을 막아버리면서 순전히 참고 자료용 서적들로만 채우게 만든다. 게다가 인터넷이란 속성상 장난 삼아 접속이 이루어지는 경우도 많기 때문에 접속 횟수란 믿을 만한 것이 못된다. 곳곳에서 실제로 드러나듯이, 도서관의 책들을 사이트에 연결한다는 것이 반드시 독자의 편의만 되는 것은 아니다.[257]

일반적으로 인터넷은 사전이나 백과전서같이 매일 새롭게 정보를 갱신하면서 조언을 해줄 만반의 태세를 갖추고 있다. 정보는 지체 없이 찾아진다. 놀라운 능력, 특히 탁월한 정보 처리 기술, 눈 깜짝할 사이 보다 짧은 접속 속도, 폴 비릴리오의 표현대로 "현재가 한순간에 세계적으로 팽창되는 것"이다.

반대로 책을 찾으려면 시간이 필요하다. 자신이 처해 있는 상황에서의 시간, 그리고 지식을 쌓아가는데 필요한 시간. 뛰어난 작가는 독자에게 도정을 제시한다. "시간처럼 도정에도 세 단계가 있다. 과거·현재·미래처럼 출발·여행·도착이 있는 것이다. 시간이나 도정에 있어, 그 누구도 인간에게 이 세 단계를 빼앗아 갈 수 없다. 그렇기 때문에 나는 다른 사람을 향해 갈 수 있고, 멀리 떠날 수 있는 것이다."[258]

지난 십수 년간 많은 참고 자료 서적들이 인터넷 소개 방식을 본 따 여기 저기서 끌어 모은 부스러기 정보를 일정한 관점도 없이 그저 모자이크 식으로 합성하여 책을 내놓았다. 이들 저자들은 이러한 편집 방식이 오히려 오늘날의 아이들에게 적합한 것이라고 당연히 생각했다. 결국 아이들은 이렇게 편리하게 정보들을 따 모을 수 있음을 기뻐할 것이고, 그리고 누군가가 '모험의 땅'이라 불렀던 그 곳에서 어슬렁거리며 다닐 것이 분명하다. 사실을 수집한다는 것 자체가 중요한 문제가 아니다. 이것이 다가 아니라는 말이다.

오늘날 첫 페이지에서 제일 마지막 페이지까지 빠짐없이 읽힐 수 있는 참

---

257) Karine Duval, "도서관에서의 인터넷: 도서관에서의 아동 및 청소년층의 사이트 선택에 대한 연구" Internet en bibiliothèque: Enquête sur la sélection de sites pour enfants et adolescents en bibiliothèque, 「어린이도 서잡지」
258) Paul Virilio, 프랑스의 문화평론가. 저서로 『속도의 정치』등이 있다.

고 자료 서적은 점점 덜 나오고 있다. 이런 방식의 독서는 오히려 우리에게 점점 더 필요해져 가고 있는 데도 말이다. 인터넷과는 다른 방식으로 지식에 접근할 수 있는 기회를 가지게 해주기 때문이다. 아직 그림책을 보는 아이나, 처음 책을 읽는 나이 정도의 아이들은 입맛이 무척 까다롭다.[259] 그러나 이야기는 전달이라는 행위를 통해 사고의 연결이나 크기, 심오함 등을 연령에 관계없이 모든 아이들에게 느끼게 해준다. 작가는 독자와 함께 동반 길에 올라 자신이 한번도 차분히 모색해 보지도 않았고, 실험도 해보지 않았으며, 별다른 난관도 만나지 않은 채 오직 앞으로 달리기만 해왔던 그 도정을 이제 독자와 함께, 그리고 독자를 위해 다시 만들어 간다. 이것은 지식 여정의 한 단계로서 어떤 결과를 얻는 것보다 훨씬 값진 것이다. 짤막한 일화나 이야기라 할지라도 전달이라는 행위를 통하기 때문에, 이들은 단지 사실을 간단히 발표하는 것과는 다른 것을 느끼게 해준다. 곧 일종의 복합적인 어떤 감정이 생생히 되살아나면서 상상이나 기억의 문을 두드리게 되는 것이다.

참고 자료의 영역에 있어 이야기는 과학이 조금씩 학문적 틀을 잡아가고 있던 기간 동안, 사람들에게 어떤 사실이나 현상에 대해 구체적으로 이해할 수 있도록 도움을 주는 수단이 되었다. 어떤 주제에 대해 이제 초보 지식을 얻은 청소년 독자라면 이런 원리를 응용해볼 수 있을 것이다. 다시 말해 이 지식을 좀더 잘 이해하여 자기 것으로 만들기 위해, 가능한 범주 내에서 방법적인 연구를 해볼 수 있다는 말이다. 가장 손쉬운 방법 중 하나는 결론에 다다를 수 있는 몇 가지 검증된 방법 - 관찰 · 추론 · 실험 - 중에서 적정하다고 여겨지는 것을 선택하여 적용해 보는 것이다. 그리고, 과학은 하루아침에 만들어지지 않았다는 사실을 기억할 필요가 있다. 설사 이제는 과학적으로 설명이 가능한 요항이라 할지라도 이 같은 이야기 방식으로 어린이들에게 접근하는 것은 여전히 유효한 지혜이다. 아이들은 오히려 이야기를 들으면서 좀더 확고한 과학적 방식으로 증명해 보고 싶은 마음이 들게 될 것이다. 이런 과정을 거치면서 아이는 과학이 실제 우리 인간 생활에 어떻게 들어와 있는지 체험할 수도 있다. 이는 과학적 사실이나 주어진 항목들을 간단간단 나열해서 보여주는 방식과는 차원이 다른 것이다.

---

259) Paul Virilio는 빠르게 변하는 현실을 왜곡하는 영상매체를 비판했다.

주제를 결정한 어린이는 자신의 능력이 허락하는 범위에서 결론에 도달할 수 있는 탐구 방법을 스스로 계획해야 한다. 관찰이나 추리, 또는 여하한 방법을 통해, 자신 스스로도 같은 결론을 얻을 수 있는 실험 따위를 통해. 이런 관점에서 피에로 벤추라와 지안 파울로 세제라니가 마야 문명에 대해 기술한 책이 훌륭한 본보기가 될 수 있다.[260] 저자들은 학자들이 어떻게 이런 저런 발견을 하게 되었는지 소상하게 설명한다. "정글로 뒤덮인 도시를 정비하기 위해 어떤 계획을 세웠는가", "제로의 발명" 등.

이런 방식에 의해 과학·철학 전공자 이자벨 스텐저는 민주주의에 대한 이야기도 멋지게 풀어 놓았다. 특별히 청소년층을 의식한 것도 아니었고, 저자가 일반적으로 취한 관점은 이렇다: "미래의 시민들이 당면할 문제이기 때문에, 또한 민주주의란 지루하고 재미없는 공론이 아니라 사람들이 좋아하고 즐거워 할 수 있는 요소가 되어야 한다는 자체의 필요성에 의해 나는 이 책을 쓰게 되었다. 이 책은 그래서 기존의 다른 책들이 금박으로 휘황찬란하게 둘러 민주주의를 장식하고 특별 요항을 설명했던 그런 방식과는 전혀 다르다. 단지 나는 이 책이 관심받을 만한 것이 될 수 있도록 노력했을 뿐이다(...). 무릇 학문이 본시 그래야 하듯 나는 여기서 확고한 단언은 삼간 채 문제들도 분류하여 어떤 것은 잠시 스쳐가는 정도이고, 다른 것은 상세한 설명과 해석을 부여했다. 이 세계가 형성되어 온 그대로를 보여 주려는 것이다."[261]

---

260) Piero Ventura & Gian-Paola Ceserani, 『고대 크레타 섬을 찾아서』 In Search of ancient Crete, Michael Shaw 옮김, 모리스타운(Morristown, 미 뉴저지 주): Silver Burdett, 1985(역자 주)
261) Isabelle Stengers, 〈과학과 효용〉 Sciences et pouvoirs, 『기술 과학과 마주한 민주주의』 La démocratie face à la techno science, 파리: Édition La Découverte, 2002

제 10 장

도서관에서 자료 찾아나가기

　도서관에서 어린이는 필요한 자료나 읽을거리를 어떻게 찾아나가야 할까? 사실 오늘날, 이 문제는 어렵고 복잡한 양상을 띤다. 각종 단체나 기관들이 보내오는 다양한 장르의 책들을 그대로 받다 보면 도서관 소장 도서는 하루가 다르게 늘어가기 때문에, 어떤 책을 어떻게 참고해야 할까 하는 문제가 보다 심각하게 대두되는 것이다. 또 아이가 어떤 책을 추천받거나 스스로 결정했다 하더라도 어떻게 이를 목적에 맞게 활용할 수 있을까? 바로 이 시점에 사서의 존재가 부각되는 것이다. 사서란 늘 도서관에 머물면서 어린이가 책을 선별하고, 또 이 책을 어떻게 자신의 것으로 만들어 나갈지 도움을 주는 사람들 아닌가. 독자에게 베풀어야 하는 개별적인 도움은 카탈로그를 건네줌으로써 일정 부분 해결되겠지만, 그렇다고 이게 다는 아니다. 서가에 책들이 어떤 방식에 의해 분류되어 있는지, 책의 내용을 소개하는 짤막한 카드는 어떤 관점에서 참조해야 하는지, 종이 위에 적혀 순서별로 나란히 누워 있는 카탈로그는 어떻게 읽어나가야 하는지 등은 도서관 도서 이용에 빼놓을 수 없는 필수 사항들이다. 이러한 모든 사항을 세심하게 일러준다는 것은 원래 호기심이 강한 어린이들의 지적 경향에 알맞은 일이고, 또 이러한 정보를 통해 이들이 장차 과제나 탐구를 진행해 나가는데 실질적인 도움을 줄 뿐 아니라 나아가 배운다는 과정이나 행위 자체를 배우게 해주는 기회가 되는 것이다.
　가장 자발적인 과정은 책꽂이 위에 꽂힌 책들을 보며 직접 찾는 것이다. 현 시대에 들어와 처음 문을 연 이래 어린이 도서관은 그 초기부터 대다수의 성인 도서부와는 달리 어린이로 하여금 마음대로 책을 꺼내볼 수 있게 허용하는 체제를 채택했다. 이렇게 해서 아이들은 혼자 또는 다른 아이들과 함께 수많은 책을 마음대로 뒤적이며, 또 활용할 수 있게 된 것이다. 아이들은 어떤 예견된 생각 없이 우연히 무엇을 찾아내는 일이 잦다. 그리고 이러한 자유로운 도서 산책이 결국은 아이에게 자연스럽게 이러이러한 책이 좋다고 일러주게 되는 셈이다.

"책꽂이로 직접 가서 책을 고른다는 것이 왜 중요한 일인가? 오늘날 도서관에 대한 개념은 어떤 잘못된 생각에서 출발하고 있는데 즉, 사람들은 대개 이미 그 제목을 알고 있는 책을 찾으러 도서관에 가야 한다고 생각하고 있다는 것이다. 사실 실제로 자주 부닥치는 일이기도 하다. 하지만 도서관의 본질적인 기능은 적어도 내 경우에나 내 주변 친구들의 경우를 보면 우리가 전혀 그 존재를 알고 있지 않은 책을 찾으러 가는 것이고, 또 그렇게 예정치 않게 발견함으로써 우리는 그 책의 중요성을 더욱 깊이 깨닫게 된다. 물론 이런 발견은 편안하게 앉아서 도서 목록부를 뒤적거리며 찾아낼 수 있는 그런 안이한 방식은 아니다. 하지만 책꽂이 사이를 어슬렁거리고 다니면서 여기저기 책을 꺼내 보는 것은 보다 많은 것을 알게 해주고, 또 재미난 일이다. 결코 도서 목록표에서는 얻을 수 없는 기쁨 즉, 일정한 주제에 대한 관련 도서들이 다 함께 모여 있는 것을 보게 되고, 찾으러 간 책 옆에 전혀 기대하지도 않았던 책을 발견할 수 있고, 거기다 이것이 상당히 요긴한 책이라면 무어라 형용할 수 없는 보물을 만난 듯한 기분이 들기 때문이다. 도서관의 이상적인 기능은 그러니까 우리가 종종 의외의 것들을 발견[262]하기도 하는 고서상의 기능과 비슷한 데가 있다. 그리고 이런 일은 서가에 마음대로 접근할 수 있어야만 가능하다."[263]

어린 아이들은 원래 레코드 상자로 만든 작은 상자(아이들의 체형에 꼭 맞다)에 그림책을 담아 원하는 장소에 가져가서 마음대로 갖고 놀면서 즐거워한다. 처음에는 아이들이 아무 책이나 우연히 손에 잡히는 대로 뽑아와 우리에게 읽어달라고 가지고 온다. 책이란 각 개인에 따라 특별하게 관련될 수 있는 것이고, 또 어떤 책은 그들을 즐겁게 해줄 수 있지만, 다른 것은 그렇지 못하다는 것을 아직 모르는 것이다.

이와 반대로 종종 아이들은 아주 기가 막힌 선택을 할 때도 있고, 또 대개

---

262) 이탈리아어 원문 중 이 부분만 특별히 프랑스어로 표기되어 있다. "des trouvailles"
263) Umberto Eco, 『도서관에 대해』 De bibliotheca, 캉(Caen, 프랑스): Éditions de l'Échoppe, 1986

는 다른 사람들은 이해할 수 없는 어떤 이유를 들어 자신이 선택한 책을 절대 포기하지 않으려 하기도 한다. 이렇게 책을 선택한다는 것은 얼핏 보기에도 너무 어려운 일이라, 우리는 거기에 매달리고 집착하게 된다. 지친 나머지 책을 선택한다기보다는 차라리 선택을 선택하기도 한다. 처음 얼마의 기간 동안은 스스로의 힘으로 책을 선택해 보는 과정 그 자체가 중요하다. 그런 다음 어떤 책에 특별한 취향이 조금씩 생기면, 이런 장르의 책을 다시 읽고 싶은 생각이 들 것이다.

그림책이 쌓여 있는 박스 안을 샅샅이 뒤지던 중 자신이 이미 알고 있는 책을 만나기라도 하면 아이들은 기뻐 어쩔 줄 모른다. "난 이 책 알아, 저 책 스토리도 알고." 책을 이미 읽어 관련 분야의 지식이나 경험을 가지고 있다는 사실을 이들은 이렇게 은근히 우리에게 자랑하고 싶은 것이다.

도서관의 총서가 조금씩 많아지기 시작하면 문학 작품을 찾는 것이 어려워지고, 거의 포기하고 싶은 지경에 이르게 될지도 모른다. 아직 서가가 그리 가득 채워지지 않았던 초기에 도서관에 나오던 독자들이 하소연하는 사연이다. 독자들이 책에 대해 옳은 정보를 얻고 합당한 선택을 할 수 있도록 하기 위해, 도서관에서 제일 먼저 하는 일은 자료들을 체계 있게 정리하여 찾기 쉽게 분류하는 것이다. 그림책은 이런 부서, 소설과 이야기책은 다른 어느 부서…에 나누어 정리한다. 참고 문서 자료들은 일정한 원칙에 따라 다시 몇 개의 단위 아래 나누어 분류된다. 만화책은 독립적으로 따로 놓아둔다. 이러한 모든 분류법은, 아이들이 여러 다른 양상으로 책을 요구하는 데 효율적으로 대응하기 위한 것이며, 한편 아이들도 쉽게 책을 구별하는 방법을 익힐 수 있다.

정리와 분류화

이와 같은 분류체계는 내부에서 또 다시 세밀히 나누어지는 등급화가 필요하다. 이런 분화 방식은 아주 어린 아이를 포함한 성장기 아이들로 하여금 알파벳 순서를 익히도록 자연스럽게 이끌어 줄 수도 있다. 어떤 방식을 취하건 저자들 이름의 첫 머리 글자가 두드러지게 표시되며, 그림책도 철자 순서에 따라 그 옆에서 차례로 정리되기 때문이다.

 그림책을 읽는 것은 여러 가지 측면에서 보고 즐길거리가 많기 때문에 아이들이 퍽 즐거워하는 일이다. 이미지를 동반한 책들이 제공하는 특별한 요소, 곧 형태, 색깔, 표지 그림 등은 책을 편안하고 쉽게 이해할 수 있도록 도와준다. 매일같이 쏟아져 들어오는 수많은 그림책을 사서들은 어떤 일정한 순서나 원칙에 의해 분류해 두려고 하고, 책의 크기나 출판사 컬렉션별로 정리해 놓기도 한다. 출판사에 따른 이 컬렉션별 정리는 아이들을 한 장르에만 가두어 놓을 위험을 유발할 수도 있다. 비록 요즘 어린 아이들은 대개 자기 언니나 오빠 세대에 비해 취향이 훨씬 다양하게 발전되어 있긴 하지만 말이다. 일반적으로 컬렉션에 대한 취향이 나타나는 것은 아이들이 조금 더 자란 다음부터이다. 유년기 때부터 작가란 존재에 대한 개념을 제대로 인식하도록 하기 위해 우리는 그림책을 작가별로 분류해 놓는다. 이들 중 남다른 명성을 누리는 작가, 곧 아놀드 로벨이나 벨튀스, 윌리엄 스타이그 같은 이름 옆에는 특별히 눈에 잘 띄는 표식을 달아 주목을 유도한다. 어른들도 마찬가지겠지만 아이들 역시 이런 책에는 본능적으로 눈길이 당길 것이니, 이렇게 해서 우리는 어릴 때부터 '좋아하도록 배운' 작가를 계속 좋아하게 될 승산이 높다.

 픽션 장르에 있어 내용이 다른 여러 종류의 책을 다양하게 섞어 서로 인접한 위치에 놓아두는 것이 독자에게 경험을 즐길 수 있는 기회를 선사하는 셈이다. 그렇지 않으면 픽션이란 장르 고유의 틀 안에서만 작품을 보게 되기 때문이다. 반면, 시나 희곡 작품, 만화 등은 따로 진열하도록 한다.

 소설과 민속동화는 쉽게 구분이 된다. 같은 서가에 꽂히지 않기 때문이다. 하지만 엄격한 의미로는 예술동화 또는 창작동화라 풀이되어야 할 독일의 《Kunstmärchen》[264]가 통상 동화로 불리는 것처럼 일종의 과도기적 공간이 있다. 프랑스식 판타지 모델에 해당하는 마르셀 에이메의 『높은 곳에 올라앉은 고양이 이야기』[265]를 민속동화와 혼동하는 경우도 마찬가지이다. 판타지는 전형

---

264) 예술동화 또는 창작동화라 불리는 Kunstmärchen는 민속동화 Volksmärchen의 서술기법과 모티브를 이용하여 특정작가가 문학작품으로 만든 형태를 말한다. 이들의 어원에 해당하는 독일어 Märchen은 통상 동화라 불리지만, 사실 어린이층만을 대상으로 하지 않았다는 의도로 보아 이야기로 이해하는 것이 옳다고 보아진다. 수세기에 걸쳐 구전되는 작자미상의 이야기들이 어린이층에 맞추어 개작되거나 재구성된 것이 Volksmärchen이고, 이를 수집하여 다듬어 낸 것이 Kunstmärchen라 할 수 있다(역자 주).

265) Marchel Aymé 글·Roland et Clandine Sabatier 그림, 『높은 곳에 올라앉은 고양이 이야기』 *Un Conte du*

적인 영국식 개념으로서 꾸며낸 이야기 조각들을 한데 모아 구성한 형태이다. 이는 곧, 일정한 법칙이나 기초 요소들을 뛰어넘는 자유를 누리면서 현실 반영을 꾀하지 않는 대신 나름의 논리성과 질서를 특징으로 하는 장르이다. 『이상한 나라의 앨리스』[266] Alice in Wonderland나 『메리 포핀스』[267]는 이 장르의 모델이 될 만한 작품이다. 픽션에 대한 앵글로 색슨적인 개념은 소설이나 판타지까지 기꺼이 끌어안는다. 이들은 모두 동일한 카테고리에서 작가 이름 알파벳 순서로 책이 꽂힌다.

나이를 기준으로 분류한다는 것은 임의적인 발상이라 할 수 있다. 나이 그 자체로는 사실 큰 의미가 없는 것이다. 같은 연령의 아이라 할지라도 그 능력과 관심사는 각자의 감정적 지적 성숙도에 따라 매우 다르게 나타난다. 이런 식의 분류는 어떤 아이에게는 즐거움을 느끼며 독서하는 것이 아니라 형식적 성과로서 독서를 하게끔 유도할 수 있고, 한편 정상적인 수준에 이르지 못한 아이들에게 상실감을 안겨 줄 수도 있다. 한 아이가 같은 시기에 어렵고 복잡한 책을 시간적 간격을 두고 읽으면서, 중간에 자주 쉬운 책을 읽어 편안한 독서의 즐거움을 함께 느끼거나, 아니면 더 어릴 때 좋아했던 책을 다시 꺼내 읽어도 좋을 것이다. 반대로 어느 한 권의 책 – 대개는 명작 중에서 – 이 매우 다양한 연령층의 독자들의 관심을 이끌어 낼 수도 있는데, 바로 르네 고시니의 『꼬마 니콜라』와 같은 경우이다.

출판사 측이나 어린이도서 비평가들이 의미하는 나이란 대개는 순전히 지표적인 개념으로 제시되는 것이다. 무엇보다 자녀에게 읽힐 책을 고르지 못해 하소연하는 부모들을 위한 것이다. 출판업자로서는 명백한 상업적 이유로, 즉 혹여 관심을 가질지 모를 잠재적 독자층을 보다 폭넓게 아우르기 위해 해당 연령을 부풀려서 써놓는 경우가 많다. 책읽기를 능숙하게 할 줄 아는 연령층을 겨냥해서 나온 책이 《0세 이상》이라고 하향 조정되어 표기되는 바람에 아이가 읽다가 얼마나 맥이 풀릴지 상상이 되는가? 일반적으로 도서관에서는 아이들이 혼자 뒤적이며 스스로 판단하거나, 아니면 책이 자신에게 적합한 것

Chat Perché, 파리: Gallimard Jeunesse, 2002
266) 『이상한 나라의 앨리스』 Alice in Wonderland
267) Pamela Lyndon Travers 글·Mary Eleanor Shepard 그림, 『메리 포핀스』 Mary Poppins, 박광순 옮김, 범우사, 1988

인지 사서로부터 자문을 구한 다음 결정하기 때문에 이런 방식의 분류는 더더욱 불필요하다.

하지만 독서 행위가 아직 몸에 익지 않은 초보 독자라면 예외가 될 수도 있다. 이 경우엔 독서 내공이 어느 정도 쌓인 독자들이 재미있게 읽었다고 평한 책들을 우선 대상으로 삼아보는 것이 좋다. 그림책과는 확연히 수준이 다른, 이런 초기에 접하는 소설이나 참고 도서는 일련의 장章이 연결되면서 내용을 점층적으로 펼쳐가는 《진짜 책》과 엇비슷한 정도의 도서관 소장작품에 도전해볼 용기를 준다. 만약 이 책들이 일반 픽션이나 참고도서와 동일한 카테고리로 분류되어 있다면 어린 나이의 아이들은 찾지 못할 가능성이 매우 높고, 그만큼 실망감을 안을 공산도 크다.

문학 작품의 경우에도 여러 다른 내용의 책들을 서로 가까운 위치에 진열한다면 독자들은 문학이란 장르 고유의 한계를 느끼지 않고 다양한 경험을 즐길 수 있는 기회를 가질 것이다. 주제에 대한 소재적 분류는(바다 소설, 동물 소설, 추리 소설, 연애 소설...) 미묘한 여지가 많다.[268] 훌륭한 작품은 그 자체로서의 풍성함으로 자신을 이런저런 단정 속에 가두어 두지 않는다. 이 같은 자잘한 분화는 아이의 독서가 일정한 범주 내에서만 머물러 버리게 할 수 있고, 따라서 다른 스타일의 독서를 맛볼 기회를 뺏어버릴 수 있다.

컬렉션별로 작품을 분류하는 것은 상업적 분위기에 편승될 수 있다는 점에서 이론의 여지가 많다. 대부분의 경우 어린이 컬렉션은 작품의 질적 측면이나 수준, 장르에 있어 반드시 동일한 축을 중심으로 만들어지는 것은 아니다. 다시 말해 불규칙한 규칙에 의해 제작되는 경우가 꽤 많다. 특히 아이들의 수집 취향을 노리거나, 사고 싶게 만드는 쪽으로 기준이 맞추어진다.

결론적으로 말해 다분히 임의적인 일이긴 하지만 그래도 픽션 작품에 있어서는 작가별로 분류하는 것이 비교적 덜 무리한 일일 것 같다. 각 작가의 기본 개념을 보다 확고히 기억하게 할 것이다.

우리는 주제에 따라 자료를 찾는다. 하지만 참고 자료를 주제의 철자 순으

---

268) 몇몇 저서에 대해 어떤 한 주제적 측면으로 접근하는 참고도서 목록의 내용은, 서가에 책을 주제별로 분류하여 진열하는 것에 아무런 영향을 끼치지 않는다. 이는 단지 한 관점에 불과할 뿐, 도서관에서 책을 분류할 때는 그 외 다른 여러 요항들이 고려된다. 하지만 독자들은 목록이 제시하는 접근 방향을 참고로 하여 더욱 풍성한 자료를 찾아 서가를 누빌 수 있다.

로 분류하는 것은 무척 제한적인 자료를 만드는 결과를 낳을 것이다. 반면, 총체적인 학문적 맥락 가운데 주제들이 일정한 원칙 아래 어떻게 유기적으로 연결되는지 보여주는 것은 흥미로운 일이 될 것이다.

지금까지 많은 분류법이 발명되었지만, 하나같이 모두 공개적인 비판을 피해 갈 수 없었다. 이들 전부가 시대에 확연하게 뒤떨어지는 지식 개념을 토대로 한 것이었다.

프랑스 공공도서관에서 일반적으로 적용하고 있는 듀이 Dewey 분류법은 전 세계적으로 통용되고 있는 것이니 만큼 도서관에서 어린이도 어른 못지않은 자리를 차지할 수 있는 잇점이 있다. 이는 곧 지식 영역을 열 개의 분야로 나누고, 각 분야를 다시 세분화시켜 책에서 논의되고 있는 개념을 구체화시키는 데 필요한 만큼 얼마든지 쪼개어 나갈 수 있는 십진법적인 체계를 근거로 한 분류법이다.[269] 하지만 듀이법은 일반 성인 독자를 기준으로 고려된 방식이기 때문에 어린이들에게는 그다지 적합하지 않은 측면이 있다. 아이들은 숙제를 들고 과학 및 기술 분야에 특화되어 있는 빌레트 어린이 복합문화관에도 가지만 일반 공공 도서관인 발랑쿠르 도서관이나 클라마르 도서관에도 오는 것이다. 결국 인간이 실제 살아가는 활동 영역 가운데 어린이 문제에 관련된 언어를 뽑아 이들을 중심으로 한 테마별 분류법이 필요하다는 결론이 나온다.[270]

서가 위의 작은 표지판은 큰 분류 단위라거나, 카테고리가 여러 개 함께 있다는 표시를 하기 위한 것이고, 또는 사람들이 자주 찾는(선사 시대, 식물…) 책이란 것을 알려주는 표시로도 쓰일 수 있다. 표지판은 평소 이들의 지수와 지수를 문자로 풀어 표현한 것을 눈에 뜨이게 부각시켜 놓으면 된다. 같은 주제를 다루는 책이나 서로 가까운 관계에 있는 주제를 다루는 책끼리 서가의 서로 가까운 곳에 위치하도록 놓아두면 아이들로 하여금 폭넓게 책을 선택할 수 있게 하고, 질문 사항을 확장하거나 다른 문제에 적용시킬 수 있도록 도움을 줄 것이다. 그리고 지식의 체계망에서 이 질문이 가지는 의미 등을 생각해 볼 수 있게도 된다.

---

269) 파리 북부에 소재한 《빌레트 어린이복합문화관》 La médiathèque des enfants de la Villette은 과학·기술 분야 전문 기관인 만큼, 인간의 활동에 관련된 주제를 중심으로 분류해 놓고 있다.
270) 에손(Essonne·1964년에 생긴 파리 지방의 새 도)에 소재한 Ballancourt 도립 도서관은 이 새로운 방식에 의한 과학 참고 도서 분류법을 선도했다.

다른 참고 자료들도 책과 같은 방식으로 분류하지 말라는 법은 없다. 같은 주제를 다루고 있는 자료들, 곧 일반 잡지 · 특수 분야 잡지 · 슬라이드 필름 · CD, 기타 여러 다른 정보 등을 책 옆에 함께 두면 유용할 것이다. 하지만 사실 이들을 어떻게 실용적으로 잘 수용해야 하는가 하는 문제는 여전히 풀어야 할 숙제로 남아 있다. 설혹 이 자료들을 함께 서가에 진열하지 못하다 하더라도 같은 방식의 분류법을 적용해 정리해 놓으면 아이들이 쉽게 이용할 수 있을 것이다. 분류법들이 동일한 원칙을 가지고 있으므로 아이는 자신이 원하는 것을 쉽게 찾을 수 있고, 또 다른 형태의 자료를 함께 사용함으로써 더욱 효율적인 조사를 하게 될 것이다.

사실 서적이 빠른 시일 내 너무 많아져서 서가에서 참고로 책을 훑어보고 도움을 얻는 일도 쉬워졌다. 아이가 혼자서 자율적으로 조사 탐구하는 것을 좀더 원활하게 해주기 위해, 도서 목록이나 참고도서 목록 같은 여러 다양한 도구를 비치해 두면 좋을 것이다. 그렇다고 아이들이 간접적인 수단밖에 되지 않는 이런 도구를 믿고 사서에게 뛰어오지 않는 일은 없겠지만 적어도 조금은 의존도가 낮아질 수 있을 것이다.

카탈로그와 색인 목록 카드

컴퓨터로 정보처리가 된 것이나 안 된 것이나 아이가 가장 활발히 카탈로그를 이용하는 것은 구체적인 어떤 주제에 대해 자료를 찾을 때이다.

주제를 기준하여 그림책이나 이야기책, 소설의 의미를 찾는다는 것은 더욱 모호해지는 일이다. 그래서 카탈로그 작업을 할 때 종종 핵심이 달아나 버린다. 『진열창에 갇힌 호랑이』[271]는 그리스에서 파시즘이 한창 기승을 부리던 1936년 두 어린 자매의 눈에 잡힌 세상 이야기이다. 한 아이는 거실에서 무기력하게 어슬렁거리고 다니는 호랑이에 대한 멋진 이야기를 해주는 혁명 전사 사촌 오빠를 통해 세상을 바라본다. 다른 소녀는 그 나이에 자주 찾아오는 기존 전통에 대한 복종의 필요성을 느끼게 만드는 상황을 통해 세상을 바라본

---

271) Aliki Zei, Pierre Mormet & Gisèle Jeanperin, 『진열창에 갇힌 호랑이』 *Le tigre dans la vitrine*, 파리: Editions Pocket jeunesse, 2001

다. 이 소설을 어느 범주로 분류해야 할 것인가? 물론《그리스(소설)》, 또는 《파시즘(소설)》 등의 형태로 분류할 수 있을 것이다. 하지만 이럴 경우, 이 소설의 가장 매력적인 요체 중의 하나인 자매에 관련된 요소들은 어떻게 연결할 것인가? 이 드라마틱한 소설이 보다 아동들에게 적합한 분위기에서 읽히게 하고, 아니면 역사 소설이나 훌륭한 콩트로도 읽히게 하는 무력한 호랑이 이야기는 어떻게 덧붙일 것인가? 이와 같은 분류 방식은 독자로 하여금 자료적인 접근밖에는 하지 못하도록 선을 그어 버린다. 정작 이 소설의 가치는 가두어 둘 수 없는 그 풍요함 가운데 있는데 말이다.

사실 아이들이나 교사들로부터 나오는 요구는 거의 늘 한 패턴을 벗어나지 못한다. "말에 관한 소설 좀 찾아 주세요", "춤에 대한 소설 있어요?", "유치원 아이들의 스키 교실에 관한 그림책 찾고 있어요." 이런 식의 요구를 해결하기 위해서라면, 부연 설명이 함께 있고, 회전이 빠른 덜 기계적인 유형으로 다루어진 참고도서 목록을 어느 정도 암기하고 있으면 좋다. 이런 방식의 참고 도서 목록이라면 그리스나 파시즘에 대한 요항에서『진열창에 갇힌 호랑이』는 당연히 찾아질 것이다.

주제 목록보다는 간단한 설명이 함께 있는 이런 조그만 형태의 참고도서 목록이 더욱 실속이 있고, 따라서 본래 가지고 있던 관심을 더욱 확장시켜 줄 수 있다. "만일 당신이 진정으로 김모씨나 이모씨를 사랑했다면, 틀림없이 정모씨도 사랑하게 될 것이니 염려 마세요." 이런 책이 어린이들 주변에 지천으로 노출되어 있고, 심지어는 포스터까지 벽에 태연히 걸려 있다. 이 순간 아이를 관리해줄 어른이 없는 상황에서 아이는 흥미진진 독서 삼매경에 그냥 빠져들어간다.『요헨의 선택』[272]을 흥미 있게 읽은 아이라면『아빠 씨』도 읽을 수 있을 것이고, 또 그 역도 가능하다.

『요헨의 선택』은 어느 소년이 절도죄로 판정되어 그 엄마가 징계 위원회에 불려가 일어나는 일을 그린 것이다. 처음 범죄가 거의 우연으로 저질러진 것뿐인데도 수고하기를 마다하는 죄수 교화원 덕분으로 끝내 절도의 길로 들어서게 된다는 것이다.

---

272) Hans G. Noack,『요헨의 선택』 *Rolltreppe abwarats*, 모명숙 옮김, 풀빛출판사, 2006

『아빠는 절대 내 마음 몰라』[273]는 한 어린 아이가 발랄하고 쾌활하게 살아가는 모습을 그린 이야기이다. 부모의 이혼으로 고통받기는커녕 그는 아빠와 완벽하다고 할 만큼 사이가 좋다. 그런데 어느 날 아빠가 사귀는 여자와 함께 아시아 여행을 떠날 계획이란다. 아이 생각에 아빠가 자기를 데려 가지 않는 것은 틀림없이 요즘 아빠가 쪼들려서 그런 것이니 은행을 털어 아빠를 도와야겠다고 생각하고 마음껏 상상을 내달린다. 늘 그랬듯 아빠에게 자기 머릿속에 있는 이 생각을 모두 들려주었다. 아이들이 흔히 할 수 있는 혼자놀이를 진짜로 믿은 아빠는 혼비백산! 있는 돈 다 털어 아들을 데려갈 수밖에…

대상이 되고 있는 책이 소위 참여 서적, 즉 어떤 이데올로기에 관련된 책이라면, 이런 장르는 어떤 한 측면으로밖에는 사물이나 현상을 해석하지 않으려는 경향을 가졌기 때문에 오히려 이런 방식의 접근이 불가피하기까지 하다.

색인 카드 카탈로그를 자료 조사 입문 자료로 쓰이게끔 만든 교육적 발상은 프랑스 어린이 도서관들이 전형적으로 취한 입장이었다. 아마 《즐거운 시간》도서관의 초기 사서들과, 이를 뒤따른 클라마르 도서관 사서들의 영향임이 거의 틀림없을 것이다. 오늘날 컴퓨터에 정보를 입력시켜 활용하는 전산화 작업이 일반화되어, 바야흐로 조사 탐구 활동은 새로운 국면으로 전개되고 있다. 하지만 유감스럽게도 아이들이 내용을 꼼꼼히 다 알고 책을 고를 수 있도록 책의 전반적인 흐름을 잘 요약하여 소개하는 양식은 그리 많지 않다. 소설이나 또는 다른 여타의 문학작품에 대해 이런 몇 줄의 요약문을 제시해 주면 지루하기 일쑤인 처음 몇 페이지들을 그냥 뛰어넘어도 무방할 것이다. 이와 함께 책의 장르나 스타일을 짐작할 수 있는 어떤 고리도 여기에 소개한다면, 어린 독자들이 자기 취향이나 관심사에 맞는 것인지 빠르고 쉽게 알 수 있을 것이다. 요즈음은 이런 방식에 의거해 책을 분석한 소개문이 책의 중간 중간에 삽입된 형태로 잘 나오고 있으니, 서가에서 이것저것 꼼꼼히 살펴보고 책을 고르는 사람이라면 반드시 발견할 수 있을 것이다. 외양을 비롯한 책의 물리적 조건에 유혹되거나 조건되지 않고, 책 표지에 인쇄된 광고성 언변이나 미사여구를 동반한 애매모호한 문장에 쉽게 넘어가지 않는 사람이라면 말이다. 이 같은 안내문은 사서들이 아이들에게 개별적으로 일일이 관심을 가져주

---

273) Patrick Cauvin, 『아빠는 절대 내 마음 몰라』 *Monsieur Papa*, 김이오 옮김, 달리 출판사, 2005

지 못하는 상황일수록 더욱 필요하다.

　오늘날 어린이들이 – 사서들까지도 – 작품들, 특히 소설에 대해 유용한 자료를 제공하는 인터넷 사이트를 기꺼이 가까이하면서 온갖 정보를 얻는 시스템을 한번쯤 숙고해볼 필요가 있다. 몇몇 블로그들은 어린이나 청소년들의 반응을 그 자리에서 그대로 실어 나른다.[274] 이들은 작품이 읽을 만한 것인가 아닌가에 대한 정보를 시시콜콜 알려주기 때문에 많은 애독자를 거느리고 있고, 무엇보다 위력적이다. 아이들의 입에서 직접 나온 말이 자기네들 사이에 떠돌 때 그 설득력과 파급력은 무엇과도 비교되지 않을 정도로 괴력을 발휘한다. 그 영향을 받아 도서관에 와서 책을 고르고, 읽는 독자마저도 똑같은 방식으로 어떤 공헌을 해야 할 것만 같은 부채감을 스스로 짊어진다.

　도서관 자료의 물리적·지적 체계는 이젠 이렇게 유동적인 영역으로 들어서게 된 것이다.

---

274) www.livres-a-gogo.be ; www.ricochet-jeunes ; www.chapitre.com ; www.linternaute.com 등의 사이트.

제 11 장
도서관에서 더불어 지내기

> 사서들에게 던져진 열정적인 응전을 다시 일으켜 세웁시다.
> 이 힘이야말로 각 사람들로 하여금
> 우리 시대의 거대한 변화의 물결을 이해하고,
> 예측하고, 활용할 수 있게끔 도와 줄 수 있는 근원이 되는 것입니다.
> 인간과 사고의 융합을 목표로 하는
> 우리의 책임감을 기꺼이 받아들입시다.[275]

아이들은 왜 도서관에 오는 것일까?

클라마르에서 새로 등록한 아이에게 도서관에 왜 오는지, 어떻게 이곳을 알게 되었는지 물어보았을 때, 어른들에게 물어보았다는 아이는 거의 없었다. 학교에서 단체로 오는 경우는 예외로 하고. 아이들에게서 듣는 말은 차라리 이런 것이다: "옆집 친구가 가자고 해서요", "사촌이랑 같이 왔어요", "형이 한번 가보라고 했어요."

과연 무엇이 이들의 발길을 도서관으로 이끌었으며, 또 다시 오게 만드는 것일까? 대개 우선은 진지한 대우를 받는 것이 좋고, 일종의 지위 있는 사람으로 취급받으며, 또 이 지위를 여러 방면에서 체험해 보고 싶은 것이다. 가령 대출부서나 아틀리에에서 방문객에게 인사를 건네며 맞이하고, 새로 등록한 사람에게 이것저것 친절히 가르쳐 주고... 이 모든 것은 아이에게 자긍심을 가지게 한다. 이 자기 존중감이 없다면 다른 사람을 존중할 수도 없고, 다른 사

---

[275] Anna-Maria Kylberg, 「도서관에 대한 유네스코 보고서」 Bulletin de l'Unesco à l'intention des bibliothèques N°69 (1973. 11-12)

람의 생각을 존중하기도 어렵다. 이런 마음가짐이 바로 아이에게 정보를 받아들일 수 있는 능력을 주고, 책이나 다른 독자들과의 필연적이고도 풍성한 대면을 준비시켜 주는 것이다.

도서관은 또한 아이들이 자유로움을 느끼는 장소이다. 우리는 그들이 하는 그대로 놓아둔다. 아이가 특별히 어떤 도움을 청해오거나 단체 활동을 신청해 오지 않는다면 우리는 그들의 뜻을 온전히 존중하는 의미에서 질문조차 건네지 않는다. 느낌에 와 닿는 그대로의 기분에서 아이들은 도서관을 마음대로 사용할 수 있다. 이 점 역시 중요한 것이다.

어린이들은 특이하면서도 한편 꼭 배워두어야 할 사회적 삶을 경험케 해주는 장소에 무료로 초대되는 것이다. 실제로 도서관은 아이에게 학교도 아니고 가족도 아닌 어떤 공간을 제공한다. 제 3의 장소라고나 할까. 무언가 재미있는 일 없이 지내고 있다는 답답함이 들면서 도서관에 오고 싶다는 의지를 <u>스스로</u> 느끼면 아이들은 자발적으로 온다.

대부분의 도서관은 무료이고, 독자는 자기 생활의 리듬에 따라 원하는 만큼 올 수 있는 자유가 주어진다. 아이들이 도서관을 찾아오는 으뜸 동기는 꼭 책읽기에만 관련된 것은 아니다. 하지만 이건 별 중요한 문제가 아니다! 어떤 경우라도 도서관 문 앞에서 막아서는 일은 없으니 참으로 다행 아닌가. 아이가 특별한 개인적 도움을 원치 않거나, 특별 활동이나 기타의 제안을 원치 않을 경우에도 아이의 의사는 그대로 존중이 된다. 자신이 편할 대로 도서관을 이용할 수 있는 자유가 보장되는 것이다.

자료를 찾아서

오늘날 도서관이나 대형 복합 상영관은 프랑스에서 가장 흔히 눈에 띠는 일상적 풍경이 되어 버렸고, 이들 건축물을 지어 올리는 공사에도 재능을 인정받은 저명 건축가들이 대거 참여하고 있다. 세계적인 추세로서 공공 도서관은 점점 다양한 활동을 펼치고 있고, 어린이 도서관 역시 예외가 아니다.

이제는 너무 일상적이고 명백한 현상이 되어 오히려 지루하기까지 느껴지는 것들에 대해 한번쯤 새로운 시각으로 되돌아볼 순간이 오지 않았을까? 이 책을 우연히 알게 되어 읽은 옛 독자들이 내게 증언한 것들이 있다. 그들의 기억은 놀랄 만큼 생생했다. 속내를 내비친 고백에 따르면 그들의 유년기는 바로 도서관 다녔던 일 그 자체로 기억되고 있었다.

그들의 영혼에 새겨진 이러한 흔적을 근거로 삼아 내가 여기서 주장하고자 하는 바는 바로 자료로 돌아가라는 것이다. 도서관이란 독서 공간이 오늘날 젊은 영혼들에게 무엇을 가장 보람되게 해줄 수 있는지 고민한다면 말이다. 특히 젊은 사람들에게는 무어니 해도 한 독서 공간에서 가장 본질적인 요소는 바로 자료 아닌가. 자료란 발견의 기쁨을 만끽하게 해주는 근본 요소이기도 하고. 어른이나 아이 할 것 없이 어떤 책에 열광적으로 빠져들게 되면 이러한 기운이 다른 독자나 도서관 측에 전염되면서 그들의(책과의) 만남을 촉발하는 동인이 되는 것이다. 이러한 만남을 실제 산술적으로 따져 본다면 엄청난 것이다. 서로 영향을 주고받는 장소로서 도서관만큼 파급 효과가 큰 공간은 이 세계 사방 어디를 둘러보아도 없기 때문이다.

사실 사서라는 분야에서는 초심의 열정이 매일 새로이 시작되어야 한다. 어린이 곁을 지키면서 우리는 매일매일 그들의 감정이나 감수성이 여물어 가는 과정, 취향이 결정되는 과정을 유심히 지켜보아야 하는 증인 아닌가. 실제로 파리의 《즐거운 시간》도서관 Heure Joyeuse 초기에 근무했던 《미세스 사서》는 40년이 넘는 세월 동안 자신이 처음 일을 시작한 1920년대와 조금도 다르지 않은 마음가짐과 열정, 관심을 유지해 나갔다.

모든 조직을 좀먹어 가는 경직화는 어떻게 대처해 나가야 할까? 매일 같은 상태로 반복되는 도서관 생활에 어떻게 새로운 활력을 주고, 새로운 의미를 부여할 수 있을까? 아이가 가족과 교류하는 방식을 활용해 어떻게 하면 도서관을 지속적으로 다니게 할 수 있는 프로그램을 개발할 수 있을까? 그 무엇보다 특히 어떻게 하면 도서관이 늘 사람들의 관심과 열정을 붙들어 매어둘 수 있을까? 어린이는 창의적인 어른을 필요로 한다. "우리가 깜짝 놀랄 만한 것으로 준비해 주세요", 아이들에게서 자주 듣는 말이다. "우리에게 책을 주세요. 우리에게 날개를 주세요", 아이들이 흔히 하는 이 말은 폴 아자르가 한 말을 연상시킨다.[276]

---

276) Paul Hazard, 앞 p.26의 글

도서관에서 자유로운 아이들

　도서관은 자유로운 장소이다. 나이에 상관없이 누구나 올 수 있고, 혼자서건 친구와 함께이건, 혹은 가족과 함께이건, 자신이 원하는 형태로 오면 되는 곳이다. 할 일을 가지고 올 수도 있고, 아니면 별다른 일거리 없이 그냥 들러도 무방하다. 사람들이 도서관을 오는 목적은 한두 가지로 일정하게 정해져 있는 것이 아니고, 꼭 책읽기에 관련되는 것도 아니다. 이 공간이 마음에 들고, 또 여기서 제공하는 것들에 마음이 끌린다면 시간이 날 때 와서 그저 한번 둘러보고 갈 수도 있다. 사람들이 와서 왠지 자기가 환영받고 있다는 느낌을 가진다면 도서관은 성공한 셈이다. 신뢰를 얻은 것이다.

　자유란 값진 것 아닌가! 오늘날 사실 도서관처럼 편리한 자유를 보장하는 장소는 그리 흔하지 않을 것이다. 혼자가 아니라는 즐거움을 만끽하면서 원하는 시간만큼 머물 수 있는 자유, 각자 자신의 일에 열심이거나 토론을 하고 있거나 독서삼매에 빠져 있는 사람들 틈에서 혼자 아무것도 하지 않고 자유롭게 있을 수 있는 자유... 그러다 슬며시 그들과 합류하고 싶다는 마음이 생기면 다른 사람들 틈에 섞여 함께 무엇을 할 수 있고, 아니면 단지 자신이 읽고 싶은 책을 찾아 펴면 되는 것이다. 하지만 아무도, 그 어떤 것에 대해서도 우리를 강제하지는 않는다.

　오늘날 어떤 부류에서는 아이들의 생활이란 것이 정말 눈코 뜰 새 없이 바빠서 꿈을 꾸기는커녕 지루해 할 틈조차 없는 경우를 본다. "우리 애는 도서관에 올 시간이 없어요. 방과 후나 수요일(프랑스의 초·중·고등학교는 대개 수요일 수업이 없고 대신 특별활동 시간으로 삼는다 –역자 주)에도 다른 일이 있거든요." 스트레스로부터 해방되고, 마치 째깍거리는 시계를 들고 시간을 재는 경기처럼 바삐 휘둘리는 상황에서 벗어나는 것은 얼마나 즐거운 일인가. 더구나 여기서는 다른 사람으로부터 심판을 받거나 점수가 매겨지고 있다는 중압감을 느낄 필요가 없다. 특별 활동이나 어떤 프로그램에 참가하기를 전혀 강요받지 않는다. 이는 오늘날 대단히 소중하고 누리기 드문 조건이다.

다 함께 쉿!

　몇몇 도서관들은 아이들을 조용히 시키는 것을 중요하게 생각하고 또 실제 굉장히 조용하게 유지가 되고 있다. 혼자의 힘으로는 잘 되지 않기 때문에 우리는 도서관에서 다 함께 조용히 있기를 원한다. 사실 혼자 있다는 것은 썩 유쾌한 일은 못되지만, 하지만 어쩌랴. 책을 읽는다는 행위는 혼자 있다는 상황을 요구하는 일인 것을. 아이들이 학교에서 돌아올 시간이면 대개의 가정은 텅 비어 있다. 아이들은 반사적으로 텔레비전 리모컨을 찾거나, 아니면 눈앞에 보이는 아무 다른 화면(컴퓨터나 게임기…)이라도 켠다. 혼자 있다는 상황을 견디기가 싫고, 그래서 늘 소리나 화면과 함께 지내려 하는 것이다. 한편 도서관에서는 조용함을 음미할 줄 아는 감각을 배울 수 있다. 이런 수준이 되면 책에 흠뻑 빠져 있는 다른 독자들에 둘러싸여 함께, 그리고 혼자 책을 조용히 읽고 있는 자신의 모습에 행복감을 느낄 것이다. 집중력에 자신감이 생기면서 이런 자신의 모습에 스스로 흡족해 할 것이다.

　자신이 원하기만 한다면 도서관에서는 몇 시간이고 앉아 있을 수가 있다. 소설 한 권을 다 끝낼 때까지, 참고 사항을 찾아 사전을 뒤적거리면서, 지도로 세계 곳곳을 여행하면서, 동화나 만화를 읽으면서, 멋진 미술 서적을 보거나, 다큐멘터리 작품에 흠뻑 빠져서, 혹은 학교 숙제를 가져와서 하거나… 거기서는 틀림없이 훌륭한 서적을 고를 수 있고, 놓치기에는 너무 아까운 책들을 마음껏 읽을 수 있다. 너무나 훌륭한 책들이라 이를 읽지 않고 유년기를 지난다는 것은 정말 안타까운 일이다! 어떤 가정에서는 아이들이 책 빌려오는 것을 허용해도 좋을지 망설이는 경우가 있다. 하지만 도서관에서는 관내에서 읽는 독자에게는 별다른 등록이나 절차 없이 그냥 원하는 책을 자유로이 꺼내 읽도록 하고 있다. 가장 훌륭한 책들이 누구나를 위해 거기에 있는 것이다.

제 2의 집

　어린이나 어른 모두 고개를 끄덕일 것이다. 도서관이 마치 집처럼 느껴진다는 사실에. 어른들이 자주 도서관에 들르는 이유는 대개 단지 책을 빌리거나, 아니면 신문이나 잡지를 뒤적거리기 위함이다. 아이들은, 특히 도시 근교 아파트 대단지에 사는 아이라면 더더욱 오랫동안 도서관에 머물면서 자기 마음에 드는 책을 스스로 고르고, 읽는 것을 좋아한다(이는 아이에게 충분히 보장된 자유이다). 인터넷이나 가상의 공간과 마주하여 화면에 머리를 맞대고 앉아 있기를 요구하는 이 시대에, 낮 시간 집에 가도 사막같이 썰렁하기만 한 오늘날, 도서관이 이런 환경을 제공한다는 것은 그래서 더욱 바람직한 일이다.

옛 독자들은《집에 돌아오는 것》을 행복해 한다. 이들은 앞서거니 뒤서거니 한 사람씩 책을 빌리러 온다. 우리도 이들을 보면 오랜 기간 동안 집을 비운 뒤 다시 돌아온 가족처럼 느껴진다. "우리가 어릴 때 좋아하던 그 책 좀 다시 읽을 수 있을까요?" 이들이 간혹 부탁하는 말이다. 삶의 회오리 속에서 책에 대한 첫 경험이 어떻게 마음 깊은 곳에 오래도록 소중하게 남아있을 수 있는지 놀랍기만 하다. 유년기 독서의 힘은 이토록 끈질긴 것이다. 단순하면서도 명징한! 작품의 좋고 나쁜 수준은 이런 점을 기준으로 하여 결정되어야 하는 것 아닐까?

온전한 참여

"제가 좀 도와드릴까요?" 도서관에서 아이들은 자발적으로 도움의 손을 내민다. 이런 제의는 순전히 이들의 의지에 의한 것인데, 이는 바로 아이들이 신뢰를 존중하고 우리가 자기네들의 관점에 관심을 가지고 있다는 사실을 기분 좋게 받아들이고 있기 때문에 가능한 일이다. 이렇게 해서 우리 클라마르 도서관은 아침 개관 시간부터 대출 업무는 아예 아이들 손에 맡기게 되었다. 아니, 이들의 도움은 이제 필수불가결한 것이 되어 버렸다. 물론 우리 어른 사서들이 틈틈이 눈여겨 살펴보지만 이 일은 아마 적어도 앞으로 몇 십년 동안은 아이들이 좋아하는 일로 계속 남아 있을 가능성이 크다. 예컨대 앞다투어 서로 하려고 하는 자리가 되지 않을까 싶다. 나아가 아이들은 최대한 진지하게 이에 대한 전문 교육을 받기 원한다. 사서 보조 카드는 바로 이렇게 해서 만들어진 것인데, 나름 의미가 없지는 않다. "사서 보조원 시험에 통과하고 싶은데 어떻게 하면 되나요?" 독자를 맞아 응대하는 법, 근무 시간 철저히 지키기 등의 요항이 게시판에 공고된다. 시험에 통과한 어른은 기뻐 어쩔 줄 모르면서 스스로에 대한 감탄에 빠진다. "이런 막중한 일을 맡게 될 줄은 꿈에도 몰랐어요." 아이들 역시 여간 자랑스러워하지 않는다.

아이들이 책을 들고 왔다갔다 하며 대출 업무로 온 시간을 다 보내버리거나, 또는 (머리가 아니라) 몸을 움직이면서 시간을 때울 수 있는 아무 일이나 골라 허송세월한다는 것은 분명 바람직한 일이 아니다. 한편 이런 일은 마치 도서관이 자원 무료봉사를 부추기는 기관이라는 인상을 심어 줄 수 있고, 또 도서관이 어린이를 위해 진짜로 해주어야 할 일을 비껴가는 것인 것 같기도 하다. 반면 그들이 독자로서의 지위를 누리면서 느끼는 만족감은 시작부터가 거창하다: "사서로서 내게 도움을 줄 수 있는지 실험해 봐도 되죠?" 우리가 흔히 목격하는 바, 대출 부서 부근에서 왔다갔다하며 가장 바쁘게 움직이는 사람들은 바로 지루한 수업을 막 끝내고 온 아이들이다. 그들로서는 적법한 기관이면서도 아무런 통제를 가하지 않는 안전지대로 들어와 이런 방식으로 자신의 존재를 알리려는 것이다. 하지만 과연 이것이 아이가 자주 도서관을 찾아오는 이유에 대한 변명으로 쉽게 허용이 될 수 있는 것일까? 처음부터 아예 노는 시간을 여기서 때우려고 작정한 채 책이라도 한번 읽어볼까 하는 마음은 끝내 추호도 없는데 말이다. 유감스러운 일이지만 이런 것이 필연적인 과정으로 지나갈 수도 있겠지만, 더욱 바람직한 것은 사서가 아이의 변화를 이끌어 주고, 또 지속적으로 관찰하며 보살펴주는 것이다. 이 때 그동안 아이와 함께 의논하며 계획을 짜는 과정에서 형성된 인간적 신뢰감을 적절히 이용할 수도 있겠다.

더불어 살아가는 법 배우기

이런 과정을 통해 도서관에서 아이들은 더불어 살아가는 삶의 다양한 면면들을 발견하고 배우게 된다. 독자를 이렇게 도서관 현장 업무에 적극적으로 개입시키는 것은 《즐거운 시간》도서관 초기시절부터 도입된 귀중한 유산의 산물이다. 로제 쿠지네[277]나 셀레스틴 프리네[278]와 같은 선구적인 교육가들의 철학에 귀를 기울인 결과였다. 초기 사서들의 마음가짐을 이어받아 우리가 늘 가장 우선적으로 고려하는 사안은 독자들로 하여금 귀속감을 느끼게 해주려는 것이었다. 사람들이 도서관에 오는 목적은 단순히 책을 빌리고 읽기 위해서가 아니라, 참여하고 함께 나누기 위한 것임을 알기 때문이다. 어느 누가 자기에게 "우리는 네가 필요해. 그리고 네가 무슨 생각을 하는지도 알고 싶어. 참 잘 왔어. 여기가 바로 네 자리야"라고 말해줄 때 아이들은 얼마나 행복해 하겠는가? 무작정 일방통행이 아니라 상호 교류를 제시하며 손을 내미는 이러한 초대는 아이로 하여금 자기 존중심을 가지게 해준다. 이것은 결국 독서를 통해 다른 사람에 대한 이해의 폭을 넓히고, 다른 세계를 발견하는 토양이 되는 것이다.

등록이라는 통과 의례

관내에서 읽지 않고 책이나 다른 참고 도서를 집으로 빌려가고 싶다면 등록이라는 절차를 거쳐야 한다. 등록은 한 사람씩 개별적인 단위로 이루어지며, 단체로 한꺼번에 하는 시스템은 없다. 아직 미성년자라면(프랑스에서는 만 18세를 성인 진입 나이로 삼는다 -역자 주) 부모나 교사, 또는 자기보다 나이 많은 형제의 허락서를 나중에 받아와야 하는 일이 남아 있긴 하지만 일단 결정은 아이 자신이 스스로 내린다. 아직 나이가 어린 아이들로서는 이렇게 자신의 이름을 걸고 다른 사람과 약속을 한다는 일이 그리 흔히 경험할 수 있는 것이 아니다. 어떤 아이들은 감격에 겨워 눈에 그대로 드러날 정도로 흥분까지 한다. 도서관에서의 등록은 거의 기계적으로 후딱 해치워 버리고 마는 그런 물리적인 과정이 결코 아니다. 자신의 이름을 밝히고 인정받는다는 것이 얼마나 큰 책임감과 자신감으로 연결되는지 아이들이 체험하는 과정인 것이다. 어린이는 《사용자》가 아니다. 별 유쾌하지 않은 이 행정적인 절차는 이런 저런 잔소리를 늘어놓으면서 시시콜콜 이용상의 주의를 주는 자리가 아니다.

---

277) Roger Cousinet는 『어린이의 사회적 삶, 어린이 사회학 연구』 *La vie sociales des enfants, essai de sociologie enfantine* (파리: Édition du Scarabée, 1950) 등을 저술했다.
278) Celestin Freinet는 선구적인 교육가로 프레네 운동을 펼쳤다.

책임감 있는 한 인간을 길러내는 시작의 관문인 것이다.

아이가 아직 유아라면 책은 부모의 카드를 통해 대여된다. 자기 이름을 쓸 줄 알게 되었을 때, 도서관에 와서 '진짜' 등록을 하고 독자 카드를 부여받는다. "도서관을 모든 사람이 유용하고 편리하게 사용할 수 있도록 노력하겠다"는 약속을 한다. 도서관 사용에 관한 이 같은 요항이 몇 더 있는데 찬찬히 끝까지 읽어 보도록 시간을 충분히 준다. 읽기가 끝나면 도서관의 한 일원이 되었다는 것이 어떤 의미를 가지는지 아이에게 설명하고 이해시킨다. 이 모든 절차가 끝나면 큰 등록 서류 위에 직접 이름을 (비뚤비뚤) 쓰고 서명한다. 서명이 끝나면 독자 카드를 손에 쥐게 된다. 이러한 절차 역시 일종의 계약이라는 관계를 맺은 것이다. 그러기에 이에 상응하는 대가를 치른 아이도 몇 있다. 어느 정도 이상이 되면 독자 카드를 빼앗길 수도 있다.

서로 얼굴을 마주하여 주의 깊게 개별적으로 일을 진행해 나가는 이 모든 과정에서 사서는 서두르는 마음 없이 시간을 충분히 가져야 한다. 학교에서 공부는 잘하는지 못하는지? 책은 평소 어느 정도 읽는지? 얌전한 아이인지 개구쟁이인지? 주제넘은 질문은 일체 삼가도록 한다. 여태까지 어떤 평판을 듣고 살았는지, 모든 이름표는 일단 접어두기로 하자. 도서관은 삶이 새로 시작되는 장소 아닌가? 신규 등록자들은 이용자 수칙에 나와 있는 대로 《도서관의 일원》이 될 마음이 있는가? 이것이 중요할 뿐이다.

"주로 무슨 책을 좋아하니?", "특별히 좋아하는 작가가 있니?", "도서관에 무슨 요망사항이라도 있니?", "네가 책을 고를 때 내가 좀 도와주기를 원하니, 아니면 혼자 고르는 것을 좋아하니?" 사서는 이런 것을 묻는다. 독자 등록은 대출 사무실내 모든 사람이 보는 앞에서 공개적으로 진행된다. 여기저기 다니면서 남의 일 구경하는 것을 좋아하는 몇몇 아이들은 가까이 다가와서 같이 듣기도 하고, 새로 등록하는 아이 앞에서 우쭐해 하며 자기가 먼저 알고 있는 사안을 몇 마디라도 해주려 애쓴다. 서류상의 절차가 끝나면 대개 이들 중 어느 하나가 새로 등록한 학생을 데리고 다니면서 도서관 구경을 시켜주겠노라고 자청하고 나온다.

마지막 남은 일반적 절차는 책읽기에 대한 여러 조언을 듣는 과정이다. 하지만 이것은 아이가 특별히 원하는 경우에나 아이가 충분히 이해하지 못했다고 여겨질 때에만 적용된다. 이제 독자가 혼자 알아서 하고 싶다고 하면 사서는 물러나야 할 시간이다.

참여하는 즐거움 · 인정받는 기쁨 · 환영받는 행복함

"우리는 무슨 일이라도 도서관에 제안을 할 수 있었고, 당신네들은 그 제안이 어떻게든 이루어지도록 이런 시도, 저런 방책을 강구하곤 했지요."

지금은 한 연극 단체의 수장이 된 옛 독자가 회상하는 말이다. 어느 날, 그는 친구 몇 명과 나를 찾아와 전래동화를 간단한 연극으로 꾸며 사람들 앞에서 공연하고 싶다고 했다. 우리는 토요일마다 공연 배우 한 명을 초대해 이들의 공연 준비를 지도하고 도와주도록 했다. 얼마 후 이들 작은 단체는 외국 동화를 소재로 한 연극 몇 편을 아이들에게 선보였다. 그런 다음 우리의 조언을 받아들여 프랑스어로 번역 출간된 외국 작가의 작품들 곧, 미국의 레미 찰립(Remy Charlip · 1929~)이나 덴마크의 입 스팽 올슨(Ib Spang Olsen · 1921~) 같은 작가의 책을 각색하여 연극으로 공연했다.

자신의 취향을 알리고, 어떤 분야에 관심이 많은지 서로 보여준다는 취지에서 아이들이 각자 자기 컬렉션을 도서관에 가져와 진열하는 것도 시도해 봄 직하다. 아이들이란 원래 무엇을 모으고 수집하는 것을 좋아하는 습성을 가진 사람이니까. 간혹 열성적인 아이들은 도저히 남들이 기록을 깰 수 없을 정도로 자신이 좋아하는 분야의 책을 많이 보유하고 있기도 하다. 이런 경우에는 오히려 우리보다 훨씬 더 많이, 깊이 알고 있다. 내가 아는 어느 열두 살짜리 사내아이는 지질학과 광물학에 관심이 많아 우리 도서관에 있는 이 분야 관련 도서를 빠짐없이, 그렇게 열심히 읽고 또 읽고 하더니, 결국 누구도 따라올 수 없는 실력을 갖춘 전문가가 되었다. 도서관에 있을 때에도 그는 이미 걸출한 실력을 갖추어 우리가 이 분야의 책이나 잡지를 구입할 때 유용한 정보로 많은 도움을 주었다. 만일 그렇지 않았다면 상업적인 유통 구조나 관습적인 배급 시스템에 눈이 가렸을지도 모르는 일인데... 게다가 소년은 이 분야에 관심을 보이는 다른 아이들을 모아 모임을 만들고 토론을 주도하는 데에도 능숙했다.

대화의 즐거움

　책이나 도서관은 본질적으로 사람을 환대하는 공간이다. 도서관은 매일 매일 수많은 방문객을 맞는다. 대개는 낯선 방문객이 많지만 그렇다고 꼭 손님같이 금방 들렀다 일어서는 사람들만 오는 것은 아니다. 도서관이 과연 어떤 곳인지 속살을 알고 싶은 아이들은 사서를 빼곡히 둘러싸고 속사포 같은 질문을 던져댄다. 특히 도시 근교의 아파트 대단지가 그렇듯 오늘날 도시 생활이란 것이 고립과 외로움의 섬에 스스로 갇혀 견뎌가고 있는 것 아닌가. 이러한 환경에서 자신이 원하는 때, 언제든지 올 수 있는 장소가 있다는 것은 값을 매길 수 없을 정도로 귀중한 가치를 지니는 것이라 할 수 있다. 특히 어른들이 와서 그저 가벼운 일상사나 소소한 주변 일들에 대해 기꺼이 함께 이야기를 나누고, 서로를 애정어린 눈길로 바라다봐 줄 때 도서관은 책을 읽는 장소 이상의 공간이 되는 것이다. 이들 가운데는 이런 시간이 너무 좋은 나머지 거의 매일이다시피 오고 또 오고 하여 마침내 진정한 친구 관계로 발전되기도 한다. 이것은 우리 사서들 사이에도 마찬가지다. 파리에 자주 들르는 뉴요커 사서 엠마는 브롱스(뉴욕 시의 한 구 -역자 주) 소재의 한 도서관 청소년부서 팀장을 맡고 있는데, 대서양 건너편 젊은이들의 최근 경향 - 책이나 영화, 그녀는 영화담당이기도 하다 - 을 우리에게 알려주기 위해 가히 완벽한 수준의 최신 정보를 줄줄 꿰고 있다. 그리고 아파트 단지 아이들을 만나 지역의 어린이나 청소년들이 무엇을 가장 알고 싶어 하는지 자기에게 말해 달라는 부탁을 한다.

　어느 일본 사서와도 도서관을 통해서 진실한 친구 사이가 되었다. 당시 클라마르 도서관을 다녔던 많은 독자들이 잊지 못하고 있는 도모꼬는 언제나 커다란 가방을 하나 매고 돌연 우리 앞에 나타났다. 그 큰 가방은 우리에게 전해줄 여러 선물을 담은 것인데, 가미시바이(紙芝居·12세기 일본불교에서 발원한 것으로서 이야기를 설정한 그림카드 세트를 이용하여 스토리텔링하는 paper drama. 오늘날에는 싱가포르나 라오스, 베트남 지역에서도 흥행하고 있다 -역자 주) 도 그 중 하나였다. 일본 전래예술인 이 종이극이 프랑스에서 도서관을 중심으로 제법 알려지게 된 것은 순전히 도모꼬 덕분이라 할 수 있다. 도모꼬는 우리에게 오리가미(勋ノ紙·17세기 에도 시대부터 시작된 일본의 전통적 종이접기 예술 -역자 주) 기술도 가르쳐 주었다. "손을 이리저리 접어가는 동

작을 사진으로 보여주면서 따라 하라는 도서관의 멋대가리 없는 책보다 100배는 더 쉽게" 배울 수 있도록 해준 고맙기 그지없는 선생님이었던 것이다. 도모꼬는 또한 자기 나라의 훌륭한 그림책을 우리에게 가져다주는 것도 잊지 않았다. 당시만 해도 어린 프랑스 아이들에게는 달나라만큼이나 낯선 일본이란 나라에서 건너온 주인공들을 보면서 아이들이 얼마나 신기해 하며 입을 다물지 못하는지 우리는 함께 지켜보았다. 우리 사서들 역시 이 기회를 통해 일본 그림책에 대해 많은 것을 배우게 되었는데, 정교하고 섬세한 아카바 수에키치[279]의 작품이나 익살스럽기 그지없는 안노 미쯔마사(安野光雅·1926~)의 그림책들, 멋진 목판 삽화로 장식된 테지마 게이자부로의 동화책[280] 등과 같은 발견은 신선한 충격이었다. 삭막한 성냥곽 같은 아파트 대단지에 사는 아이들이 지구 반대편 극동양 나라에서 온 그림책을 어떤 눈으로 읽어 가는지, 어떤 감수성으로 받아들이는지 우리는 말없이 지켜보았다

도모꼬가 어쩌다 도서관을 방문할 때에는 예정에 없던 모임이 임시로 즉석에서 이루어지기도 한다. 어떤 형식이나 목적에 얽매이지 않고 도서 대출부 복도에서 아이들이 그를 둘러싸고 모이면서 자연히 시작되는 것이다. 참여하고 싶다는 마음이 생기는 아이들은 누구나 그대로 끼어들면 된다. 제각기 한 마디씩 거들어 주제가 대략 정해지면 한 아이가 서가로 달려가서 책을 가져온다. 우리 사서들로서는 참고 도서가 얼마나 정확한 정보를 제공하는 자료인지 확인할 수 있는 좋은 기회가 된다. 도모꼬에게 자기 나라에 관련된 자료 도서를 봐달라는 부탁을 한다. 도모꼬는 마침내 그 중 어느 한 편에서 잘못된 부분을 찾아내 우리에게 알리면서 신중하고 조심스러운 평소의 모습대로 몇 번이고 허리 굽혀 사과한다. 아이들은 눈이 휘둥그래진다. "뭐라구요? 책에도 틀린 점이 있다는 거예요?" 아이들은 어른의 실수가 통쾌하다는 듯 잽싸게 파고

---

279) 赤羽末吉(1910-1990). 거의 50세가 되어서야 작품 활동을 시작했음에도 불구하고 가장 일본적인 것을 잘 표현했다는 평가를 받는 그의 그림들은 마치 연극 무대나 영화를 보는 듯한 장면 구성을 특징으로 한다. 『수호의 하얀 말』(오츠카 유오조 글, 이영준 옮김, 한림출판사, 2001), 『두루미 아내』(야가와 수미코 글, 김난주 옮김, 비룡소, 2002), 『복숭아 동자』(마쓰이 다다시 글, 김난주 옮김, 비룡소, 2006), 『(중국 옛이야기) 임금님과 아홉 형제』(박지민 옮김, 북뱅크, 2009) 등에서 그의 목판 삽화를 감상할 수 있다(역자 주).
280) 手島圭三郎. 고향 홋카이도의 자연을 목판화로 표현한 그의 그림책들은 힘차고 굵은 선, 섬의 차갑고 맑은 공기를 느끼게 하는 청량한 색채 등을 특징으로 하면서 국제적인 관심을 받고 있다. 『아기 곰의 가을 나들이』(정근 옮김, 보림출판사, 1996), 『북쪽 나라 여우 이야기』(정숙경 옮김, 보림출판사, 2006), 『큰 고니의 하늘』 おおはくちょうのとら(엄혜숙 옮김, 창비, 2006) 등을 쓰고 그렸다(역자 주).

든다. 이런 과정을 통해 비판 정신이 형성되면서 비교하는 법을 배우고, 신뢰할 수 있는 자료를 찾아 참조해야 한다는 사실을 배우게 된다.

숨막히는 대단지 아파트에서 살아가고 있는 아이들은 답답한 이곳 생활을 벗어나고 싶다는 실현 불가능한 욕구를, 다른 먼 곳으로부터 온 그 어떤 것들에 대한 강렬한 호기심으로 표현한다. 칠레 출신의 한 방문 독자가 자기 나라 동화를 프랑스어로 아이들에게 들려주고 싶다는 제안을 자진해서 해 왔다. "지금 그 말을 당신네 나라 말로 다시 한번 들려주세요." 동경을 가득 담은 사랑스런 눈빛으로 고개를 올려다보고 있는 아이들 앞에서 그녀는 기꺼이 자기 나라 말 몇 마디를 낭랑하게 들려주었다. 우리의 다정했던 일본 친구 도모꼬 역시도 아이들의 요청에 못 이겨 일본어 문장 몇 줄을 괴발개발 써 보여주곤 했다. "어쩜 그렇게 빨리 쓸 수 있어요?" 문자라는 도구가 어떻게 처음 인류의 문명에 들어오게 되었고, 이후 믿을 수 없을 정도로 다양하게 발전해 나간 역사를 기술한 책들은 언제나 아이들에게 대단한 인기를 끌었다. 국적을 떠나 이 지구상에 있는 모든 훌륭한 노래나 시, 예컨대 『시로 떠나는 대륙 여행』[281]이나 『바오밥 나무 이야기』[282] 등은 영원히 고갈되지 않는 인류의 보고이다. 글씨체나 서예, 표상 문자 등에 대한 어린이들의 관심과 열정은 우리가 생각하는 것보다 훨씬 더 크다. 명징하게 드러나는 것 앞에서 아이들은 마음이 움직인다. 아이들은 이미 우리 품속에 있지 않다. 더 이상의 의심 없이 우리 어른들이 당연하다고 받아들이는 현실 세계의 수많은 것들에 대해 그들은 비껴 볼 줄 안다.

중요하고 심각한 이야기가 아니더라도 그저 어른과 함께 이야기를 나눈다는 사실 자체만으로도 어린이에게는 무척 중요한 영향을 끼친다. 자신이 다른 사람의 관심을 받을 만한 가치가 있는 존재라는 것을 느끼는 것이다. 우리 도서관에서 발행하고 있는 「어린이도서잡지」 La Revue des Livres pour enfants 전前 대표는 직접 어린이들을 방문하는 것을 좋아했다. 이제 막 다 읽은 책이나, 특별히 흥미롭다고 느껴지는 책들을 가방에 가득 담아 짊어지고 우리 도서관

---

281) Jean-Marie Henry & Mireille Vautier, 『시로 떠나는 대륙 여행』 *Le Tour de terre en poésie*, 파리: Rue du Monde Eds, 1998
282) Miriam Moss 글·Adrienne Kennaway 그림, 『바오밥 나무 이야기』 *This is the tree*, 정해왕 옮김, 킨더랜드 출판사, 2004

에 나타나곤 했다. 도서대출 사무실 한가운데 서서 그녀는 아이들에게 책 내용을 이야기 보따리로 풀어놓으면서 읽도록 회유하곤 했다. 아이들의 눈높이에 맞는 감수성에 호소하고, 실제 이들이 겪었을 경험에 슬쩍슬쩍 갖다대면서 그녀는 책에 대한 아이들의 흥미를 끌어낼 줄 알았다. 완벽히 집중하는 경지를 넘어 완전히 그녀와 한 몸이 되어 아이들은 이야기에 빠져들고 있었다. 아이들이 책 고르는 일을 도와달라는 요청을 해오면 우리도 매번 이같이 아이와 감정을 함께 하면서 책을 선택해야 한다. 하지만 어쩌다 우연히 들른 방문객이 이런 요청을 해와 갑자기 책을 선택해야 할 경우에는 다른 방식으로 접근을 해야 한다.

 책을 읽는다는 것은 결국 타인과의 만남을 통한 기쁨을 맛보고, 동시에 자기 자신과 대화하는 즐거움으로 이어진다. 그런데 이 두 요소는 서로 불가분의 관계에 있다. "책읽기란 무엇보다 먼저 자기 자신을 성찰하는 행위를 요구하는 까닭에 매우 특별한 상대방을 만나는 일이다. 이 상대방은 내면의 언어가 없는 음울한 죽음의 세계에서는 한 마디 말도 하지 않을 것이며, 결코 진정한 모습을 드러내지도 않을 것이다."[283]

 독서를 통해 자신의 내면을 찾아가는 이러한 원칙에 입각하여, 다른 많은 도서관들처럼 클라마르 도서관에서도 아이들의 책읽기를 진작할 수 있는 프로그램들을 마련했다. 아이들의 관심을 유발할 수 있거나 감수성을 촉발할 수 있는 것, 또는 지적 감각을 확장시켜 줄 수 있는 그 모든 수단이 총망라되어 책읽기 장려운동으로 이어졌다. 결과는 헛되지 않아 책으로 인해 모든 표현법이 풍성해졌다. 아이는 자기가 발견한 것을 보다 잘 소화해 내고, 자기 방식에 비추어 표현하고, 자기 식으로 말을 하며, 이들을 자신의 행동 · 언어 · 기호 · 말소리 · 동작 · 체험 등의 영역으로 내면화시켜 갔다.

 아이의 생각은 언어나 행동, 다른 여러 양식으로 나타나는 표현 등과 불가분하게 연결되어 있다. 아이들은 때때로 막 발견한 사실이나 현실, 특히 아이가 아주 어릴 때는 자신의 온몸으로 느껴지는 현실을 재현하고 싶은 욕구를 느낀다.[284]

---

283) Colette Chiland, 프랑스 문화 비평가의 글.
284) Marcel Jousse, 〈사고와 몸짓 1, 몸과 손의 흉내 내기〉, (자필원고), 1927 : 『어린이들의 흉내 내기부터 음악까지』, 파리: Geuthner, 1935 : "몸짓의 심리학적 분석 방법론", 「강의 강연록」 La Revue des cours et

한편 책읽기와 장려 프로그램 사이의 균형을 맞춘다는 것은 퍽이나 어려운 문제에 속한다. 짜여진 여러 활동과, 이 축을 중심으로 하여 아이들이 발견하게 될 여러 주변의 사실들이 책이나 다른 매체로 연결되는 수단, 그리고 이후에도 아이들이 자발적으로 다시 찾을 수 있는 생명력 있는 요소, 이 모든 것을 엄격하면서도 유연한 방식으로 조화를 이룬 가운데 유기적으로 결합하려면 어떻게 해야 할까? 해답은 언제나 잠정적인 것이 될 수밖에 없다. 그때그때마다의 상황에 유연하게 대처하면서, 동시에 매 순간 숙고의 고삐를 놓지 말아야 한다는 것이다.

밖으로 드러내 놓고 할 수 있는 건강한 오락을 즐길 여건이 상대적으로 열악해 보이는 도시근교 단지에서는, 도서관 측에서 먼저 많은 즐길거리를 제공해줄 필요성을 강렬히 느끼게 된다. 이럴 때 따를 수 있는 위험은 준비와 동시에 행해지는 읽기 행위를 달성하기 위한 방법이나 과정에만 노력을 기울이고 모든 에너지를 쏟아부은 나머지 읽는 그 자체를 잊어버릴 수 있다는 것이다. 독서 격려 동기가 외부에서 찾아질 수도 있다는 사실을 모르고 활용하지 않거나, 혹은 그 싹이 터 나기를 막아버리기까지 하는 것도 어리석은 일일 것이다. 도서관이 주최하여 다방면으로 제공하는 이런 무료 오락은 지역에서 필요로 하는 모든 것을 충족시켜 줄 것이라 잘못 인식될 수가 있기 때문이다. 일종의 적극적 행동주의에 입각하여 도서관이 책읽기란 특유의 역할을 잊어버린다면, 그 누가 이를 대신해줄 수 있겠는가?

도서관 조직이 유연성을 발휘한다면 시간에 따라 변화하기 마련인 상황을 보다 알맞은 해결책으로 풀어갈 수 있다. 영국의 몇몇 도서관이 오락 활동을 과거에 비해 현저히 늘린 것은, 전통적으로 책을 많이 읽지 않는 나라 출신의 이민자들이 많이 유입되어 이들을 오락으로 유인하려는 속셈에서였다. 결국 외로운 이민자들로서는 도서관에 끌리지 않을 수 없었을 테고, 이렇게 해서 발길을 들여놓게 된 것이다. 성공한 셈 아닌가!

프랑스에서는 상황에 따라 수용되는 결정이 상당히 다양해 보인다. 도서관 조직 교육에 있어서의 주요한 한 축을 담당하고 있는《즐거운 시간》과《책을 통한 즐거움》두 도서관에서 공식적으로 취하는 입장은 아이들로 하여금

---
conférences N° 11 (1931. 5), pp.201-218 등을 참조하시오.

다양한 매체를 읽게 하는 진정한 독서, 그리고 비평적인 동시에 개인적인 독서를 하도록 이끌어 간다는 것이다. 이런 경향은 단순히 자료 제공자가 아니라 오래 전부터 "학교 밖의 교사"로 자처해 온 미국 사서들을 본받은 것이다.

사랑이 넘치는 집

아이들은 도서관에 있으면서 마치 자기 집에 있는 것처럼 느낄 수 있다. 내부 시설물이나 구조가 언제나 자신에게 편리하게 맞추어져 있는 집처럼 말이다. 그 곳에서도 한 가정처럼 각자 자신의 위치가 있고, 자기 몫으로 가져야 할 책임감이 있다.

도서관은 그저 지나면서 잠깐 들러보거나 시간을 소비적으로 보내는 단순한 장소가 아니다. 아이들은 매우 자발적으로 도서관이 돌아가는 구조의 일원으로 편입되고 싶은 욕구를 느끼는데, 이는 분명히 어른과 아이들 사이에 형성되는 관계의 양상이나, 또는 도서관이 돌아가는 구조 자체에 의해 촉발된 감정이다.

집과 같이 도서관은 따스하고 친근한 느낌을 전해줄 수 있고, 동시에 단체 생활의 리듬이 흐르는 장소이다. 제각기 다른 일에 종사하면서 살아가고 있는 사람들이 각자 자신의 일에 몰두하면서, 축제 같은 어떤 특별한 기회처럼 나이가 서로 다른 사람, 오늘날 자신을 태어나게 만든 세대의 사람들과 혼효混淆되어 함께 있는 즐거움도 맛볼 수 있는 것이다. 구소련의 작가 레브 카실은 어린이 도서관에 관련된 자신의 저서 『상상 여행』에서 도서관에서의 아이들의 열정적인 태도를 통해 풍성하고도 능동적인 삶을 이끄는 주체로서 이 집단의 의미를 그려낸 바 있다. 한 아이의 말을 들어보자. "도서관에서 요란스럽고 분주하며, 재미있으면서도 진지한 시간을 보내느라 정신이 하나도 없어요. 오늘도 하루 종일 도서관에서 지내다 왔어요. 물감과 잉크 칠하는 일만 했지요. 다른 아이들은 포스트 게시판 만드는 일을 서로 도와 가며 하고, 또 어떤 아이들은 찢어진 책을 풀로 다시 붙이는 일을 하는가 하면, 의자에 올라가 서가의 책을 정리하기도 했어요. 우리 모두 즐거운 마음으로 온 힘을 다해 열심히 해요 (...). 우리는 독후감이나 책에 대한 짧은 소견서를 만들고, 토론을 나누기도 해요. 문학의 밤 같은 행사를 열고 간혹 낮 공연도 하지요. 이때는 배우나 관객 모두 말 그대로 정열의 도가니에 빠져버려요(...). 언젠가 우리는 온갖 열성을 다 기울여 저녁 축제를 한번 마련한 일이 있어요. 부모님들께 초청장도 보냈어요. 도서관 구석구석을 대청소하고, 천장의 거미줄도 걷어 내고, 빛바랜 포스트를 떼 내고 새 걸로 예쁘게 바꿔 붙이고... 모든 걸 정성껏 준비했어요. 아버지는 아무도 안 오시고 어머니들만 오셨더군요. 곱게 넘겨 빗은 머리로 단장들을 하시고, 어깨 위로 우아하게 두른 숄 아래 두 손을 앞으로 가지런히 모으신 채 우리를 지켜보셨지요. 우리는 최고로 좋은 자리를 부모님들께 내어 드렸습니다. 디노와 조르카가 어머니들께 설탕 대신 잼 넣은 차를 따라 드리는 일을 맡았어요."

『상상 여행』[285]의 이 구절은 나의 기억에 최고로 아름다운 도서관 풍경으로 남아 있는 그 어떤 체험 한 조각을 떠올리게 해준다. 문득 아이들이 온 열성을 기울여 상상력을 총동원하려고 애를 쓰며 책에 열중해 있던 그 모습을 나는 지금도 잊지 못한다.

정보의 집결지인 도서관은 곧, 전통이 배달되는 장소가 되기도 한다. 우리는 참회의 화요일(Mardi gras, 사육제의 마지막 날로서 부활절 46일 전, 기름진 화요일이라는 명칭 그대로 튀긴 과자나 고기를 즐기는 풍습이 있다 – 역자주), 크리스마스, 또는 부활절 등의 의미를 도서관에서 진행하는 작은 축제를 통해 거듭 확인할 수 있다. 프랑스의 도서관들은 비교적 자주 출입하는 외국 출신의 아이나 어른에 대해 그들 나라 고유의 민속 축제를 마련해 준다. 고유 의상이나 음식을 장만하여 다 함께 즐기고, 해당 행사를 재현하여 다른 사람들에게도 체험의 기회를 선사한다. 이 일은 주로 한시적으로 실습을 나와 있는 연수생에게 맡겨진다.

클라마르 도서관에서는 외국 출신의 연수생을 최대한 동원하여 그들 나라 축제를 보다 현장감 넘치게 꾸미려고 애쓴다. 한 예로 어느 할로윈 데이[286] 때에는 마침 미국에서 온 한 연수생의 도움으로 실감나게 축제를 치러 낸 적이

---

285) Lev Kassil, 『상상 여행』 *Le Voyage imaginaire*, 구소련에서 1934년 경 출판되었으며, 프랑스에서는 1937년에 Gallimard 출판사 번역본이 나왔다.
286) 당시만 해도 프랑스에서는 할로윈 데이란 존재 자체가 완전히 미지의 상태에 있었다. 그러다 요 근래 몇 년 사이에 특히 상업적 측면에서 성공을 거두고 있다. 모든 성인의 날(Toussaint) 전야인 10월 31일을 기념한다.

있다. 우리는 이 절기에 얽힌 스토리를 그대로 그림으로 그려 낸 전시회를 마련하여 축제가 탄생하게 된 역사적 배경과 전통을 설명했다. 이와 함께 여느 미국 가정들처럼 움푹 파낸 호박 안에 촛불을 켜서 도서관을 장식하고, 아이들을 이야기 방으로 초대해 세계 각국에서 수백 번도 더 되풀이되었을 마귀할멈 이야기를 들려주며 축제를 진행해 나갔다. 말 그대로 한바탕 난장판!

어느 다른 해에는 일본에서처럼 소년의 날과 소녀의 날 축제를 진행했다. 한 일본 친구가 아이들에게 오리가미(励ソ紙·p.204 참조 -역자 주)에 대해 가르쳐 주기도 하고, 가미시바이(紙芝居·p.204 참조 -역자 주) 식으로 스토리가 전개되는 이야기를 즐기기도 했다.

이러한 성격의 축제를 진행한다는 것은 이민자 출신 아동들의 문화를 알리는 한 수단이 될 수 있고, 이러한 문화 교류를 통해 지역 주민을 통합시키는 역할을 할 수 있다. 또한 각 도서관은 축제를 통해 지역적 특색이나 그 곳을 이용하는 독자의 성격에 관련된 독특한 특징을 획득할 수 있다.

1960년대 내가 뉴욕에서 가장 감명 깊게 받아들인 점도 바로 이것이었다. 아이들이 도서관을 통해 공동체에 대한 살아 있는 의미를 배우는 것이었다. 도서관은 이러한 민족 축제에 짐짓 의도적으로 장엄한 의식을 부여해 그 존재를 부각시키려 했다. 뉴욕 중앙 어린이 도서관[287]의 경우, 가장 성대하게 치러지는 축제는 바로 성 니콜라(Saint Nicolas·아이들의 수호 성도인 산타클로스의 전신 -역자 주) 축제였는데, 이것은 아마 뉴욕이 아직 뉴 암스테르담으로 불리던 시절의 추억을 회상하려는 의도인 듯 했다. 니콜라 성인에 대한 이야기를 들려주면서 그 해의 최우수 도서 전시회의 막을 올리는 것이었다. 이 시기는 또한 내가 일했던 유대인 거주 지역에서는 하누커(Hanukkah·유대교인들의 촛불 축제, 그레고리력의 11~12월 사이 8일에 걸친 공휴일 기간 동안 매일 촛불을 하나씩 밝혀 교회에의 헌신을 다짐하는 행사 -역자 주)나 욤 키푸(Yom Kippour·히브리력 7월 10일에 거행되는 대속의 날, 25시간 동안 단식하며 속죄의 기도를 올리는 풍습이 있다 -역자 주), 로쉬 하샤나(Rosh Hashanah·유대교의 대표적 축제로서 신년 첫째 날을 휴식과 참회로 보내면서 기념하는 행사 -역자 주) 같은 그들의 고유 축제가 책이나 이야기, 또는 전시회 등의 형태로

---

287) 이 건물은 당시 42번 가의 상당히 인상적인 건물에 소재하고 있었다.

다시 등장하는 기회를 얻을 수 있는 때였다. 이들은 모두 한동안 전통의 이름으로나 존재하던 것이었다.

프랑스의 경우, 이러한 전통에 대한 복구는 더욱 중요한 문제로 대두되는데, 가령 참회의 화요일처럼 점차 역사 속으로 사라져 가는 것들이 많기 때문이다. 본국으로부터 멀리 떨어져 있거나 타 지역으로 이사를 했을 경우 아이들은 금방 잊어버릴 가능성이 크다. 개인의 자유로운 출입을 존중하는 도서관으로서는, 바로 이렇기 때문에 아이들은 단순한 소비자로 전락해버릴 가능성이 있는 상황에서, 쉽게 그 흔적이 지워져 버릴 수 있는 한 공동체를 이러한 축제를 통해 긴밀한 관계로 묶어 줄 수가 있다. 한 공동체에 있어 이와 같은 유대감은 말할 것도 없이 매우 필요한 요소이다. 이는 각 개인으로 하여금 소속감을 느끼게 하는 요인이 되기 때문에 만일 이러한 정신적 귀환점이 없다면 사람들은 타인에게 마음을 열기가 힘들 것이고, 다른 사람이나 다른 환경에 대해 알고 싶은 욕구도 느끼기 어려울 것이며, 현실에서 주어진 어떤 상황에 동화하거나 통합되려는 안정감을 가지기 힘들 것이다. 교류가 비교적 쉽게 이루어질 수 있는 한 공동체 내에서는 우리가 발견한 어떤 사실이나, 다른 사람과 나누어 가질 수 있는 어떤 감정을 구체적으로 느끼게 된다.

마찬가지로 그 해에 새로 등록한 사람들을 위한 축제를 마련할 수도 있고, 이제 곧 어린이 부서를 떠나 슬슬 성인 코너로 옮겨갈 나이에 이른 아이들을 위한 축제도 생각해 볼 수 있다. 같은 선상에서, 이들이 새로 등록을 할 때, 자발적으로 신청을 미리 해둔 기존의 독자들을 연결해 주는 시스템도 시도해 봄 직하다. 도서관은 언제나 아이들이 집단 단위 내에서 행동할 수 있는 끈을 만들어 주어야 하고 또 더욱 강화시켜 줄 필요가 있다. 아이들이 하루의 대부분 시간을 학교나 단체에 소속되어 보내기 때문에 도서관에서의 독립적 입장은 습관화되기 전에는 그리 자연스러운 일이 아니기 때문이다. 매우 유연하게 연결되어 있는 이 집단성은 아이들을 도서관으로 유인해 오는데 좋은 촉매제가 된다.

어린이 도서관이 처음 문을 열 당시 정보에 대한 모든 상황이 지금과는 상당히 다른 국면에 처해 있었을 때, 도서관에 나오던 아이들의 명석함이나 총명함을 다시 한 번 되새겨 보는 것은 흥미로운 일이다. 《즐거운 시간》도서관

개척 당시의 여성 멤버들은 아예 처음부터 도서관에서의 행동 양식에 대해 못을 박아 놓았는데, 이는 개인주의를 최우선적으로 생각하는 사람들이 많은 오늘날의 풍토에서 그 어느 때보다 절실히 요구되는 요항이다: "도서관은 개인의 의지와 자율적 욕구, 그리고 사회적 관계를 우선시하는 공동체적 생활을 조정하는 것을 원칙으로 한다." 실제로 인간관계를 연구하는 학자들이나 사회학자들은 이러한 공간의 필요성을 역설하고 있다. 도미니크 월튼은 환기한다. "오늘날 개방 사회에서 정체성의 문제는 격심한 양상으로 나아간다. 대화를 많이 하면 많이 할수록 개인적, 집단적 정체성을 더욱 힘주어 말해야 하기 때문이다."[288] 같은 입장에서, 장 클로드 길보드는 자신의 저서 『미래의 향취』에서 이러한 공간의 필요성을 거듭 강조하고 있다. "우리는 누구나 모두 거리(자율성)와 관계 맺음이 동시에 필요하다(...). 관계가 깨지면 존재를 파괴시키게 된다."[289]

공동생활의 규칙

그냥 시간을 때워 보내려고 도서관에 오는 아이들이 많다. 혼자 있는 것이 끔찍하게 싫고, 또 누군가가 자신을 돌보아 주기를 바라는 것이다. 이들은 언제나 (머리가 아닌) 몸을 움직이며 얼마간의 시간을 그럭저럭 때울 수 있는 가장 형편없는 일을 찾아 즐기겠다는 마음을 먹고 오는 것이다. 도서관이 이런 게임의 대상이 되는 것이 괜찮은 일일까? 이 문제는 매우 미묘한 성격을 띠고 있지만, 도서관이 조만간 스스로 짚어 보아야 할 점이다.

욕구불만에 찬 아이가 어떻게 소동을 피우고 교란을 일으키는지 우리 모두 잘 안다. 시끄럽게 굴면서 만족감을 얻으려 하거나, 단지 어른들의 주의를 끌려는 목적에서 무엇을 부숴 놓기도 한다. 바로 여기서 공동생활의 규칙 문제가 제기된다. 이 요란스런 난동을 '읽고' 있으라고 다른 아이에게 강요할 수 있을까? 흔히 아이들은 소음에 대해 대단히 불평을 많이 한다. 하지만 단지 아이들은 언제 어디서나 예외적인 대우를 받는 위치라는 사실만으로 여기서

---

288) Lev Kassil, 앞 p.210의 책.
289) Jean-Claude Guillebaud, 『미래의 향취』 Le goût de l'avenir, 파리: Edition du Seuil, 2003

도 이들에게 예외적인 대우를 베풀어야 할까? 만일 그렇게 하지 않는다면, 계속 아이가 교란자 역할을 하도록 내버려 두면서 확실히 그를 단체의 일원으로 받아들여야만 할까?

이 문제는 모든 도서관이 봉착해 있는 현실이며, 특히 도서관이란 존재가 쉽게 그리고 무료로 입장할 수 있는 거의 유일한 기관인 도시 근교의 대단지 지역에 위치했을 경우에는 더욱 심각한 문제로 제기될 수 있다. 우리는 다양한 해결책을 시도해 보았다. 예를 들면, 소란 피우는 아이를 개별적으로 데려와 상담한다. 그가 무엇을 원하고 무엇이 필요한지 물어보고, 바로 이를 통해 다른 아이들 역시 이런 점들을 원하고 필요로 한다는 것을 아이에게 알게 하고, 이와 함께 도서관의 목적을 이해해 보도록 유도했다. 그런 다음 결정에 들어간다. 혹 할 수 있는 일이라면 도서관이 아이의 요구를 들어주고, 만일 다른 아이들의 동의를 구해야 하는 일이라면 아이를 분리시켰다. 이런 방식의 결정은 괜찮은 방법인 것도 같다. 하지만 늘 적용할 수 있는 것은 아니다. 이 방법 역시 언제나 효과적인 것만은 아니란 것이 드러났다는 사실을 말해야겠다. 더 이상 아이와 씨름할 기운도 없는 사서는 흔히 아무 말없이 그를 문밖으로 내쫓아 버리는 것으로 끝낸다.

소란을 피우는 이런 아이들에게 어떤 책임감을 부여해 긍정적인 방식으로 아이들 틈에 끼어들어갈 수 있도록 시도해 봄직하다. 바로 우리가 한동안 시도했던 방식인데, 예를 들면 좀 큰 아이들로 하여금 어린아이들에게 이야기를 해주게 하거나 볼거리를 한 번 펼쳐보이도록 하는 것이다. 이렇게 해서 큰 애들이 한 해 동안 어린이와 달에 대한 덴마크 야사[290]를 토대로 한 동화를 발표한 적이 있다. 비교적 오랫동안 치밀하게 준비되는 연습을 위해 일정한 숫자의 아이들을 정기적으로 소집했다. 초점은 그들만의 독창적인 기술을 구사하는 데에 두었다. 책에서는 매우 높은 지점으로 설정된 달에서 지구로 떨어지는 아이의 추락 장면은 팩스 용지 두루마리 위에 그린 그림을 실물 환등기로 화면을 향해 쏘면서 대체하고, 그런대로 이야기의 흐름에 충실히 따라 갔다. 한 아이가 이야기를 들려주고, 다른 아이가 몸짓으로 나타낼 동안 다른 아이

---

290) Ib Spang Olsen, 『달님의 아들』 *Drengen i manen*, 코펜하겐: Gyldendal, 1962. 프랑스 번역본은 Éditions Circonflexe, 컬렉션 Aux Couleurs du temps에서 1995년에 발행되었다.

들은 음향 효과를 담당했다.

어떤 도서관에서는 청소년부 도서 이용자 중 나이가 좀 든 아이들에게 어린 아이들을 대상으로 한 이야기 들려주기 일을 정기적으로 맡겨, 양쪽 모두에게 큰 만족을 얻어내고 있다. 이러한 유형의 체험은 큰 아이들로 하여금 독서 능력을 더욱 공고히 다져나갈 수 있게 하고, 다른 사람에 대한 책임감이 판명되게 해준다. 그리고 아직은 이들이 재미를 느낄 수 있는 이야기에 대해 체면 구기는 일없이 읽는 즐거움을 누리게도 해준다.

하지만 큰 아이들을 어린아이 돌보기에 끌어 들이는 것 역시 나이 든 아이들을 권내로 포섭하는 문제에 있어서의 능사는 아니다. 이런 발상이 진지한 관점에서 이루어졌는가 하는 문제에 대한 고찰이 필요하다. 많은 어른들이 그러하듯 어떤 사서들은 어린아이들과 함께 있는 것이 더 편안하기 때문에 보다 다루기 힘든 나이의 아이들 대하기를 꺼리기도 한다.

청소년층을 끌어안는 일이 어렵다는 사실은 곧 우리 사회에서 청소년들이 처해 있는 입장에 관련된 문제들과 심각하게 맞물린다. 다시 말해 우리가 언제나 이들을 고립시켜 왔고, 책임감을 박탈해 왔다는 것이다.[291] 의무교육 연한이 16세까지 연장되면서, 이는 한편 어느 의미에서는 상황을 악화시킨 셈인데, 학교 자체의 기능은 그 어떤 변화 없이 여전히 같은 활동 방식에 갇혀 있기 때문이다. 필립 아리에스의 표현대로 마흔 살 가량 먹은 학교가 아이들을 거꾸로 유·소아 수준으로 떨어뜨리는 형국으로, 사람들이 보통 어른으로서 세상에 편입되고 싶은 욕구를 강렬히 느끼는 바로 그 나이에 격리시켜 놓는 것이다. 도서관의 범주를 훨씬 넘어서는 한 사회적 문제를 도서관 혼자서 해결할 수 있을 것이라 생각하는 것은 환상에 불과할 뿐이다. 다만 사정이 허락하는 가장 성실한 범주에서 볼 때 우선 도서관 담장 내부의 일로서 청소년을 성인 세계에서 배제하지 않는 동시에 어린이로도 취급하지 않는 균형 잡힌 시각이 필요하다. 성인 도서부가 따로 없는 클라마르 도서관 같은 곳에서는 이런 문제가 보다 미묘해진다.

---

291) 도서관을 벗어나 일종의 과도적 대단지 내 길거리에서 실시한 조그만 경험을 통해 우리는 어린이와 청소년 사이의 또 다른 형태의 관계를 발견할 수 있었다. 큰 아이들이 자발적으로 어린 아이들에 대해 책임감과 애정을 발휘하는 것이었다. 그들은 마치 형이라도 되는 듯한 태도로 아이들을 대하고 돌보아 주었다. 그곳에서의 그들 관계는 교육 기관 내에서 형성되는 관계보다 훨씬 자연스러운 모습이었다.

제 12 장
지표 세우기, 독자에게 도움주기

어느 아이가 제 엄마에게, "도서관에 있는 게 좋아요. 사서 아줌마들이 늘 서 있거든요" 라 했다는 것이다. 한 바퀴 돌려 표현했지만 결국은 언제든 어른에게 도움을 청할 수 있어 만족스럽다는 기분을 말한 것이리라. 도서관에서 아이들이 어떻게 해야 하는지, 무슨 자료를 찾아야 하는지, 어떤 책을 골라 읽어야 하는지, 하나하나 도와서 자리에 앉히고, 수시로 청해오는 도움에 일일이 응대하려면 결국 사서는 하루 종일 엉덩이를 땅에 붙일 시간 없다는 것이 맞는 말이다. 하지만 이는 바로 사서로서의 가장 으뜸 임무 아닌가. 그런데 오늘날 이 가장 기본적인 업무조차 제대로 이행되기 힘든 여건에 있다. 어린이 대상 서비스 분야의 법규에 대해 점차 이런저런 제약이 늘어나는 현실 때문이다. 어른의 경우에도 마찬가지지만 어린이 관련 법규에도 더구나 현실에 동떨어진, 그래서 별다른 큰 의미를 지니지 못한 채 상황만 복잡하게 만드는 제약 조항들이 점점 숫자를 더해가고 있다. 산술적인 결과에만 몰두되어 모든 일을 빨리빨리 처리하도록 밀어붙이면서, 결국 아이들 한 명당 지도 시간을 너무 많이 할애하지 않도록 조종을 하는 셈이다. 행정 관료들이 원하는 것은 결국 예산 책정이 확실히 손에 떨어지기까지는 여하튼 기존의 프로그램을 엿가락 늘이듯 늘여 가능한 오래 끌고 가라는 뜻 아닌가? 아이들의 《특별 활동》이 제대로 효과를 드러내는 것이 되려면 단일 단위로서가 아니라 여러 장르에 걸친 다채로운 활동이 복합적으로 향유될 때 가능한 것이다. 어린이들이 도서관에 오는 우선적 목적은 흥미진진한 구경거리를 보거나, 다른 아이들과 어울려 단체 활동을 하려는 것이다. 그런데 현실은 아주 소소한 활동에 대해서도 필요한 예산이나 지원을 받으려면 리포트를 수십 장씩 써내도록 하고 있다. 아이들이 호기심을 보이면서 스스로 하고 싶다는 의지를 강하게 드러내는데 이

보다 더 절실한 근거나 동기가 필요하단 말인가? 독서 공간이라는 그 자체의 특징이 바로 유연성과 비정형적 성격으로 귀결되는 것 아닌가?

아이들은 자료를 찾고, 다른 아이들과 의논하고, 이것저것 뒤적여 보다가 몇 페이지 읽고, 마침내 어른에게 도움을 청할 수 있는 시간이 필요하다.[292] 교류 수단이 발달되고 통신망도 증가되었으며, 끝없는 정보의 바다에 쉽게 접속할 수 있고, 쉽게 손에 들을 수 있는 오늘날에는 아이들의 이러한 시간이 더욱 많이 필요할 것이다.

어른들은 아이들이 스스로 방향을 잡아 잘 해나갈 수 있도록, 또 발견의 기쁨을 맛볼 수 있도록 기꺼이 시간을 내어 주고, 곁에서 함께 할 수 있어야 한다. 아이가 아직 어릴 때에는 나란히 앉아 함께 책을 읽거나 이야기를 나누고, 아이가 좀더 자라면 읽을 책을 선별하는 것을 도와주고, 삶의 경험으로 이어지는 독서 경험의 중요성에 대해 일깨워 주어야 한다. 사서란 어린이 곁을 지키는 사람들이다.

"한 개인이 가질 수 있는 지식이나 전문성에는 한계가 있다. 그러나 통신 여건이 발달하여 교류가 쉬워질수록 우리는 《모든 지식》을 소유할 가능성이 커진다. 이 시점에서 우리에겐 《뱃사공》의 역할을 해줄 매개자가 필요하다. 우리가 지식과, 정보와, 지혜의 거대한 대지를 순환할 때 손을 잡고 함께 건너 갈 사람 말이다. 정보나 지식 그 자체가 사고라는 발상은 위험한 환상일 뿐이다."[293]

이것은 한 어른과 어린이 사이가 인간 대 인간으로서 자연스럽게 맺어지는 특별한 관계이다. 친밀하면서도 동시에 조심스러운 소중한 관계이다. 책이 매개가 된 것이다. 어떤 책에 푹 빠진 아이는 사서에게 애원하듯 요청한다. "이 책과 똑같은 것 혹시 없어요?" 그만큼 아이의 흥미를 많이 끌었고, 강렬한 감동을 던졌다는 이야기이다. 그런데 이런 청은 해결해주기가 쉽지가 않다.

---

292) 즉석에서 책을 대여하는 차량 도서관의 체계적 한계가 드러나는 부분이 바로 이 지점이다. 여기서는 아이들이 자기 형편에 알맞은 책을 선택하기에는 너무 짧은 시간이 주어진다. 평균 10-15분가량의 시간으로는 아이들에게 옳은 선택을 기대하기 힘들다. 또 다른 문제는 버스에 실린 책이 성의 있게 선정된 것이 아닐 때, 독자가 의견을 제시할 방법도 없고, 책 선택에 대한 도움을 청할 사람이 없다는 것이다. 이럴 때, 아이들에게 주어지는 유일한 가능성은 이미 내용을 잘 알고 있는 책이나, 어디서나 흔히 볼 수 있는 유명 시리즈나 컬렉션, 또는 비교적 내용을 쉽게 짐작할 수 있는 참고자료 서적을 선택하는 것뿐이다.
293) Dominique Wolton, 앞 p.38의 책

"이게 그 중 비슷할 거야." 아이가 실망하면 어쩌나 염려스러운 마음을 애써 숨기며 조심히 건네본다.

우선 지표를 세워야 한다. 어린이들이 각자 스스로의 지표를 세워 탐구해 나가도록 도움을 주는 것이 사서로서 해야 할 가장 중요한 임무 아니던가. 언제나 조심히, 그리고 신중하게 아이들이 각자의 관심사나 알고 싶은 것, 질문에 부응할 수 있는 자료를 찾도록 도움을 제공해야 한다. 그리고 미처 생각지 못한 사실도 이 과정에서 깨쳐갈 수 있도록 폭넓은 시각에서 출발하는 것이 좋다. 가능한 넓은 범위에서 아이의 관심 분야에 관련된 주제를 구체적으로 꼽아 들어가 보는 것이 좋다는 말이다. 그런데 이는 막연한 여건에서보다는 아이에게 실제로 어떤 자료를 눈앞에 제공하면서 진행해야 쉽게 윤곽을 잡아 나갈 수 있는 일이다. 바로 이 때 아이의 삶에 책이 자리하는 것이다. 이 책은 아이에게 즐거움인 동시에 지식을 전해주는 도구가 된다. 그리고 한 인간으로서의 경험이 심화되고 증대되는 순간이 된다. 이 자료가 얼마나 정확하고 가치 있는가에 대한 아이의 판단력은 다양한 책과 자료를 많이 읽을수록, 독서 기회가 많을수록 예리해진다. 이는 곧 자신이 누구인지 알아가는 길이기도 하다.

이렇게 얼굴을 마주하여 개별적인 접촉을 하는 것은 도서관의 특징을 단적으로 드러내는 양식의 관계이다. 대부분의 아이들에 있어 자신의 생활 주변에서 이런 식의 만남을 가질 수 있는 곳은 그리 많지 않다. 거기다, 책을 매개로 교류되는 세계는 엄청나게 풍성하여, 아이로 하여금 자신의 수준과 경험에 맞는 것을 찾아 취하도록 해준다. 책이란 끊임없이 솟아오르는 샘과 같아서, 각자 필요한 만큼 떠서 갈증을 풀고, 생명수의 맛을 발견할 수 있는 매체이다. 아이들은 이럴 때 자라난다. 새로운 세계를 알게 될 뿐만 아니라 미처 예견치 않았던 내면의 능력을 스스로 느끼게 되는 것이다. 아이들을 접촉한다는 것은, 곧 그들의 요구를 들어주어야 하거나 아니면 새삼 요구만 만들어 내게 되지만, 여하튼 책 소개하는 일을 하는 어른으로서는 책의 또 다른 풍성함을 발견하게 되고, 동시에 아이들 세계의 풍요로움을 다시 한 번 느끼게 된다. 실제로 어른이나 아이 양쪽 모두 나름의 감동을 느낀다. 어른은 아이의 감수성과 지성을 일깨우는데 도움을 주었다는 뿌듯함, 그리고 아이는 자신을 이해해 주는 어느 가까운 사람으로부터 기분 좋은 관심과 호의를 받았다는 푸근함, 아이가 숙제하는 것을 도와주는 경우에도 이러한 개인적인 도움이 특별한 의미의 교류와 만남이 된다는 사실은 마찬가지이다.

유년 시절의 추억이나 경험이 눈물겹게 그립고 되돌아가고 싶은 마음이 사무치게 든다는 감정을 숨기지 말고 그대로 전하자. "친애하는 사서 여러분. 신성한 재단의 수호 천사들이시여. 자신이 담당한 분야의 서가에 차례지어 꽂혀 있는 서적들을 정리하고 주제별로 분류하는 작업은 훌륭한 일임에 틀림없습니다. 하지만 그저 그런 책 더미에 푹 빠져 정신을 잃고 있는 독자에게 귀하의 도서관에서 가장 훌륭한 책이 과연 무어라 이야기할지 귀기울여 들어보지 않으시려는지요?(...) 귀하의 마음에 가장 아름답게 새겨져 있는 독서의 추억을 독자들에게 헌정해도 좋을 것입니다! 아이들에게 이야기를 들려줄 때에는 마법사가 되십시오. 서가의 책들이 아이들 손 안으로 훌쩍 뛰어들 것처럼."[294]

사서의 본질적인 임무는 어린이로 하여금 스스로 독서 《맞춤 메뉴》를 짤 수 있도록 도와주어야 한다는 것으로 되돌아온다. "무엇보다 먼저 그의 정신적 건강에 알맞은 메뉴를 짜는 것이 중요한 일일 것이다. 이는 곧 다양한 영양분을 섭취하면서 조금씩 소식하는 습성이 필요하다는 사실에 다름 아니다. 우리도 모르는 사이 이빨 사이에서 차츰 쌓여 가듯이, 우리의 정신 구석구석에 석회질이 조금씩 쌓여 간다는 것은 생각보다 쉽게 일어나는 일이다. 보다 성숙한 책읽기의 차원에서 비춰 보면 당신은 너무 많은 양의 설탕이 가미된 책을 읽는 반면, 운동은 너무 적게 한다는 사실을 기억하자. 이는 틀림없이 당신의 정신의 건강을 갉아먹고 말 것이다."[295]

어린이에게 소설을 골라준다는 것은 결코 쉽지 않은 일이다. 책읽기가 익숙지 않은 초보 독자라면 책에서 읽은 내용을 곧바로 자신의 경험으로 내면화시켜 버릴 가능성이 높기 때문이다. 아이들은 감정적 차원에서, 그리고 지적 차원에서 책 선택에 대한 도움을 받아들인다. 감정적 차원이란 책에 대해 조언을 해주는 어른과의 관계에서 비롯되는 영향, 그리고 기꺼이 끼어들어 책에 대해 이런저런 이야기를 늘어놓는 주변 다른 아이들과의 관계에서 비롯되는

---

294) Daniel Pennac, 『소설처럼』 Comme un roman, 파리: Gallimard, 1992
295) 앞 p.50의 A.-M. Kylberg, 글을 참조하시오.

영향을 말한다. 이 아이들이 하는 말은 굉장한 설득력을 가진다. "그래, 그래, 그 책 읽어봐. 정말 기가 막힌 책이야!" 혹은 "그 책 별로 재미없었어." 이들이 끼어들어 내던지는 이런 말은 상당히 위력적이고 효과가 있다. '별로 건질 게 없어 보이는데...' 읽을까 말까 망설이게 만들기도 하고, 어떤 책은 생각도 없었는데 이들의 추천으로 읽게도 된다. 어린들이 어떤 대상에 좋고 나쁘게 여기는 감정은 서로에게 전염성이 강하다. 지적 차원이란 어른이 책을 소개하기 위해 아이에게 제시하는 지표를 말한다.[296] 학교에서 고전이 무엇이라 생각하느냐는 질문을 받은 아이가 대답했다는 말이다. "어른들이 우리에게 읽히려 드는 책이요." 고전에 대해 아이들이 얼마나 중압감을 가지고 있는지, 반감을 느끼고 있는지 짐작케 하는 말이다.

    도서관은 아이들이 도움을 청할 수 있는 어른들을 만날 수 있는 장소이다. 굳이 사서가 아니더라도 초대된 사람이나 지나다 들른 사람 등 여러 다양한 개성을 가진 사람들에게 물어 보고 의견을 들을 수 있는 곳이다. 사서는 아이들에게 개인적인 선택을 굳이 강요하지 않으려는 방향에서 행동해야 한다. 설사 아이들이 접근할 수 없는 영역의 책을 요구해 온다 하더라도 단칼에 거절하기 보다는 그들의 책에 대한 욕구를 먼저 읽고 올바른 선택을 하도록 성심껏 이끌어 주어야 한다. 사서란 주로 혼자서 도서 상담을 처리해 가는 일이지만, 때때로는 다른 아이들이나, 해당 분야를 잘 알고 있는 어른 또는 관심을 가진 사람들을 초대하여 책 소개에 대한 도움을 청할 수도 있을 것이다.

    아이들에게 개인적으로 조언을 해줄 때는 사서로서 그가 무슨 책을 좋아하는지, 어떤 책을 읽었는지, 또는 마지막으로 읽은 책은 무엇인지 등을 묻게 된다. 몇몇 자료 대출 시스템은 어린이들의 독서 경향과 리듬, 그리고 빌려 간 책의 종류나 기간 등을 살필 수 있게 해준다. 당시 모든 공공 도서관이 그러했듯이 클라마르 도서관이 도입한 뉴왁 Newark 시스템도 그러했다. 책의 뒤표지 안쪽 포켓에 꽂힌 카드에 대출되는 책의 분류 코드를 적어 넣어, 도서관으로서는 대출 증명서를 보관하는 셈이고, 이와 함께 대출자의 개인 카드에도 같은 번호를 기입했다. 서로 아무 말을 주고받을 필요가 없는 이 시스템은, 혹 어떤 통제가 주어지지 않을까 괜한 불안감을 가질 수 있는 독자를 위한 것이

---

296) p.75의 《그림책이란 왕국에서의 일상적 풍경들》 부분을 참고하시오.

었을까? 여하튼 사서로서는 이렇게 기록으로 남아 있는 독서 경력을 중요하게 참고하여 아이의 도서 선택을 도와줄 수 있었다. 동시에 아이의 독서 특성을 보다 차별화된 수준에서 파악할 수 있고, 이에 따라 더욱 조밀한 조언을 들려줄 수 있는 장점도 있었다.

오늘날 대출 시스템은 자동 전산 처리 과정으로 되어 있다.[297] 이럴 경우, 아이들에게 조그만 독서 노트를 지참하도록 하면 어떨까? 아이들은 흔히 기억이 손상되어 가는 책읽기 경험을 다시 돌이켜보기를 즐긴다. 내가 만난 어떤 옛 독자는 이전에 도서관에 다니면서 읽었던 책들의 제목을 써둔 노트를 지금도 소중히 간직하며, 특히 자신이 좋아했던 책을 틈틈이 회상해 보는 기쁨을 누리고 있다고 전했다. 독서 노트를 간직하고 있는 사람은 그 이외에도 내 주변에서 그리 드물지 않게 볼 수 있다. 독서 노트야말로 앞으로의 독서 진로를 밝혀줄 수 있는 가장 좋은 자료가 된다는 사실은 의심할 나위가 없다. 특히 아이 스스로가 느낀 감정이나 발견한 사실을 자유롭게, 그리고 혹 자신이 원한다면 비밀에 부쳐 함께 적어둘 경우 가치를 더하게 된다.

책읽기에 어느 정도 익숙해진 나이에 이르면 종종 아이들은 책을 선택할 수 있는 범위가 오히려 좁아진 듯한 느낌을 갖게 된다. 그래서 여러 다양한 장르의 그림책을 즐겨 보던 아이가 어느 날 갑자기 취향을 거두고 대동소이한 컬렉션 소설들만 들여다보는 것이다. 상당히 자주 아이들은 여기에만 틀어박히고 싶어 한다. 마치 혼자 책을 읽는 행위 그 자체가 책의 내용보다 훨씬 중요하다는 듯한 태도로 동굴에 들어앉아, 책 읽어내는 기술을 통달하기 위해 온갖 힘을 쏟아붓는다. 아이가 이 골짝을 빠져 나오기 위해서는 어떤 어른보다 전문적으로는 사서의 도움이 절대적으로 필요하다. 하지만 이는 사실 그리 간단한 문제인 것만은 아니다. 유감스럽게도 많은 나라에서 이 미묘한 단계에 아이들이 처했을 때 읽힐 수 있는 책이 없다는 것이다. 어린이 도서 출판 관계자들은 이 간극을 메우려고 애를 쓴다. 그래서 그들은 길이가 길지 않은 소설을 큰 활자체로 인쇄하여 페이지에 줄 간격이 널찍널찍하게 앉히고, 책의 형태도 아이들이 좋아할 만한 것에 맞추어 펴내려고 노력을 기울인다. 이와 같

---

297) 뉴왁 시스템 같은 카드 관리 체계는 작은 조직망이나 신생 독서 공간에서는 여전히 매우 유효하게 사용되고 있다. 가령, 병원이나 유·소아 무료 진료소 등의 장소에서 지극히 단순한 방식으로 책을 대여·출하는 《열린 도서관》 같은 곳.

은 요소들은 아이들이 책을 선택할 때 틀림없이 한 역할을 해내게 된다. 이와 함께 보다 중요한 점은, 이야기의 뚜껑이 좀더 빨리 열려야 하고, 아이들을 붙잡아둘 수 있는 요소가 금방 나와야 하며, 대화 형식을 적절히 활용할 줄 알아야 하고 플롯이 빨리 전환되어야 하며, 전반적인 흐름이 섬세하고 치밀한 구성으로 연결되어야 하며, 필요 없이 복잡하게 꼬이거나 늘어지는 일은 피해야 한다는 것이다.

시동이 늦게 걸리거나 복잡하게 얽혀 출발되는 점 등은 아이들로 하여금 좋은 작품에서 등을 돌리게 만드는 요인이 되지만, 한편 경이로운 작품 『워터십 다운의 열한 마리 토끼』[298]처럼 처음 몇 장의 지루한 골짝만 무사히 빠져 나오면 아이들이 흠씬 빠져드는 소설도 있다. 바로 이럴 때 어른들이 조금만 도와주면 아이들은 이런 어려움을 극복해 낼 수 있다. 소설을 한 권 읽는다는 것은 아이들에게는 일종의 모험을 시도하는 것과 같은 것이다. 그렇기 때문에 이들이 작품을 제대로 소화해 내기 위해서는 대개 감정적 지적인 도움을 필요로 한다. 감정적인 도움은, 아이에게 이런 소설을 읽게 만드는 것은 바로 어른과의 관계 또는 아이들과의 관계라는 점을 잘 알고 접근해야 하며, 지적인 도움이란 책을 설명하면서 어른이 설정하는 방침에 관련되는 것이다.

모든 활기찬 행동들은 바로 이런 관계 즉, 아이들 각자의 독특한 개성과 이런저런 책들의 독창적 특징 사이에서 형성되는 관계에서 나오는 것이다. 비록 경험을 쌓아가며 점점 다듬어가는 것이긴 하지만 자신의 독서에 대한 욕구와 취향에 대해 유독 섬세한 직감으로 대하는 사서가 있다면, 아이는 그와 정기적으로 접촉하면서 친밀한 관계를 쌓아가는 가운데 보다 신뢰할 만한 정보를 풍성하게 얻을 수 있을 것이다. 하지만 단 한사람에게만 문의할 수 있는 상황은 해당 사서의 경향과 지식에 제한될 수밖에 없다는 점에서 아이를 오히려 빈곤하게 만들어 버릴 수도 있다.

아이들의 연구조사 활동에 어른이 참가하여 도와주는 이런 도우미 시스템은 독특한 성격의 만남이나 교류의 기회를 제공하는 셈이다. 카탈로그가 해내는 얼굴 없는 도움의 손길은 긴요하게 소용되는 것이긴 하지만 그러나 여하튼 아이들에 대한 개별적 상담을 대신할 만한 것은 못된다.

---

298) 주 56)의 『유모차』를 참고하시오.

"사람들이 내게 그렇게 주의를 기울여준 적은 한번도 없었어요. 그런 방식으로 내게 관심을 가져준 적도 없었구요." 예전에 도서관 다니던 시절을 회상하며 어느 옛 독자가 고백한 말이다. 아이에게 《말을 걸고》, 잠자고 있던 사고를 깨워 기발한 착상으로 이어지게 만드는 독서법을 아이가 발견할 수 있도록 도와준다는 것은 결국 매우 귀중한 한 관계를 낳는 것이다: 책과 독서란 그야말로 얼굴을 서로 맞댄 일 대 일의 관계 그 중심에서 이루어지는 일 아닌가! 게다가 아이들은 어른들이 자신을 위해 일부러 시간을 내어 이런 교류의 기회를 마련했다는 것, 그리고 정말 좋은 책을 골라주기 위해 꽤 많은 고심을 했다는 것 자체에서도 감동을 받는다. 어른에게 신뢰감을 가지게 되고 자신감도 더해진다. 이런 과정이 쌓이다 보면 아이는 무엇이 옳고 그른지, 고통을 인내하면서 이루어야 할 가치가 무엇인지 스스로 판단할 능력을 갖추게 되지 않겠는가? 멕시코 어느 작은 도시 감화원에 수감되어 있는 이 청년을 나는 간혹 떠올린다. 감사의 마음과 함께 그 교화 사서 분도. "우리를 위해 항상 최선을 다하신다는 것 잘 알아요."[299]

다니엘 페낙은 멕시코 가나자토 Guonajuato 대학의 교수로 재직하고 있던 이 L. 가두노에 대해 다음과 같이 환기하고 있다. "책을 위해서라면 그 어떤 인내도 감내할 줄 아는 그의 열정은 차라리 사랑이 아닐까 의심이 될 정도였지만, 우리를 또 다른 자신의 학생이라 여기기라도 했는지 가장 아끼는 책도 망설임없이 내어주곤 했다."[300]

우유부단하고 숫기가 없어 보이는 독자에게 우리는 거친 에너지가 넘치고 사람의 마음을 확 끌어당기는 힘이 강하면서도 별 어려운 구석 없이 쉽게 읽힐 수 있는 책을 권해 본다. 늘 분위기가 같은 책만 고르는 습성을 바꿔주고 싶기 때문이다. 아이에 대한 신뢰, 그의 취향에 대한 신뢰, 그리고 도서관이란 존재에 대한 신뢰를 바탕으로 아이를 또 다른 독서의 세계로 데려가서 새로운 땅에서 훈련을 시킨다. 이런 책을 소개할 때는 대부분의 아이들이 소장하고 있는 시리즈물 중 보편적으로 애호되는 경향 즉, 추리나 유머, 혹은 경쾌하고 흐름이 빠른 작품을 추천하려고 애를 쓴다.

---

299) 멕시코 시인 리리오 가두노 부오노드 Lirio Garduño-Buonod의 인용을 빌림. "지도사 사서"
300) Daniel Pennac, 앞 p.219의 책.

책읽기에 대한 조언을 준다는 것은 무엇을 나누는 행위에 다름아니다. "교류를 하게 만드는 것은 기술이 결코 아니다. 바로 사람과 사회인 것이다. 이는 서로 다른 두 차원에서 이루어지는데 곧, 문화적 교류와 사회적 교류가 그것이다. 기술적인 교류가 활발히 진행되면 될수록 결국 우리는 인간적인 교류와는 다른 그 어떤 양상으로 전개되는 것을 목도한다. 우리는 기계와 몇 시간 동안이라도 교류할 수 있지만, 만족할 만한 인간적 사회적 관계는 구축할 수가 없다. 이것은 다른 어떤 개인이나 자기와는 다른 단체의 사람들과 함께 지내는 것보다 훨씬 못한 일이다(…). 우리는 다면적인 관계 가운데 살아가지만 한편 절망적으로 혼자이다."[301] 우리 시대 최고의 교류 이론 연구자 중 한 사람이 한 이 말은 비록 일반적인 논리이긴 하지만 어린이 도서관이 해내어야 할 유일무이한 역할을 우리에게 깨우치기에 부족함이 없다. 그 중 가장 생생하고 심오한 목소리로 들려주는 말은 곧, 독자들의 일상생활 속으로 파고들어가 효력을 발생해야 한다고 우리를 격려하는 것이다.

조언이나 상담 업무를 효율적으로 수행하기 위해 사서는 도서관의 책들을 완벽하게 알고 있어야 한다는 것은 당연한 사실이다. 우리는 특히 소설의 경우 사서가 거듭 확인을 거쳐 책을 선정해서 독자에게 권해야 한다는 것을 원칙으로 못 박아 두었다. 마찬가지로 선정한 소설에 대해 이를 제대로 감상할 줄 아는 독자에게 연결해야 한다는 점도 유념했다. 이러한 기준에 의해 우리는 불필요한 도서 구입을 최대한 억제하여 우선 방대한 도서량에 갈피를 잡지 못하는 독자들을 안심시키고, 보다 효율적인 독서 여건을 제공할 수 있었다.

도서관에 따라, 그리고 말할 것도 없이 사서에 따라 책은 매우 다양한 장르에 걸쳐 선정될 수 있다. 예를 들어 『이상한 나라의 앨리스』는 어떤 곳에서는 인기몰이를 하지만 다른 곳에서는 거의 읽히지 않는다. 『환상의 요정 무밍트롤』이나 『위니 더 푸우』를 비롯한 많은 다른 걸작품들도 마찬가지이다.

만일 어떤 책이 전혀 아이들에게 인기를 얻지 못하고 있다면, 이것은 사서가 이 책에 대해 잘 모르거나, 또는 아이들에게 권할 생각을 한 번도 해 본 적이 없기 때문일까? 아니면, 책이 오래되어 보이거나 활자가 마음에 들지 않아서? 온전한 맛을 느끼며 감상하려면 큰 목소리로 읽어야만 하는 책이 있을

---

301) Dominique Wolton, 앞 p.38의 책.

때, 하지만 이 책을 아이가 혼자서 읽을 수가 없다면 이때에는 어떻게 해야 할까? 상쾌한 유머와 천진한 환상으로 어린아이들을 사로잡아 버리는 『위니 더 푸우』의 경우처럼 말이다. 사서는 다음과 같은 결정 중 상황에 맞추어 선택할 수 있을 것이다: ① ...이런 책이 있음을 아이들에게 알리기 위해 작은 이벤트를 준비한다. ② 책을 중심으로 전시회를 마련한다. ③ 책의 원래 요구대로 큰 목소리로 아이들에게 읽어 주는 낭독회를 한 번 열어 효과를 체험하게 한다. ④ 숙고 끝에 폐기 처분한다.

질문과 응답

아이들에게 의견을 자유로이 쓰게 한 뒤 건의함에 넣어 두도록 하면 사서들이 이들의 관심사를 타진하는 첩경이 된다. 이 때 제시되는 요항은 어떻게 찾는지 모르거나, 마침 그 때 사서가 자리를 비웠거나, 혹은 책이 이미 대출되었거나, 아니면 아예 도서관에 없어 아이들이 도서관에서 찾지 못한 책의 제목이나 이 책들의 주제를 묻고, 이와 함께 도서관에서 새로 구입하기를 원하는 책이나 주제를 표기하도록 한다. 이런 설문 조사를 위해서는 사서들이 충분한 시간을 가지고 연구해야 한다. 만족스러운 결과를 얻기 위해서는 종종 오랫동안 조사하고 다각도로 숙고해야 할 문제들이 숨어 있기 때문이다. 각 질문이 모두 나름대로의 요점이 있어야 하고, 최대한 완전하고 개인적인 성격의 응답이 나오도록 유도하면서 결국 대화 형식으로 나아가야 한다. 응답은 지체 없이 게시판에 붙여 놓는데, 이를 통해 다른 독자들의 응답 참여를 유도할 수 있고, 사람들의 관심을 끌만한 응답을 한 당사자에게 더 많은 관심이 집중되도록 할 수 있기 때문이다. 아이들은 자신들의 요구가 진지하게 다루어지고 있다는 사실, 이 조직의 일원이 되고 있다는 느낌과 함께 마침내 이 도서관이 자신들의 도서관이라는 소속감을 뿌듯이 느끼게 된다. 응답이 빠른 시일 내 이루어질수록 성의 있게 작성하여 만족할 만한 내용을 많이 담고 있을수록 그만큼 요구는 많아진다는 뜻이다.

자료 찾는 법 지도하기

아이의 요구가 참고 서적을 찾아야 할 필요성이 있는 경우에 속할 때가 있을 것이다. 아이가 이런 문제를 청해 왔을 때, 사서의 역할은 관련된 참고 자료를 재빨리 찾아내어 건네주는 것이 아니다. 그보다는 아이의 조사 연구 활동을 동반하면서, 이러한 모든 과정이 왜, 어떻게 필요한 것인지 설명하여 아이가 되도록 빠른 시간 내 자율적인 단계에 들어올 수 있도록 도와주는 것이다.

먼저 아이와 함께 전산화되었거나 되지 않은 카탈로그를 사용해 보고, 수많은 책이 같은 주제를 다루고 있지만 각 다른 관점을 취하고 있다는 사실을 아이에게 알게 해준다. 그런 다음 카탈로그에 나와 있는 자료를 분석한 것을 토대로 책을 찾는 법, 그리고 서가에서 분류되는 원칙에 따라 책을 찾아내는 법을 아이에게 가르친다.[302] 이와 함께 질문의 요점을 정확하게 파악하고 있어야 될 필요성을 강조하면서 이를 토대로 대충 훑어볼 책, 꼼꼼하게 읽어야 할 책, 또는 단지 참고용으로 필요한 책 등을 구분하는 기술을 익히게 한다. 아이는 이렇게 해서 자신의 질문이 합당한 대답을 찾을 수 있도록 명백하게 윤곽을 갖추어 나가는 법을 조금씩 배워 나간다. 이 훈련은 인터넷이나 그밖의 모든 종류의 수단을 통해 정보를 얻을 때 특히 유용하다.

정보가 곳곳에 넘쳐나면서 그야말로 홍수를 이루는 오늘날, 그렇기 때문에 오히려 질문을 명확하고 형식에 맞게 던지는 법을 배워야 한다. 어린이는 학교에서 다른 사람이 던진 질문을 자기 것으로 만들 줄 알아야 한다. 어떤 수준의, 어떤 종류의 독서를 하더라도 이는 선결되어야 하는 최소 조건이다. 원칙적으로 이 같은 준비는 학교 교실에서 미리 이루어져야 하는 것이다. 이는 또한 프레네 교육가(주366 참조)들이 영원한 교육 가치로 주창하는 것이기도 하다. 이런 관점에서 몇몇 자료 그림책들은《선생님 도서》를 자처한다. 이들은 어린이들의 통상적인 관점과는 얼핏 거리가 먼 것 같아 보이는 질문을 툭 내던져 아이들의 개별 호기심을 이끌어낸다.

아이들의 질문이란 언제나 이해가 똑바로 되는 것은 아니다. "미국인에 대한 책 한 권 찾아 주세요."라고 부탁한 아이가 한 명 있었는데, 결국 그는 1944

---

302) 제 10장 도서관에서 자료 찾아 나가기 (p.183-)를 참조하시오.

년 미국의 노르망디 상륙작전에 대한 책을 찾고 있었던 것이다. 또 다른 한 아이는 학교 숙제로 벤 호번 Ben Hoven이라는 인물에 대해서 조사해야 한다면서 내게 도움을 청해 왔다. 유명한 운동선수인가? 아니면 대중가요 가수? 내겐 전혀 낯선 이름이었다. 아이를 붙들고 한참 이야기를 들어본 결과 베토벤 Beethoven이 아닌가! 사서나 교사는 아이와 함께 시간을 보내면서 아이가 질문부터 소화를 한 다음 탐구를 시작해 나갈 수 있도록 이끌어 주어야 한다.

어른의 도움을 받으면서 이렇게 아이는 자기 질문이 구체적인 알맹이를 갖추고 명백하게 표현되는 것이 얼마나 중요한지 알아가게 된다. 결국 아이가 궁극적으로 이해해야 하는 것은, 주제가 정확히 어떤 양상을 띠고 있는가 하는 문제이다. 질문을 표현하기 위해 아이가 출발하는 관점이 결국 찾고자 하는 책을 분류 – 지식적인 분류, 그리고 서가에서의 분류 – 하는 기준이 된다. 기차에 대한 서적은 운송의 역사라는 사회과학적 관점에서 보면 분류코드 300에서 찾을 수 있고, 공업 기술적 측면에서 접근하면 600뿐만 아니라 사진집이나 예술 작품 관련 서적을 통해 700에서도 찾을 수 있다. 단지 주제가 겹쳐 놓이는 문제만 피상적으로 보았던 아이는 이러한 과정을 통해 지식의 조직망이 보다 구조적이고 체계적인 고리로 연결되어 있음을 깨달아 가게 되는 것이다.

다양한 매체의 자료

참고 자료를 조사하다 보면 책과는 다른 장르의 매체를 참고해야 할 경우가 있다. 이럴 때, 도서관이 소장한 다른 여러 자료에 아이의 질문을 대응시켜 대답을 뽑아보고 비교해 보면 흥미로운 결과를 얻게 될 것이다. 단, 질문 자체에 또는 진행과정 자체에 관련된 것이 아니라면 자료의 각 양식 사이에 어떠한 객관적인 차등도 두어서는 안 된다. 만일 새에 관한 문제라면, 아이는 우선 질문에 구체적인 옷을 입혀야 하고, 다음 질문이 더욱 확장되어 갈 수 있음을 알아야 한다. 새를 기르는 문제에 대해 알고 싶은지? 알이 어떻게 생기고, 어떻게 변화되어 가는지에 대해 알고 싶은지? 새가 지저귀는 소리를 중심으로 새를 알고 싶은지? 철새의 이동에 관한 영화를 보고 싶은지? 조류학자에게 새에 대한 연구나 관찰을 듣고 싶은 것인지? 경우에 따라 책 · CD · 시디롬 ·

비디오 · DVD · 백과사전의 설명 · 인터넷 사이트 등에서 가장 적합한 것이라 여겨지는 것을 선택하여 응용할 수 있을 것이다.

대부분의 어린이 도서관에서는 시청각 교재를 그다지 반기는 편이 아니었다. 그러나 1970년대에 들어 서적과는 다른 여러 자료 영역에서는 역동적인 움직임이 괄목할 만한 수준으로 진행되어 갔다. 스웨덴의 헬싱부르크 Helsingborg 도서관이 어린이 부서에 텔레비전 녹화 테이프나 비디오 카세트를 도입한 것은 당시로서는 아직 그리 흔치 않은 일이었다. 하지만 도서관은 이들을 아주 자연스럽게 받아들이고 또 이용했다. 혹 다른 별도의 공간에서 비디오를 시청하게 한다는 것은 있을 수 없는 일이었다. 아이들은 마음대로 기계를 만지고, 아예 채널 조정까지 자신들이 맡아 했다. 하지만 그 어느 누구도 비디오 방송을 보기 위해 하던 활동을 멈추고 뛰어오는 아이는 없었다. 나중에 항상 다시 볼 수 있기 때문이었다. 직원이 전해준 말에 의하면 오히려 도서 대출 비율은 오르막을 그렸고, 특히 비디오 내용과 관련된 책이 눈에 띄게 상승 곡선을 그렸다는 것이다. 누구나 당연히 텔레비전 방송 녹화 테이프를 도서관 시설물의 중요한 구성원으로 인정하고 있었다. 프로그램도 아이들 스스로 선택했다. 자신들이 원한다면 얼마든지 지나간 프로그램을 다시 볼 수 있고, 또 반대로 뛰어넘을 수도 있다는 사실을 아이들은 잘 알고 있었다. 이 모든 것이 아이들이 원하는 그대로였고, 아이들이 선택한 리듬에 맞추어진 것이었다.

파리의 빌레트 과학기술 박물관의 어린이 상영관처럼 모든 기본 요건들이 함께 모여 있는 환경에서는 비디오 감상을 한다는 것은 아이들에게 있어 인쇄된 책만큼이나 쉬운 일이다. 이곳에서는 아이가 혼자 개별적 단위로 또는 서너 명의 친구와 함께 직접 고른 영화를 뷰어로 선택해 볼 수 있다. 그리고 영화관에서 단체용 영사기를 활용할 수 있고, 본 상영관의 대회의실에 출입이 허용된다. 아이들이 이곳의 자료를 바탕으로 진행한 조사 탐구는 감독이나 프로듀서를, 또는 젊은층의 과학 기술 정보에 접속하기를 즐기는 사람들에게 힌트를 던져줄 수 있을 것이다. 문자 자료보다 언어적 장애를 덜 안고 있는 시청각 자료는 질 높은 외국 자료들이 많이 들어오게 되어 결국 아이들에게 주어진 선택의 폭을 광범위하게 넓혀 놓은 셈이다.

일단은 쉽게 참고 자료에 접할 수 있을 듯이 보이는 도서관 전산시스템을 너무 믿지는 말자. 방대한 양에 이리저리 치이면서 갈피를 못 잡게 되는 경우가 오히려 많다. 질문이 채 완성되기도 전에 기다렸다는 듯이 뛰어나오는 정보들... 상세히 알고 싶다는 마음이 생길 여유조차 주지 않는다. 몇몇 사람들은 《독재자 못지않게 제멋대로 구는》 정보 제공 사이트들의 횡포에 분통을 터뜨리며 아예 포기해 버린다.

"컴퓨터 좀 쓰러 왔어요." 아이들은 이 도구를 감탄스러울 만큼 능수능란하게 잘 다룬다. 정보는 파도처럼 밀려들 것이고, 아이는 파도타기를 기꺼이 즐긴다. 오리의 깃털 위로 물이 스쳐 흘러가듯, 수많은 정보들이 아이의 머릿속을 휙휙 훑어 지나갈 것이다. 이런 경우에도 아이의 진정한 호기심을 이끌어낼 수는 있다. 이는 마치 책을 한 장씩 넘겨가는 것이나, 도서관 서가 사이를 어슬렁거리고 다니는 것과 같은 효과일 것이다. 이 같은 기계적 수단은 수동적인 작업보다는 편리한 측면이 있는 것은 사실이지만, 한편 사람의 흥미를 북돋우는 교묘한 상업적 책략이 숨어 있기 때문에 자칫 정보 수집이라는 원래의 목적이 자기도 모르는 사이 뒤로 밀려날 가능성도 많다.

"무조건 일단 모든 정보에 접속부터 하고 보자는 식의 발상보다는 자신이 어떤 질문을 가지고 있는지 그 성격을 정확히 파악하고, 컴퓨터 검색이 이를 위한 합당한 수단인지 미리 점검해 보는 능력이 필요하다(...). 통신망에 접속하기만 하면 누구라도 혼자 배울 수 있다고 믿는 것은 조금 과장된 측면이 있다."[303]

사람들이 보통 생각하는 바와는 달리 정보화, 보다 구체적으로는 인터넷이라는 도구가 아이들의 자료조사 활동에 관련된 사서의 업무를 덜어주는 것은 아니다. 아니, 오히려 그 반대이다. 이 새로운 (교육적) 놀이 수단으로 인하여 사서들이 모두 머리를 맞대고 고민해야 하거나, 교사들과도 자리를 함께하여 대책을 의논해야 하는 일이 더 늘어난 셈이다. "새로운 기술의 관건은 이를 어떻게 사회화시키느냐 하는 문제에 달려 있다. 교류를 퍼포먼스로 즐기는 오늘의 이 행태에서 빠져 나오게 만들기 위해." 월턴은 거듭 강조한다. 나는 여기에 모양만 요란하게 치장된 거짓 정보들이 수시로 배달되는 문제를 덧붙이고 싶다. 우리는 그동안 얼마나 자주 학교 과제를 《반납》하는 것과, 사실에

---

303) Dominique Wolton, 앞 p.38의 책.

도달해 가는 탐구를 혼동해 왔던가! 우려해야 할 정도로 많은 경우로서 아이들의 숙제란 도서관에 와서 사전에 설명된 요항을 그대로 베껴 쓰거나 복사하는 것 이외에는 아무것도 아니다. 오늘날에는 이런 수고를 할 필요조차 없다. 컴퓨터에서 《오려 두기 / 붙이기》 버튼만 누르면 간단히 끝난다. 이것이 과연 조사 탐구가 될 수 있을까? 이런 상황들이 아이들의 정신세계를 어떻게 바꾸어 놓았을까? 많은 아이들에 있어 이런 방식으로 선택된 텍스트는 성의 있게 읽히거나 효과적·효율적인 독서와는 거리가 멀다는 것을 우리는 잘 안다. 게다가 지천으로 흘러 다니며 쉽게도 얻어지는 이런 텍스트들이 괜스레 길이는 또 왜 그리 긴지...[304]

인터넷을 통해 얻은 자료는 반드시 확인 절차를 거쳐야 한다. 그런데 이 확인은 어차피 책을 근거로 이루어져야 하는 것이기 때문에, 이렇게 보면 인터넷을 사용하는 것이 오히려 더 번거로운 수고만 안겨줄 뿐이다. 오랜 숙고를 거쳐야 좋은 결과를 얻을 수 있겠다고 판단되는 주제에 대해서는 다른 방안을 강구해야 할 것이다. 사실 마음만 먹으면 정보는 사방에서 얻을 수 있다. 신뢰할 만한 정보인지 아이가 정확하게 판단할 수 있도록 어떻게 도와주면 될까? 아이가 처음 대면한 정보에 허둥대지 않도록 어떻게 조언을 할 수 있을까? 가치 있는 정보를 손에 넣기까지는 얼마간의 실망스러운 과정을 거치는 시간이 요구된다는 사실 때문에라도 아이들에게는 초기에 어른의 도움이 없어서는 안 되는 것이다. 사서가 아이들 곁에 있다는 것은 이 실망을 극복하고 끈기 있게 자료를 찾아나가는 인내심을 기르는 과정을 도와준다는 것이다.

호기심 유발하기

도서관에서는 아이들의 질문을 기다리고, 또 거기에 대답해주고 하는 일로만 그쳐서는 안 된다. 호기심, 다시 말해 알고자 하는 욕구를 이끌어 내어줄 줄 알아야 한다. 아이의 질문에 답하는 것으로 단순히 끝난다면 이는 결국 그 질문에 한정된 세계에 아이를 가두어놓는 결과가 될 것이다. 사람은 자기가 알고 있거나, 자신이 품고 있는 생각을 근거로 질문하게 된다. 반면 학교에서

---

304) 이 점에 대한 다른 논의는 제 20장에서 다시 취급될 것임.

순간적으로 일깨워진 관심이나, 텔레비전 방송, 사건이나 행사 등은 여기에 대한 일정한 주제를 정하여 이를 중심으로 아이와 함께 어떤 문제점들을 짚어 볼 수 있는 기회를 제공한다. 관련 참고 자료들을 함께 찾아볼 수도 있을 것이다. 이 때 다른 여러 종류의 매체를 함께 이용하여 매체들 간의 상호 보조적 관계를 자연스럽게 익히도록 하면 좋다. 텔레비전은 여러 다양한 반응을 이끌어 낸다. 아이들은 흔히 기시감(既視感 déjàvu : 기억 오류의 특수한 형태로, 지금 보고 있는 것은 전부가 과거의 어느 때에 체험한 것과 같으나 그것이 언제였던가를 알지 못하는 의식 -역자 주)을 느끼기 때문에 좀처럼 멀리 앞질러 나가려 하지 않는 경향이 있다. 그러나 반대로 텔레비전은 종종 문제를 깊이 파헤쳐 보고 싶은 마음이 들게 만든다.

이런 이유로 도서관에서는 이따금 한두 주제를 중심으로 여러 장르의 자료들을 모아 총 전시회를 개최하고 있다. 이와 함께 대중들 속으로 자취를 감추기 전 새로 구입한 도서를 미리 선보이기도 하고, 케케묵은 활자체나 고리타분해 보이는 표지 덕분으로 서가에서 잠만 자고 있는 도서들을 깨워서 진열대로 내보내기도 한다. 이런 경우에 해당하는 것이 바로《즐거운 시간 우수 고서 특선전》[305]이나《도로떼, 미국 인형으로 살아 온 50년 세월 회고전》[306]이다. 시대의 흐름에 아랑곳없이 읽힐 수 있는 좋은 책들이 거의 대출이 되지 않고 있는 현실을 안타까이 생각한 도서관 측에서 기꺼이 마련한 전시회였다. 후자의 내용은, 어린 소녀가 잃어버린 목각 인형이 어느 인디언에게 발견되어 결국 토템(미개인이 종족 상징으로 숭배하는 동물 -역자 주)이 되어 버렸다는 이야기이다. 이렇게 해서 때로는 평온하고 때로는 모험 가득찬 삶을 세대를 넘겨가며 살고 있는 인형의 모습을 그려 낸다. 결국 문명의 위협 속에서 지속되어 가는 한 민족의 서사시가 배면에 깔린 것이다. 이 책은 드러내 놓으면 아이들이 즐겨 읽는 책이지만 적극적인 소개를 하지 않을 때는 거의 대출되지 않았다.

새로운 책을 소개한다는 것은 다른 관점을 견지하면서 이와 동일한 주제를 다루거나 같은 맥락 하에 놓일 수 있는 다른 옛날 책들을 재발견할 수

---

305) 《즐거운 시간 컬렉션》은 이전에는 Edition de l'Amitié, Edition G. T. Rageot 등의 두 출판사에서 발행되었다.
306) Rachel Field 글·Véra Braun 그림, 『도로떼』 *Dorothée, Natha Caputo* 옮김, 파리: Bourrelier, 1956

있는 기회를 제공한다. 이렇게 해서 『울지 않는 늑대』로부터 콘라드 로렌즈 Konrad Lorenz(1903~1989 · 오스트리아의 동물 심리학자), 제임스 올리버 커우드 James Oliver Curwood(1878~1927 · 미국 소설가이자 자연보호주의자), 잭 런던 Jack London(1876~1916 · 미국 작가) 등의 작가로 고리를 맺어갈 수 있다. 작가 팔리 모왓[307]은 캐나다 순록(馴鹿 · 북극지방에 분포하는 사슴과의 짐승 –역자 주)의 멸종에 대한 조사 연구를 의뢰받아 늑대들과 함께 지내야 하는 환경에 처했다. 이를 계기로 그는 사람을 보면 해코지한다는 늑대에 대한 보편적 선입견에 관련해 잘못된 점이 많다는 것을 체험적으로 깨닫게 되었다. 작가는 우리에게 자신이 어떻게 늑대들과 관계를 맺어 나갔는지 소상히 이야기한다. 수많은 늑대들 중 어떻게 개별적인 구분을 하게 되었는지, 그들과 어떻게 얼굴을 익히게 되었는지, 다음과 같은 이야기를 통해서는 잔인한 속성을 가졌다고 알려진 늑대가 오히려 인간보다 더욱 기품 있는 기질을 갖고 있다는 사실도 유머러스하게 알려준다. 어느 날 그가 소변을 보고 있는데 늑대 한 마리가 갑자기 나타나 놀라 뒤돌아보니, 늑대는 마치 그러면 곤란하다는 듯이 그를 노려보고 있더라는 것이다. "만물의 영장이니 하는 소리로 잘났다고 큰소리나 치는 인간들이 저런 점잖지 못한 자세로 일을 보다니 참 놀랄 일이군!" 하는 눈초리로...

『센트럴 파크의 왕자』[308]를 좋아한 아이라면 나중에 좀더 커서 『헉클베리 핀의 모험』[309]이나 『호밀밭의 파수꾼』[310]을 즐겨 읽을 수 있을 것이다. 이 중 후자는 학교에서 퇴학당한 한 청소년이 차마 부모에게 사실을 말할 수 없어 동가식서가숙하며 살아가던 중 숙식을 제공하겠다는 어느 교사의 집으로 들어가고 결국 동성애자라는 사실이 드러나는 순간 거침없이 제자를 유린한다는 내용이지만 폭발적인 반응을 일으킨 작품이다.

이런 전시회는 도서관에서 정기적으로 개최되는 《이야기 시간》과 같이 하나의 제도로 정착되어 지속적으로 실행되어야 할 것이다. 서사나 교사들이 학

---

307) Farley Mowat, 『울지 않는 늑대』 *Never Cry Wolf*, 이한중 옮김, 돌베개, 2003
308) Evan H. Rhode, 『센트럴 파크의 왕자』 *The Prince of Central Park*, 뉴욕: Putnam Publishing Group, 1974
309) Mark Twain, 『헉클베리 핀의 모험』 *Adventures of Huckleberry Finn*, 김욱동 옮김, 민음사, 2009. 그 외 다락원(2006), 교육출판공사(김인구 옮김, 2005) 등의 출판사 번역본이 있다.
310) Jerome David Salinger, 『호밀밭의 파수꾼』 *The Catcher in the Rye*, 윤용성 옮김, 문학사상사, 1993. 그 외 문예출판사(이덕형 옮김, 1998), 민중출판사(김철곤 옮김, 2003), 민음사(공경희 옮김, 2009) 등 수 권의 한국어 번역본이 있다.

교에서 동화나 전래 민담 등을 이야기 형식으로 풀어 들려주는 것도 좋은 방법이다.

우리는 책에 대한 사람들의 욕망을 부채질하고, 다시금 손에 책을 쥐고 흠뻑 빠져들고 싶은 마음이 들도록 하기 위해 갖은 방책을 생각해낸다. 이것 역시 예술과 똑같이 자꾸 해나갈수록 세련되게 다듬어지는 일종의 기술이다.

스토리의 핵심을 이해하고, 등장인물들을 파악하고 그들 사이의 관계를 확인하며, 전체 분위기를 탐색하고, 스토리의 골격을 이루는 사상을 이해하고, 특히 관심이 가는 아이들의 감정선이나 관심사가 어떻게 움직여 가는지 동정을 잘 살피는 것, 이 모든 것이 책읽기의 즐거움을 안겨주는 호기심 많은 독서를 준비하는 과정이다.

책에서 무언가를 찾아내겠다는 열망을 가져야 하고, 단순히 이야기를 감상하는 것 이상의 마음가짐을 가져야 하며, 책을 자기 것으로 만들겠다는 욕심, 결국 이러한 과정에서 쌓인 풍성한 열매를 마음에 담아둔 채 다른 책을 선택해 읽어야 하는 것이다. 구연으로 책을 소개하는 이러한 형식은 독자 가운데 참여하기를 원하는 사람에게 일부 목소리를 맡겨, 결국은 독자에게 보다 직접적으로 관련되는 것이다. 독자들은 보다 편안하게 책을 받아들일 수 있으며, 책의 구성이 보다 입체적으로 와 닿기 때문에 쉽게 책 속으로 들어갈 수 있고, 또 쉽게 나올 수 있어, 한 마디로 말해 자신의 리듬에 따라 책을 따라갈 수 있다는 것이다. 순간순간마다의 풍취를 모두 느끼기에는 책으로 읽을 때보다 훨씬 편리한 구조라는 것이다.

"우리가 어떤 책을 좋아하면 우리 내부에 똘똘 뭉쳐 있는 자신의 감수성은 서서히 뒷걸음질치기 시작하고, 우리는 작가의 눈으로 세상을 바라보게 된다(...). 마치 사랑에 빠지는 것과 같은 것이다(...). 나는 내가 언제 이 순간을 맞이하는지 안다. 갑자기 읽는 속도가 느려지기 시작하는 때문이다. 제발 이 순간이 빨리 끝나 주기를 원하면 원할수록, 한편 나는 이 관계 내에 오래 머물고 싶어진다."[311] 주말 내내 읽을 수 있는 두꺼운 책을 한 권 추천해 달라던 어떤 아이가 지금 다시 생각이 난다.

---

311) 2008년 12월 17일 텔레라마라는 텔레비전 프로그램에서 올리비에 파스칼 Oliver Pascal-Mousselard이 인용한 살만 루시디 Salman Rushdie의 글.

이 같은 양식을 통해 위인전이나 탐험기 등의 책도 큰 어려움 없이 소개할 수 있다. 이런 책은 아이들로 하여금 이들이 종종 갇혀 빠져 나오지 못하는 시리즈물로부터 벗어나게 해주는 기회가 된다. 이런 체험을 통해 아이들은 자신감을 가지게 되고, 도서관에 대한 신뢰감을 가지게 되며, 다른 독서에 대한 욕구를 가지게 된다. 이 책들을 소개하면서, 시리즈물이 아이들을 유혹하는 요소 즉, 탐정·유머·사건의 빠른 전개 등에 비견하는 흥미로운 요소들이 이런 장르의 책에도 못지않게 있음을 강조한다.

참고 자료나 참고 문헌 리스트, 그리고 접어서 포갠 형식으로 만든 텍스트를 돌아가는 아이들에게 나누어 주면 이 구연 책읽기의 효과를 더욱 증폭시킬 수 있다. 가령 부득이 하게 구연 행사를 못하게 될 때라든가 등 경우에 따라서는 이런 내용물들이 행사를 대신할 수도 있다.

대개는 사서들이 《돌아가며 몇 구절씩 책 읽어나가기》 행사를 담당한다. 하지만 때때로 특별히 관심을 끌만한 주제를 가지고 할 때에는 외부에서 초청된 사람들이 주관한다. 간혹 아이들이 즉흥적으로 책의 한 부분을 읽는 역할을 맡기도 하지만 항상 매끄럽게 넘어가는 일은 아니다. 우선 많은 아이들이 용감하게 손을 드는 것부터 어려워한다. 그리고 대개 아이들이 세밀한 부분을 섬세히 표현하는 것에 서툴고, 다른 아이들의 주목을 집중시킬 줄도 모른다. 하지만 좀 큰 아이들은 책 소개하는 법을 배워봄직하다. 뉴욕 브롱스에 소재한 어느 한 도서관과 학교는 공동 주관의 형식으로 일종의 놀이를 겸한 경연 대회를 개최하기도 했다. 큰 아이들을 대상으로 하여 주어진 2분 동안 자신이 재미있게 읽은 책을 소개하도록 하는 행사였는데 결코 무시 못할 성공을 거둔 것으로 평가되었다.

독서 클럽

독자가 개인적인 조언을 요청해 올 때, 사서는 독자와 책이나 독서에 대해 이야기할 기회를 가지게 되고, 주로 독자가 자신의 독서 생활에 대해 이야기하는 것을 듣게 된다. 하지만 만일 본인이 원하지 않는다면 독자에게 아무런 간섭을 하지 않는 것을 원칙으로 한다. 어떤 아이들은 사실 혼자 알아 하는 것을 더 좋아한다. 하지만 책을 읽는 즐거움이란 곧 교류하는 즐거움이고, 이 즐거움은 매우 자연발생적으로 전해지는 것이다. 아이들은 때때로 공동적으로 읽었거나 좋아한 책을 중심으로 그룹을 만들기도 한다. 이것은 관점의 차이나 이데올로기에 따라 책의 주제가 서로 유사한 여러 갈래로 나뉘어질 수 있다는 것을 배우게 되는 귀중한 체험이 된다. 다시 말해, 자신이 읽었던 한 권의 책이 여러 권의 책으로 분화되어 있는 모습을 대면하게 되는 것이다. 이 책을 소개하는 방식으로는 책을 읽은 아이들 중 두 명이 간단히 책에 대한 소개를 하고, 어른 한 사람의 주관 하에 토론회가 펼쳐졌다. 사회를 본 어른은 거의 자기 존재를 드러내지 않은 채 아이들의 발언 기회를 조정한다거나, 간혹 한마디 거들어 아이가 하는 말에 대해 더욱 뜻을 명확하게 밝히는 정도였다. 아이들은 차츰 표현하는 법과 대화하는 법을 익혀 나갔다. 자신이 하고 싶은 말을 정확히 표현하는 것과, 연령층을 막론하고 모든 아이들이 서툰 다른 사람 이야기 듣기를 더 잘하게 된 것이다. 성인부서에서 일하는 사서들, 부모, 그외 관심 있는 누구라도 때로는 참석이 허용되었다. 단, 아이들이 전원 찬성할 경우 이 때, 참가자들은 토론에 끼어들지 않고 예외를 갖추어 경청하며 혹 발언할 기회가 생겼을 때 아이들에게 먼저 양보한다는 원칙을 지켜야 한다. 아이들 각 개인의 의견이 분분한 가운데 토론회는 활기를 띠었고, 이런 열기는 살아 있는 책의 생명력을 확인시켜 주었다.

특별히 신경을 써야 할 문제라면, 아이들이 책에 대해 각자 독창적인 방식으로 다른 사람들과는 다르게 체험한 내용을 잊지 말고 늘 기억해야 한다는 사실이다. 이렇게 해서 아이들의 정신에 새겨진 책은 토론회를 통해 더욱 확고해지고 동시에 더욱 확장되는 기회를 가지는 것이다. 만일 그렇게 되지 않는다면 토론회는 물결치는 대로 나붓거리다가 결국은 별 소득 없는, 책의 주제를 중심으로 한 단순한 의견교환 이외의 의미를 띠지 못하게 될 것이다. 혹 책의 주제가 그렇게밖에 다루어질 수 없는 본질적 한계가 있다고 변명할 텐가? 그렇다면 왜 애초에 이 책을 선정했을까? 정 불가피한 경우라면 주제 토론회 방식에서 그치는 것이 좋을 것이다.

대개 어떤 판단을 우선 그대로 표현해 보는 것은 더욱 구체적으로 생각하거나 의식적으로 생각하는데 도움이 된다. 아이 스스로의 판단이 관심을 받고 인정을 받으면, 아이는 판단하는 즐거움을 발견하게 된다. 이런 과정에서 아이는 차츰 서로 다른 여러 다양한 느낌을 배워가게 되고, 다른 책을 읽어야겠다는 필요성도 스스로 느끼게 된다. 언젠가 진행되었던 야누즈 콜크작 Janusz Korkzac의 『매트 1세』[312]에 대한 열정적 토론회가 아직 내 기억을 맴돌고 있다. 젊은 독자층 사이에서 자동적으로 마크 트웨인의 『왕자와 거지』[313]에 비교되는 이 책은 아이들에게 정치적·사회적 고찰을 일깨워줄 뿐만 아니라 커다란 공감을 이끌어 내는 가운데 지적 만족감이나 자신감을 불어 넣어주는 작품이다.[314] 오늘날에는 여러 가지 이유로 해서 해리포터가 이런 만남이나 뜨거운 논의를 만들어 내고 있다.

한두 가지의 물건만 갖다놓아도 이런 성격의 만남을 조금 부드럽게 풀고 아기자기한 분위기를 조성하는데 도움이 될 것이다. 크지 않은 방 하나를 예약하고, 아마 꽃 한 다발쯤이 있으면 좋지 않을까? 그리고 오렌지 주스 한 병 정도. 빠져서는 안 될 요소가 있는데, 바로 늦게 합류하는 어른들이 토론에 방해되지 않도록 조용히 들어가려는 배려심이다. 아이들의 주의가 산만해질 수 있기 때문에 더 이상은 하지 않는 것이 좋다. 단출한 분위기에서 강요하거나 억지로 주입하지 않더라도 아이들은 진중해져야겠다는 직관을 가지게 될 것이고, 그리고 아마 자신들도 미처 깨닫지 못하고 있을 스스로의 풍성함을 증명하는데 더욱 집중할 수 있을 것이다.

도서관은 이렇게 여러 다양한 형태의 만남을 가능하게 한다. 때로는 아이와 어른이 일 대 일의 관계로 머리를 맞대고 만나기도 하고, 때로는 학교에서의 발표회를 준비하기 위한 숙제·토론·책·잡지 등을 중심으로 작은 그룹들이 자발적으로 형성되기도 한다. 또한 특별한 이벤트 기회, 예를 들면 영화나 녹화된 텔레비전 시리즈물을 재상영하는 때라든가 《이야기 시간》, 《큰 목소리로 읽기》 등의 기회를 통해 아이들의 만남이 이루어지기도 한다.

---

312) Janusz Korkzac, 『매트 1세』 *Król Maciuś Pierwszy* (King Matt the First), Richard Lourie 옮김, 뉴욕: Farrar, Straus & Giraux, 1986
313) Mark Twain, 『왕자와 거지』 *The Prince and the pauper*, 이희재 옮김, 시공주니어, 2002
그 외 지경사(김숙희 옮김, 2004), 계림닷컴(한정아 옮김, 2005) 등 수권의 한국어 번역본이 있다.
314) 제 20장을 참조하시오.

소규모 모임

이러한 만남을 통해 아이들은 진정한 나눔의 삶을 살게 되는 것이다. 이들은 온전히 자발적으로 함께 대화를 나누고, 질문·관심·지식·경험 등을 서로 나눈다. 그 어떤 통제도 끼어들 수 없는 자유로운 가운데 다른 여러 연령층의 아이들을 만나 관계를 형성한다는 것은 진정한 공동생활을 배워가는 첫걸음이라 할 수 있다. 모든 것이 대규모로 돌아가는 환경에서 잉태된 고립과 획일화가 사회 구조적 문제로 지적되는 오늘날, 이들 작은 그룹의 자유로운 삶은 아직 보다 많은 평화를 누리고 있는 것이다.

집단 토론이 단지 공상적 작품만 다루는 것은 아니다. 과학적 주제, 역사 등의 분야에도 적용될 수 있다. 이 경우에는 전문가를 초빙한다. 아이들에게 자신의 체험을 전달하고, 질문에 대한 대답을 하는 것이다. 이런 모임은 한 사람씩 돌아가며 각자 자신의 의견을 말한다. 그렇다고 수업의 형태는 아니다. 성격적으로 완전히 다르고, 형식으로 보아서도 다르다. 교사 한 사람이 그룹을 맡고 있는 형태가 아니라, 초빙된 어느 인사가 와서 아이들이 토론하는 것을 듣고, 자신의 개인적 연구 경험을 바탕으로 토론회를 풍성하게 만들어 주는 것이다. 아이들의 삶에서 보면 흥미진진한 호기심이 자극되는 흔치 않은 소중한 교류의 기회이다. 사서란 모든 것을 다 가르쳐 줄 수는 없는 사람이지만, 이와 같은 순간을 아이들에게 맛보게 해줄 수 있는 모임을 조직할 수 있는 필연적 자유가 있다.

파리 자연사 박물관장을 역임한 화석학자 필립 타께와 같은 몇몇 저명한 과학자들이 연구자로서 아이들과 함께 하는 이 모임에 깊은 애착을 느낀다는 말을 남겼다. 아이들이 던지는 기초적인 질문에 알기 쉽게 대답해 주려면 처음부터 차근차근 많은 것을 준비해야 하기 때문에 더욱 보람된다. 도서관에서 B. T. Son[315] 방식의 모임이나 또는 이와 유사한 성격의 수단을 통해 아이들과 교류의 기회를 가지는 것은 실제 많은 연구가들이 현장 경험을 통해 그 효과를 입증했다.

---

315) 프레네 운동 Mouvement de Freinet 연구가들이 현장 교육의 일환으로 소리 교육 과정과 효과에 대해 연구·개발한 학습 참고 잡지인 Bibliothèque de Travail Sonore. 이 〈소리 교육 참고서〉는 1960년에 창간된 이래 현장에서 많은 반향을 불러일으키고 있다. 앞의 프레네 운동에 관한 것을 참고하시오(역자 주).

이러한 전문가들과의 만남을 통해 배운 사실에 대해 아이들이나 사서는 도서관에서 소장하고 있는 해당분야의 관련 도서를 찾아 다시 복습해 볼 수 있다. 물론 도서관에서는 그 어떤 자료 조사라 하더라도 이러한 비교가 매일 일어나고 있는 일이지만, 전문가가 특별히 현장에 출두하여 일러주는 지식들은 아무래도 사서들은 쉽게 따라갈 수 없는 어떤 엄밀성이 있게 마련이다. 교과서를 비판할 수도 있다는 것을 배우는 것이 아이들에게는 얼마나 짜릿한 일이겠는가! 책도 언제나 옳은 것만은 아니라는 사실을 알았을 때의 그 깜짝 놀라움이라니! 물론 도서관에 소장된 자료들은 그 어떤 것이라도 책이 평상시 지니고 있는 이러한 불완전한 속성을 벗어나지 못할 것이다. 한편 토론이나 회담 과정에서 시청각 교재를 적절히 이용하면 흥미를 북돋울 수 있다.

아이들은 또한 자기네들이 즐겨 읽었던 만화에 대해 토론하기 위해 모이기도 한다. 청소년기 이전의 아이들이 함께 모여 만화를 읽는 경우에는 주로 의성어 중심으로 웃자는 목적에만 골몰한다. 그래서 눈길을 이끄는 손가락 모양이 가리키고 있는 그 특별히 웃기는 부분은 놓치지 않고 본다. 이들의 이 같은 행동은 자기네들끼리의 대화의 한 방식에 속한다. 그러니까 곧 이들은 만화를 통해 대화를 나누는 셈이고 어떤 의미에서건 만족한다는 뜻이다. 이것 역시 나름의 의미가 없는 것은 아니겠지만 좀더 다듬어지고 깊은 맛을 낼 수 있으면 좋을 것이다. 모든 것이 단어로 여과될 필요는 없겠으나, 하지만 단어가 충분치 못하면 생각을 정확하게 표현하는데 장애가 되는 것은 사실이다. 말로써 표현하지 않아도 유머가 통하고 전달된다는 것은 물론 만화의 장르적 특징을 이루는 한 요소이다. 하지만 때때로 이런 양식의 표현을 격조 높게 구가하는 진정한 전문가를 초빙하여 독자로 하여금 만화의 메커니즘을 이해하게 하고, 그래서 보다 옳은 판단을 하고 보다 재미있게 감상할 수 있게끔 하는 것도 나쁜 일은 아닐 것이다.

성인의 나이에 이르면 필수적인 일이 되지만 한편 쉽게 사람을 호도할 수 있는 신문 읽기는 도서관에서는 비평적 책읽기의 입문서로 쓰일 만한 대상이 된다. 학교 교육에서 맡지 않으니... 하지만 몇 가지 쉽지 않은 조건이 필수적으로 충족되어야 한다: 비교할 수 있는 다른 여러 의견을 싣고 있는 정기간행물 몇 종; 고단수의 언론 게임을 지적해줄 수 있고, 자신의 생각을 정확히 표현할 수 있는 지도자 ; 동질적이면서 충분히 성숙한 성격의 한 단계 ; 미국의 도서관들은 19세기 말부터 어린이 부서에 이러한 훈련 과정을 도입하고 있다. 어떤 관점에서 보면, 이런 일은 확실히 학교에서 하는 것이 보다 쉬울 것이다. 무엇보다 아이들이 규칙적으로 등교하는 곳이란 점에서 그렇다.

    다른 사람의 관심을 끌만한 가치가 있는 것인가 하는 문제를 중심으로 신문이나 게시판 게시물에서 아이들과 함께 정보를 찾아낸다는 것은 신문에 소개된 것들이나 사실들에 대해 이미 비평적으로 읽기나 독자적으로 읽기에 돌입하는 한 초보적 양식에 속한다. 우리의 경험에 비추어 보면 이 일은 청소년기 이전에는 거의 효력이 없다.

제 4부

도서관이란 아주 특별한 마을,
 그 안의 작은 문화

제 13 장
도서관, 만남과 전달의 장소

무료로 출입할 수 있는 공공장소로서 도서관처럼 각 개인을 존중하는 가운데 독립적이고 자율적인 입지를 제공하면서, 다른 사람을 만나고 함께 지낼 수 있는 여건을 편리하게 제공하는 곳은 그리 흔하지 않다. 이런 만남은 서로에게 독서 행위를 북돋워주는 환경이 되어, 다양한 형태의 독서나 여기서 얻은 발견으로 젊은 소년소녀들의 영혼을 풍성하게 가꾸어줄 뿐만 아니라 도서관 자체의 공동생활도 풍성하게 해준다.

"즐거움의 근원은 독자가 텍스트에 기대하는 내용의 풍성함, 폭넓은 시각, 다양한 사고방식에 있다(...). 그런데 이들은 그 독자가 처해 있는 여건, 곧 《존재로서 세상과 맺고 있는 관계》의 풍성함과 폭넓음, 다양함에 깊이 관련되어 있다. 이것은 교육이나 배움에 의해 도달될 수 있는 즐거움이 아니라, 호기심이나 경험에 대한 열정, 자신을 표현할 줄 아는 능력과 상상을 즐기는 여유 등을 중시하는 교육만이 이끌어 줄 수 있는 즐거움이다."[316]

도서관은 대문을 활짝 열어젖힌 채 손님을 맞이하는 집처럼 따스하고 호의가 느껴지는 공간이다. 도서관은 어린이들을 만나는 것을 좋아하는 어른이 들르는 것도 기꺼이 환영한다. 이들이 무엇을 원하는지 귀기울여 들어주고, 삶을 즐겁게 채워줄 수 있는 것들을 전해준다. 이렇게 해서 호기심을 깨워주고 발전시켜 주는 것이다.

하지만 아무리 도서관이라 해도 모든 질문이 속 시원히 해결될 수 있는 것은 아니다. 오늘날 세계화의 가속화로 전 지구적 생활권이 보장되면서 젊은 세대의 관심과 취향은 극단적으로 다양해져 가고 있다. 이러한 현실에서

---

[316] Robert Escarpit가 1977년 브뤼셀에서 개최된 IFLA(International Federation of Library Association · 국제도서관협회)에서 강연한 말.

이들을 모두 만족시켜줄 수 있을 만큼의 자료는 한 도서관으로서는 가질 수가 없는 것이다. 이렇기 때문에 도서관에서는 독자를 위해 외부 인사를 초대하여 색다른 정보를 주기도 하고, 전문적인 지식을 전달하기도 한다. 또는 독자의 관심이 관련된 다른 전문 기관을 소개하기도 한다. 도서관 정문에는 그래서 언제나 박물관이나 화랑 같은 지역의 다른 단체에 대한 정보가 게시되어 있다. 다른 한편으로는 지역 주민 중 어떤 한 분야에 정통한 사람으로서 혹 아이들을 위해 도서관으로 와서 작은 이벤트나 질의응답 시간에 응해줄 의향이 있는 봉사자를 알아본다. 지리학자, 차고에서 동료들과 작은 밴드를 조직한 대중 음악가, 시민운동가, 경찰 아저씨... 우리 클라마르 도서관에서는 어떤 인부 아저씨가 도서관에 와서 아이들에게 작업 초안 그리는 법을 가르쳐주고 싶다고 한 일도 있고, 또 다른 건축가는 마침 자신이 한가한 시간이라 도서관에 와서 아이들에게 건축에 관한 질문을 받고 대답을 해주고 싶다는 경우도 있었다. 이 때는 마침 도서관 건물을 현장으로 이용할 수가 있어 아이들로 하여금 그야말로 산교육을 그대로 체험하게 한 귀중한 기회가 되었다. 한 인쇄공 아저씨가 와서 책을 만들 때 페이지 연출하는 방법, 여백 두는 방법, 활자체 선택 등의 몇 가지 주요 출판 관련 문제를 아이들에게 가르쳐 주었다. 쥘베른 애독자 아저씨는 와서 토론회를 주최했고...

아이들은 이런 모임에 취미가 붙어 점점 기대치가 높아진다. 눈 하나 깜짝하지 않고 이런 제안도 한다. "가봉에서 원숭이들과 함께 사는 동물학자 한 분을 아는데요. 일개 동물원이 아니라 정글에 사는 모든 원숭이들과 매우 친하게 지낸데요. 캐나다에서는 늑대에 대해 연구하기도 하셨구요. 우리 도서관에 이 분을 초대할 수 있을까요? 부탁드리면 틀림없이 오실 것 같아요. 우리에게 들려주고 싶은 이야기가 얼마나 많겠어요."

"훌륭한 학자 한 분이 오실 거예요. 우리를 위해 일부러 시간을 내어 먼 곳까지 오시는 거예요." 강의도 아니고 강연도 아닌, 오직 인간 대 인간의 만남이 되도록 도서관측에서는 최대한 초점을 맞춰나갔다. 도서관이란 깨우침과 시작의 장소 아닌가. 무엇보다 아이들의 영리함이 사랑스럽다. 아이들은 어른이 이야기하는 핵심을 금방 알아차린다. 한 직업 분야가 처음 어떻게 생기게 되었는지, 과학적 현상들이 어떻게 진행되어 가는 것인지, 눈을 깜빡이며 탐색하고 경탄한다. 앎에 대한 욕구가 이렇게 서로에게 전달되는 것이다.

이 나눔의 순간이 끝날 즈음이면 아이들은 지적으로 한 뼘 높이 성장했다는 보람됨과 마음 가득 차오르는 감정적인 파동으로 기분 좋게 고양된 기분을 가질 수밖에 없다. 명징하게 이해가 되지 않는 부분에 대해서는 따로 질문을 해서 다른 아이들도 함께 고개를 끄덕이게 만든다. 도서관이 해야 하는 한 가지 소명은 이룬 셈이다. 아이들을 궁금하게 만드는 것! 바로 이 점이 인터넷의 효능을 의심하게 만드는 요인 중의 하나이다. 적어도 도서관에서는 아이들이 길을 잃고 헤매지는 않는다.

한편 초빙된 작가나 예술가가 아이들의 주목을 끌지 못하면 맥빠진 만남이 되기도 한다. 실뱅 트루델 Sylvain Trudel 이라는 퀘백 작가가 왔을 때에는 그야말로 아이들에게 최대의 인기를 누렸다. 아이들은 자기네들끼리 돌려가며 그의 책을 탐욕스럽게도 읽어댔다. 읽어볼까 어쩔까 살짝 망설이고 있던 독자들까지도 마침내 책을 빼앗다시피 가져가서 읽곤 했다. 무엇보다 그의 책은 읽기가 쉬웠다. 큰소리로 무엇을 주장하지도 않는데도 신뢰감이 느껴지는 그 무엇이 있었다. 짤막한 이야기에 문체도 간결하고, 아이들을 거북하게 만드는 상황이나 분위기가 없었다. 행사가 끝난 후 우리는 작가를 중심으로 작은 간담회를 마련했다. 희한하게도 이 작가(남성)는 아이들을 편안하게 해주는 재주를 가지고 있었다. 그저 막역한 친구처럼 그는 아이들과 잘 통했다. 아주 편안하게. 청소년기에 자신이 어떻게 글쓰기에 대한 취미를 붙이게 되었는지 아이들에게 들려주면서, 혹 애매한 단어가 나오면 그 때마다 정확한 의미를 찾아 설명해 주려 애를 썼다. 그의 이야기는 자신이 좋아하는 분야에서 어떻게 열정의 불꽃을 피웠는지에 대해 정확히 초점이 맞춰져 있었다.

작가나 삽화가를 초빙하는 일은 오늘날 유행처럼 널리 퍼져 있는 일이다. 하지만 과연 이 만남이 어떻게 진행되어야 하는지는 여전히 풀어야 할 과제로 남아 있다. 때로는 실망만 안기는 만남도 있다. 사람들이 정말 만나고 싶어 하는 사람은 누구일까? 한 인간으로서의 작가의 실제적 존재는 그의 작품보다 훨씬 중요한 의미를 지닌다. 모든 것이 작가의 인격이나 품성에 달려 있기 때문이다. 어떤 사람들은 작가로서 매우 훌륭한 자질과 재능을 가졌음에도 불구하고, 수가 많은 어린이 청중 앞에서는 당황하여 어쩔 줄 몰라 한다. 또 다른 사람들은 이와 반대로 자가당착에 빠져 자신이 스타라는 착각 속에 작가로서의 신화를 과장되게 떠벌인다.

만남은 오랜 기간에 걸쳐 철저히 준비되어야 한다. 그 첫째 이유는 작가에게 물어볼 문제가 없다면 만날 이유가 없기 때문이고, 그 다음 이유는 우리 모두 잘 알고 있듯이 아이들은 때때로 아무 질문이나 장난스럽게 불쑥불쑥 던지는 것을 일종의 게임처럼 즐기기 때문이다. 단지 발언한다는 사실 자체에 만족감을 느끼기 때문에 이들은 작품과는 직접적인 상관이 없는 문제를 들고 나오기도 한다. 여하튼 작가와의 만남은 결코 소홀히 다루어질 일은 아니다.

언젠가 콜레트 비비에와의 매우 화기애애했던 만남이 생각이 난다. 그녀는 알린 두팽[317]의 일기와 작가 자신의 어린 시절, 작가라는 직업 등의 문제에 대해 집요하게 질문공세를 받았다. 이 기회를 이용하여 아이들은 자신들의 습작품을 중심으로 작가와 많은 이야기를 나누었다. 이 만남은 마침내 작가가 아이들을 집으로 초대로 간식을 대접하는 것으로까지 이어졌다. 마침『작은 행복이 흐르는 집』에서도 여자 주인공인 알린 두팽의 담임 선생님이 집으로 간식 초대를 했기 때문에, 아이들은 이 순간 모두 두팽이 되어 작품 속의 기쁨을 현실로 다시 느끼는 체험을 만끽했다.

하지만 너무 자주 치러지거나 자동적으로 치러지면 이 같은 모임은 점차 아이들의 관심을 덜 받게 된다. 그리고 단지 작가가 손닿는 데 있다는 이유만으로 현대 작품만 지나치게 부각하면서, 비록 지난 시대의 책이나 다른 나라의 서적이라 할지라도 아이들에게는 보다 가까이 느껴질 수 있고, 보다 흥미로울 수 있는 책들을 배제하는 경향이 있다. 구태여 작가를 부르지 않고도 어떤 작품을 중심으로 만남을 조직할 수 있다. 혹은『오뒷세이아』[318]나『천일야화』[319]등은 아직 한 번도 아이들에게 소개되지 않았다는 기회가 남아 있다.

작가나 삽화가와의 만남은 아이들의 질문을 통해 작가의 문학 기술技術적

---

317) Aline Dupin 은 Colette Vivier & Serge Bloch 의『작은 행복이 흐르는 집』 La maison des petits bonheurs (파리: Casterman, 2008)의 여자 주인공 이름이다.
318) Homer(Hómèros),『오뒷세이아』 Odyssey, 천병희 옮김, 숲 출판사, 2006
319)『샤를마르드뤼의 천일야화』 Les mille et une nuits, 조재룡 옮김, 마로니에북스, 2006. 수권의 천일야화 한국어 텍스트 중 1898년 프랑스 의사 마르드뤼 Docteur Charles Mardrus가 1898년부터 6년에 걸쳐 새로이 번역하여 호평을 얻었고, 여기에 Frédéric Clement이 근래에 훌륭한 삽화를 곁들인 책을 원전으로 한 이 번역본을 추천한다(역자 주).

인 재능이 이 분야에서 분투하고 있는 아이들에게 연결·전달이 될 때에 보다 성실하고 진지한 국면으로 접어들게 된다.[320] 하지만 실제 이는 꽤 개별적인 방식이 아니고서는 거의 이루어지기 힘들다. 어떤 노하우를 전달해 준다는 것은 어른과 아이들 사이의 관계를 풍성히 만들어 준다. 이는 곧 자연스럽고 친근한 업무를 서로 나누는 관계가 되어간다. 수련생 아이들은 이제 단순한 연습 차원을 넘어 창작에 대한 남다른 열정을 가지고 있는 상황에 있으므로 진지하게 대할 필요가 있다. 작가와 아이들 사이의 이 《일이 관련된 만남》은 상당히 열띤 분위기 속에서 실속 있게 진행될 수 있다. 이야말로 진정한 현장 창작교실 아닌가. 이러한 스승과 견습생이라는 아름다운 관계를 경험하면서 아이들의 정신은 여물어간다. 아이들이 기계적으로 묻는 질문에 작가는 의례적인 대답을 하는 통속적 모임과는 다른 것이다.[321]

프랑스에 거주하고 있는 미국 사진작가 타나 호반 Tana Hoban과 함께 한 경험을 예로 들어보자. 미국과 프랑스에서 발행되는 그의 사진집은 피아제[322] Jean Piaget(1896~1980·스위스의 심리학자이자 생물학자) 학파 학자들로부터 상당한 인정을 받는다. 뿐만 아니라 어린이들도 그의 작품을 좋아하고, 아마추어 예술가들로부터도 열렬한 지지를 받고 있다. 이 앨범들이 가진 미덕은 무엇보다 지극히 일상적인 풍경이나 대상을 통해 아이들에게 의미를 재미있게, 그리고 강렬하게 발견해 내도록 한다는 것이다. 텍스트가 전혀 없는 사진집을 함께 보면서 새로운 의미를 탐험해 간다는 것은 분명 우리 모두에게 커다란 즐거움을 선사한다.

작가는 진정한 예술가로서 자신을 둘러싼 주변의 것들에 대해 새삼 새로운 눈길을 던져 깊은 감수성으로 다시 읽어낸다. 이렇게 하여 우리의 굳어진 습관이 외면한 일상의 귀중한 순간들을 되찾아와 우리 삶의 한 켠에 조심히

---

[320] 멕시코를 중심으로 일어나고 있는 흥미로운 사건 하나를 소개하고 싶다. 인터넷을 통해 어린이 작가들이 어른 작가들과 대화를 나누고, 습작품을 지도받기도 한다는 것이다.
[321] Marie Farré 와 Terly Euvremer 가 공동으로 담당한 글쓰기 및 삽화 그리기 교실에서의 체험에 대한 글을 읽어보시오. "글쓰기 교실: 작가나 삽화가들의 실망스러운 조정" Ateliers d'écriture: réconciliation déchirante auteurs-illustrateurs, 「어린이잡지도서」 Nº 109(1986. 6), pp.42-49
[322] Jean Piaget(1898-1980): 스위스의 심리학자이자 생물학자. 어린이의 사고발달, 특히 논리적 사고발달 과정에 관한 훌륭한 연구를 남겼고, 대화를 통해 어린이 사고의 하부구조를 밝혀내는 연구를 했다. 어린이가 이해력을 획득하는 과정을 체계적으로 연구한 최초의 학자이다(역자 주).

놓아준다. 그리고 작가는 우리에게 소리없이 전한다. 이러한 감각은 우리가 조금만 더 많은 애정을 가지고 우리의 주변을 돌아보면 절로 익힐 수 있다는 사실을, 그리고 이 애정은 우리의 일상이 지루한 연속일 뿐이라는 생각이 들수록 더 많이 필요하다는 것을. 물론 아이들이 처음부터 이러한 시각을 가질 수는 없는 노릇이다. 그러므로 가령 T. 호반과 같은 예술가의 도움을 받아 차츰 보고 느끼는 훈련을 쌓아가야 한다. 그렇다고 새삼 모든 현실이 새로운 차원으로 전개되는 것은 역시 아닐 것이다. 그래서 이 일은 단순하고 익숙한 일정으로 시작해야 한다. 때로는 무의미하다고 느껴질 정도로 밋밋하고 평범한 일과를 포착하여 여기에 새로운 시각을 부여하고 새로운 관심을 기울이면서 그 의미를 회복해 가는 것이다. 도서관에서 보거나 읽는 법을 배울 때에는 즉석 현상사진기가 제몫을 톡톡히 해낸다. 요즘은 휴대폰에 장착된 사진기까지 있지만.

　타나 호반은 아틀리에에 와서 아이들에게 우선 책과 사진 자체의 가치나 의미를 강조하면서 왜 이런 주제를 선택하게 되었는지, 왜 이런 각도를 통해 표현했는지에 대해 설명했다. 아이들로 하여금 예술가의 작업을 살아있는 것으로 만들어 주는 요소들을 발견하게 한 것이다. 마분지를 돌돌 말아 앵글처럼 만들거나 양손을 마주 모아 이리저리 틀을 만들어 아이들은 구도 잡는 법을 배우고, 사물을 배치하는 미세한 감각, 그리고 여태껏 우리 눈에 《하잘것없이 보이던 것들》에 대해 새로운 시선으로 바라보는 법을 배웠다. 이 일이 끝나자 이제 아이들이 직접 작업을 시행하는 순서가 되었다. 아이들이 어떤 것을 선택할지 결정을 못하고 있을 때 타나는 몇 가지 제안을 해준 다음, 폴로라이드 카메라를 손에 든 아이들을 데리고 도서관 구석구석을 돌기도 하고, 바깥으로 나가 대상을 사냥하는가 하면, 쇼핑몰이나 아이들의 집으로까지 가서 익숙한 대상들을 카메라에 담게 했다. 이때 타나와 함께 어른 몇 명이 아이들을 동반했다. 모두 함께 도서관으로 돌아와 면밀한 검토, 조언, 특징 등을 이야기 했다. "나도 미처 생각지 못한 것"을 아이들이 대견하게 성취했다며 격려와 축하의 말을 치하하는 것도 잊지 않았다. 아이들이 찍고 만든 사진들을 두 권의 작은 사진집으로 묶어 내는 것으로 이 프로그램은 끝이 났다.

　도서관에서나 또는 무엇을 보거나 읽는 법을 배울 때에는 즉석 사진기가 제 몫을 톡톡히 해낸다. 요즘은 휴대폰에 장착된 디지털 사진기까지 있어 더욱 편리하지만.

도서관에서의 초빙 만남이 꼭 작가에게만 한정되는 일은 아니다. 아이들에게 말을 걸 줄 알고, 또 이들과 함께 작업을 할 줄 아는 화가나 삽화가들이 기회가 닿는 대로 도서관에 와서 아이들을 가르치는 방식도 고려해볼 만하다. 이러한 훈련 역시 조형의 세계에 눈 떠가는데 매우 효율적인 방식임이 드러났다. 마찬가지로 조형예술을 감상하는 법을 익히는데도 실제적 도움이 된다.

기술적 훈련을 거치고 나면 여러 다양한 스타일에 대해 이해하게 되고, 따라서 자신은 너무 쉽거나 관습적인 스타일을 지양하고 보다 발전적인 수준으로 나아가려고 애쓰게 된다. 어느 화가이자 삽화가 한 사람이 지나치다고 할 정도로 꼼꼼한 삽화에 매료되어 열광하던 그의 딸이 얼마나 상상력이 꽉 막혀버렸는지 내게 한탄하듯 이야기한 적이 있다. 그 후 그는 딸아이에게 심층적인 기술을 발견하는 법을 가르치면서 아이가 보이지 않는 세계를 통해 보다 많은 것을 볼 수 있도록 이끌어 주었다.

내가 클라마르 도서관에서 일할 때, 어느 여류 삽화가 한 사람이 자진하여 오겠다고 연락을 취해왔다. 아이들 한가운데로 가서 자리를 잡고 앉더니, 그는 이들과 함께 그림을 그리고 크로키를 하면서 왜 자신이 이런 각도를 잡았고 저런 선을 그렸는지 아이들에게 하나하나 설명했다. 한마디로 말해, 아이들에게 보는 법을 가르쳐 주고자 한 것이다.

다른 또 한 명의 여류 삽화가는 자신이 삽화를 넣어야 하는 책을 가지고 와 아이들에게 보여주면서, 이들과 함께 어느 부분을 삽화로 표현해야 할지 논의했다. 아이들은 제각기 나름대로의 시각을 토대로 삽화가 필요한 부분을 지적했고, 여기에 삽화가의 전문적인 의견이 더해지면서 그들은 본격적인 토론에 들어갔다.

이러한 외부 강사와의 만남이나 초빙의 문제에 있어 우리는 언제나 다른 양식을 연구해 시도해볼 수 있고, 또 실제 다양한 모델들이 있을 것이다. 그 어느 경우에나 목적은 항상 동일하다. 그것은 곧 훌륭한 작품들을 가장 훌륭하게 감상할 수 있도록 아이들을 이끌어 주는 동시에 자신을 표현하는 일에 익숙해지도록 도와주는 것이다.

도서관이 문을 활짝 열어 제치고 모든 바람 – 호기심을 회오리치게 하는 바람, 질문을 실어나르는 바람, 열정을 부채질하는 바람을 맞아들여 공기가 순환되게 하려면 보다 다양한 주제 하에 작가와의 만남을 주선하기 위해서는, 사서는 언제나 아이들의 관심을 끌만한 것이라면 눈여겨 보아두고 반응을 면밀히 살피는 영원한 매개자가 되어야 한다. 뉴욕 브롱스 공공 도서관에는 청소년층만 전적으로 담당하는 사서가 따로 있다. 그의 말에 따르면, 어린이들도 엄연히 도서관 방문객의 주요 일원인 이상 적지 않은 시간을 투자해 이들과 대화를 나누고 있으며, 나아가 지역 내에서 무슨 일이 일어나는지 늘 신경을 곤두세우고 있다고 한다. 이런 결과 그는 토론에도 능숙하고, 동시에 청소년 세계에도 조예가 깊은 사람들을 적잖이 발견하게 되었다고 한다. 지역 내 젊은이들에게 인기가 많은 한 이용사 아저씨를 어떻게 도서관으로 초빙하게 되었는지 그는 내게 이야기해 주었다. 아저씨는 미용 기술 하나는 누구에게도 뒤지지 않을 예술가 수준인데다, 직업상 손님들과 늘상 이야기를 주고받으며 그들이 원하는 바를 정확히 이해해야 하는 입장이라는 점에서 커뮤니케이션의 달인이 아니겠는가? 게다가 어떤 머리 모양이 내게 어울릴 것인가 하는 것은 젊은이라면 대부분 관심을 가지지 않을 수 없는 문제 아닌가.

가장 중요한 점은 이 사서가 미용사 아저씨의 초빙이 무척 흥미로울 것이라는 생각을 할 줄 알았다는데 있다. 간단한 전단지를 만들어 지역 내 사람들에게 나누어 주었다. 아저씨가 고안한 주제 문구는 《머리 모양, 사회적 지위의 상징》이었다. "《뽀골뽀골 미용 주식회사》의 이용사 아저씨가 여러분의 머리에 대한 모든 질문을 책임집니다." 아저씨의 초빙은 대대적인 성공을 거두었다. 썩 고상한 주제는 못되지만 아무래도 젊은 아이들로서는 흥미가 당기는 문제였을 것이다. 곧 의심의 여지없이 아이들이 받아들일 수 있는 확실성이 보장된 주제였던 것이다. 뉴욕에는 도서관이 곳곳에 많이 있다. 헤어스타일이 몇 년 사이 어떻게 유행이 바뀌었는지, 흑인들이 스스로의 정체성에 대한 표현으로 꼬불꼬불 꼬인 머리를 애써 펴는 모습이라든지, 관찰할 기회가 얼마든지 있다. 아이들은 이러한 문제를 모두 생생히 살아 있는 현실의 것으로 받아들였다. 한 단체에 속한다는 것은 무슨 의미인가, 거기에 받아들여진다는 것은 또 어떤 뜻인가 등의 문제도 헤어스타일 – 유행 – 단체라는 관점에서 열면 공방을 벌였다. 현재 서양 사회에서 유행을 선도하는 그룹의 양태는? 등의 크고 작은 문제들로 토론은 예상 시간을 훨씬 넘겨 급기야는 인류학적 연구결과까지 언급되는 수준으로 치닫는 가운데 몇 아이가 참고자료를 구하러 서가로 내달리기도 했다. 좀 큰 아이들이라면 레비스트로스 Claude Lévi Strauss(1908~ · 프랑스 문화인류학자이자 사회학자로서 구조주의의 탄생을 이끌었다 -역자 주)의 이름을 거론할 만도 한데, 아직 나이가 어린 탓인지 이들의 《한 단체에 속한다는 것》에 대한 의미는 결국 일반적인 범주를 크게 벗어나지 못한 채 마무리되었다.

아이들이 알고 싶어 하는 주제에 따라 우리는 지역에 살고 있는 여러 다양한 사람들을 접촉했고, 이들의 도움 가운데 아이들의 욕구에 부응하는 행사를 마련했다. 우리가 보편적으로 알고 있는 문학 및 예술에 대한 한계를 벗어나 여러 다른 문화 사상을 동시에 보여 주려한 기획도 있었다. 이런 주제에 대해 아이들이 실제로 가지고 있는 관심은, 그동안 교육적 개념에 지배되어온 그들의 사고방식을 훨씬 능가하는 것임을 우리는 목격할 수 있었다. 동시에 아이들이 주변에서 접촉하는 어른들에게도 책임이 있음을 우리는 확인했다.

이러한 만남은 사실 자연스럽게 이루어져야 하는 것인데, 현재 우리 사회의 문화적 여건에서는 일부러 관계를 촉발시켜야 하고, 노력을 기울여 되찾아야 하는 실정이다. 이런 행사나 만남은 결국 어른이나 아이들 모두 함께 즐길 수 있다는 것이 여실히 드러난다. 언젠가 한 번 어느 문제에 대한 전문가를 초대한 일이 있는데, 우리는 곧 주변의 어른들에게도 와서 들어보라고 권유하지 않은 것을 후회하게 되었다. 이와 함께 생각나는 사람은 바로 파리의 《발견의 전당》 Palais de la Découverte에서 일하는 어느 천문학자이다. 언젠가 클라마르 도서관에 와서 아이들과의 질의응답 시간을 가졌는데, 아이들의 모호한 질문 내용에도 불구하고 그의 대답은 언제나 빈틈없이 명확하고 구체적이어서, 그야말로 풍부한 표현력으로 사태를 명백히 말해주는 것이었다. 우리는 모두 만일 어른들도 함께 참가를 했더라면 이에 분명 관심을 가졌을 테고, 이와 함께 토론회도 더욱 풍성한 활기를 띠지 않았을까 아쉬워했다. 다른 한편으로 많은 사람들이 어른의 문제와 아이의 문제는 차원이 다르고, 따라서 어른 일에 아이들은 끼어들 자리가 없다고 반론을 펼치기도 한다. 하지만 이 모든 일은 사

전에 서로간의 합의가 전제되는 것이고, 한편 모임이나 행사를 주관하는 기술
에도 달려 있다. 어른들로만 구성된 모임에서 전문가가 이야기한다면, 보다
대중적 수준으로 나아가 버리게 될 것이다. 그런데 아이들을 상대로 하다보면
정보는 덜 전문적 수준에서 전달이 되고, 결국 이로써 광범위한 대중 층을 파
고들 수 있는 것이다. 또한 아이들이란 대개 모든 일에 쉽게 흥미를 느끼는 경
향이 있기 때문에 이들의 잠재된 호기심을 개발하는 계기가 될 수 있고, 동시
에 어른들의 전문적 지식이나 능력, 관심사 등을 활용할 수 있는 기회가 되기
도 한다.

한 개인의 궁금증에서 출발한 질문이, 들어줄 사람이 있고 나아가 성의있
게 대답을 해줄 사람이 있을 때에는 질문에서 대답으로 곧장 이동되는 과정에
서 나중에 다시 찾아《보충》해야 하는 부담감을 느끼지 않아도 되기 때문에,
이는 곧 또 다른 질문으로 이어질 수 있는 여유를 제공한다. 듣고 이끌어 주
며, 직접 독자를 접촉하고, 예술가들과의 만남이나 모임을 주관하는 것, 이러
한 일들이 매개자인 사서로서 해야할 구체적인 업무 아닐까?

오늘날 사서에게 점차 주어지기 시작하는 또 다른 하나의 업무는 어린이
를 일선에서 접촉하는 사람들, 곧 부모나 어린이집 보모, 유치원 교사들과 꾸
준히 정보를 교환하는 관계를 맺으면서 아이들에 대한 통합적인 이해와 지도
를 할 수 있어야 한다는 것이다. 이 역시 문을 활짝 열어 새로운 바람을 맞아
들이는 발전적 개방의 일환으로 생각하면 될 것이다.

도서관, 친숙한 만남의 장소

아이가 아주 어릴 때에는 도서관과 부모와의 공조체재가 거의 절로 이루
어지다시피 하는데, 또 그만큼 필연적인 것이기도 하다. 오늘날 도서관들은
이러한 유아 관련 활동을 적극적으로 펼치려는 방안을 모색하고 있다. 유아기
란 특별히 민감한 시기이자, 주변 사람들의 행동이 결정적인 역할을 하는 시
기이다. 이 때 대개의 부모들은 아이가 무엇을 느끼는지 무엇을 발견하는지
무척 많은 관심을 기울어 주의깊게 관찰한다. 일반적으로 어린 아이들이 책을
찾는 동기는 순수한 즐거움을 느끼기 때문이다. 이 책들을 통해 아이는 다양

한 체험을 하게 된다. 이야기의 세계를 알아가고, 그 이야기를 표현하는 언어에 점차 익숙해져 갈 것이다. 그러다, 이야기를 좋아하고 풍미를 느끼고, 마침내 수천 가지 방식으로 이를 확장하여 자기 삶에 투영시킬 것이다.

아이들이 책을 처음 접하게 되는 기회는 가족을 통하거나, 혹은 집에서 임의로 발견함으로써 이루어진다는 사실이 얼마나 중요한지 우리는 잘 안다. 이민자 출신의 가정이 유난히 많은 어느 한 지역에서는 저학년 학급의 교사들과 공공 도서관 사서들이 한번씩 돌아가며 토요일 아침마다 도서관 로비에서 학급 전체 아이들을 부모와 함께 맞이하기로 결정한 일이 있다. 사실 이들 가정들은 여러 가지 양태의 소외나 배척을 알게 모르게 당하며 살아가는 사람들이다. 그렇기에 이민자 부모들이 자녀들과 함께 책에 대한 관심과 흥미를 나누는 기회를 가진다는 것은 특별히 귀중한 의미를 띤다. 자녀들과 손을 맞잡고, 교사의 안내를 받으며 책의 세계로 들어와서 가파른 일상에서 비껴나 조그마한 여유를 되찾을 수 있는 공간으로 초대되는 것이다. 커피와 민트 차, 크로와상과 빵 등의 간단한 먹을거리를 마련하여 우리의 만남을 축하했다. 이 초대된 모든 일정은 지극히 자연스러운 흐름으로 이어져 나갔다. 아직 글을 읽을 줄 모르는 아이들은 부모 곁에서 함께 책을 구경하고, 조금 큰 아이들은 저편에 혼자 떨어져 마음에 드는 그림책을 집어와 읽고 또 읽으며 이해하려 애쓰고 있었다. 학부모 중에는 스스로 책에 흠뻑 빠져 이것저것 들춰보느라 정신을 빼앗기고 있는 사람도 있었다. 긴장감이나 일정한 목표 의식에 얽매이지 않고 모든 일들이 일상에서 한숨 돌려 여유를 즐기려는 마음으로 즐거이 흘러가고 있었다. 여하한 반응을 의무적으로 요구하지도 않았고, 책읽기 교육의 일환으로 삼은 행사도 아니었다. 사람들을 맞이하는 방침으로서 우리가 결정한 것은, 모든 사람들이 각자 원하는 행동을 하고 각자 원하는 책을 볼 수 있는 가운데, 우리는 아무것도 강요하지 않고 오직 그들이 하는 말을 들어줄 마음과 귀를 열어두자는 것이었다. 사서들은 이런 분위기에서 훌륭한 저작물들을 효과적으로 소개할 줄 알거나, 아니면 어떤 책이 사랑을 받을 수 있는지 본능적으로 알고 있는 사람들이다. 그리하여 모두가 하나씩은 건져 가도록 도울 수가 있는 것이다. 아이들이 책에 푹 빠져 있는 모습을 직접 눈으로 보면서, 어른들은 이제 자신들 스스로가 어린이 그림책을 진심으로 즐길 수 있게 되었다. 아이들은 또 다시 자기네들 책을 부모가 재미있게 읽는 것을 보고 놀라움과 함께 행복감을 느끼게 된다. 도서관이나 독서를 통해 당장 이들이 얻을 수 있는 것은 바로 이렇게 부모와 자녀들이 서로를 가까이서 알아가는 것이다.

책읽기에 대한 연구나 보고서들이 예외 없이 모두 한 목소리로 주장하는 결론이 하나 있다. 바로 일반적으로 알려진 바와는 달리 아이가 책읽기 훈련에 대해 가지는 관점이나 태도는 취학 전의 경험에 달려 있다는 사실이다.[323]

그림책이나 이야기책을 주로 대하는 이 시기에 무엇보다 중요한 것은 부모와 아기 사이에 흐르는 그 어떤 감정의 기류이다. 아이와 부모는 서로를 알아가는 기쁨을 함께 느낀다. 부모는 자녀가 성장해 나가는 모습을 지켜보며 흐뭇한 감동에 젖을 터이고, 아이는 본격적인 교육 프로그램이 적용된 텍스트가 아니기 때문에 부담 없이 쉽게 책을 읽어 내려갈 수 있다. 그런 과정에서 아이는 자신도 모르고 있었던 자신의 여러 내면적 모습들을 마주하게 된다. 사실 우리는 아이들의 이해 능력을 과소평가하는 경우가 많다. 아이들은 사람들이 자기에게 보여주는 관심에 민감하고, 특히 자신이 이룬 성취에 대해 사람들이 보이는 반응에 예민하다.

앞에서 이야기했듯이 책이나 이야기는 다른 여타의 대상들은 좀체 대체할 수 없는 어떤 역할을 한다. 책 속에 감춰진 세계는 무한히 다양하게 전개될 수 있는 것이다. 훌륭한 몇몇 그림책들은 어른이 읽어도 재미를 생생히 느낄 만큼 질적 수준이 높다. 기가 막힌 그래픽 처리, 배꼽을 빼는 유머감각, 기이하고 비범한 시각 등이 어른을 열광시키는 것이다. 이 모든 것은 바야흐로 부모와 아이 사이에 형성될 관계의 성격에 영향을 미친다. 그 가족의 기본적인 분위기나 기질 등도 이에 작용한다. 『개구리와 두꺼비가 함께』[324]나 또는 이 이후 『환상의 요정 무밍트롤』[325]을 함께 읽은 가족이라면 실제 이들 가족의 삶에 이 이야기의 주인공들이 함께 숨쉬고 있을 것이다. 엄마 무민의 멋진 가방이며, 못생긴 쿠라부, 슬픈 얼굴의 필리곤드, 그리고 버폴레의 그 유명한 리스트 등

---

323) Margaret Meek, 뒤의 주 328)를 참조하시오.
324) Arnold Lobel, 『개구리와 두꺼비가 함께』 Frog and Toad Together, 엄혜숙 옮김, 비룡소, 2009
325) Tove Jansson, 『환상의 요정 무밍트롤』 Trollkalens hatt (Finn Familly Moomintroll), 조동림 옮김, 곰출판사, 1993. 이 작품은 핀란드의 고전 명작이다.

을 다 함께 기억하며 마음의 울림을 공유할 것이다.[326]

이런 과정을 통해 가족의 삶은 더할 나위 없이 풍성해진다. 마가레트 클라크는 자신의 역작 『거침없는 젊은 독자들』[327]을 통해 취학 연령 전의 아이들이 혼자서 책읽기를 깨친 경우를 소개하고 있다. 배움에 대한 욕구는 아이라면 누구나 생생히 느끼는 본능적 기질이라는 관점에서 그는 아이들의 이 욕구를 더욱 자극하기 위한 그 어떤 인위적인 요소도 사용하지 않았다. 마가릿 미크 역시 우리가 흔히 알고 있는 사실과는 전혀 다른 논지를 증명한 다른 한 연구 결과를 환기한다. 책읽기를 좋아하고 싫어하는 문제는 반드시 가족의 경제적 수준과 맞물리는 것이 아니라는 사실이다. "클라크가 우리에게 보여주듯, 나이에 비해 일찍 책을 읽은 아이들이 있다는 사실은(...) 책읽기 교육이 반드시 어떤 학습을 거쳐야만 가능하다는 것은 아니라는 것을 의미한다. 학교를 제대로 다닌 적도 없고, 두 취학 전 아동의 엄마로서 현재 실업자로 살아가고 있는 어느 한 흑인 여자가 책읽기 교육을 받고 난 이후 일상에서의 행동들이 어떻게 달라졌는지 관찰하여 보고한 해쓰 William Heath(1795~1840·영국작가이자 만화가)의 연구는 웰스 H.G. Welles(1866~1946·영국작가) 의 이론을 다시 한번 확인하는 것이다. "책읽기를 성공적으로 하는 학생은 텍스트에 접근하고자 하는 의지를 포기하지 않고 끈질기게 붙잡고 있는 아이들이기 때문에, 이들은 긴 대화를 나눌 때에도 논리 정연하게 펼쳐 나간다. 특히 자신들이 현재 읽고 있는 책에 등장하는 것과 유사한 언어로 표현할 때에는 더욱 체계적이다." 웰스는 일련의 연구를 통해 통상 우리가 수선스럽게 대응하는 바와는 달리 어린이들의 책읽기 습득 능력이나 취향은 오히려 텍스트를 접하는 단계로 막 넘어가기 시작하는 취학 전 경험에 관련된다는 사실을 밝혀 내었다.[328]

클라크에 따르면, 아이들의 감성을 일깨우고, 책읽기나 앎에 대한 욕구를 결정하는 요인은 부모의 태도 곧 이들 자녀의 세계에 대해 부모가 보여주는 신중한 관심이라는 것이다. 다시 말해, 이는 아이를 강압하는 것과는 정반대

---

326) 이 주제에 대해서는 출간과 동시에 고전이 되어 버린 Dorothy Butler의 『아가들은 책이 필요하다』 *Babies need Books*, 런던: Bodley Head ; Heineman, 1998을 참조하시오.
327) Margaret M. Clarke, 『거침없는 젊은 독자들』 *Young Fluent readers*, 런던: Heineman Educational Books-Primary Division, 1976
328) Margaret Meek, "이야기: 이해시켜갈 작은 공장" L'histoire: des petites usines à faire comprendre, 「어린이 도서잡지」 N° 95 (1984. 2-3), pp.29-35

로 은밀하게 주의를 기울이는 것이고, 미리 계획된 수순에 따라 아이가 성공하도록 뒤에서 땀흘리는 것이며, 이따금은 아무런 반응없이 아이가 성장해 가는 것을 가만 지켜보기만 해야 하는 것이다.

어떤 책을 선정하느냐 하는 것은 분명 상당히 중요한 문제이다. 아이가 일단 글을 읽기 시작했다면 다급한 교육적 고민은 잠시 내려놓아도 좋을 것이다. 좋은 책을 골라 아이에게 읽어 주면서 어른 스스로도 이를 즐기는 가운데, 아이와 많은 것을 교류할 수 있는 통로를 만들어야 한다. 이를 통해 아이가 다양한 감각 곧 유머나 감정, 동정심, 애정, 미적 감수성 등을 익힐 수 있게끔 표현이 풍성한 책을 고르는 일이 필요하다.

오늘날 도시 구조가 이른바 베드타운으로 동공화된 상황에서 어린 아기를 돌보느라 낮에 집에 머물러야 하는 사람들로서는 외로움이 더 크게 느껴질 수밖에 없다. 이들이 서로 만날 수 있으면 좋을 것이다. 여기서도 도서관이 그 계기가 될 수 있다. 가령 일정한 요일을 정해 유아원 보모 몇 명과 젊은 엄마들을 함께 초대하는 것이다. 물론 이 때 아이들도 엄마를 동반할 수 있다. 이렇게 해서 엄마들과 유아원 직원들에게 책을 발견할 수 있는 기회를 제공하는 것이다. 이런 성격의 일은 완전히 자유로운 분위기 그 자체여야 한다. 그 어떤 프로그램을 짜 넣어서도 안 되고, 강좌나 교육도 연결시켜서는 안 된다. 마치 각자 개인의 집이나 공원에 머무는 듯 느낄 수 있도록 편안하고 거침이 없는 분위기를 제공해야 한다. 그래야지만 책도 눈에 잘 들어 올 것이다.

여기서 사서가 간혹 자리를 함께 하여 좋은 책을 소개하고 추천해줄 수는 있다. 단, 이 때에도 엄마나 유아원 직원들이 책읽기에 서툴러 하거나 곤란한 상황에 처해 보이는 경우에만 개입해야 한다. 아직도 많은 사람들이 책을 대하면 어려움을 느끼고 두려워하기까지 한다. 이런 사람들은 선뜻 책을 읽을 엄두를 내지 못한다. 개발도상국에서는 사서들이 아이들에게 그림책을 읽어 줄 때 글을 읽을 줄 모르는 부모들을 함께 초청하는 프로그램을 만들어 시도한 적이 있다. 프랑스에서도 생활환경이 피폐한 지역에서는 사서들이 가가호호 방문하여 이 같은 방식의 책읽기를 체험시키고 있다. 사서가 떠난 뒤에는 부모들이 그림을 참고하여 아이에게 이야기를 충분히 들려줄 수 있게 된다. 그들은 이 때 자신의 개성적인 상상력을 더한 표현으로 아이에게 이야기할 것이며, 혹 외국인이라면 모국어로 더욱 풍성하게 표현할 것이다. 이 점은 자녀에게 무척 중요한 의미를 띈다. 자신이 좋아하는 책을 집이나 유아원에서 발견할 수 있다는 것은 아이의 책읽기 습관의 동기화에 있어 무척 중요한 요소이다.

　미국 도서관에서는 이 같은 양식의 독서 체험을 다양한 국면으로 연구 개발하고 있다. 이른바 《유아기 센터》이다. 나는 운좋게도 1970년대 말 뉴욕 공공도서관 어린이 부서 책임자의 주도 하에 개발된 몇몇 뛰어난 프로그램들이 적용되는 과정을 가까이서 지켜볼 수 있었다. 내가 가장 감동한 것은 무엇보다 관심을 가지고 찾아오는 사람들을 맞이하는 방식이었다. 그 어떤 강제적인 기미나 부담스러운 불편도 끼어들 여지가 없었다. 안내하고 일을 진행하는 것까지 오직 여직원 한 사람이 맡아 처리해 나갔다. 내가 본 그 때에는 마침 책읽기에 대한 문제를 가지고 있는 자녀를 둔 부모들을 위한 시간이었다. 이들의 요구에 따라 담당자는 소아과 의사와 소아심리 전문가들을 함께 초청했고, 또는 단지 다른 사람들이 관심을 가질만한 경험을 들려줄 수 있거나 다른 사람에게 도움을 줄 수 있는 이야깃거리를 가진 부모들도 초대했다. 물론 여직원은 자기네 도서관에 소장하고 있는 관련 서적들을 간간이 소개하는 것도 잊지 않았다. 이와 함께 교육학이나 아동 심리학 분야의 전반적인 컬렉션에 대해 소개해 주기도 했다. 여기서 단지 책에 대한 딱딱한 이야기만 나누는 것이 아니었다. 게임도 하고 간단히 취사를 할 수 있는 시설도 구석 한쪽에 갖추어 놓았으며, 인형을 전시한 방도 있었다. 아이들은 마치 자기 집에 있는 듯 편안해했고, 어른들 역시 마찬가지였다. 오늘날 개발도상국이나 산업 사회에서 점점 파편화되어 가는 인간관계를 직면한 가운데, 함께 먹고 마시는 즐거움을 나눈다는 것은 점점 중요한 일이 되어 가고 있다.

부모와 만남 갖기, 부모에게 알려주기

　사서들이 모든 사람에게 늘 들려주고 싶어하는 말은 바로 책을 통해 우리는 자신도 모르고 있었던 스스로의 잠재 능력을 이끌어낼 수 있다는 사실이다. 이런 점에서 볼 때 특히 한가한 젊은 엄마들을 많이 만날 수 있는 유아원이나 유치원은 매우 적합한 홍보 장소가 된다. 뿐만 아니라, 이들이 자주 갈 만한 장소나 기관, 예컨대 소아과 대합실이나 무료 진료소, 가족수당 지급센터 등도 시도해 봄직하다.

    모자 보호소를 자주 출입하는 사람들은 일반적으로 도서관에서도 많은 정보나 자료를 얻을 수 있다는 것을 모르는 경우가 많다. 그러므로 도서관 측에서 먼저 나서 우선 보호소 여러 직원들에게 어린이 도서가 다양하고 풍성한 장르로 존재하고 있음을 알리면서, 이에 대한 인식을 가지도록 지속적인 노력을 보일 필요가 있다. 다른 한편 그 어떤 사람들보다 도서관의 도움이 절실히 필요할 처지에 있으면서도 이에 대한 수단을 거의 모르고 있는 보호소 이용자들에 대한 정보를 도서관 측에서도 충분히 파악해 놓도록 한다. 모자 보호소를 자주 이용하는 젊은 엄마들은 대개 경제적인 여건이 썩 좋은 편이 못되기 때문에 책을 사는데 많은 돈을 지출할 수가 없는 형편들이다. 게다가 시간도 넉넉지 않아 책에 대한 정보조차 충분히 얻을 수 있는 입장이 못 된다. 그러니, 자녀들에게 책을 읽어주거나 이야기를 들려주는 기회를 가지기는 더더욱 힘들 것이다.

    도서관은 또한 회사 회의실이나 유치원을 순회하는 도서 전시회를 기획해 봄직하다. 뿐만 아니라 부모들이 자주 가는 장소라면 그 어디라도 책이나 독서에 대한 정보를 전할 수 있다. 이러한 전시회는 장소의 성격에 맞추어 선정된 책을 되도록이면 모두 방문객이 마음대로 만지고 펼쳐볼 수 있게 해야 한다. 학부모나 어린이 관련기관의 스폰서, 보건소나 병원 등을 타깃으로 하면서 현장 대출을 시도할 수 있다. 어린이층과 어른층을 동시에 겨냥한 도서 전시는 예상외의 특별한 효과를 거둔다. 이런 경우 효력을 발생하는 것은 삽화인데, 금방 사람들의 시선을 집중시키면서 한몫을 톡톡히 해낸다. 어른들은 종종 아이들 그림책의 질적 수준과 종류의 다양함에 놀라면서 차츰 아이들과 함께 이를 즐기게 된다. 전문 사서들에 의해 특별 선정되었고, 또 이들이 직접 전하는 설명을 들으면서 독자는 책에 대해 보다 세밀한 발견을 할 수 있는 실마리를 얻는 것이다.

    이 같은 전시회는 역으로 도서관을 알리는 기회가 되기도 한다. 부모들은 종종 책 사는 돈을 지출할 때 선뜻 결정을 하지 못하는 때가 많다. 아이들의 강렬한 독서 욕구를 과소평가한 결과, 얼마 못가 집어던져 버릴 것이라는 생각에 사는 것이 망설여지기 때문이다. 바로 이 대목에서 도서관은 적재적소의 도움을 줄 수 있다. 사려고 망설이는 책을 일단 도서관에서 빌려와 아이에게 건네주면서 반응을 살펴보는 것이다. 기쁨의 비명을 지르는지 단호히 거부하는지, 이런 과정을 통해 아이에게 어떤 책을 사 주어야 하는지 혹은 어떤 그림책을 권해야 하는지 이후 정확히 알게 되는 것이다.

다양한 방식으로 외부와의 공조체제가 이루어지면 사서는 한결 일이 수월해진다. 그만큼 도서선정에 열중할 수가 있고, 균형감각을 잃지 않고 올바르게 서적을 평가하는 능력을 키우는데 에너지를 쏟을 수 있을 것이다. 책을 선정한다는 사서 고유의 업무는 결코 포기할 수 없는 전문 능력이지만, 한편 너무 폐쇄된 환경에서는 이마저 독단적인 경향으로 흐르기 쉽다는 것을 명심해야 한다.

훌륭한 도서 선정은 아이들이 살고 있는 서로 다른 여러 환경을 보다 조화롭게 만드는 수단이 되기도 한다. 책 선정은 대개 교육적 목적을 토대로 이루어지는 일이긴 하지만 터무니없는 교육관에 따라야 한다는 것은 아이들로서는 감당하기 힘든 일이다.

책 읽는 것을 별로 좋아하지 않는 아이라 할지라도 질적 수준이 높은 책에는 꼼짝없이 빠져든다는 중요한 사실을 부모들이 알게 만들어야 한다. 이는 곧 독서는 쉽다 어렵다는 문제를 둘러싼 몇몇 단정적인 오해를 풀 수 있는 단초를 제공하는 일이 되기도 할 것이다. 나아가 우리가 너무 쉽게 고개를 돌려 버리는 일들에 대해서도 판단을 보다 신중하고 겸허하게 해야 한다는 반성적 고찰로 이어질 수 있는 기회이기도 하다. 형편없는 책이라 해서 반드시 쉽게 읽히는 것도 아니고, 오히려 반대로 일관성 없고 지루한 내용들로 책읽기를 접게 만들어 버린다. 하지만 설득력 있게 조근조근 다가서는 책이라면 이런 편견들은 들어설 자리를 잃게 된다.

제 14 장
도서관에서 소리 내어 읽기

　　도서관 또는 가정에서 책을 소리 내어 읽거나 목소리를 통해 이야기를 들려주는 것, 함께 책을 읽어 나가는 것, 이러한 행위는 아이에게 언어의 세계로 침잠하는 즐거운 기분을 느끼게 해준다. 이 즐거움은 아이의 내면세계와 상상력을 풍요롭게 해주고, 언어가 의미하는 물상에 대해 이미지를 그려보게도 한다. 이는 아이들 고유의 습성이자 삶을 즐기는 나름의 한 방식이기 때문이다.

동화책 읽는 시간, 이야기 들려주는 시간[329]

　　이야기를 듣는다는 것은 책읽기의 중요한 한 형태에 속한다. 앞서도 언급했듯이 이야기 듣기 시간은 앵글로 색슨계 국가의 도서관들이 그 설립과 함께 시행해 왔던 제도이다. 프랑스에서는 1924년 《즐거운 시간》도서관의 어린이부 사서들이 자신들의 훌륭한 이야기꾼으로서의 자질을 바탕으로 이 도서관에 처음 정착시켰다.[330] 하지만 내가 도서관 사서 일을 막 시작한 1960년대 당시에는 프랑스 전체로 보아 사서들이 아이들을 상대로 이야기를 들려주는 것에 썩 열성을 내보이지 않고 있었다. 이야기 시간이란 자체가 거의 없다시피 했고, 나아가 많은 교사들이 도서관에서나 학교에서 복고적인 이미지와 함께 보수적 색채를 띤다고 여겨지는 왕·왕비·공주·왕자 등의 단어나 이에 관련된 이야기를 입에 올리는 기회를 줄이고 있음이 드러났다.[331]

---
329) 도서관에서의 동화 들려주기와 그 구술적 특성에 대한 것은 Évelyne Cevin(엮음), 『도서관에서의 동화』 Conte en Bibliothèque (파리: Édition du Cercle de la librairie, 2005)에 게재된 Geneviève Patte의 글, "도서관에서의 말하기와 동화" Dits et Contes à la bibliothèque를 참조하시오.
330) Marguerite Gruny, 『초보자를 위한 동화 구연 입문서』 L'ABC de l'apprenti conteur, 파리: Paris Bibliotheque, 2005
331) Alfred Brauner는 아이들에게 동화를 들려준다는 행위에 대해 반대를 제기하는 주요 인물로 꼽힌다.

1960년대뿐만 아니라 1970년대 들어서도 도서관에 책을 빌리러 온 독자들에게 책을 권하는 순간, 우리는 이런 이야기를 한두 번 듣게 되는 것이 아니었다. 하지만 그 이후 이야기 축제는 보다 다양하게, 보다 빈번하게 개최되었고, 차츰 도서관에서도 행사를 열게 되었다. 오늘날 거의 모든 곳에서 동화는 더 이상 단지 교육적 수단으로서가 아니라 동화 그 자체로서 받아들여지고 있다. "세계 어느 곳에서나 보편적으로 볼 수 있는 관습인 이야기하기는, 현재 수준 높게 세련된 사회에 이미 뒤쳐진 이전의 두루뭉실한 사고방식에 기대어 은유적으로 표현된다는 점에서, 자신의 생각을 명확히 드러내어야 하는 토론의 본원적인 한 형태로 볼 수 없다. 하지만 적어도 동화는 전 세계적 아이들의 마음 안에서 세계를 구축해 가는 한 실제적 수단이 되고 있음은 사실이다."

이야기한다는 것은 우리 정신의 자연스러운 한 행위이다. 우리의 삶 꼭 그대로의 모습으로 이야기는 존재한다. 계획되고 전이되는가 하면 습관이 바뀌기도 하는, 유사 이래 우리가 단 한 번도 포기한 적이 없는 관습이 바로 이야기하기이다. 인류학자이자 성인 공상과학물 저자이면서 아동 신화 역사서 작가인 유슬라 르 귄의 말처럼 우리를 둘러싸고 있는 그 모든 것 속으로 우리가 용해되어 들어가지 않으려면 우리는 이야기를 해야 하기 때문이다. 이야기가 시작되자마자 아이는 그 이야깃속의 세계로 뚜벅뚜벅 들어가면서 십중팔구 끝이 없을 세상으로 들어가는 법을 배운다. 구연으로 전해 듣는 이야기는 아이의 정신수양이 이루어지는 과정에서 결정적인 역할을 한다. 이야기를 듣거나 혹은 자신이 스스로 이야기하는 과정을 통해 아이들은 학교에 들어가기 훨씬 전부터 기술記述 인류학에 기초하는 제반 문제들이나 우연성, 관습적인 습성, 언어에 대한 수위 등을 익혀나가게 된다. 동시, 언어가 머릿속으로 들어옴을 느끼게 되고, 신화적 체계를 인지하게 되며, 가족이나 또래들과의 사이에 형성되는 문화적 맥락을 통해 이들을 알아볼 수 있는 능력을 얻을 수 있다. 이

"어린이책들은 거짓말을 했다" Nos livres pour enfants ont menti 라는 글(회담 후 Jean Roger이 엮은 『A. 브로너. 어린이책들은 거짓말을 했다』 *A. Brauner,Nos livres pour enfants ont menti*, 파리: S.A.B.R.I., 1951에 수록)에서 자신의 논지를 신랄하게 펼쳐 보였다. 보다 근래의 저서 『현실성을 상실한 아이: 요정 동화 이후에 등장한 자폐성의 역사, 문학적 환상과 임상적 현실』 *L'enfant déréel: Histoire des autismes depuis les contes de fées, Fictions littéraires et réalités cliniques*(툴루즈 Toulouse, 프랑스: Privat, 1986)에서는 다소 진정된 필체로 자신의 의견을 조목조목 확인시킨다. 그는, "우리는 수많은 훌륭한 동화를 좋아할 수 있다. 그러나 마치 사실인 것처럼 받아들여서는 안 된다" 라 주장한다.

야기를 통해 아이들은 현재의 상식에 근거하여 가치 체계를 형성하고 있는 원리를 배우게 된다.[332]

동화를 듣는다는 것은 아이들로 하여금 점점 더 복잡해지고 점점 더 풍성해지는 맥락을 익혀가고, 점점 더 미묘해지는 상황을 맞아 해결해 가는데 도움을 준다. 한편 이야기의 근원지인 책을 찾아 세밀히 확인해 보는 일은 일부러 권할 필요까지는 없다. 이야기에서 구현된 행위는 책에서보다 훨씬 두루뭉술한 것들이다.[333] 사실 아이들은 그래도 읽는 즐거움을 느껴 보려 하고, 새로운 세계로 들어가고 싶어 한다. 더욱이 이미 한 번 이야기로 들은 데다가, 다른 아이들과 함께 들었기 때문에 두려움 없이 새로운 세계로 발을 내딛을 수 있기 때문이다. 우리는 혼자 그 세계로 들어가는 것이 아니다. 그 곳은 또한 시간을 초월한 영원의 세계이다. 우리는 이야기가 진짜가 아니라는 것을 모두 잘 안다. 그것이 언젠가는 끝이 날 것이라는 사실 역시 잘 알고 있다. 하지만 이야기가 펼쳐져 나아가는 과정은 우리 인간 각 개인들의 삶 속에 숨어 있는 비극적인 요소들이 드러나는 경로와는 다른 것이다. 그것은 우리의 마음을 들었다 놓았다 하는 설렘 속의 근심 가운데서 나아가는 과정이다. 왜냐하면 그것은 영원히 끝나지 않을 이야기이기 때문이다. 비록 우리가 잘못 알고 있다 할지라도 다시 처음으로 되돌아간다는 것은 불가능한 일이다. 전통 동화는 모든 전진과 모든 퇴보가 허용되는 순환적 체계를 이루고 있다. 갔던 길을 되돌아올 수 있는가 하면, 기억에 선명히 새겨져 결코 흔적이 없어지지 않는 과정들이 이리저리 얽힌 심리적 미로를 이루는 것이다. 동화에서 그 모든 것을 정화시키는 것, 다시 말해 이야기를 어찌할 수 없이 긍정적으로 만드는 요인은 바로 모든 시련을 극복해 내면서 마침내 행복한, 동시에 불확정적인 결말에 이르는 과정이다. 다시 말해 결말을 짓지 않는 교묘한 개방식 구조를 채택함으로써 그 열쇠를 우리의 삶에, 혹은 이야기 스스로의 가능성에 넘겨주는 것이다. 독자 스스로 결론에 도달하게 함으로써 이야기에 우리의 삶이 참여할

---

332) 이 내용은 Margaret Meek의 중요한 논문 "이야기: 이해시켜야 하는 작은 공장" L'histoires: des petits usines à faire comprendre, 「어린이도서잡지」 N°95 (1984, 2-3), pp.29-35에서 인용한 것이다.
333) 반면, 파리 근교의 한 도서관 사서는 다음과 같은 사실을 확인했다고 한다: 파리 근교 도시를 왕래하는 차량 도서관에서 순전히 현실적인 이유로 인해 《이야기 시간》을 포기해야만 했을 때, 동화나 소설 대출이 눈에 확연히 띄일 정도로 줄어들었다.

수 있는 공간을 남겨 두는 것이다.

"이야기는 아이가 심리적으로 감정적으로 실제 처해 있는 현실 바로 그 자리에서 시작이 된다. 이야기는 아이에게 그의 심각한 내면의 억눌림에 대해 이야기한다. 아이가 무의식적으로 느끼는 화법으로, 성장함으로써 자연스럽게 동반되는 내밀하면서도 치열한 갈등을 조금도 숨기지 않는 화법으로. 이야기는 아이로 하여금, 예를 들면 질식할 것만 같은 심리적 고난도 일시적인 또는 영원한 해결책이 있다는 것을 깨치게 해준다."[334]

브뤼노 베틀렘은 반대 감정이 양립할 수 있는 우리의 감정 상태에 대해 동화가 단일화할 수 있는 장점을 강조한다. 우리가 현실에서 실제로 흔히 볼 수 있는 일로서, 아이는 아무리 일시적인 감정이라 하더라도 자신을 벌한 엄마를 마음속 깊숙이 나쁜 엄마로 간주해 놓고서는 이 사실에 대해 괴로워하곤 한다. 이와는 달리 동화에서는 계모는 이상적이고 완벽한 엄마와는 명확히 구분이 된다. 이 사실은 아이의 마음에 한줄기 빛을 비춰주면서 사랑하면서도 동시에 증오하는 이 죄책감의 무게를 조금 들어준다. 말할 것도 없이 아이는 자기 정화감정을 느끼게 되는데, 게다가 흔히 이야기를 들려주는 사람이 바로 엄마이고, 말하자면 이렇게 해서 엄마는 아이와 그가 현재 느끼고 있는 감정에 대해 옳다고 동의를 해주는 셈이기 때문에 카타르시스 감정은 더욱 강렬하게 느껴진다. 비록 다른 어른이 이야기를 들려준다 해도 동화는 아이들에게 속박을 풀어주고 자유를 느끼게 해주는 파수군 역할을 한다.

러시아의 동화작가이자 시인인 코르네이 추콥스키는 환기한다: "(동화작가의 목적은) 무슨 수단을 쓰건 아이들에게 동정심과 인간미를 독려하는 것이다. 인간이 다른 사람의 불행에 대해 마음 아파하고, 다른 사람의 행복에 대해 기쁨을 느끼며, 다른 사람의 운명을 마치 자신의 것처럼 경험한다는 것은 기적과 같은 재능이다. 동화 작가는 어린 아이들로 하여금 다른 사람의 삶이나 상상속의 동물들의 삶에도 관련이 된다는 것을 스스로 느낄 수 있게끔 가르치기 위해 애써야 한다. 또한 이같은 마음가짐으로써 편협한 자신만의 이익과 자기중심적 감정을 깨치고 나오겠다는 확신을 가지도록 가르치기 위해 노력해야 한다. 착한 아이의 이야기이거나 용감한 아이의 이야기이거나 또는 부

---

334) Bruno Bettelheim, 『요정 동화의 심리분석』 *Psychanalyse des contes de fées*, 파리: R. Laffont, 1976

당하게 피해를 받는 사람의 이야기를 읽거나 간에 여하튼 아이는 당연히 이반 왕자나 토끼 피에르, 또는 거미가 될 것이므로 우리의 유일한 목적은 다른 사람의 불행을 함께 느낄 수 있고 다른 사람의 행복을 함께 나눌 수 있는, 아이들의 감수성 안에 있는 무한한 재능을 일깨워주는 것이다. 이것이 없으면 인간은 더 이상 인간이 될 수 없기 때문이다."[335]

"동화는 자신도 모르는 사이에 인간의 개성에 대해 심리 분석적 양식을 적용하여 정신의 의식 세계와 전前 의식 세계, 그리고 무의식 세계에 중요한 메시지를 전달한다. 각 개인이 느끼는 정도가 어떻든 간에, 인간의 보편적 문제를 다루는 이 이야기는, 특히 그 중 아이들을 대상으로 하는 이야기는, 아이들의 전 의식적이거나 무의식적 억압을 이완시켜주면서 아직 여물지 않은 이들 각자의 자아에 이야기를 걸고 성장에 보탬이 되어 준다."[336]

사회적 기능이나 심리적 역할로 축소된 – 아빠, 엄마, 마술사, 바보 – 이 등장인물들의 익명성은 이야기에 객관적 성격을 부여하고, 편안하게 자신의 정체성을 찾아가게 하는 동시에 대화를 나눌 수 있는 분위기를 만들어 준다. 동화를 통해 전달된 내용을 보편적으로 체험한다는 사실은 곧 각 개인의 체험들이 서로서로 교류될 수 있다는 의미가 된다. 이는 암시적으로 내밀하게 일어나는, 말하자면 객관적이고 보편적인 교류이기 때문에 감정 노출벽이나 함부로 자신의 사생활을 열어 보이는 가벼움과는 다른 차원의 교류인 것이다. 추콥스키가 강조하듯 이야기를 통해 《중심 분산》 작업이야말로 책읽기의 필수 불가결한 요건이다. 이 분산은 책읽기 행위를 통해 이루어지는 것이고, 독자로 하여금 다른 사람의 입장에 자기 자신을 투사시켜 보게 해주는 것이다.

여러 사람이 나누어 하는 이야기를 듣는다는 즐거움은 곧 개인적 책읽기의 세계로 들어감을 의미할 것이다. 이론상으로는 말하는 방식·목소리·어조·음색 등의 측면에서 완전히 아이와 닮아야 한다고 되어 있다. 이러한 요소들은 아이가 맥락을 따라가는데 도움을 준다. 라블래의 표현을 빌면 단어의 기운을 다시 북돋워주는 것이다. 목소리에 의해 다시 기운이 북돋워진 단어들은 자립의 길을 가면서 자유를 상상력의 몫으로 넘겨준다.

---

335) Kornei Chukovsky, 『아이들의 언어세계와 동화, 동시에 대하여 두 살에서 다섯 살까지』 *From two to five*, 홍한별 옮김, 양철북, 2006
336) Bruno Bettelheim, 앞의 책, 『요정 동화의 심리분석』

만일 엄마나 아빠가 이야기를 읽어준다면, 늘 담당하던 사서나 어쩌다 한 번씩 초대되는 강사의 경우와는 상황이 다를 것이다. 여하튼 모든 경우, 일련의 관계가 맺어진다는 것은 공통적이다. 여러 사람이 나누어 하는 이야기를 듣거나 또는 일 대 일로 얼굴을 마주하며 이야기를 듣는 것은 곧 발견하게 될 새로운 세계를 용감하게 대면하도록 아이에게 용기를 주고, 끈끈한 유대감을 느끼게 해주는 공동의 문화를 마련한다. 뿐만 아니라 동일한 기준을 갖게 만들어 주고, 암시를 함께 이해한다는 은밀한 즐거움을 갖게 해주며, 소속감을 느끼게 하고, 또한 도서관을 만인에게 두루 허용한 세속의 한 문화유산 덕분에 이곳에 발을 들여놓은 기쁨을 맛보게 해준다. 이 말은 곧 사서들이 스스로 이야기를 들려줄 시간을 마련하는 일이 상당히 중요하다는 것을 의미한다. 현재 이 분야의 경향을 보건대, 이야기 시간은 종종 전문 이야기꾼에게 맡겨지는 경우가 많다. 이런 체제는 이야기를 해야 하는 순간을 마치 축제 분위기로 띄워버리는 결과를 만들어 낸다. 하지만 도서관의 직원들이 이야기를 한다면 마치 이 집(도서관)에서 일어나는 일인 것처럼 생생히 전달이 될 수 있을 것이다.

종종 서로 다른 장르의 기자재를 혼합하여 사용함으로써 아이들의 주의를 좀더 집중시킬 수가 있다. 가령 구식 영사기를 통해 책의 이미지들을 화면에 비추면서 동시에, 또 다른 시청각 방식의 가미시바이(紙芝居·일본 전통 불교에서 유래한 paper drama -역자 주)를 사용하는 식이다. 이 같은 방식은 이야기를 들려주는 사람에게도 훨씬 편안한 여건을 제공하는데, 준비해야 할 사항이 줄어들고, 기억해야 할 분량이 줄어드니, 곧 이야기꾼의 시름을 들어주는 방식이 되는 것이다. 뿐만 아니라 아이들도 애를 덜 써도 되는 것이, 대충 짐작하여 이해할 수 있는 용이함이 있고 또 이미지를 통해 감이 잡히는 부분도 많기 때문이다. 이 때에는 이야기를 완벽하게 이해하고 있는 몇몇 아이들에게는 직접 이야기를 풀어보도록 시킬 수 있다. 자진하여 다시 말하기를 즐기는 아이들도 있다. 우리 도서관에서도 이런 소질을 가진 아이들이 5~6세의 어린아이들을 대상으로 이야기를 들려준 일이 있다. 단, 이때 이미지를 통해 표현되는 이야기를 중심으로 해야 한다는 조건을 달았다. 그들이 전달하는 이야기에는 그래서 종종 자동 발생적인 '몸짓으로 흉내 내기'가 등장했다.[337] 하지만 아이들에게 너무 지나치게 다시 말하기를 종용해서는 안 된다. 자기 자신을 위해서도 남겨놓아야 할 부분이 있는 것이고, 또 일종의 검열처럼 느껴지는 데 대한 반감이 생길 수도 있기 때문이다.

말을 대신하는 이미지 지원 기자재들을 종종 너무 지나치게 사용한 다음 급기야 사서들이 느끼는 점은 이미지에 지배당하는 요즘의 세상에서 이따금은 말을 하는 것도 좋겠다거나, 혹은 필요하기까지 하다는 것이다. 아니면 선택적인 기회에 아예 말로만 하는 것도 나쁘지 않을 테고.

이야기를 한다는 것은 모두에게 관련된 일이다

클라마르 도서관에서 우리는 한동안 단체로 이야기 시간을 준비했다. 매주 모여 각자가 찾아낸 이야기를 서로에게 들려주었다. 사서들에게 해당되는 업무였지만, 간혹 필요할 경우 다른 부서의 직원도 함께 자리를 했다. 그리고 지역 주민 중 이야기하기를 좋아하는 사람들 역시 회기 중 어느 시간에 기꺼이 참석할 수 있었다. 아이들에 의해 구연되는 이야기에 대한 요구가 늘어나면서 이 단체 준비 모임은 일정한 연령층의 아이들을 필요로 하게 되었는데, 규모가 커짐에 따라 아이들의 연령대도 점차 폭이 넓어져 14세 아이들까지 가세했다. 이런 과정에서 어른층과 아이들 간에 경쟁심마저 생겨 마침내 각자 정기적으로 연습에 돌입하는 열성을 보였다. 그 어느 측도 조금도 뒤지지 않는 열정과 노력을 기울였다.

형식에 얽매이지 않고 자유로운 분위기 가운데 진행되는 《이야기 시간》은 마치 시골 야회 같거나, 아니면 오랫동안 먹고 마시며 즐기는 축제 때의 식사와도 흡사한 느낌을 주었다. 참석한 사람들은 모두 제각기 재미있는 이야기를 하나씩 해달라고 요청받은 듯이 스스로들 느끼고 있었다. 바로 이런 점에서 동화작가 그래이스 홀워쓰는 이야기를 말함(스토리텔링 stroytelling)보다는 이

---

337) 몸짓으로 흉내 내기에 대한 주요 내용들은 Marie Françoise Fromont의 『미성년 아이들: 마르셀 조스의 인류학 사상과 교육학』 *L'Enfant mineur: l'anthropologie de Marchel Jousse et la pédagogie* (파리: Epi editions, 1978)를 참조하시오.

야기를 나눔(스토리셰어링 storysharing)이라는 단어를 선호했다.[338] 이것은 분명 이야기를 나누는 행위이기 때문이다.

우리 모두가 이야기를 찾아내는 근원지는 한 군데 동일한 서가였던 탓에 같은 이야기를 다른 방식으로 구술하여 들려준 적도 있다. 우리는 이야기를 길어올릴 수 있는 서적들을 보다 많이 찾아 나섰다. 가령 S. 루다의 『북극 동화집』[339]에 실린 〈짐승, 파라민〉 La Bête Pharamine은 풍미 넘치는 전원생활의 진수를 재치 있게 보여주는 작품으로서 대출이 종종 되는 책인데도 한번도 낭독된 적이 없음이 파악되었다. 마침 어느 시골 출신의 도서관 직원의 눈에 띄어 그 자리에서 읽히기 시작하면서 이 동화들은 새로운 삶을 살기 시작한 것이다.

그림 Grimm형제 작품의 무궁무진한 풍성함은 아무리 퍼 올려도 결코 마르지 않는 샘과도 같다. 그의 책은 범죄의 역사를 다룬 책을 찾는 아이들에게조차도 만족스러이 읽힌다. 클라마르 도서관에서는 독자들의 기호나 의견, 책 선택에 있어서의 다양한 취향 등을 언제나 염두에 두고 이야기 구연자들이 낭독 작품을 골랐다. 사실 이같은 요소들은 이야기 낭독뿐만 아니라 독자와의 교류에 있어서도 가장 중요한 참고 기준이 되는 것이다.

우리는 또한 드넓은 연령층을 만족시킬 수 있는 울림을 가진 동화를 찾아 낭독했다. 어른을 포함한 모든 사람들이 각자 자신의 수준에 알맞은 요소들을 찾아 재미를 느끼게 만들 수 있는 그런 작품 말이다. 이는 요컨대, 동화가 아직 아이들에게 공식적으로 읽히기 전 모든 사람들이 둘러앉아 이야기를 즐기던 그 옛날 한 시절 저녁나절에 이루어지던 그런 형태의 모임이 되었다.

이야기를 스스로 구술하거나 아니면 들으러 오는 어른들 덕분으로 도서관은 더 이상 빗장을 걸어 잠근 담장 높은 집이 아니었다. 그동안 아이들을 어른과 따로 떼어놓으면서, 교육적 강박관념에 사로잡힌 이야기가 아니라 그들 사

---

338) Grace Hallworth: 서인도제도 최남단 트리니다드에서 출생하고 자라면서 사서 교육을 받았다. 1956년 영국으로 이주하여 하트퍼드셔 Hertfordshire 공립 도서관에서 일하면서 어린이 교육 프로그램의 일환으로 스토리텔링을 도입하여 큰 반향을 일으켰다. 이후 다시 고향 인근 토코로 돌아가 어린이문학 창작과 출판 사업에 힘을 쏟으면서 국제적인 어린이문학 관련 모임이나 수상 심사에 관여하고 있다. 『파도타기』 Down by the River (1966), 『읽고 말하는 이야기』 Stories to read and to tell (1978), 『카니발』 Carnival (1998) 등의 작품이 있다(역자 주).

339) Schnitzer Luda 글·René Moreu 그림, 『북극 동화집』 Contes du Grand Nord, 파리: Les Impressions Rapides, 1954. S. 루다는 『예, 엄마!』 Oui, Maman! (파리: Flammarion-Père Castor, 1964)를 비롯한 여러 동화에서 자신의 빛나는 재능을 발휘한 작가이다.

이에 자연스럽게 오갈 수 있는 대화의 기회를 결국 차단한 셈이었다. 한편 우리는 언제나 이야기 자체의 질과 구연 과정의 제반 상황이 품격을 잃지 않도록 긴장의 끈을 놓치지 않았다.

오늘날 많은 도서관들이 주로 오후나 저녁나절에 이야기 시간을 진행한다. 그런 탓에 가족 단위로 들으러 오는 사람들도 많아졌다. 도서관으로서는 아이들의 부모나 이웃, 사촌 등 지역민들을 초대할 수 있는 절호의 기회가 된다. 사람들은 도서관의 또 다른 한 측면을 발견하면서, 그저 가족들끼리 모여 앉아 심심풀이로 즐기던 이야기가 새삼 중요한 위상에 있다는 사실도 깨닫게 될 것이다.

어떤 《이야기 시간》들은 관습적으로 도서관 내 서가 가까이에서 진행이 되는데, 혹 여건이 된다면 바깥으로 나오는 것도 나쁘지 않을 것이다. 책에서 독립된 기분으로 색다른 맛을 느낄 수 있고, 또 혹 다른 사람들도 흥미롭게 들을 수 있기 때문이다. 이런 취지로 간혹씩은 공원 안이나 아파트 정원에서 이야기 시간을 가지기도 한다.

박물관에서도 이야기를 제공하는 경우가 있는데, 정기적인 행사라기보다는 예외적인 틀 안에서 기획되고, 또 내용도 해당 분야에 긴밀히 관련된 것으로 제한된다. 언젠가 스위스 뉘샤텔 지방의 한 박물관에서 마다가스카르 예술에 관한 전시회를 하고 있었는데, 파스텔로찌 도서관의 사서가 아이들을 데리고 관람왔던 것을 본 일이 있다. 그녀는 한 묘소 앞에 자리를 잡고 앉아 다소 으스스한 어조로 목소리를 바꿔가며 마다가스카르 동화를 아이들에게 들려주고 있었다. 어떻게 감동되지 않을 수 있단 말인가? 우리 도서관 세계에서 오랜 전설로 통하는 이야기가 하나 있다. 20세기 초엽 미국 보스턴 도서관에서 이야기 구연가로 일하던 크로넌 Cronan 부부[340]가 독자들을 박물관으로 데리고 가기로 결정했다. 그들은 전시된 물품을 하나하나 따라가며 이야기를 이어나 갔다. 이렇게 해서 문득 한 아름다운 독일 난로 앞에 서게 되었다. 그러자 그

---

340) Jane Merrill Filstrup, 『마법의 요람』 *Monday through Friday,: Day care alternative* 보스턴: The Horn book, 1976, pp.601-610

Évelyne Cevin(엮음), 『도서관에서의 동화』 *Conte en Bibliothèque* (파리: Édition du Cercle de la librairie, 2005)에 게재된 Geneviève Patte의 글, "도서관에서의 말하기와 동화" Dits et Contes à la bibliothèque 중 미국 보스턴 공공 도서관과 박물관이 20세기 초엽 이래 거의 교육 혜택을 받지 못한 채 주로 거리에서 떠돌던 이민자 출신의 아이들을 수용하여 문화적 혜택을 베풀었던 일에 대한 요항을 읽어보시오.

들은 〈뉘렘부르크의 프라이 팬 이야기〉 Le Conte du poêle de Nuremberg를 아이들에게 들려주기 시작했다. 이를 본 박물관 관리인이 마침 창고에서 어떤 물건을 하나 꺼내와 보여 주면서 이야기의 흐름을 도왔다. 이어 베아트릭스 포터 Beatrix Potter의 『글루체스트의 재단사』[341]에서는 아름답게 수놓인 조끼가 등장했다. 역사와 유물들을 다시 살려내는 그 순간 아이들도 시공을 초월한 듯 숨을 멎고 있었다.

오늘날 박물관들은 아이들에게 드넓은 문호를 개방하여 아름다운 예술품에 관심을 가질 수 있는 기회를 마련해 준다. 이와 동시에 《이야기 시간》 같은 유형의 설명을 깃들여, 왠지 멀리 느껴지면서 좀체 익숙해지지 않고 냉담하게만 바라봐지는 대상물들에 온기를 불어넣으며 다시 살아나게 만든다. 게다가 주제가 은은히 드러나는 배경과 적합하게 선택되어 흐르는 음악은 전시회의 분위기를 더욱 생명력 있는 공간으로 끌어들인다. 음악과 동화는 또 하나의 다른 세계를 이해하는 징검다리가 될 수 있다. 이야기와 음악, 그리고 대상은 제각기의 색채를 다시 선명하게 되찾게끔 서로 돕고, 마침내 모두 힘을 합해 문맥이 새로운 생명력을 부여받아 다시 태어나도록 만든다. 문맥이 없다면 이 모든 것들은 존재의 의미를 퇴색하고 말 것이므로.

그림책 함께 읽기

도서관에서 아이들은 무척 스스럼없이 어른들에게 그림을 곁들인 책을 읽어달라고 부탁하거나, 아니면 자기가 읽는 것을 한 번 들어보라고 청한다. 우리는 그래서 매일 아이들과 함께 그림책이나 짧은 이야기책을 읽게 된다. 이런 읽기는 각 가정에서도 능히 할 수 있는 일인데, 그러나 아마 그렇게 시간이 여유로운 어른이 많이 없을 것이다. 하지만 아이의 입장에서 보면 엄마나 아빠 무릎에 편안히 앉아 팔 안에 안전하게 안겨서 이야기나 새로운 세계를 발견한다는 것이 얼마나 신나는 일일까? 만일 우리가 짬과 용기를 내어 일단 한 번 해보자는 마음만 먹는다면 말이다. 더구나 당신을 그렇게 좋아하고 믿고 따르는 사람과 함께 하는 시간 아닌가!

---

341) Beatrix Potter, 『글루체스트의 재단사』 The Tale of Gloucester, 런던: Frederic Warne & Co., 1903

아놀드 로벨[342)]에 대한 이야기를 하면서, 언어학자 피에르 앙크르베는 잠자기 직전의 이야기 시간에 대해 장황하게 환기하고 있다. "아놀드 로벨은 자신이 필요로 하는 이야기를 쓴다. 스스로를 위해 쓰는 것이다, 자신의 내면에서 본질적이고 심오한 그 무엇을 느끼기 위해. (프루스트는) 매우 특별한 수취인으로서 바로 자기 자신을 선정하여, 한 쌍의 커플을 위한 글을 쓰고 있다. 곧 잠자고 있는 아이가 그려내고 있는 한 사람, 그리고 다른 한 명은 잠든 아이에게 책을 읽어 주는 어른이다. 그러다 그는 깜빡 잠에 빠져 들었는데, 잠시 후 깨어 보니 책을 펴놓은 채 잠자는 아이의 고른 숨결을 내뱉으며 자신이 자고 있었던 것이다. 이것은 매우 특별한 경우에 속하는 것이다. 곧 명백하게 잠재우기용으로 지어진 이야기인 것이다. 이들 책 각각의 마지막 페이지를 보면 주인공은 자고 있거나 아니면 잘 채비를 하고 있다. 아이는 혼자서 이 책들을 읽지 않는다. 아이는 자신의 어린 시절이 노출되면서 고통스러워하는 어른의 감정을 필요로 한다. 지금 어른인 나는 그 옛날의 나와 똑같은 바로 그 아이로 돌아가기 위해, 그리고 비길 데 없이 달콤했던 그 잠을 되찾기 위해 자고 있는 아이의 어린시절을 거쳐야 하는 것이다(...). 바로 이런 경로로 아이들은 문자로 표현된 세계로 들어갈 수 있고, 작가가 되는 것이다. 설사 여태껏 책을 쓴 일이 결코 없다 하더라도 단어를 중심으로 무언가가 절로 생겨나고, 단어 안에서 엄마나 아빠의 목소리가 들려오는 것이다."[343)]

이야기하고 싶은 욕구는 매우 자연스럽게 일어나는 현상이고, 게다가 도서관에서는 매일 다른 방식으로 해볼 수 있다. 이때 어른이나 혹은 좀 큰 아이와 함께 그림책을 배워나가는 것은 절대 빼놓을 수 없는 과정이다. 이미지를 중심으로 하여, 또는 이야기를 따라 가면서 아이는 단어를 발음해 보는 기쁨을 알게 되고, 이미지를 다시 알아볼 수 있게 되고, 자신이 자라고 있다는 것을 느끼며, 다른 사람과 함께 감동하며 교류하는 것이다.

---

342) 「어린이도서잡지」N° 95 (1984. 2-3), pp.16-20에 게재된 아놀드 로벨과 피에르 앙크르베 Pierre Encrevé와의 대담, "아놀드 로벨, 위대한 화가이자 작가" Arnold Lobel, un très grand écrivain-peintre를 참조하시오.
343) 여기에 관련된 Arnold Lobel의 그림책은 『생쥐 이야기』 Mouse Tales(1997), 『생쥐 수프』 Mouse Soup(1997), 『코끼리 아저씨』 Uncle Elephant(1998), 『집에 있는 부엉이』 Owl at home(2008) 등이 있다. 모두 엄혜숙의 번역으로 비룡소출판사를 통해 발행되었다. 그외 『아놀드 로벨 우화집』 Fables(이상희 옮김, 베틀북, 2008), 『돼지 5행시』 The Book of pigericks: pig limericks(리머릭: 예전에 아일랜드에서 유행된 5행 희시戱詩(New York: Harper & Row, 1983), 『시장가에서』 On Market Street(Anita Lobel 그림, 뉴욕: Greenwillow Books, 1981), 『나의 정원에 핀 장미』 The rose in my garden(Anita Lobel 그림, New York: Mulberry Book, 1993) 등의 작품이 참고가 된다.

에밀리아 페르로 Emilia Ferreiro(아동들의 쓰기 교육을 강조한 피아제 학파의 스페인 교육가이자 전기학자 -역자 주) 나 르네 디아트킨 René Diatkine(1918~1998·프랑스 정신분석학자이자 심리학자)의 뜻을 이어받은 마리 보나페 Marie Bonnafé는 종종 보편적 설득력을 얻고 있는 이 이외에 대한 해답을 제시한다. 그는 "일반적으로 10내지 13개월 사이에 아이들은 입에서 언어가 성립되는 순간 문자에 관심을 가진다는 사실을 강조한다. 이때에는 아이에게 지적 습득욕이 강하게 나타나는 시기로서, 곧 자신에 대한 자율화 현상으로 나아가기 직전의 기간에 속한다(...). 이 지점에서 우리의 흥미를 끄는 점은, 아이의 주변에서 들리는 말이 두 가지 양식으로 나뉜다는 것이다. 그 중 하나는 행위에 관련된 실제적인 언어 양식이고(...), 다른 하나는 이야기 언어의 언어적 양식이다. 후자는 말 parole의 다른 양식으로서, 아이들은 이를 매우 빨리 알아들을 수 있고 금방 익힐 수 있다(실제적 언어 양식과는 달리). 이야기 언어는 사건을 동반하지는 않지만, 이를 완곡한 어법으로 상세히 일러주며 동시에 이 사건이 전개되고 있는 과정을 뒤엎어버릴 수 있는 모종의 힘이 작동한다는 것도 암시한다. 이것의 가장 중요한 특징은 시간을 뛰어넘는다는 것이다. 시작하자마자 종결을 기다리게 만들면서, 이 둘 사이 곧, 처음과 끝 사이에는 나름의 온전한 틀을 갖춘 이야기의 요소들이 어떤 인위적 리듬에 따라 하나씩 교대로 나타난다. 아주 어린아이들이 책을 가지고 놀거나 읽고 있는 순간을 자세히 살펴보면, 실용 언어와는 반대로 이야기 언어가 가지고 있는 매우 고정적인 성격으로 인해 아이들이 이를 분명히 이해하고 있다는 사실을 발견하게 된다. 아이들은 말 그대로 어마어마한 마술의 세계로 들어간 것이다. 이러한 흥미는 아이가 콩틴(comptine 유희에서 빼어버릴 사람이나 술래를 정할 때 어린아이들이 부르는 노래 -역자 주)을 듣거나 훌륭한 품질의 그림책을 마음대로 갖고 놀 수 있을 때 중단없이 지속적으로 일어나게 된다.

아이들이 언어를 습득하는 조건을 구성하는 것은 바로 이 두 양식의 언어 사이에서 일어나는 활동이다. 아이들에게 언어가 폭넓게 획득되어야지만 상상력을 위한 내면적 공간이 형성된다. 이 내면적 공간의 형성은 아이가 성장해가는데 근원적인 것이다. 바로 이곳에서 아이가 자신을 둘러싼 상황이나 사람들과의 관계를 조정할 수 있는 능력이 훈련되고, 자신의 사고를 스스로 운용할 수 있는 힘이 배양된다. 이렇게 해서 아이는 충분한 자유를 확보할 수 있게 되고, 이는 내면의 갈등을 보다 성공적으로 극복해 낼 수 있는 힘이 되어 준다. 말을 배우기 시작하는 아이는 여기에 대한 착오를 잘 일으키지 않는다. 언어에 두 가지 양식이 있다는 사실과, 동전의 양면과 같은 이들의 상호작용을 아이는 자신을 둘러싸고 있는 사람이나 사건을 토대로 하여 매우 빨리 익혀나갈 것이다."[344]

특별한 한 장르의 책만 보는 6세 이전의 연령에서는 문자에 대한 염려가 그래도 아직은 없는 편이다. 교육 과정이라든가 집중 교육, 독서 지도 등의 복잡한 문제는 거론될 필요조차 없는 시기이다. 오히려 정반대로 쾌적한 환경에 서라면 독서의 즐거움을 외면하는 이 시기 아이는 극히 드물다. 실제로 어린 아이들은 가장 훌륭한 독자라 할 수 있다. 그들의 정확한 직관은 자동 발생적으로 노출이 된다. 관심을 기울이고 있는 어른이 일러주려고 하는 바로 그 책에 대해 이미 확신을 가지고 준비 태세에 돌입해 있다.

경험이 중요하다는 사실과 함께 지식을 단순히 대상으로서 획득하는 것은 별 의미가 없다는 사실까지도 아이들은 잘 알고 있다. 이들은 그래서 충만한 체험을 쌓아가려고 하며, 또 이를 가능한 오랫동안 지속시키기 위해 노력할 것이다. 한편 아무런 거리낌없이 이 즐거움에 푹 빠져들 수 있어야 하기 때문에, 아이들은 틀을 잡기 위한 시간이 필요하다. 책을 이리 엎었다 저리 뒤적였다 하면서 자신의 취향을 조금이라도 더 많이 일깨워보려 애를 쓰다가, 마침내 확신 속에 목표물을 찾게 된다. 다른 한편으로, 큰 아이들에게는 볼 수 없는 책읽기에 대한 일련의 자유로움이 어린아이들에게는 예사로이 누려지고 있다는 사실을 발견하게 된다. 책이란 보통 첫 페이지에서 시작하여 마지막 페이지로 나아가면서 읽히게 된다. 하지만 만일 사람들이 가장 흥미진진해 하는 주인공의 운명을 미리 알고 싶은 마음에 책의 끝부분부터 읽어 들어갈 수는 없는 것일까? 사람들은 읽고 또 읽어 싫증이 나도록 되풀이해서 읽는다. 앞뒤 두꺼운 표지 사이에 뭔가 감춰져 있을 법한 이야기가, 그러나 결국은 언제나 비슷하게 펼쳐진다는 사실을 밝혀내는 것이 마치 자신의 막중한 임무라도 되는 듯이 말이다. 눈을 부릅뜨고 활자를 쏘아 보면서 열중을 퍼붓지만, 글

---

344) Marie Bonnafé, 앞 p.270의 글.

자 한 자 고쳐 읽는다는 것은 아예 상상하지도 못할 일이다. 그런가 하면 읽을 때마다 언제나 다르게 다가오는 이야기가 있다. 이는 다시 읽기를 하면서 새로운 발견을 하게 되어 이중의 즐거움을 누리는 동시에 자신에게 많은 기쁨을 가져다 준 이미 익숙한 내용들을 다시 만나보는 감동도 누리는 것이다.

책을 읽기 전 이야기만 듣는 유아기에도, 이야기가 텍스트에 의거한 충실한 내용을 갖춘 것인지 아니면 일정한 짜임 없이 그저 입에서 나오는 대로 흘러가는 것인지 아이들은 귀신같이 구별해 낸다. 아이들은 또한 자신의 목소리를 누군가가 들어주는 것을 즐거워하고, 자랑스러워하기 때문에 자기 차례가 오면 자기 나름대로의 방식으로 책을 읽으려 한다.

책읽기는 또한 이미지에 시선을 향하는 행위이다. 특히 아놀드 로벨[345]이나 피터 스피어의 『노아의 방주』[346]같이 특유의 섬세한 맛이 향기롭게 퍼져 나오는 작품일 때에는 우리를 종종 너무 오래 머물게 하지만 말이다. 우리를 평온한 명상으로 이끄는 이미지도 있다. 『제럴다와 거인』[347]에서는 사랑하는 식인귀 연인을 위해 제럴다가 마련한 음식들이 양면의 화면에 한가득 먹음직스럽게 소개되는데, 이들을 맛보려면 시간을 넉넉히 잡고 식탁에 앉아야 한다.

어느 어른 한 사람과 그림책을 함께 읽는다는 것은 책읽기의 즐거움을 충분히 나눌 수 있는 기회이다. 다른 아이들과 함께라면 그는 흥겨운 놀이를 주도하는 역할을 해도 좋을 것이다. "누가 가장 재미있고 이상한 부분을 찾아낼 수 있을까요?" 『늑대야, 너 거기 있니?』[348], 『바닷가에서의 어느 하루』[349], 『벼룩시장』[350]등과 같은 텍스트 없는 몇몇 그림책 역시 무궁무진한 보고라 할 수 있다. 이 같은 장르의 책에는 흔히 장난기 가득한 익살이 군데군데 숨겨져 있기 때문에 큰 아이나 어린애, 어른이나 아이 할 것 없이 연령층을 막론하고 즐길 수 있는 여지가 있다.

---

345) Arnold Lobel 『색채의 마술사』 *Le Magicien des couleurs*, 파리: L'Ecole des loisirs, 2001
346) Peter Spier, 『노아의 방주』 *Noah's Ark*, 김경연 옮김, 미래아이, 2004
347) Tomi Ungerer, 『제럴다와 거인』 *Zeralda's Giant*, 김경연 옮김, 비룡소, 1996
348) 安野光雅, 『늑대야, 너 거기 있니?』 *Loup, y es-tu?*, 파리: L'Ecole des loisirs, 1979. 시인 Jacques Roubaud가 특별한 재능이 빛나는 이 그림책에 대해 언급한 다음의 글을 참조하시오: "미쯔마사 안노의 이미지 언어" La parole en image de Mitsumasa Anno, 「어린이도서잡지」 N° 157 (1994. 3), pp.60-69.
349) Yuichi Kasano, 『바닷가에서의 어느 하루』 *Une journée à la plage*, 파리: L'Ecole des loisirs, 1983
350) 安野光雅, 『벼룩시장』 *Le Marché aux puces*, 파리: L'Ecole des loisirs, 1985

나이가 아직 어린 아이들인데도 페이지 연출 방식을 눈여겨 볼 정도로 예민한 감각을 가지고 있다는 사실에 우리는 자주 놀라곤 한다. 가령 한스 A. 레이의 『호기심 많은 조지』 Curious George[351] 시리즈에서 작가가 아주 재치 있게 설정한 영상배치를 칭찬하면서 아이들이 우리에게 일러주곤 한다. 어떤 부분이 특히 흥미를 끌었고, 유머 감각을 일깨워 주었는지 일일이 손가락을 짚어 가며 우리한테 설명을 해준다. 『제럴다와 거인』[352]에서 아이들이 가장 즐겨 이야기하는 부분은 '개종된' 꼬마 식인귀가 식사를 할 때 포크와 칼을 손으로 쥐는 것이 아니라 내내 등에 붙여 두고 움직여 사용한다는 점이었다. 이 괴기한 꼬마의 앞날을 낙관적으로 비춰주는 긍정적인 분위기도 아이들의 마음을 기쁘게 했다.

　이 순간이 얼마나 중요한지 잘 알고 있기 때문에 사서들은 되도록이면 시간을 비워 아이들이 몇 모여 있는 작은 그룹을 찾아가 함께 그림책을 읽으려고 한다. 우리는 학교에서 매일 하고 있는 방식이나 또는 도서관에서의 다른 정규적 모임보다는 형식에 얽매지 않는 이러한 순간을 더 좋아한다. 바로 《그림책 읽는 시간》이다. 인원수가 너무 많은 그룹에서는 나이가 어린 아이들은 미처 따라가지 못하는 듯한 느낌을 스스로 가지고, 내성적인 성격의 아이들이 자진해서 발표하는 기회가 보다 줄어들게 된다. 페이지를 넘기는 재미도 없는 데다가 자신의 존재를 드러내는 즐거움도 없고, 이야기를 해주는 사람과 친밀한 감정이 느껴지는 그런 순간도 물론 없다. 자원 봉사 형식으로 도와주는 부모들이 종종 있긴 하지만 실제로 이 자리는 아직 많은 손길을 필요로 하는 상황이다. 이 시간의 읽어주기 양식은 지극히 간단하다. 부모와 아이가 책상에 함께 앉거나, 또는 긴 의자의 가운데 자리에 착석한 후, 자기 자녀에게 책을 읽어주면 원하는 다른 아이들이 곁에 와서 함께 듣는 것이다.

　아이가 스스로 책에 대한 욕구를 느낀다면 교육적 훈련은 보다 쉽게 될 것이라 우리는 생각할 수 있다. 하지만 아무것도 저절로 이루어지는 일은 없다. 종종 부모들은 자녀가 자율적으로 책을 읽는데 대한 열망이 너무 급한 나머지 아이에게 이야기 들려주는 시간을 더 이상 만들지 않는다. 아이는 이때 스스

---

351) 주 142)를 참조하시오.
352) 주 347)를 참조하시오.

로 소외감을 느낄 수 있다. 하지만 만일 학교에서나 가정에서 어느 어른 한 명이 아이에게 책을 읽어 주거나, 아이가 책 읽는 것을 들어 줄 수 있는 시간을 낸다면, 아이는 혼자 책읽기를 달성해보고자 하는 욕구를 느낄 가능성이 매우 높아진다.

누구와 함께 책을 읽는다는 것은 아이에게는 진정한 기쁨이 된다. 더구나 읽는 것에 문제가 있는 아이라면 이 기쁨은 필연적인 기쁨이 된다. 그들은 아주 자연스럽게, 그리고 커다란 즐거움 가운데 최소한의 단어로 축소된 일상생활 용어보다 비교가 되지 않게 끝없이 광활한 언어의 세계로 들어가게 된다. 그들은 책읽기를 진정한 체험으로 여기며 생활화할 것이며, 더욱 풍성한 언어생활을 가꾸어 나갈 것이다. 여러 사람이 함께 하는 독서는 고찰과 교류의 장을 마련해 준다. 또한 텍스트와 이미지를 상쇄하는 디테일의 의미를 세심히 읽어내는 아이에 놀라 자랑스러운 탄성이 쏟아지게도 만든다.

함께 책을 읽고 있거나, 또는 최대한 자연스러운 분위기에서 환상적 이야기를 하고 있던 중, 아이들은 갑자기 이야기하는 사람을 멈추어 세운다. "정말 그래요?", "진짜로도 그렇게 될 수 있는 건가요?" 어른과 아이 사이에 대화와 게임이 들어서면서 서로 이 모호함을 주고받으며 즐거워한다.

다양한 국면으로 이야기의 즐거움을 발견한 아이는 적극적인 책읽기 훈련을 시작해 볼 수 있을 것이다. 그러나 어떤 아이들은 다소 의식적으로 자율적인 책읽기를 너무 서둘러 시작하고 싶어 하지 않는다. 어느 어른이 자기에게 세심한 주의를 기울여 이야기를 들려줄 때의 즐거움을 잃어버리게 될까 두려운 것이다. 도서관에서 큰 목소리로 낭독해주는 책읽기는 다행히도 연령층에 관계없이 모든 사람들이 좋아하는 장르이다.

큰 목소리로 낭독하기

내용이 긴 텍스트를 큰 목소리로 읽어나가는 독서 형태는 도서관에서 점점 더 중요한 일로 자리를 잡아가고 있다. 이는 반드시 나이가 어린 학생들에게만 적용되는 것은 아니다. 나이에 상관없이 누구나 즐길 수 있는 독서 방식이다. 화기애애한 분위기 속에서 진행되는 이러한 책 낭독은 주로 도서관 한

적한 구석자리에 놓인 테이블에 자발적으로 찾아와서 둥글게 둘러앉음으로써 시작된다. 한 번의 모임에서 책의 한 장章 정도의 분량으로만 그치고, 이렇게 해서 다음 기회에 보다 멀리 나갈 수 있는 여지를 남겨둔다. 만일 할만한 가치가 있는 것이라는 확신이 들지 않는다면, 그럼에도 불구하고 어떻게, 그리고 왜 지속적인 노력을 기울여야 하는 것일까? 그저 작품의 한 토막만 잘라 들었을 뿐인데, 결국은 책 한 권 전체를 다 읽어보고 싶은 욕구가 생기는 것이다. 이러한 제안은 나이가 좀 든 아이들이나, 책읽기를 혼자 익숙하게 하는 아이들에게나 해당되는 일일 것이다. 하지만 종종 나이가 어린 아이들도 이런 모임에 참석을 한다. 스스로도 이야기는 복잡하게 얽혀 있는 부분이 있기 때문에 자기보다는 조금 더 큰 아이들을 위한 것이라 생각하면서도 말이다. 어느 어린 여자 아이가 나름의 이유를 말해 주었다: "난 나보다 좀더 큰 사람들의 목소리 듣는 것을 좋아 하거든요."

이런 가운데 풍성하면서도 이해하기 쉽고 진실을 단도직입적으로 풀어나가는가 하면, 빠르게 읽히면서 흥미진진한 책 - 『돼지가 한 마리도 죽지 않던 날』(p.123를 참고하시오.) - 을 다함께 나누어 읽는 즐거움을 느낄 수 있고, 또는 가령 『워터쉽 다운의 열한 마리 토끼』[353] 같은 조금 복잡한 여운이 남는 책도 함께 읽는 즐거움 속에 어려움을 녹일 수 있는 것이다. 사서 이외에도 도서관에 자원봉사를 청해오는 다른 어른들과 함께 책읽기를 하기도 한다. 이들은 기꺼이 책읽기의 즐거움을 함께 나눌 준비가 되어 있고, 자신들이 살아왔던 다양한 인생의 체험들을 작품에 비춰내면서 독서회에 더욱 풍성하고 활기찬 기운을 불어넣는다. 실제로 클라마르 도서관에서 있었던 일이다. 시골에서 어린 시절을 보낸 한 직원은 아이들이 뛰어다니면서 소란을 피우고 시끄럽게 해도 여간해서는 화를 잘 내지 않았다. 하지만 그녀라고 아이들이 너무 오냐오냐 키워졌음을 느끼지 못하는 게 아니었다. 아이들과 언제나 친밀하게 지내는 관계를 견지한 가운데 그녀는 이들과 함께 책을 읽으며 뭔가 변화를 가져올 수 있는 방법을 모색해 보기로 했다. 그녀가 선택한 책은 『돼지가 한 마리도 죽지 않던 날』이었고, 특히 시골의 어린 소년이 젖소가 새끼 낳는 것을 갑자기

---

353) Richard Adams, 『워터쉽 다운의 열한 마리 토끼 1, 2, 3, 4』 *Watership Down*, 햇살과나무꾼 옮김, 사계절, 2002

도와주게 되면서, 예견치 못한 책임감을 엄중히 느끼게 된다는 부분을 오랫동안 이야기했다. 이 책읽기는 아이들뿐만 아니라 책을 읽어준 어른 측으로 보아서도 발견의 즐거움을 느끼게 해준 귀중한 기회가 되었다. 아이들은 주인공의 의젓하고도 진지함에 손뼉을 치며 환호를 보냈다. 여의치 않은 시골 생활과 어느 날 갑자기 맞닥뜨린 책임감 앞에서 회피하기는커녕 당당하고 성숙한 자세로 대처해 나가는 주인공의 삶의 태도에 아이들은 흠뻑 빠지게 되었다. 마침내 아이들은 현실에서의 스스로의 삶의 태도를 되돌아보며 반성하는 기미를 보이기 시작했다. 두말할 나위 없이 직원은 크게 만족스러웠다. 스스로 체득한 삶의 요소들은 더욱 의미 깊은 것 아닌가. 그녀가 동시에 발견한 사실은 바로 자신의 어린 시절 체험이 아이들과 함께 읽었던 책에서의 체험과 유사하기 때문에 자신의 설명이 아이들에게 더욱 인상 깊게 다가설 수 있었다는 것이다. 그녀 자신으로서도 어린 시절의 소중한 추억들이 이런 기회가 아니었다면 틀림없이 기억 속에 묻혀버릴 뻔했기 때문에, 이 책읽기는 보다 각별한 의미로 남게 되었다.

    학교와 달리 도서관에서는 아이들이 열심히 따라오면서 긴장을 유지하는 그런 마음가짐은 기대하기 힘들다. 자연히 단체의 분위기도 쉽게 안정감을 잃고 산만해지기 일쑤이다. 이럴 때 아이들의 자발적인 참여를 적극적으로 이끌어 내는 기술이 필요하다. 가령 이를테면 《연속적 읽기》로서, 작품의 처음 부분을 얼마간 듣고 난 다음 아이들 몇 명이 차례로 돌아가며 다음 부분을 읽어 연결하는 것이다. 간혹 실수를 저지르기도 하고 잘못 읽을 때도 많지만 그 열정만큼은 모두 고스란히 묻어난다. 결코 어느 누구도 강제로 시키지 않는다는 점에서 더욱 해볼 만한 시도이다.

    어떤 책들은 큰 목소리로 읽어나가야 제 맛이 느껴지는 것들이 있다.『위니 더 푸우』[354]나『환상의 요정 무밍트롤』[355]도 이런 형태의 독서를 통해 작품의 아름다운 진가가 유감없이 발휘되는 책이다. 아이들이 아직 어릴 때에는 유머

---

354) Alan Alexander Milne 글·Ernest H. Shepart 그림,『위니 더 푸우』*Winnie the pooh*, 이종인 옮김, 시공사, 1995. 프랑스어 번역본은『어느 곰의 이런 이야기』L'Histoire d'un ours comme ça 라는 제목의 Jacques Papy 번역본(파리: Presses de la Cité, 1946)을 읽기 권한다. 원작이 기지고 있는 진귀한 고전 정신을 그대로 훌륭하게 재현한 번역이다.

355) Tove Jansson,『환상의 요정 무밍트롤』*Trollkalens hatt* (Finn Familly Moomintroll), 조동림 옮김, 곰출판사, 1993

와 판타지를 좋아한다. 하지만 이 나이에는 아직 혼자서는 책을 읽을 수가 없는 것이다. 그렇기에 이를 읽어주는 어른과 아이 사이에 오묘하고 고차원적인 텍스트를 중심으로 그 어떤 말로 설명할 수 없는 복합적 감정이 기분 좋게 생성되는 것이다.

그림책을 함께 읽는다는 것이 반드시 픽션 장르에만 국한된 것은 아니다. 몇 년 동안 일주일 내내 하루도 빠짐없이 클라마르 도서관에 출석하여 낮 시간 대부분을 어린이들과 함께 보내다 저녁나절이 되어서야 집으로 돌아가곤 하던 할머니 한 분이 계셨다. 당신 자신이 과학이나 역사를 비롯하여 다양한 분야에 끝없는 관심을 가졌던 터라, 참고 자료 그림책을 중심으로 어린이들과 함께 읽어 나가면서 발견의 눈을 뜨도록 이끌어 주었다. 아이들이 어찌나 잘 따르든지 할머니가 도착하자마자 빼곡히 둘러싸고 앉아 주변에 빈 자리가 없을 정도였다. 할머니는 아이들 앞에서 큰소리로 책을 읽어주면서 중간 중간 멈추어 아이들의 반응을 점검하고, 의견을 듣고, 질문을 유도했다. 새로운 세계의 발견에 대한 아이들의 경탄, 지적·감정적 경험, 그리고 독서체험이라는 세 마리 토끼를 할머니는 아이들에게 선사했던 것이다. 어느 이야기나 자유로이, 누구라도 할 수 있는 편안한 분위기 가운데.

제 15 장
도서관의 특별 활동 교실

흥미를 유발하고 감수성에 호소하며 지적인 자극을 주는 이러한 모든 여건은 독서로 가는 지름길을 닦아주는 역할을 한다. 반대 방향으로 독서는 다시 표현을 더욱 풍성하게 만들고, 관점을 심화시켜 우리의 내면 세계를 가득 채운다. 자신이 발견한 것에 대해 스스로의 방식으로 받아들이고, 스스로의 방식으로 표현하며, 자신에게 알맞은 방식으로 행동 · 언어 · 색채 · 소리 · 움직임 · 경험 등을 체험할 수 있을 때 아이들은 이를 보다 깊숙이 자기의 것으로 만든다. 많은 다른 도서관들처럼 클라마르 도서관 역시 이러한 원칙을 바탕으로 하여 특별활동이나 행사를 준비하고 있다. 오늘날 도서관들은 보다 다채로운 형태의 활동을 아이들에게 체험시키고자 나날이 프로그램을 강화하고 있다. 아틀리에 역시 이러한 노력의 일환으로 선택권에 들어오게 된 것이다.

시 교실

시를 읽는다는 것은 종종 고독을 즐기는 기쁨을 안겨준다. 이는 또한 자연스럽게 서로 마음이 통하는 즐거움이기도 하다. 특별히 분요紛擾스러움을 좋아하지 않는 몇몇 사람들은 이 내밀한 감정을 혼자 마음에 담아두기를 더 좋아하지만 말이다.

알려진 바와는 달리, 어린이 계층에서 볼 때 '남달리 출중한 독서가'는 존재하지 않는다. 《나쁜 독서가》들도 시를 읽으며 많은 기쁨을 누릴 수 있다. 물론 이 경우에는 텍스트가 장황한 어려움 없이 이들의 감수성에 단박 다가서는 내용들이다. 마치 우리가 이미지나 예술 작품을 취하는 것과 마찬가지로 이들은 카드에 적힌 시[356] 중 한두 개를 뽑아간다. 어떤 도서관에서는 집으로 가져가 책상 위에 붙여두고 읽을 수 있게 포스터 형식으로 시를 써서 빌려주기도 한다.

아이들은 자신의 내면을 향해 시를 읽고, 맛을 느끼며 공감을 나눌 수 있는 내밀하고도 조용한 장소를 찾을 수 있어야 한다. 이것은 물론 시 클럽에서 여러 사람들에 둘러싸여서도 할 수 있는 일이다. 이들은 정기적으로 모여 시에 대해 서로 이야기하고, 새로운 시를 가져와 모두 함께 읽으며 뜻을 음미한다. 혹시 아이가 원한다면 테이프 레코드에 시를 녹음해 들어 보게 할 수도 있다. 자신의 목소리를 타고 흐르는 시를 반복해 듣다보면, 훨씬 높은 차원의 감각을 통해 시를 이해하게 될 것이다. 이와 동시에 듣는 방법과 말하는 방법에 대해서도 훈련을 할 수 있는 좋은 기회가 된다. 시란 차츰 형체를 이루어 가는 것이다. 자신의 이야기를 들려주고 다른 사람들이 말하는 것을 듣는 과정을 통해, 시는 점점 까다로워지고 어려운 것이 되어 간다. 여기서 아이들은 각자의 내밀한 경험을 토대로 인위적이고 어색하며 상투적인 어법과 자연스럽고 진실한 어법을 구별하는 법을 배워 나간다. 이런 관점에서, 도서관에 나오는 아이들과 함께 우수 시 선정 녹음 CD를 들어보는 것도 흥미로운 일이 될 것이다. 이를 듣기 전에 우선 아이들 스스로가 시에 대해 생각해 보는 시간을 가지도록 한다. 각자 자기 방식으로 시를 말해보고, 이들의 말하는 방식을 서로 비교해 본다. 대개 아이들은 단조로운 방식에 머물고 말지만, 때때로 내면적 감정이 묻어나는 어법으로부터 녹음된 목소리에서 흔히 들을 수 있는 감정 과잉적이면서 불필요한 수사를 혼잡하게 동원하는 어법까지 모두 서로 비교하면서 적합한 표현법에 대해 살펴보도록 한다.

아이들은 종종 적합한 서체를 찾아내어 이 양식대로 시를 써 보려고 애를 쓰기도 한다 – 몹시 어려운 일이다. 오랫동안 훈련을 해야 하고 – 또는 삽화를 그려 넣기도 하고, 아니면 혹 인쇄실이나[357] 컴퓨터가 있다면 활자체를 이것저

---

356) 아이들에게 읽힐 만한 괜찮은 시집이 많이 없던 시절, 클라마르 도서관에서는 때때로 아이들의 도움을 받아 독자적인 시집 개발에 나섰다. 큼직한 예쁜 카드에 시를 한 편씩 써서 《시 상자》에 차곡차곡 쌓아두는 형태였다.
357) 클라마르 도서관은 오랜 기간 동안 부속 인쇄실을 가지고 있었다. 현재 프레네 학교에서 훌륭히 사용하고 있는 것처럼.

것 바꾸어 보기도 하고 화면을 설정하고 분할하는 일도 놀이처럼 즐긴다. 뿐만 아니라 회화나, 음악 같은 다양한 예술 양식을 접목시켜 얻어지는 효과에 대해서도 흥미를 느낀다. 그래서 이는 곧 듣고 보고 감정을 묘사하는 훈련을 동시에 하는 총체적 과정인 것이다.

아이들은 직접 시를 짓고 싶어 하기도 한다. 물론 각자 혼자의 힘으로 할 수 있다. 그런데 간혹 단체로 시를 짓는 일도 있다. 녹음기나 컴퓨터를 이용한다는 것은 든든한 지원군을 얻은 것과 같은 셈이자 오늘날에 창작에 거의 필수적인 요항이 되어 버렸다. 혹 손으로 써야 하는 경우가 생기거나, 현기증이 나도록 백지를 계속 빼내야 하는 것은 수월치 않은 일이지만 말이다.

그룹에 속해 있다는 것, 다른 사람의 생각에 반응하고, 문자를 향유한다는 것은 분명 재미있고 성장에 자극이 되는 일이다. 이때 아이들은 단체 시 창작을 시도해볼 수 있다. 이들의 최초의 '사고'가 엉뚱 기발한 생각들로 가득 차게 하고, 인습적인 논리의 사슬을 끊어내게 하며, 전대미문의 관계를 창조해낼 수 있도록 하는 것이다. 또한 울림이 있는 놀이를 통하여 이를테면 초현실주의자들의 '향기 그윽한 사체' 같은 상식을 뒤엎는 참신한 어긋남이 나오도록 하는 것이다. 하지만 이는 한갓 놀이일 뿐이다. 아이들의 상상력을 자극하고, 단어를 익히게 하기 위해, 몇몇 사람들이 언어적 관습이나 진부성으로 인해 벽에 갇힌 상상력의 고삐를 풀기 위해 사용하는 일종의 속임수를 차용해 아이들에게 제시하는 것이다. "만약 내가...라면", "만일 내가...을 할 수 있다면", "이전에...", "지금... ." 이 같은 방편은 단지 언어를 온전히 실용적 측면으로만 구사하는 차원을 넘어 단어를 가지고 놀이처럼 자유롭게 즐길 수 있는 문을 열어주려는 의도에서 비롯된 것이다.

이것은 아이로 하여금 단어나 소리, 또는 리듬에 익숙해지는 즐거움을 발견하도록 하기 위해 아이에게 적용되는 단순한 훈련이다. 하지만 여기에 머물러서는 안 된다. 사람은 말을 할 필요가 있다는 것과 어떻게 이를 말하고 싶은가를 알아야 한다는 사실을 아이가 깨우치기 위해 또 다른 새로운 훈련이 주어져야 한다. 그런데 몇몇 시인들이 아마 교사나 사서들을 한시바삐 안심시켜 주고 싶은 친절한(?) 의도에서 일종의 시 '키트'(kit 조립을 위한 부품품의 한 벌 –역자 주)를 만들어 냈다. "어떻게 시를 지을까?"라는 화두로써. "어떻게 하면 내가 시를 짓고 싶어질까?[358] 가 아니라, 이와 같은 기계적 기술 과정에 지나치게 의존하다 보면 시의 개념 자체를 왜곡할 수 있고, 별 중요한 문제가 아닌 단어 분류에 지나치게 집착할 수 있다.

자크 샤팡트로의 『활짝 핀 신비』[359]를 통해 소개된 그의 시 수업 방식은 한 발짝 앞서가는 것이다. 그의 학급 학생들은 단지 단어의 구사 문제로 그치지 않는다. 그들의 시작詩作 훈련은 시인들의 작품세계를 발견하는 것과 긴밀히 연결되어 있다. 시를 창작하는 작업을 통하여 학생들은 선배 세대들이 이루어 놓은 시 세계에 내밀한 체험적인 방식으로 발을 들여놓는다. 이러한 태도는 곧 학교에서나 도서관에서 시 아틀리에를 담당하는 어른들로 하여금 문학 분야에 대해 깊이 있는 지식을 갖추어 학생들에게 진정한 시적 도구를 제시해주기를 요청한다.

아이로 하여금 말을 해야 하고, 또 어떻게 말을 하고 싶은지 스스로 알 수 있게끔 깨우쳐주는 훈련을 적극 장려해야 한다. 아틀리에를 담당하는 시인은 시를 쓰고 있는 아이의 작품이 밋밋한 흉내가 아니라 진정한 창작 정신에 근거한 것이지를 감지해 낼 수 있는 감수성이 있어야 한다. 아이들의 글쓰기에 있어서는 창작과 그저 단순한 표현을 구별해 내는 것이 그리 만만한 일은 아니기 때문이다.

창작 행위를 하다보면 상상력이나 표현의 수단을 풍성하게 만들어 줄 수 있는 그 어떤 것에 대한 도움의 필요성을 절실히 느끼게 된다. 지극히 신성한 아이들의 '창의력'을 너무 믿은 나머지, 현재 우리 눈앞에 있는 풍성하게 펼쳐져 있는 시 세계로부터 아이를 단절시킨다면 참으로 애석한 일일 것이다.

도서관에서는 이야기 시간에 시를 종종 노래나 음악에 통합시켜 같은 입장으로 다루어 버린다. 하지만 시 분야만 따로 독립시켜 시 낭독 축제 같은 것을 주최해도 좋을 것이다.

---

358) Myra Cohn Livingston, 『시인으로서의 어린이: 신화인가 진실인가』 The Child as poet: myth or reality, 보스턴: The Horn book, 1984
359) Jacques Charpentreau, 『활짝 핀 신비, 어린이와 시 교육』 Le Mystère en fleur, les enfants et l'apprentissage de la poésie, 이브리 쉬르 센(Ivry sur Seine, 프랑스): Les Editions de l'Atelier, 컬렉션 Enfance heureuse, 1989

이야기 창작 및 글쓰기 교실

나의 기억 한 켠에 남아 있는 어느 이야기 창작교실에 대한 이야기이다. 한 어린 여자 아이가 없었더라면 그저 심심풀이 삼아 나와 보는 사교 클럽 이상은 결코 될 수 없었을 것 같은 모임이었다. 아이는 제네비에브 마시농[360]에서 출간한 인기 동화의 방대한 과학 컬렉션을 첫 페이지부터 끝 페이지까지 모조리 탐독하며 동화의 세계를 열정적으로 발견해 가고 있던 중이었다. 아이가 지어내는 작품은 결코 전통동화의 흔적이 묻어나는 것은 아니었지만, 그의 상상력이 풍성한 수확을 거두도록 결정적인 영향을 미친 것은 바로 전통동화들이었다. 뿐만 아니라 전통동화를 통해 창작의 기술이나 자유로운 표현법도 배웠다. 그녀는 그래서 자신에게 전통동화가 필요하다는 말을 했다.

집단적으로 공동 창작을 진행하다 보면 곧 한계에 맞닥뜨리게 된다. 자칫하면 아이들이 인위적으로 되어버리는 것이다. 이들의 주 관심사는 오직 '협박당하지 않는 것'이다. 그리고 원하기만 한다면 누구나 개인적인 글쓰기를 할 수 있다는 생각이 들게 하는 것이다.

오늘날 도서관이나 학교에서 글쓰기 교실이 성행하고 있다. 이들은 읽고 쓰기는 동전의 양면과 같아 결국 두 얼굴을 가진 하나의 실체라는 생각에 토대를 둔다. 하지만 글쓰기 작업이나 시를 짓는다는 일은 결코 하루아침에 이루어지는 것이 아니다. 담당 강사는 스스로 글쓰기를 실행하면서, 자신의 글에 대해, 곧 자신이 의미하고자 하는 바에 대해 늘 연구하는 태도를 갖추어야 한다. 이같은 아틀리에가 제대로의 기능을 하기 위해서는 탄력 있는 운영 체제와 그리고 시간이 필요하다. 한두 번의 참석으로는 참된 결실을 기대할 수가 없다.

엠마 콘[361]은 뉴욕에서 청소년들의 요청에 의해 개최되는 도서관에서의 시 교실에 대한 이야기를 우리에게 들려준다. 학교에서 시행하는 문학 모임은 너무 딱딱하게 돌아간다고 여겨져 이들에게 별 인기가 없기 때문이다. 견습생들은 올 때마다 자작시 한 편씩을 가져와 토론을 하고, 강좌를 담당하는 시인과 함께 이에 대한 전반적인 이야기를 나눈다. 곧 이들은 공동 창작은 아니지만

---

360) 출판사의 이름.
361) Emma Cohn은 교육 카운슬러임.

창작에 대한 연구나 노력은 함께 하는 것이다.

종합적으로 보면 결국 어른이 아틀리에에서 보다 비중 있는 역할을 한다. 하지만 아이들의 활기 - 특히 시 분야 - 가 아이들의 감수성을 워낙 강렬하게 건드리기 때문에 아틀리에에서의 활동은 한 사람에게만 의존되고 있는 것은 아니다. 서로 다른 형태의 감수성을 만난다는 것은 시를 하나의 양식에만 묶어 두지 않기 위해 꼭 필요한 일이다. 이들의 모든 시는 도서관에 전시되어 있는 시집들처럼 모두 함께 힘을 합쳐 이루어 놓은 결과물인 것이다.

수년 동안 클라마르 도서관에서는 신문이 되어 나올 여러 장의 인쇄 출판물들이 상자 안에 가지런히 정리되어 있고, 그 옆으로 타자기나 기타 여러 기자재가 놓여 있는 꽤 근사한 인쇄실을 항상 개방해 두고 있었다. 아이들은 방과 후 자유로이 이곳에 들러 기사를 타이핑하거나 인쇄를 하곤 했다. 각자 자기에게 맡겨진 업무를 최선을 다하여 완수해 나가고 있던 이곳은 그야말로 아이들의 진정한 실험 현장이었다. 이 쪽 아이들이 기사를 배열하고 구조를 짜 나갈 동안 다른 아이들은 인쇄기로 뽑고, 말려서 마침내 모두 합해 묶어 둔다. 어른이라곤 이 그룹 저 그룹 사이를 왔다갔다하면서 필요한 도움이 있는지 살피고 다니는 한 사람이 전부이다.

요즈음은 컴퓨터의 프린터가 인쇄실의 모든 기능을 대신하고 있다. 컴퓨터 작업은 유익한 교육적 요소를 배제한다. 다시 말해, 한 단체에서 서로 일을 나누어 하는 즐거움이나, 서체 양식을 마음대로 조정해가며 이리저리 바꾸어 보는 일 등은 이제 불가능해진 것이다. 컴퓨터를 자유자재로 다루는 것 또한 결코 만만치 않은 일이다. 그리고 혼자만의 고독 속에서 이루어지는 일이 많다. 하지만 결코 무시하지 못할 편의성이 있는 것도 사실이다. 빠르고 사용하기가 쉬우며, 몇 번이고 손질을 가해 정성스럽게 다듬는 일이 용이하다는 점에서 특히 글쓰기 초보에게 편리한 도구가 된다.

무슨 기계가 도구로 사용되건 간에 여하튼 한 가지 분명한 사실은 아틀리에는 독자와 글쓰기 사이에 자연스러운 관계가 성립되게 할 수 있는 여지를 제공한다는 것이다. 종류를 막론하고 어떤 기계를 매개로 하여 글을 쓴다는 것은, 자신의 창작물에 대해 일정한 간격을 두고 바라볼 수 있는 기회를 제공해 주기도 한다. 필체가 특별히 나쁜 아이들도 기계 필체에 의지할 수 있기 때문에 글을 쓰고자 하는 욕구를 숨김없이 드러내 놓게 된다.

다매체 아틀리에

시청각 몽타주는 전형적인 한 복합적 표현 양식이며, 또 그만큼 특별히 풍성한 기능을 한다. 그리고 아이들을 끌어 모아 다양한 작업을 나누어 맡게 한다. 그림 그리기 · 다양한 양식으로 그래픽 처리하기 · 낭독 · 음향 · 대화 기술과 영상 기술을 이용한 동시 녹음 배우기 등 출발은 책에서 얻은 한줄기 줄거리를 토대로 하거나 또는 아이들이 직접 시나리오를 꾸며 시작한다. 몽타주 만들기, 구체적인 일들 이리저리 처리하기, 낯선 기술에 대한 어려움 등은 아이들에게 상상력의 도정을 마련해줄 수 있다.

시청각 몽타주 만들어 보기, 비디오 사용하기 등은 표현에 있어서의 목소리 조절이나 시각적 문제를 더욱 고려하게 만들어 준다. 배운 것을 소비하는 것이다. 이러한 활동을 통해 아이들은 시청각물에 대해 진정한 비평적 감상을 할 수 있게 된다.

독자 신문

프레네 학교(p.294 참조 -역자 주)를 본받아 도서관에서도 종종 신문을 발행한다. 《즐거운 시간》도서관에서 「즐거운 생쥐」라는 제하의 신문을 발행했다. 클라마르 도서관도 여러 시기에 걸쳐 신문을 발행했었다. 신문을 발행하려면 지속적인 업무를 펼칠 수 있는 안정된 한 그룹이 필요하다. 동시에 학교와 같은 규모의 조직에서, 아니면 최소한 도서관 정도의 조직에서 일어날 수 있는 기본 요건들이 갖추어져야 한다.

도서관에서 신문을 만드는 일도 일반 진짜 신문처럼 전달해야 할 정보에 따라 대상층을 결정하고 내용을 어떻게 정리해 실어야 하는가, 라는 문제가 최우선적 관건이 된다. 이것이 결정이 되면 서로 일을 나누어 맡는다. 섬광처럼 떠오르는 아이디어를 너무 믿고 머릿속에 스치는 아무 생각이나 기사화해서는 안 된다는 사실을 아이들에게 주지시키도록 한다. 이런 방식의 발상은 독자는 물론이고 아이 자신을 위해서도 위험한 것이다. 아이의 정신에서 신문이나 전달이라는 행위에 대한 개념 자체를 왜곡시킬 수 있기 때문이다.

중요한 점은 몇 가지 문제를 짚어보아야 한다는 것이다. 무엇을 이야기하고 싶고, 또 이를 온전히 전달하기 위해 어떻게 표현할 것인가? 이미 다른 데서 한 번 발행된 것을 다시 발간한다는 것은 어떤 의미를 획득하는가? 아이들이 종종 유혹에 빠지듯 방금 배운 기술을 한 번 발휘해 보려는 심산으로 저지르는 것은 아닐까? 기술이란 표현이나 전달을 위해 쓰이는 도구이지 결코 무엇을 한 번 연습해 보기 위해 동원되어서는 안 될 일이다. 다른 한편 텍스트를 자기 방식으로 축소시켜 자신의 것으로 만들어 보는 시도도 해봄직하다. 활자체를 연구해보고, 가령 큰소리로 텍스트를 낭독해 들려주는 경우처럼 책읽기의 한 형태로서 보다 효율적으로 전하고 보다 효과적으로 이해시킬 수 있는 방법을 연구해 본다.[362]

《자유》 텍스트의 경우, 저자로 참여하지 않은 사람들도 누구나 다 관심을 가질 만한 것인가? 이 텍스트를 출간하여 사람들에게 나누어 주는 의미는 무엇일까? 하는 문제를 짚어보아야 한다. 물론 최소한 이야기를 지은 작가들은 자신의 생각을 표현했고, 이를 실현하기 위한 수단을 찾았으니 이것 자체로도 퍽 중요한 일이다. 사람들은 자신의 텍스트가 사회적으로 전파된다는 사실에 큰 의미를 두고 싶어한다. 하지만 다른 사람들에게도 가치 있는 것으로 받아들여질 것이라는 것을 장담할 수 있나? 한갓 하찮은 텍스트에 불과한 것을 뭔가 라도 되는 것처럼 부질없이 호들갑을 떠는 것은 아닐까? 하는 문제들을 자체 내에서 점검해 볼 필요가 있다. 삽화가 기술적으로 잘 처리되었는지 하는 문제를 비롯해 글쓰기에 있어서도 무리 없이 전개되고 있는지 전문적 지식을 가진 어른이 한 번 점검해 보는 것은 필수적인 사항이다. 문법적 오류, 틀린 철자, 인쇄상의 실수, 잘못된 행 간격, 프린터 잉크가 지저분하게 번져 있는 것, 페이지가 반대 방향으로 누운 것 등을 혹 아이들의 작업을 존중한다는 미명하에 그대로 방치한다는 것은 오히려 이에 대한 가치만 떨어뜨리는 일이다. 존중은 이런 경우에 해당되는 단어가 아니다. 그저 입에 발린 소리와는 다른 차원의 칭찬에 아이는 기쁨을 느끼고 자부심을 가지게 될 것이다.

---

362) 각자가 어떤 신문을 만들 것인가를 진지하게 생각해본다.

아이들의 창작 작품

아이들이 그린 것이라면 그 무엇이라도 좋다는 식으로 그림을 전시한다거나, 질적 수준을 높이기 위한 노력이나 보다 설득력 있게 전달하기 위한 고심을 생략한 채 아이들의 작품에 무조건 감개무량한 찬사를 보내는 것 역시 마찬가지이다. 혹시 이런 사고의 저변에는, 아이들은 - 아니면 적어도 이 전시회에 관련된 아이들은 - 더 이상은 잘할 수 있는 능력도 없고, 더 이상 잘하려고 하는 의욕도 없다는 것을 은근히 믿는 마음이 있는 것은 아닐까? 아이들의 재능에 미리 실망하는 편견이 배어 있는 것은 아닐까?

그림이나 시, 글쓰기 모두 마찬가지로 창작 교실을 담당하는 강사의 능력 및 전문성이 그 모든 것을 이끌어 나가는 원동력이 된다. 우리는 아무런 사전 준비를 하지 않고도 아이들을 그림 그리게 할 수 있다고 미리 믿어 버린다. 단지 종이 한 장과 색연필 몇 자루 건네 주는 것으로 아이의 욕구를 해소시켜 줄 수 있는 것일까? 다른 방법으로 욕구 발산할 때와 똑같은 만족할 만한 수준으로 말이다. 아니면 창작교실의 강사들처럼 다양한 방법으로 아이들의 의사표현을 이끌어 내는 기술을 익혀야 하는 것일까? 이들은 아이들의 말을 들을 줄 알고, 자신들 스스로가 표현 기술에 대한 지식을 충분히 익히고 있어 아이들 말을 잘 이끌어 줄 수 있는 전문가들인데, 우리도 모두 이들처럼 되어야 하는 것일까? 하루아침에 이런 역할을 맡겠다고 나서지 말자. 이 역시 최소한의 기본 실력이 필요한 일이다.

여러 다른 표현 수단을 자유자재로 사용한다는 것은 미묘한 어려움 가운데서도 매우 풍성한 성과를 얻을 수 있는 과정이긴 하지만 결코 만만하게 이루어지는 일은 아니다. 상황을 암중모색하여 적절한 수단을 선택하고 이것이 적용될 수 있는 적절한 순간을 포착해야 한다. 그리고 대상이 되는 아이의 취향이나 기호, 기질 등을 파악하는 것도 도움이 된다. 그 자체로 매우 불완전하고 상호 교류될 수 없는 속성을 가진 심리학에 대한 기본적 지식 또한 동반되어야 할 필수 요건이다.

문제는 아이들의 창작성을 함양하는 관점에서 어떤 것이 어떻게 적용될 수 있는지 알아야 한다는 것이다. 동시에 이렇게 다양하고 풍성한 장르의 표현 수단들을 아이들이 때맞추어 제대로 사용할 수 있게끔 이끌어줄 줄 알아야 한다는 것이다. 단순한 공짜 게임이나 오락으로 전락되지 않고 단지 시간만 때우는 활동이 아닌 것이다.

매우 사적인 텍스트가 학급에서 공개적으로 읽히거나 도서관 신문에 출판된다면, 간혹 불미스러운 스캔들이 경망하게 부추겨지는 때는 없을까? 아이들이 시의 형식을 빌리거나 소설의 초안을 잡는 형태로 은근히 표현한 내면 일기도 나름의 역할을 충분히 한다. 그리고 반드시 전체를 모두 인쇄하거나 출판해야 하는 것도 아니다. 어른들은 아이들의 글이 여러 다양한 장르를 통해 표현될 수 있음을 깨닫게 될 것이다. 글을 쓰는 순간 작가는 독자층을 우선 결정해야 한다. 자신이 속한 조그만 그룹에서 읽을 것인지, 일반 대중을 상대로 할 것인지, 아니면 자기 혼자만 읽고 말 것인지에 따라 인쇄를 할 것인지, 그냥 원고로 남겨 둘 것인지 결정하면 된다.

독서를 통한 체험

루머 고든 같은 몇몇 작가들은 실제로 무엇을 만들어가는 과정을 세밀하고 친절하게 보여주는 방식을 통해 독자를 적극적으로 작품 안으로 끌어들인다. 『부엌의 성모님』[363]은 너무 힘들고 외롭지나 않을까, 엄마가 안쓰러워할 정도로 한 가지 일에 열중되어 있는 어린 소년의 이야기를 통해 한 성화상이 제조되는 모든 과정을 보여주는 소설이다. 러시아 요리를 좋아하는 엄마를 기쁘게 해드리기 위해 소년은 러시아 정교 성모상을 구하기로 마음 먹는다. 엄마가 오래 전부터 갖고 싶어 하는 것 같았기 때문이다. 하지만 백방으로 노력해도 소년의 소원은 이루어지지 않는다. 마침내 그는 어린 여동생의 도움을 받아 은종이로 성화상을 만들어 간다는 이야기이다. 다른 많은 루머 고든의 소설처럼 이 소설도 끊임없이 반복되는 면밀한 제조 과정을 그대로 따라가며 미세한 부분까지 일일이 보여준다. 한편 쥘 베른 Jules Verne의 『80일간의 세계일주』 Le Tour du Monde en quatre-vingts jours에서의 주인공 필레아스 포그 Phileas Fogg가 살았던 집은 작가의 면밀한 고증을 거쳐 그대로 찍어 낸 듯 똑같은 모형의 모델이 실제 지어지기도 했다.

---

363) Rumer Godden, 〈부엌의 성모님〉 The Kitchen Madonna, 『인형의 집』, 햇살과나무꾼 옮김, 비룡소, 2008

책읽기란 아주 자연스러운 방식으로 다양한 표현을 익히게 하고 작품을 만나게 해주는 행위이다. 도서관은 이를 용이하게 만드는 장소이자, 실마리를 던져주는 곳이다. 이것이 바로 도서관의 역할이다. 하지만 언제나 아틀리에를 열 수 있는 형편은 못된다. 물질적인 여건이 뒷받침되지 않고 또 책임지고 맡아 관리할 사람도 부족하다. 그렇다고 포기하기보다는 도서관 바깥에서라도 계속 배워나가는 것이 좋을 것이다. 아마 그 사이 도서관에서는 (돈 안 드는) 명작 전시회쯤을 구상하고 있겠지만.

동화의 내용을 그림으로 표현하기

표현의 기술 중 어떤 것들은 다른 것에 비해 보다 쉽게 다가갈 수 있고, 거기다 경제적이기까지 하며 큰 규모의 어린이 집단에서도 모두 다 함께 사용할 수 있는 것이 있을 것이다. 종종 《이야기 시간》후에 개최되는 그림 그리기 시간이 대개 성공적인 아이디어라 평가받는 이유가 바로 여기에 있다. 두 가지 뜻으로 해석될 수 있는 이 성공은 즉, 이야기를 들려준 사서로서는 그 효력을 확인할 수 있는 성공이 될 것이며, 이야기를 흡수한 아이들로서는 재현 과정을 통해 다시 한 번 익힐 수 있는 기회를 가진다는 의미에서의 성공일 것이다. 하지만 이 성공은 또한 애매모호한 성공이기도 하다. 그린다는 행위의 순수한 즐거움은 반드시 방금 들은 이야기의 장면들이 오버랩되기 때문만은 아니다. 만일 표현하는 법을 제대로 가르치지 않았다면, 아이들은 인상을 재현해야 하는데 대한 욕구 불만을 가질 수 있다. 마리 슈드락의 말에 따르면, "나에겐 매우 아름다운 기억으로 남아 있단 말이예요."[364]라고 아이가 탄식하듯 말했다고 한다.

문제는 동화듣기 시간 후에 아이들에게 그림으로 재현해보라는 제의를 포기하라는 것이 아니다. 제한적이거나 자동적인 표현 양식에 갇히지 말라는 것이다. 한편 순간적으로 그 어떤 표현도 하고 싶지 않아 하는 아이들도 간혹 있다. 마치 우리가 방금 본 광경을 일일이 말하고 싶지 않은 감정과 같은 것이다. 아이가 침묵할 수 있는 권리를 존중하자.

---

364) Mary L. Shedlock, 『이야기꾼의 기술』 *The Art of the storyteller*, 뉴욕: Dover Publications, Inc., 1951

이와는 다른 조형예술 수업은 기술적 측면에서 배우는 즐거움을 주고, 또 이야기를 달리 표현할 수 있는 공간을 열어 주기도 한다. 그림이건 조형이건 그 어떤 수단을 이용하건 간에 아이들에게 기본적인 노하우를 가르쳐줄 줄 아는 예술가 어른 한 사람이 자리를 함께 해서 지도해야 한다. 그렇지 않으면 좋은 결과를 기대할 수 없을 뿐만 아니라 외려 이야기 시간의 가치까지 떨어뜨리게 된다. 더구나 기술적으로 충분히 잘 해나갈 수 있는 아이들만 있는 것이 아니기 때문에 전문가가 표현의 방법에 대해 가르쳐야만 하는 경우가 있다. 한 도서관 내에서, 또는 한 학급 내에서도 아이들의 작업은 서로 다른 수준으로 나타나기 때문에 어른의 역할은 다시 한 번 꼭 필요해진다.

새로운 기술의 세계에 첫발을 내딛는다는 것은 종종 새로운 상상의 세계의 문을 여는 것과 같은 것이다. 언뜻 보기에 어렵게 느껴지는 기술이라도 아이들을 더욱 주목시킬 수 있고, 해보려는 마음을 보다 적극적으로 분발시킨다는 점에서 결과적으로는 아이들의 최선을 이끌어 내기도 하는 것으로 드러난다. 한 새로운 기술技術의 세계를 연다는 것은 흔히 한 새로운 상상력의 문을 여는 것이다. 우리 도서관 아이들이 단체로 슬라이드를 긁어 지우고 다시 그려 만든 시청각 몽타주가 매우 뜻밖의 훌륭한 질적 성과를 거둔 것은 이 같은 맥락에 근거한다. 슬라이드의 아주 조그만 형태 때문에 특별한 집중을 기울여 행동을 세밀히 그려내어야 했던 것이다.

인형극

인형극은 분명 상상력을 무한질주하게 만들고, 아이들의 구술 표현을 용이하게 해준다. 아이들은 발설함으로써 어떤 감각적인 기쁨을 느낀다. 그래서 도서관에서 아이들은 동화를 이야기하거나, 책에서 본 어떤 이야기를 말하거나, 또는 이야기를 직접 지어내어 말할 기회를 만든다. 원하건 원치 않건 여하튼 인형극에 주어진 표현법은, 인형극에 대해 아이들이 가지는 느낌이나 생각을 결정하는 요인이 되고, 한편 이야기가 전개되어 나갈 때 자신이 맡게 될 역할을 결정한다. 종종 자신을 있는 그대로 드러내지 못하는 소심한 아이들도 인형극을 보고 난 다음에는 용기 있게 자신의 의사를 표현하게 된다. 무대를 통해 겁쟁이나 고집쟁이들이 실제 현실을 살고 있는 모습을 눈으로 직접 본데다가 자신의 모습을 이들 주인공에 덧씌우면서 그들 뒤로 숨어 비로소 자신의 감정을 말할 수 있게 되는 것이다.

연극과 무언극

연극이나 무언극은 아이들에게는 지극히 자연스러운 표현 양식에 속한다. "만약 내가…이라면 너는…일 것이다"는 공식이 상당히 자주 자동 발생적으로 작동하는 시스템이기 때문에 이 두 장르는 직접적이고 완결적인 성격을 지닌다. 주인공을 실제 인물로 착각하는 가운데 그를 대신해 느끼며 아이들은 마음속의 혼란이나 무의식적 욕구를 바깥으로 드러낼 수 있다는 사실을 깨닫게 된다. 재치 있는 구성으로 관객을 한 발짝 뒤로 물러서 바라보게 하는 수법은 다른 사람뿐만 아니라 스스로에 대한 이해의 폭을 넓혀가는 데 도움을 준다. 게다가 이 이해는 책읽기에 있어서도 중요한 요인이다.

연극은 몸과 마음의 힘에 동시에 호소하는 장르이다. 연극의 가장 훌륭한 미덕은 거의 무의식적인 방식, 다시 말해 은근하면서도 점잖은 방식으로 즐거움을 유발하면서 진행된다는 것이다. 마치 책을 읽을 때 전해지는 느낌과 똑같이 표현이 간접적이기 때문이다. 연극 내에서 이야기 속의 주인공은 명확하게 구체적인 모습으로 등장한다. 여느 장르와 마찬가지로 연극에서도 최소한의 질적 보장이 필요하다. 기초적인 지도를 비롯해 단체를 이끌어 주고 조정해 주며, 발전을 도와줄 리더가 없으면 실망스러운 결과만 안게 될 것이다. 아이들에게만 맡겨 놓으면 으레 텔레비전 방송에 나오는 그렇고 그런 진부한 이야기나 헛되이 과장된 연속극만 흉내 내려 든다. 반면 진정한 실력을 갖춘 중개인과 함께라면 아이들은 서로서로 정성을 다해 상대방에게 귀기울이며, 서로 비판하고 진심을 다해 서로의 결점을 고쳐 주려 애쓴다. 그리고 자신의 역할에 더욱 열중하여 결국 진정으로 다른 사람들의 마음을 건드릴 수 있는 공연을 해낸다.

만일 어느 정도의 질적 수준을 획득하고 싶다면 정기적으로 무대에 서는 것이 가장 효과적인 방법이다. 실전 같은 연습을 통해 빠른 시일 내 자리를 잡아갈 것이고, 이와 함께 질적 성장은 거의 보장받은 것이나 다름없다. 우리 경험에 따르면 외부에서 코메디언 한 사람을 초대하는 것은 매우 요긴한 도움이 되었지만, 문제는 이 같은 그때그때마다의 외부 진행자들을 사서팀의 업무에 합류시키는 일이 종종 난관에 부딪힌다는 것이다. 이런 결과 아틀리에로서 독립적으로 성장해 가고 있는 이런 활동과 도서관의 다른 팀 사이에 단절이 간혹씩 생기기도 한다. 한편 연극이란 표현 양식은 책읽기와는 매우 밀접한 관계를 맺고 있다. 아니, 책과 연극 사이에는 어떤 연관성이 형성될 수밖에 없다. 표현의 실마리는 늘 도서관에서 제공될 수 있다는 사실을 전제로 할 때 곧, 도서관에서 빌린 책이 어떤 아이디어를 촉발하고, 이것이 밑그림이 되어 외부 아틀리에에서 공연으로 구상되고, 이 공연은 다시 어느 기회에 도서관으로 돌아와 사람들에게 텍스트로서 선을 보이는 구조를 그리는 탓이다.

독서 지도 교실

도서관은 다양한 활동을 통해 끊임없이 아이들과 책이 만날 수 있도록 주선을 꾀하는 곳이라 할 수 있다. 그런데 불행히도 이미 자랄 대로 다 자란 아이가 책읽기에 대한 기본을 모를 정도로 서툰 상태에 있다면 도서관은 이럴 경우 어떻게 해야 할까? 이 골칫덩이를 보다 전문적인 아동 지도 교사에게 보내야 할까? 교사 혼자서는 책읽기를 싫어하는 습성을 고쳐줄 수 없을 뿐더러, 아마 이런 문제에는 관심조차 없을 가능성도 크다. 학교에서 매일 대하는 일이기 때문이다. 아이들 스스로가 간혹 책읽기 장애를 극복할 수 있는 방법을 요청하기도 한다. "저 책 읽는 법 좀 가르쳐 주세요!"

클라마르 도서관에서는 퇴직교사를 비롯해 몇몇 학부모의 도움을 받아 소규모의 독서 지도 교실을 만들었다. 회기 중의 모임은 모두 도서관에서 가졌으며 몇 가지 기본 원칙을 세워 두고 이에 충실히 따랐다. 이 같은 성격의 모임은 거의 일 대 일 수준의 무척 소규모로 짜여져야 한다. 아이들이 "난 책 읽을 줄 몰라요"하고 솔직히 털어놓을 때에는 이 마음의 이면에는 이 실패를 극복해 내고 싶은 의욕도 있다는 말이다. 그러므로 아이 스스로가 하겠다는 의지를 끄집어내어 주는 일이 가장 중요하다. 학교 수업 방식으로 진행한다는 것은 말도 안 되는 이야기이다. 이것은 사서가 할 일이 아닐 뿐더러 능력밖의 일이기도 한다. 우선 우리는 내용이 사람의 마음을 끄는 재미가 있고, 묘한 구석이 있어 호기심을 유발하며, 감동을 주면서 되도록 등장인물 여럿이서 대화를 나누는 장르의 책을 선택했다. 지도하는 어른이 먼저 책 전체를 읽은 다음 아이들이 대화하는 인물들의 역할을 나누어 맡았다. 아이들이 읽는 각 부분은 녹음기에 모두 녹음하여 나중에 다시 들으면서 서로 고쳐주기도 했다. 이런 과정을 통해 아이들은 한 발짝씩 좀더 깊이 있게 읽을 수 있었고 발음도 명료해져 갔다. 어떤 단어나 문장이 너무 어려울 때에는 우리는 일종의 단어 게임을 만들어 그 뜻에 접근해 들어갔다. 이 모든 것은 아이들이 책읽기에 대한 열패감을 느끼며 고통스러워 할 그 마음을 염려한 어른들의 도움이 아니었다면 불가능한 일이었다. 용기를 내어 책읽기 훈련에 과감히 도전장을 던진 아이들이 거둔 결과는 믿을 수 없을 정도로 좋았다.

점점 더 많은 부모님 그룹이 학교에서 돌아오는 아이들을 맞아 책 읽히기 훈련 활동을 펼쳐 나갔다. 만약 장소가 허용된다면, 도서관 내 책을 쾌적하게 읽을 수 있는 장소에 이 훈련생 그룹을 전부 다 함께 모아놓고 읽기를 체험하게 하는 것도 꽤 흥미 있는 일이 될 것이다.

이 소규모 그룹들은 도서관 내에 자리를 얻을 수 있어야 하고, 단 학교 시스템과는 확연하게 달라야 한다. 주어진 소임을 온전히 해내려면 기관이나 단체는 우선 충분한 면적을 확보해야 할 것이다.

전시회 교실

아이들에게 책을 발견하도록 하는 한 방법은 함께 전시회를 준비하는 것이다. 어떤 주제를 제시하여 이들의 관심을 불러일으키거나, 아니면 어떤 상황을 설정하여 테마를 암시하거나, 또는 그냥 단순히 새로운 분야의 책을 발견하도록 하는 방식이 있다. 책을 적절히 잘 선별하여 관련된 주제에 연결한다는 것은 도서관 책들을 다시 살려내는 것과 같은 일이다. 이것은 또 아이들에게 책을 보는 것뿐만 아니라 마음대로 다루고, 이용하는 것을 가르쳐 주는 한 수단이 된다.

탐구를 시작하거나, 카탈로그 또는 참고 자료를 참조하기 전에 언제나 아이와의 논의와 함께 첫발을 내딛는 것이 수확을 풍부하게 하는 셈이다. 이로써, 아이의 진정한 관심이 어디에 있는지 알 수 있고, 문제를 구체적으로 생각할 수 있는 기회를 아이에게 다시 한 번 줄 수 있으며, 그리고 단지 책의 목차 서식이나 큰 단위의 제목들에 이끌려 잘못 자료를 고르게 되는 과오도 예방할 수 있기 때문이다. 자신의 문제와 혹 관련된 자료인지 알아보기 위해, 또는 어떻게 소개되고 있는지 궁금한 마음에서 아이들은 쉽게 아무 책에나 집착하는 경향이 있다. 언젠가 아이들의 요청에 따라 우리는 이집트 유물에 관련된 자료들을 전시한 바 있다. 여기서 우리는 반드시 대답을 구할 수 있는 문제가 아니어도 좋으니 아이들에게 자신이 정말 궁금하거나 알고 싶은 문제를 그대로 모두 질문해줄 것을 강력히 주문했다. 곧이어 기상천외한 질문들이 쏟아져 나왔다. 가령 왜 노예들은 머리를 빡빡 깎고 있나요? 같은… 데이비드 맥컬레이의 『피라미드』[365]의 그림을 유심히 본 것이다. 사서들은 아이들과 함께 온 도서관을 뒤지며 대답을 찾아 나섰다. 도서관의 자료란 바로 이럴 때 그 가치가 가장 빛나는 것 아닌가!

주제를 꼭 집어 낸 듯이 간단히 잡아 빠른 시일 내로 준비해서 올릴 수 있는 작은 전시회를 자주 개최하면 도서관의 이미지 쇄신에도 도움이 될 뿐 아니라, 도서관 자료들을 최대한 활용한다는 측면에서도 바람직한 일이다. 타이틀은 전시의 성격을 상징하면서 전시된 자료들을 부각시킬 수 있는 콘텐츠로서, '사람들의 눈길을 확 끌어 당길만한' 매력적인 한 구절이면 충분할 것이다. 간단한 이벤트를 곁들이면 책 전시회가 더욱 주목될 수 있다. 가령 지역에 사는 비평가를 한 번 들르게 한다거나, 사람들이 자주 보는 텔레비전 방송 프로그램에 잠시 비춰지는 것도 효과가 있을 것이다. 전시회에 색다른 의미를 부여하는 일이긴 하지만 아이들과 함께 전시준비를 해 나간다는 것은 언제나 가능한 일만은 아니다. 주제를 결정할 때 참가시키거나, 자료를 전시할 때 도움을 청하는 정도쯤은 무난할 것이다. 이런 형태의 전시회는 끊임없이 반복해서 진행되어야 그 효과가 나타나고, 한편 자료들이 가치를 인정받아 빠른 시일 내 모두 대출이 되느냐에 그 성공 여부를 가늠할 수 있다.

---

365) David Macaulay, 『피라미드』 *Pyramid*, 하유진 옮김, 한길사, 2004

보다 큰 규모의 전시회는 이와는 다른 목적으로 진행되고, 또 그만큼 준비할 일도 많아진다. 사실 아이들이란 한군데 집중하여 오래 생각을 머물기는 본능적으로 힘든지라, 이와 같은 전시회도 아이들과 함께 준비하는 과정 그 자체에 진정한 의미가 있는지도 모른다. 어른들의 역할은 아이들이 명료한 표현으로 서식을 갖춘 질문을 할 수 있도록 도와, 청중 모두가 무리 없이 이해하고 또 흥미를 가질 수 있도록 해야 한다는 것이다. 그리고 혹 필요한 경우 질문이 논리적이면서도 많은 대답을 이끌어 낼 수 있는 수준이 되도록 아이를 도와 함께 연구도 해야 한다. 이러한 과정은 프레네 운동[366]과 관련한 것으로서 이 단체에서 발행되는 잡지 『수업 참고 교재』 La Bibliothèque de Travail에 소개되어 있는 연구결과들을 참고할 수 있다. 즉 간추려 보면, 아이의 질문 듣기, 자료 조사 및 탐구에 대해 가르치기, 의사전달에 대해 훈련하기, 문헌 자료의 근거에 대해 아이와 어른들 간의 의견 교환, 연구의 결과물로서 아이가 전달하고자 하는 내용에 대한 접근 용이성 확인 등의 과정을 거쳐 아이가 어른의 도움으로 학습을 향상시켜갈 수 있다는 것이다

아이들과 함께 전시회를 준비한다는 것이 곧 이들에게 모든 것을 맡겨 놓는다는 것을 뜻하는 것은 아니다. 근본적인 개념에서 아이들과 더불어 내용을 나눈다는 의미이다. 그러므로 실제 전시를 꾸며 나가는 일은 이와는 다른 문제이다. 만일 책들이 전시된 모습이 서툰 솜씨로 처리되어 어지럽고 어수선하며 사람들의 눈길을 끄는 매력적인 요인이 없다면, 보는 사람들로 하여금 금방 싫증을 느끼게 만들 것이고, 동시에 아이들의 수고도 보람이 없어지고 만다. 그렇기 때문에 최종적인 마무리는 사서 중 예술가로 활동하는 사람이나 전문 작업가들, 혹은 이 방면에 재능을 가지고 있는 다른 사람에게 맡겨 아이들과 함께 만들어 놓은 양식을 제대로의 격식에 맞게 손질을 가한다.

사실 자료의 시각적인 전시 효과가 별 대수롭지 않게 생각될 일은 아니다.

---

[366] 프랑스 교육가 Célestin Freinet가 1920년 실용 교육을 주장하면서 창설한 것이 프레네 운동 Mouvement de Freinet이다. 권위주의적 교육체제를 반대하고 단체 활동을 통한 인성 교육이나 교과서 없는 수업, 학교 신문 발행, 학교 간 교류를 통한 특별활동 등을 강조했다. 활동지였던 뱅스 Vence시 교육청과의 불화 끝에 공직에서 물러나 사립학교를 세워 자신의 의지를 실천했는데, 이후 공식 대안학교로 인정되면서 교육 잡지 및 감성 교육 참고 서적 발행, 현장 교육 지도 등 수많은 혁신 활동을 펼쳤다. 『교육에 적용된 감성적 심리』 등의 저술을 통해 주장된 프레네의 교육철학은 프랑스뿐만 아니라 전 세계 교육 개혁에 커다란 영향을 미치면서 인터넷을 이용한 국제 프레네 운동 Mouvement de Freinet Internationel이 창설되었는데, 아시아 지역에서는 러시아와 일본 등의 나라에서 참여하고 있다 -역자 주.

사람들의 왕래가 잦거나 활기 넘치는 장소가 아닌데다가, 게다가 눈길이 잘 미치지 않는 구석자리에서 전시가 벌어지고 있다면, 전문가의 안목이 더해지지 않고서는 사람들의 발길을 모으기가 힘들 것이다. 한편 제어題語나 범례 및 사람들이 호기심을 가질 만한 문제를 미리 정리해 보여주면서 전시 과정을 따라 가는데 도움이 되게 한다. 동시에 책을 주제에 따라 분류한 다음 각 단위별로 설명을 곁들이면서 차츰 진화되는 고리로 엮어나간다면 전시회의 총체적인 줄거리가 드러나게 될 것이다. 이렇게 하여 도서관은 일종의 게임 같은 문제를 제기하면서 독자로 하여금 책을 펼쳐 보게 유도하거나 탐구하게 만드는 것이다. 나아가 이같은 책의 소요逍遙를 통해 새로운 관심거리를 자극하는 책이나 주제를 발견하게 될지도 모를 일이다.

제어나 범례 설명은 아이들이 쉽게 판별해 읽을 수 있도록 선명하게 쓰여져야 한다. 아이들은 어른들의 필체를 판독하기 힘들어할 뿐 아니라 더러는 자기네 동년배의 필체도 못 알아보는 경우가 허다하다. 전시회란 모름지기 보여지기 위해 열리는 것이고, 자료들이 독자의 손에서 활용되도록 하기 위해 열리는 것이다. 물론 희귀본이나 아주 값비싼 서적, 또는 유리 상자 안에 보관된 채 전시되는 자료는 예외이지만. 책과는 달리 겉표지만 전시되는 시청각 교재는 독자들이 책을 선택해 가는 과정과는 또 다르다. 표지에 끌려 책을 선택하는 사람은 아무도 없다. 사람들은 여기저기 페이지를 넘겨보고 난 다음에 책을 택하게 된다. 책은 그 자체로 모든 것을 뜻한다. 그러므로 책의 두께나 권수에 따른 방대함 또한 나름의 의미를 지닌다.

전시회가 과연 성공하고 있는 것일까? 만약 그렇다면 도서 대출이 늘어날 것이다. 이러한 사태에 대비한 만반을 준비를 갖추어 그동안 숨쉴 틈 없이 바삐 움직이며 수고한 보람이 헛되이 날아가게 하는 일이 없도록 해야 할 것이다. 만약 전시회 준비 과정에서 시간이 너무 많이 요구되는 일이 있다면, 아이들에게 마무리를 맡겨 놓으면 될 일이다. 이로 인해 다른 일을 못 보게 되는 경우가 생기기 때문이다. 전시회가 뿜어내는 다양한 복합적인 기운, 그리고 서가의 책만으로는 전해질 수 없는 역동성이나 생동감 넘치는 활기 등은 갖가지 호기심을 불러일으키면서 주제에 한정된 단일한 카테고리의 관심사뿐만 아니라 주변적 흥미까지 돌아보게 만든다. 전시회의 기간이나 규모는 독자의 반응에 따라 조절하면 된다. 사람들이 한창 열성을 가지고 준비하고 있는 중 준비기간을 갑자기 단축한다는 것은 곧 이들을 실망시키는 일이 될 것이다. 전시기간을 너무 짧게 잡는 것도 좋지 않다. 비정기적으로 도서관을 드나드는 사람이나 혹 아직 보지 못한 사람 중에 관심을 가진 이들이 있을 수 있기 때문이다. 학교에서는 도서관이 처한 상황과는 다른 여러 가지의 이유로 인해 전시 기간이나 프로그램 문제에 제약이 뒤따른다. 그러니 도서관은 자유로운 이러한 조건을 잘 이용해야 할 것이다.

도서관은 아이들 삶을 실제로 채워가고 있는 여러 다양한 것들을 잠시 빌려 전시회 형식으로 보여줄 수 있다. 가령 방학을 추억하며…라는 주제 하에서는, 어떤 아이는 자기 나라에 대한 자료들을 손수 모아 정리해서 가지고 왔고, 또 다른 아이는 도서관에서 전시회가 열릴 것을 대비해 모은 조개껍질을 가지고 왔으며, 그리고 극동 문명에 흠뻑 빠진 어느 아이는 자신이 개인적으로 만든 컬렉션을 도서관에 빌려 주기도 했다.

이런 방식을 참고하여 어른뿐만 아니라 어린이들에게 동시에 관련되는 전시회를 때때로 개최할 수 있다. 준비 과정에 있어 사서들은 지적인 신중성을 기해 어른과 아이들이 알고 싶어할 만한 문제를 골라야 한다. 이에 대한 표현 역시 모든 사람이 이해할 수 있도록 쉽고도 뜻이 명료한 단어를 골라 기술하도록 한다. 전시회가 모든 사람에게 일반적으로 관련된 것일 경우 기꺼이 전문가나 전문 모형 제작자에게 의뢰하여 정말 살아 있는 재미로 사람들의 흥미를 건드릴 수 있도록 한다. 관람자를 누구로 대상으로 하건 간에 손길이 많이 닿지 않았다는 것이 한 눈에 감지될 만큼 성의 없이 꾸민다는 것은 있을 수가 없는 일이다.

특별 활동, 그 장점과 한계

엄밀한 의미에서의 책읽기와, 도서관에서 책읽기와 연계하여 제공하는 행사나 예술 활동들 사이의 균형을 유지하기란 쉬운 일이 아니다. 이런 행사들은 딱딱한 책읽기보다 쉽게 사람들의 마음을 끄는 힘이 있다. 이들은 거의 늘 단체로 하는 일에 속하기 때문에 특히 아이들은 이에 대한 유혹을 뿌리치기가 힘들다. 독자들은 이런 활동에 참가하면서 자신의 인격을 함양하고 교양을 발전시켜 나간다. 무릇 도서관의 주된 목적은 책에 생명력을 부여해 살아있는 유기체로 만들어 내는 것이라는 사실은 변함이 없다. 오늘의 도서관들은 과연 이러한 본연의 목적을 조금도 훼손하지 않은 채 다른 표현 활동들을 훌륭하고 철저하게 이끌어 나갈 수 있는 인적·공간적 능력이 있는 것일까? 다시 말해 다양한 활동을 기획하고 성공리에 마무리지어 낼만한 능력을 갖춘 직원과, 이 같은 활동들이 각각 독립적인 입장을 견지하면서 진행될 수 있을 만큼의 충분한 공간적 여유를 도서관이 확보하고 있느냐는 문제이다. 읽는다는 행위의 특성을 염두에 두고 독자들로 하여금 책읽기를 편안하고 편리하게 누릴 수 있도록 설계된 여건, 독자들의 자유 의지 존중, 자료 및 시설물에 대한 편리한 사용 시스템, 예측불허의 독자들의 요구에 대비한 대응 시스템, 아이들의 다양한 반응을 이끌어 내고 이에 대한 표현의 필요성을 가르치면서 다른 한편 이들의 침묵할 권리를 존중하는 자세 등의 요인들이 충분히 반영된 체계 안에서 말이다.

부지런히 도서관을 나오던 독자들이 도서관에서 공연되는 연극에 빠지면서 책읽기를 멈추게 된 사연을 우리에게 이야기한 적이 있다. 그들로서는 연극이 더 중요한 것이 되어 버렸기 도저히 책 읽을 시간이 안 난다는 것이었다. 여기서 문제는 연극이 이 독자들을 빼앗아 독점하게 되었다는 사실에 있는 것이 아니다. 자신에게 알맞은 표현 양식이라고 생각이 들면 충분히 그럴 수 있는 문제이기 때문이다. 비정상적인 상황은 바로 다른 어떤 교육 기관에서도 하지 못하는 발상으로서 도서관 직원과 공간들이 이런 활동에 동원된다는 현실이다. 차라리 공연을 다른 장소에서 진행한다면 틀림없이 더 잘 치러낼 수 있을 텐데 말이다.

만일 어떤 활동이 너무 큰 규모가 되어버린다면, 이는 외려 아이들을 책으로부터 차단시키는 벽 역할을 할 수가 있다. 단체 활동은 꼭 필요한 것이긴 하지만 혹여 이것 자체에만 너무 매달려 오히려 책이나 이야기, 참고자료, 또는 인물 연구 등을 하나하나 살펴보며 면밀히 연구할 시간을 빼앗기는 우를 범해서는 안될 것이다.

단체 활동이 다방면으로 확장되고 조직적으로 안정되어가기 시작하면 사람들로부터 곧 제도적 신뢰감을 획득하게 된다. 그 가운데 특히 부모들은 아이를 돈 안들이고 등록시킬 수 있는 공짜 아틀리에라는 측면에만 만족하여 어떻게든 자녀들 손을 끌고 찾아온다. 이 모든 활동이 궁극적으로는 책읽기와 긴밀하게 연결되어 있다는 중요한 사실은 관심밖으로 밀쳐둔 채. 한편 도서관에서의 이러한 활동들이 실제적인 효과를 거두려면 매우 탄력적으로 운영되어야 한다. 각자 자신이 원하는 프로그램에 참가할 수 있어야 하고, 자신의 리듬에 맞는 것을 찾을 수 있어야 한다. 그리하여 서로 다른 여러 양식 중 제각기의 취향에 따라 선택할 수 있는 다양성이 갖추어져야 한다. 사서나 외부 초빙 진행자들은 또한 교육적 부담감을 느끼지 않고 비교적 자유롭게 자신의 프로그램을 운영해 나갈 수 있는 입장이라 하더라도 반응 없이 얌전히 지내고 있는 아이들에 대해서도 주의 깊은 관심을 기울여 이끌어 안으려 애써야 한다. 이런 아이들은 곧 자기네들끼리 따로 떠들면서 분위기를 소란하게 망쳐놓을 수 있다. 그렇다고 너무 조급하게 아이들을 몰아붙이거나, 무의식적으로라도 컨트롤하려는 부당한 권위의식을 발휘해서는 안될 일이다.

　아이들의 요구나 제안을 고려하지 않고 활동 내용을 확정하여 프로그램을 만드는 일은 불안한 결과를 맞을 수 있다. 아이들이 실제 무엇을 원하고 있는지, 무엇을 하고 싶어 하는지에 대한 고민이 조금도 소홀해서는 안된다. 도서관에서의 아이들의 활동이 탄력적으로 이루어져야 한다는 것은 그렇다고 곧 조직이 방만하게 관리되어야 한다는 뜻은 아니다. 다시 말해 언제나 견실하고 안정된 체계 가운데 유연성이 발휘되어야 한다는 것이다.

　도서관에서의 과외 활동은 되도록이면 아이들 한 사람 한 사람이 모두 만족할 수 있을 만큼의 충분한 다양성 아래 프로그램이 짜져야 한다. 그럼에도 불구하고 아이들이 어느 순간인가는 관심을 가지게 될 것이라는 희망을 변명 삼아 어떤 하나의 주제, 한 가지 양식만 계속 밀고 나가는 경우도 심심찮게 볼 수 있다. 특별 활동에 대한 양식적 문제가 중요하다는 사실은 부지런히 도서관을 다니는 아이들도 어느 순간 갑자기 글쓰기 교실이나 시사랑 모임, 또는 독서 클럽에 의욕을 잃거나 싫증을 느낄 수 있다는 점을 환기할 때 더욱 뚜렷해진다. 이런 감정은 일시적인 것으로서 곧 지나가 버릴 것이므로 자포자기하여 기분이 늘 가라앉은 상태로 지낼 필요가 없다는 것을 아이는 알아야 한다.

이를 알게 해주는 다른 활동의 체험이 그래서 필요해진다. 다른 양식의 활동을 경험함으로써 아이는 이같은 혼란 속에 부자연스럽게 억지로 갇혀 지내는 악몽을 벗어날 수 있는 것이다.

아이가 특별활동을 지나치다 싶을 정도로 많이 하는 것은 대개 책이나 책읽기에 대한 흥미를 잃었기 때문이다. 이것은 곧 책읽기를 통해 얻을 수 있는 효과에 대한 신뢰가 없다는 말이기도 하다. 한편 도서관 사서가 되겠다는 결심은 바로 책이나 책읽기를 통해 얻을 수 있는 풍성함이 그 어떤 것도 대신할 수 없을 만큼 풍요롭다는데 대한 신뢰에서 비롯되었을 것이다. 이 풍요로움에는 책읽기와 관련된 다양한 주변적 매체의 영향까지 아우르는 의미가 숨어 있다. 그러므로 사서란 되도록 많은 사람들이 이 풍요로운 세계로 들어갈 수 있는 열쇠를 쥘 수 있도록 기꺼이 도움을 주어야 한다.

* *

어떤 수단을 통하건 간에 도서관은 여하튼 늘 다른 장소나 다른 기관에 연결될 수 있다는 점에서 특별한 행운을 부여받은 존재이다. 곧 자신에게는 없는 점들을 다른 곳에서 찾아 관계를 맺는 행운을 누리는 것이다. 사실 도서관이라고 해서 아이들을 꽉 끌어안고 독점해서도 안 된다. 도서관이 해줄 수 있는 최선의 역할인 독서가 여전히 중요한 필요에 속하고 앞으로도 아마 그럴 것이지만, 아이들에게 필요한 것은 꼭 독서만이 아니지 않은가.

만일 도서관이 모든 형태의 오락이나 활동을 점유하려 든다면, 이는 곧 아이들을 보육실에 가두어 놓고 키우는 것만큼이나 꽉 막힌 분위기에서 지내도록 하는 것일 것이다. 도서관은 아이들이 서로 만날 수 있는 여건을 제공하고, 다른 여러 환경에서 다양한 형태의 체험을 이루도록 끈이 되어 주는 친구 같은 장소여야 한다.

오늘날 도서관은 제각기 나름대로의 방식으로 지역의 빈틈을 뚫고 들어가 간극을 메우기 위해 노력한다. 아이들이 살고 있는 곳이라면 그 어디든 책은 따라가야 하고, 그래서 이들이 발견하고, 배우고, 경험하는 대상이 되어야 한다. 우리가 해야 할 일은 바로 아이들이 가장 쉽고도 효율적으로 이를 이룰 수 있는 환경을 마련해 주는 것이다.

일반적으로 도서관이 서로 다른 맥락의 자료를 다양하게 소장하고 있어야만 그 자료들이 효율적으로 이용될 수 있다. 이들의 총체적인 활용을 통해 평소의 도서관의 모습과는 또 다른 입체적 효과를 드러낼 수 있는 것이다. 책이란 관계된 주변의 다른 활동이나 분야와 연결됨으로써 보다 온전한 의미를 획득하게 된다. 역으로 창작 교실에서 진행되는 여러 활동들은 책과 다시 연결됨으로써 보다 풍성해질 수 있는 것이다. 이런 점에서, 어린이 아틀리에를 운영하고 있는 박물관은 현장 내에 조그만 도서관을 갖추고 있어야 활동 그 자체가 풍성해진다.

바야흐로 몇몇 자연사 박물관은 젊은 독자층을 대상으로 자체의 전문화된 훌륭한 도서관을 갖추기 시작했다. 특히 낭트 Nantes나 라 로셸 La Rochelle 지방은 아이들에게 진지한 탐구 정신과 연구 자세가 무엇인지 온몸으로 보여주는 모범 사례로 인정받고 있다. 박물관 관람을 마친 후 보다 깊은 정보를 알고 싶은 아이들은 도서관으로 조용히 건너가 자료를 뒤적일 수 있게 된 것이다. 기본적인 옛 혹은 현대 과학 서적들이 충실히 갖추어진 덕분에 아이들은 과학사 공부까지 덤으로 할 수 있다. 물론 올바른 방향을 잡아 제대로 지식을 익혀 나가려면 전문 과학자나 사서의 도움이 필요할 수 있다. 박물관이나 박물관에 소속된 아틀리에, 또는 연구소 등에서 만날 수 있는 이들 전문가는 사서들이 과학 분야의 도서를 선정할 때에도 참고가 될만한 이야기나 기준들을 제공해 줄 수 있다.

현실적으로 볼 때, 여가 지도를 하는 팀에서는 직원이나 예산, 거의 필수적인 주요 컬렉션을 추가로 구입하여 꽂아 놓을 수 있는 공간 등을 필요한 만큼 충분히 갖추고 있는 경우는 그리 흔치 않다. 이들은 대개 공공 도서관의 신세를 지는데, 정기적으로 새로운 책으로 바꿔 와서 꽂아놓고 하는 식이다. 그렇다고 이 분야에서 누구나 수시로 참고로 들여다볼 수 있는 확실한 기본 서적이 필요 없는 것은 아닐 텐데 말이다. 이렇게 꽂아 놓은 책들은 활동을 지도하는 사회자가 특별한 개인적 관심이 있다거나, 실제 필요에 의해 아이들에게 읽어보라고 권하지 않는 이상 아이들에게 읽힐 수 있는 기회는 거의 없다.

그나마 한 가지 다행인 것은, 이 책들이 정기적으로 대체되면서 결국 보다 많은 중앙 도서관의 컬렉션으로 연결이 되기 때문에 행여 아이들에게 역동적인 책읽기를 할 수 있는 기회를 준다는 사실이다. 아이들은 어떤 책에 대해 자신의 방식으로 읽을 수밖에 없을 것이고, 흡수된 이 내용들은 자연스럽게 기존의 사고와 합일하여 지금 자신이 하고 있는 활동에 연결되는 것이다. 책에서 제시되는 이런저런 이론적 요소들은 아이로 하여금 자신의 활동을 보다 생생히 되짚어 볼 수 있는 계기가 되어 준다. 실제로 이런 연결 고리를 통해 발생된 정보가 아니라면 진정한 의미에서의 정보가 될 수 없는 것이다. 이 같은 과정은 마침내 아이의 상상력에 의해 구성되는 현실을 포함한 현실의 풍성함 가운데 아이가 자신의 존재감을 확인해 가는 통로가 되어준다.

하지만 이 같은 소단위 규모의 서적들은 그 자체로서는 결코 만족할 만한 수준에 이를 수 없다는 사실을 늘 염두에 두어야 한다. 함께 어우를 수 있는 인근 관련 분야의 서적을 확보해야 하고, 문학작품 또한 빠져서는 안 될 일이다. 다양한 장르가 갖춰진 가운데 아이들 각자에게 필요한 기본 지식을 전해 줄 수가 있을 것이고, 또 너무 성급히 관심이 한 분야에만 쏠리는 현상도 막을 수 있다. 안타깝게도 오직 인디언 문제 외에는 관심을 전혀 느끼지 못하거나, 자동차나 축구에 관한 잡지 아닌 다른 책들은 도저히 읽을 수가 없는 아이들이 실제로 있기 때문이다. 오늘날 사람들은 종종 전문화된 활동에만 아이들을 몰아넣으면서 다른 여가 영역은 일찌감치 차단해 버리는 경향이 있다.

결국 우리 주변 도처에서 책의 필요성을 절감하고, 지식의 수단이나 경험적 측면으로서도 강조되지만, 그 동인은 경우마다 다르고, 목적 또한 모두 다르다. 이런 식으로 아이들이 주로 참가하는 활동 – 도서관에서는 연극 활동이다 – 의 궁극적인 목적은 실종되어 버리고, 어떤 성장을 위한 미끼만 조금 던져 주고 마는 것이다. 그 정도라면 다른 방법으로도 얼마든지 얻을 수 있는 것인데도 말이다. 그런데 만일 도서관 측과 다른 활동 팀들이 서로 존중하면서 협력할 자세가 되어 있다면 사정은 조금 달라질 것이다. 아이들의 진정한 성장을 위한 무대로 꾸밀 수 있다는 말이다. 이런 경우 도서관은 더 이상 어린이 극장이나 그림 교실로 둔갑하지 않고, 박물관은 갑자기 어린이 도서관으로 탈바꿈하지 않아도 좋을 것이다. 대신 각자 서로에게 관심을 가지고 더 나은 여건을 마련하기 위해 대화하고 머리를 맞댈 것이다.

도서관에서 펼치는 활동이 다른 단체와 순조롭게 관계를 맺어 나가려면 지역 공간에서 일어나고 있는 일에 대해 훤히 꿰뚫고 있어야 할 필요가 있다. 그리고 이를 아이들에게 알려줄 필요도 있다. 이런 노력과 다양한 정보 덕분에 아이들은 자신이 원하는 활동과 분야를 실수 없이 선택할 수 있을 것이다.

만일 이러한 활동들이 내용이 모두 알차고 우수해서 되도록 많은 아이들에게 혜택을 주고 싶다면, 왜 이들을 모두 함께 묶어 하나의 단체 프로그램으로 구성하지 않는 것일까? 사실 이런 시도가 없었던 것은 아니지만 결과는 기대밖이었다. 완전히 유아 놀이방이나 초등학교 부설의 시립 도서관 분점 같은 모양새에다가, 결국 팀이 제대로 움직일 수 없을 만큼 거대해져서 다시 여러 반으로 쪼개 나누어야 했던 것이다. 운영상 어려움이 있다는 점 이외에도 대단위 규모는 이 같은 성격의 활동에 전혀 적합하지 않는 체재이고, 또 팀이 활발하게 돌아가는데 발목을 붙잡는 요소가 된다. 그렇다고 아이들을 대상으로 하는 모든 활동을 너무 작은 단위로 쪼갠다는 것도 어리석은 결정이다. 아이들의 취향을 마흔 가지도 넘게 나누어 놓고 결국 이들을 입구 막힌 유리병 속에 가두어 넣는 것과 같을 것이다.

개발도상국이나 스웨덴 같은 산업국가에서는 바야흐로 소규모 도서관을 선호하는 경향이 있다. "작은 것이 아름답다"는 구호처럼. 큰 기관들은 아무래도 쉽게 관료주의적 행정체계를 따르게 되고, 아이들이 자연스럽게 드나들기가 어려운 구석이 있다. 이에 비해 소단위는 지역민의 생활에 밀착되기 쉬운 이점이 있다. 물론 운영하는 사람의 능력에 달린 일이긴 하지만 이렇게 해서 그동안 소외되어 왔던 범주의 사람들에게도 관계될 수가 있는 것이다.[367] 하지만 이런 소규모 도서관의 경우 거대한 조직망 내로 소속되어 들어가지 않으면 생존할 수가 없다. 그리고 모든 사람이 드나드는 도서관으로 거듭나려면 조직을 치밀하게 운영해 나가야 한다.

---

367) Geneviève Patte의 글, "베네수엘라 우르비나 지방의 맨발로 뛰는 사서들" Au Vénézuela: les bibliothecaires aux pieds nus de la Urbina, 「어린이도서잡지」 N° 95 (1984. 2-3) pp.40-44 을 참조하시오.

제 16 장
도서관과 학교

교실, 삶을 배우는 소중한 시간

제롬 브뤼너가 들려주는 이야기이다. "오르퀴트라는 이름의 여선생님 한 분을 나는 아직 기억하고 있다. 선생님은 교실에서 우리에게 이런 말을 하셨다. "물이 0°C에서 얼음으로 변하는 순간 액체에서 고체로 변화되는 것은 상당히 매혹적인 사건이다." 나의 호기심을 슬며시 끌어당긴 이 말보다 더욱 나의 귀를 번쩍 뜨이게 한 것은, 곧이어 우리에게 알기 쉽게 들려준 브라운 운동과 분자에 대한 설명이었다(…). 내가 10살 무렵의 일이다. 자신이 알고 있는 놀라운 지식의 세계로 나를 초대하면서 선생님은 진정 나의 세계를 확장시켜 주신 분이다. 선생님은 나에게 단순히 어떤 정보를 가르친 것이 아니었다. 경이로움과 함께 그럴 법한 원리들로 가득 찬 어떤 세계를 우리에게 중개한 것이다. 분자·고체·액체·운동 등의 용어는 우리에게 단지 사실만 의미하는 데서 그치지 않았다. 우리는 이 같은 요소들을 통해 사고하고 상상하면서 새로운 세계를 그려 나갔다. 오르퀴트 선생님은 귀하디귀한 진주 같은 존재였다. 단순히 무엇을 전달하는 수단이 아니라, 그는 이를테면 어떤 인간적인 결과를 남겼다. 다른 교사들의 가르침도 나의 기억에 족적을 남겼지만, 그들은 본질적으로 아무것도 잉태할 수 없는 불모의 정보에 불과했을 뿐이다."[368]

지식의 전달에 있어 어른이 취해야 할 가장 중요한 덕목은 바로 아이와 진정한 어떤 관계를 맺을 수 있도록 노력하는 것이다. 교사의 강제적 명령과 의

---

368) Jérôme Bruner, 『문화와 사고의 유형, 작품에 드러난 작가의 인간적 기질』 *Culture et modes de pensée. L'esprit humain dans ses oeuvres*, 파리: Editions Retz, 2000

무적인 교과과정이 버티고 있는 실제 학교생활에서 과연 책읽기 시간에 이러한 관계가 성립될 수 있을까? 나는 가능하다고 믿는다. 전적으로 소중하다고밖에 할 수 없는 이러한 양상은 여하튼 학교에서 간혹 우리가 볼 수 있는 일이기도 하다. 대개 이러한 관계는 교사와 학생들이 아주 친밀한 감정으로 함께 하고 있는 양식의 책읽기에서 볼 수 있는 일이다. 양측 모두 같은 문학작품에 대해 함께 알아가고 있다는 동질감을 여러 차원에서 깊숙이 느끼는 것이다. 이런 결과를 위해서는 책 또한 어른과 아이들에게 동시에 감동을 줄 수 있는 것으로 선정해야 한다. 평소와는 다른 차원의 관계를 학생들과 맺어야 하는 만큼 교사의 기본 성정도 너그럽고 여유 있는 편이어야 한다. 아이들이 성장하는데 필수 요소인 책읽기의 세계로 들어가는 행복한 결과를 위해 기꺼이 학생들과 진실한 마음을 주고받을 수 있는 열린 사고의 소유자여야 한다.

   책읽기 시간을 제대로 즐기기 위해서는 때때로 제 3의 장소, 제 3의 시간이 필요하다. 나의 뜻을 가까이 전하려다 보니 다소 애매모호한 표현을 쓰고 말았지만, 여하튼 이는 의무감과 중압감 가운데 아이들을 제도화된 책읽기의 담장 안으로 가두려는 경향에 반대하는 개념이다. 책읽기란 자유롭고 마음이 활짝 열려 있어야 하며, 정형화되어 있지 않으면서도 감동을 주는 것이어야 하기 때문이다. 이렇게 해서 집에서나 학교에서 보내는 평소의 생활의 틀을 크게 벗어나지 않으면서도 매일 반복되는 일상생활에 청량감을 선사받게 된다. 나의 경험에 의하면 이 순간은 언제 어디서나 만들어질 수 있다. 가까운 친구나 지인과 책읽기를 함께 함으로써, 아이는 잠시 지루한 혼자만의 책읽기에서 벗어나 행복한 교류의 시간을 가질 수 있을 뿐만 아니라 다른 사람과 함께 공동의 길이면서도 자신의 고유한 길이기도 한 책의 세계를 발견할 수 있는 것이다. 의견을 서로 나누는 이 순간에는 그 어떤 교육적 의도나 실용주의적 목적이 끼어들어서는 안 되고, 어떤 의미에서의 컨트롤도 개입되어서는 안 된다. 바로 이 지점에서 아이는 책의 풍미를 그윽이 맛볼 수 있기 때문이다. 이 순간만큼은 교육적 훈련 시간과 구별되어야 하고, 필요한 학습을 하는 시간이라 여겨져서도 안 된다. 어른이 진정한 지도자로서의 역할을 제대로 수행하기 위해서는, 우선 자신부터 독서를 훈련이나 정신 교육의 일환으로 여기는 것을 삼가야 한다.

교사와 사서 간의 협동

학교와 도서관 사이의 진정한 협동은 어떻게 이루어가야 할까? 이는 다각도에 걸친 심사숙고를 끊임없이 요하는 절실한 문제이다. 심오한 고찰이 없이는, 그저 뻔한 수직적 상하 관계만 형성되어 진정한 관계를 맺어 가는데 오히려 걸림돌 역할만 하게 될 것이다. 지나치게 숫자에 민감한 사고방식은(특별활동 시간에 참여한 학생 숫자, 도서 대출 권수...) 일시적으로 기관에 만족감을 안겨 줄 정책을 낳을 수는 있겠지만, 장기적인 안목에서 보면 도서관 고유의 역할을 훼손하는 결과로 이어질 수 있다.

학생들이 학교에서 받아온 과제에 대해 조사 탐구해나가는 과정을 가만히 지켜보면, 대부분의 경우 정보나 사실에 대한 단순한 수집에서 그치고 만다. 독창성이나 상상력을 동원해 자료를 발견하고 분석하려 하기보다는 그저 기계적으로 자료를 찾아 축적한 결과, 또 하나의 창의적인 결론을 생산해 내지 못하는 것이다. 학생들에게 숙제를 내어주기 전, 학급에서 이에 관련된 주제를 중심으로 토론이 일어나고 있는가? 이번 숙제에서 얻은 결론을 통해 다음은 어떤 주제의 숙제로 연결되어야 하는지에 대해 학생들과 함께 논의가 이루어지고 있는가? 혹여 그저 단순히 주어진 수업 시간을 때우기 위한 수업은 아닌가? 아니면 학교에서 여하튼 아이들은 가르치고 있다는 것을 증명하기 위한 수업은 아닌가?

교사와 사서들이 함께 모여 각자의 분야에서 어떻게 하면 좀더 효율적인 공조 체계를 구축하여 아이들을 도울 수 있을지 협의하고 고민을 나누어 보면 어떨까? 공동의 행동을 취하기 전에 우선 관계된 어른들부터 확고한 신념을 가져야 아이들을 효과적으로 이끌어 줄 수 있다. 이러한 긴밀한 협력 체제 가운데, 아이들이 교실에서 배운 내용들은 도서관에서의 책읽기를 온전히 개화시킬 수 있는 토양이 되는 것이다. 곧 비옥하고 살아 있는 독서를 하게 해주는 원천이 되는 것이다. 그러나 한편 어른과 아이들을 이 같은 방향으로 이끌어 줄 수 있는 책을 어떻게 찾느냐 하는 문제는 여전히 풀어야 할 숙제로 남아 있다.

어린이를 대상으로 나와 있는 책은 실로 많다. 지나치게 많아 오히려 학부모와 교사들을 몸살을 앓게 만들 지경이다. 어떻게 내게 맞는 좋은 책을 골라 읽을 수 있을까? 우리 사서의 역할은 바로 여기에 기준을 제시해주고, 혹여 놓치고 지나간다면 안타까울 좋은 책들을 찾아내어 독자에게 추천하는 것이다.

언젠가 남미 콜롬비아의 미드랭 Medellin이란 지방에서 교사를 대상으로 한 연수회가 있었다. 그들의 관심은 행사 내내 뜨거운 열기로 달아올랐다. 어린이 세계에 대해 조예가 깊은 한 아르헨티나 작가가 초빙되어 청소년 문학, 특히 그림책에 비해 쉽게 좋은 책을 구할 수 없는 소설에 대해 강연을 했다. 그림책이나 참고 자료 도서와는 달리 소설이란 장르가 왜 학교 도서관에서, 말하자면 '돈 없는 부모' 취급을 당하는지 그 배경을 설명했다.

루이 마리아 페세티(Luis Maria Pescetti · 스페인 아동문학가)의 강연 주제는 《픽션과 소설에 대한 교육적 탐색》으로서, 특히 소설의 문학적 측면의 중요성과 함께 소리 내어 읽음으로써 독자의 마음에 그 의미가 생생히 재현된다는 사실을 역설했다. 요점이 명확하고 논리적인 근거를 뒷받침하여 펼치지는 그의 주장은 여느 평범한 이야기와는 확연히 구별되었다. 게다가 매우 편안하고 쉬운 방식으로 자신이 하고 싶은 이야기를 모두 쏟아놓았다. 내용의 핵심을 정리한 노트를 몇 줄 읽은 다음 우리에게 약간의 이야기를 덧붙여 설명하는 형식으로 강연은 진행되었다. 자신이 좋아하는 작품에 대해 기꺼이 다른 사람과 함께 감동을 나누고 싶어 했고, 이러한 순수한 열정은 청중을 감동의 도가니로 몰고 갔다. 구사하는 단어나 표현 방식도 소박하면서 친밀감이 느껴져 청중의 마음을 움직이는데 부족함이 없었다. 모든 것이 감동 가운데 지나갔다. 사람들의 마음에 책을 향한 열망의 불길이 뜨겁게 지펴졌지만, 부채감에 이끌려 마음 내키지 않은 채 억지로 읽어야 하는 그런 기분과는 완전히 다른 것이었다.

우리는 이 같은 사람과 사람 간의 순수한 인간적 교류를 좋아하고, 각자의 독서 경험을 다른 이들과 함께 나누고 싶어 한다. 어른과 마찬가지로 어린이들에게도 도서관은 이러한 교류가 그 어떤 장소보다 자연스러이, 그리고 효율적으로 이루어질 수 있는 여건을 제공한다. 사실 독서란 개인적인 활동이다. 높은 데 올라가 선언하고 책을 읽는 것도 아니고, 꼭 읽지 않으면 안 될 책도 없으며 그 선택은 자기 자신이 한다. 우리를 열정으로 몰아넣지만 광활하기 그지없는 이 세계의 문을 열고 들어갈 수 있는 열쇠를 찾는 것은 각자 알아서 도움의 손길을 찾아 해결할 수 밖에 없는 것이다.

우리가 도서관에서 교사와 부모님을 초대한 가운데 소규모 책읽기 모임을 정기적으로 개최했을 때 모두들 즐거워하면서 보람된 시간을 보낸다는 만족감이 있었다. 다른 사람으로부터 옳고 그름을 비난받고, 잘하고 잘못함의 잣대로 심판되는 부담감 없이 제각기 한 마디씩 할 수 있는 여유를 우리는 존중했다. 이렇게 우리는 서로를 주고받는 가운데 많은 것을 배울 수 있었다.

"나의 도서관을 펼칩니다"[369]

그러면 우리 모두 우리들 개인의 도서관을 펼쳐보자. 책을 읽는다는 행복한 체험을 공동으로 해나가고, 아이들과 함께 지낼 수 있으며, 이들과 함께 경험을 나눌 수 있는 기회를 놓치지 말자. 책은 우리 어른들에게도 얼마나 감동을 주는지 우리 모두는 잘 알고 있기에, 이러한 감동을 아이들도 함께 누리고 있다고 생각하면 가슴이 뛰지 않은가. 이것이야말로 진정한 만남의 정수 아니겠는가. 무릇 아이들이란 활짝 열린 마음과 정신으로 작품을 받아들일 준비가 늘 되어 있는 존재이기에, 우리 사서나 교사들은 작품을 중개해 주는 기회를 틈타 이들의 정신에 새겨질 감동을 엿볼 수 있는 것이다. 그래서 아이들에게 책을 소개하고 책읽기를 잘 하도록 이끌어 준다는 정말 보람되고 즐거운 일이다. 책읽기의 중요한 의미는 곧 개인적인 체험을 한다는 것, 작품을 알아간다는 것, 신념을 가진다는 것, 그리고 진정한 관계 맺음을 한다는 것으로 요약될 수 있기 때문이다. 책읽기와 전달의 문제가 중요하게 제기되어야 하는 이유가 바로 여기에 있다.

물론 아동문학을 하나의 연구 대상으로 삼아 이론적 관점에서 풀이하고 설명하는 것은 상당히 유효한 영향력을 끼치고 있다. 하지만 이는 여러 다른 장르의 문학 작품을 먼저 세심히 섭렵했거나, 혹은 적어도 동시에 읽어가면서 진행해 나가야지만 온전한 의미를 발휘할 수 있을 것이다. 어린이 책들이 지

---

369) Walter Benjamin의 표현. 『나의 도서관을 펼칩니다』 *Je déballe ma bibliothèque*, 파리: Editions Payot et Rivages, 2000

닌 풍성한 의미와 가치를 발견하면서, 우리는 이를 좀더 깊이 이해하고 제대로 받아들이게 하기 위한 교육의 필요성을 절감할 수 있기 때문이다. 이 일은 분명할 만한 가치가 있고, 또 그 필요성이 날로 증대되어 가는 상황임에도 불구하고 오늘날 유감스럽게도 미흡한 양상을 보이고 있다. 대부분의 경우 그림책에 대한 연구에만 그칠 뿐 소설 장르는 충분히 다루어 지지 않으며 참고자료 도서는 거의 백안시되고 있는 실정이다. 사서들에게 제공되는 교육학 관련 지식에도 이에 대한 정보는 송두리째 빠져 있다. 사서는 독서로부터 얻는 이득에 관한 일반적인 수준의 정보 이상을 인식하고 있어야 하며, 아이들이 그 나이에 꼭 읽어야 하는 책만 알고 있어서도 안 되는 사람들이지 않은가. 하루가 다르게 정보의 양이 늘어나는 오늘날, 우리가 게으름을 부릴수록 새로운 정보의 몸집은 엄청나게 불어나 우리를 위협할 것이다. 사서란, 아이들이 혼자서는 도저히 들어갈 수가 없다고 스스로 무기력해지는 그 순간 하나의 규칙을 알려주면서 혼란의 매듭을 풀어주는 사람들이다.

분야의 전문가를 초빙하여 아이들의 호기심을 유발시켜줄 수 있는 기회로 활용을 하자. 일정한 분야의 지식을 집중적으로 배울 수 있는 OO교실, △△반 등의 형태로 나누어 수강생을 모집하는 것도 좋을 것이다. 도서관이란 태생적으로 자신의 지식을 나누고 싶어 하는 이들로부터 시작된 것 아닌가. 이러한 형태는 또한 학교와 도서관 사이를 진정한 동반자 관계로 맺어주는 기반이 될 것은 의심할 나위 없다.

책을 매개하는 사람들끼리의 만남

오늘날 남·북 유럽 전체에 걸쳐 대규모 공공 복합문화관을 중심으로 하여, 혹은 이들과의 관련 가운데 아이들과 함께 책읽기를 체험하는 조그만 행사가 점점 다양한 국면으로 진행되고 있다. 소박한 형태로 치러지는 이 행사는 도서관으로서는 행운을 잡는 셈이 된다. 필요한 것이라곤 책 바구니 몇 개와 카펫 한 장뿐인데다, 아이들에게 가까이 다가간다는 것이 우리로서는 정보의 보고寶庫로 들어가는 것과 같기 때문이다. 이 같은 만남은 숙고를 거듭 거쳐 선정된 책을 중심으로, 일정한 관례나 절차, 형식을 무시한 자유로운 분위기에서 진행된다. 아이들을, 아니면 때로는 부모 등 아이들 주변의 사람들을 만나기 위해 이들은 다양한 장소에 진출한다. 병원 대기실, 동네 공원, 아파트 대단지를 비롯해 건물 밀집 지역의 동네 어귀, 놀이동산 등, 이들이 가장 우선적으로 목적하는 것은 여러 가지 이유로 인해 도서관에 자주 나오기 힘든 아이나 혹은 그런 분위기에 익숙지 않아 도서관에 나오기를 두려워하는 아이들에게 독서의 체험을 알게 해주려는 것이다. 이 안내인들이 아이들을 이끌어 당기는 기술은 그야말로 기가 막힌 솜씨이다. 이들은 아이들의 관심을 읽을 줄 알고, 아이들을 격려할 줄 안다. 근본적으로 진지한 만남을 지향하면서, 아이들을 관찰하고 고찰한다. 그런 결과 아이나 자신들 양쪽 모두에게서 경이로운 발견과 열정을 이끌어 내는 것이다. 이런 태도는 고유의 풍성한 기운을 제대로 음미하며 작품을 읽을 수 있는가에 대한 아이들의 문학 감상 능력을 일반적으로 폄훼해 왔던 기존의 사고를 완전히 뒤엎어 버리는 용기에서 비롯된 것이다.

이 책의 매개자들이 《그들의 도서관을 펼쳐주는》 활동을 확고한 신념 속에 해나가는 것을 가까이서 지켜보며, 우리는 보다 질 높은 서비스를 아이들에게 하고, 보다 많은 시간을 할애하여 이들의 독서 체험을 동반하고 독려하고 관찰하고 숙고해야겠다는 결의를 다지게 되었다. 이런 일을 계기로 도서관은 정기적인 모임을 주관하여 이 같은 매개자나 사서들과 입장을 함께 하거나 혹은 반대를 하는 교사들과 만나 생각을 나누고 논의를 할 수 있을 것이다. 어떤 입장에 서건 간에 이 같은 형태의 책읽기를 실험해보고 결과를 관찰하는 것은 퍽 유용한 일임에 틀림없다.

그러므로 《도서관 펼치기》를 확장하여 다방면으로 실행해 보자. 이는 모두에게 유익한 일이 틀림없을 뿐더러, 우리가 서로 진실하고 참된 교류를 나눌 수 있는 공간을 제공해 준다. 듣고, 이끌어 주고, 만남을 주선하고, 교류를 촉발하는 것이야말로 사서의 본분 아니던가. 원칙에 의거한 바 공공 도서관은 모든 경향, 모든 성격의 호기심, 모든 방향의 질문, 모든 차원의 영감에 열려 있다. 그리고 자신의 지식과 생각을 모든 이들과 다 함께 나누려는 사람에게도 열려 있다. 학교와 도서관 사이의 진정한 관계 맺기는 바로 이러한 사고의 공간에서 이루어지는 것이다.

교실에서 다양한 방식으로 책읽기

　교실에서 책읽기에 관련된 일들이 어떤 정황에 있느냐 하는 문제는 매우 중요한 의미를 띈다. 아이들이 도서관에 와서 자연스럽게 부딪히고 자유로이 행동할 수 있는 가운데 취하는 선택을 그대로 결정해 버리는 요소가 되기 때문이다. 도서관은 모든 연령층의 아이들을 조우할 수 있는 장소이자, 때때로는 아이들과 함께 자신의 관심사나 전문 지식을 나누고 싶어 하는 어른을 만날 수 있는 유일무이한 장소이다. 게다가 정기적인 출석에 의한 만남이 아니라 아이들이 오고 싶을 때 와서 만나는 특별한 형태의 단체 생활이라 할 수 있다.

　학급이라면 이야기가 상당히 달라진다. 유치원이나 초등학교의 나이에 있는 아이들은 같은 그룹의 아이들이 하루 종일 함께 지내고, 매일 매일 이런 생활이 반복된다. 다른 한편 이런 여건은 한 주간이 흘러간 다음 아이들이 문학작품에 푹 빠져 온전히 그 맛을 음미하며 즐길 수 있는 최상의 조건이 된다. 삶의 복잡다단한 일들이 빼곡히 쌓인 그 재미있는 세계로 들어가서 살게 되는 것이다. 아이들은 작품에 등장하는 주인공들을 생생히 살아 있는 인물로 느끼면서, 기쁜 마음으로 이들의 소중한 단짝이 된다. 그리고는 거의 본능적으로 이들 주인공의 모습에 자신의 모습을 포개본다. 이들이 진정 아이의 머릿속에 자리 잡고 있고, 게다가 어딘가 모르게 서로 비슷한 구석이 있다고 느껴지기 때문이다. 그리하여 아이는 자연스럽게, 그리고 기꺼이 주인공에게 삶을 부여하고 문학작품에 빠지게 된다. 바로 이 순간 아이들은 마음속 깊은 데서 우러나오는 생생한 감정으로 얼굴이 빛나게 된다. 한편 아이들이라 해서 언어의 힘, 즉 언어를 통해 전해지는 아름다움이나 강렬함, 섬세함에 결코 무감각한 것이 아니다.

　아이의 책읽기에 동반자가 되어주는 어른의 입장에서도, 이 일은 상당한 경험이 될 수가 있다. 아이에게 책을 읽어주면서, 자신도 감동을 느낄 수 있고 문학작품이 재현하는 그 어떤 최상의 경지를 맛볼 수 있는 기회를 가지게 되기 때문이다. 그리고 이 때에는 한결 여유로운 마음으로 책의 세계를 음미하는 기쁨을 누릴 수도 있다. 아이를 대할 때에도 이 순간만큼은 텍스트를 탐험하듯이 뒤져서 문법이나 어휘, 사상 등의 문제를 캐내고 싶은 마음을 접어야

하며, 내용에 대한 아이의 이해를 거듭 확인하고자 수시로 감시성 질문을 던
지거나 본문을 요약해 보라는 식의 교육적 의도를 가져서도 안 된다. 감각이
예민한 어른이라면 이런 것들은 이 순간 권외의 문제라는 것을 직감적으로 느
껴 스스로 지양하게 되며, 이 귀중한 시간의 본질을 훼손해서는 안 된다는 것
을 절로 깨닫게 된다. 지도 교사는 이 만남에서 정말 의미 있는 존재로서의 자
신을 발견하게 된다. 그런 점에서 아이를 위한다는 관점을 떠나서도 어른에게
도 이 일은 썩 해볼 만한 일이다. 이것이 바로 내가 제3의 시간이라 부르는 것
이다.

몇몇 책들, 예컨대 『위니 더 푸우』[370]나 『버드나무에 부는 바람』[371], 『환상의
요정 무밍트롤』[372]이나, 좀더 자라서 읽게 되는 『워터십 다운의 열한 마리 토
끼』[373] 『토비 롤니스』[374] 등은 제법 긴 시간을 요구하는 여행이 될 것이다. 하지만
정말 좋은 책이나 훌륭한 고전들은 그 자체로 하나의 우주라 할 만큼 뛰어난
점이 많으므로, 그 긴 시간을 충분히 보상하고도 남을 가치가 있다. 문제는 아
이들 혼자서는 이 지점에 닿을 수 없다는 것이다. 손을 내밀어 이끌어 줄 어른
의 도움이 없이는 이 풍성함을 제대로 맛볼 수가 없는 것이다. 사실 아이들이
그 풍요로운 맛을 온전히 느끼기에는 이런 책들은 우선 너무 분량이 많은 편
이다. 하지만 어른이 읽어준다면 오히려 긴 이야기가 더 재미있을 수 있다. 게
다가 책을 읽어주는 사람도 차츰 마치 어떤 게임에 이끌려 들어가듯 보다 진
지해 지고 신중해지며, 더욱 깊은 감각으로 책을 느끼게 된다. 이렇게 해서 교
실에서는 특별한 형태의 한 공동체가 생기게 된다. 아이들은 제각기의 방식으
로 문학 작품을 음미하면서 다른 아이들과 함께 즐거움을 느끼고 함께 감동하
는 체험을 하게 되는 것이다. 작품들이 자연스러이 발산하는 그 어떤 힘으로
인해 교실에서의 생활은 이제 서서히 바뀌어 가면서 보다 활기를 더하게 된

---

370) Alan Alexander Milne 글·E. H. Shepard 그림, 『위니 더 푸우』 *Winnie the Pooh*, 이종인 옮김, 시공사, 1995
371) Kenneth Grahame 글·Ernest H. Shepard 그림, 『버드나무에 부는 바람』 *The Wind in the Willows*, 신수진 옮김, 시공사, 2003
372) Tove Jansson, 『환상의 요정 무밍트롤』 *Trollkalens hatt* (Finn Familly Moomintroll), 조동림 옮김, 곰출판사, 1993
373) Richard Adams, 『워터십 다운의 열한 마리 토끼』 *Watership Down*, 햇살과나무꾼 옮김, 사계절 출판사, 2003
374) Timothée de Fombelle 글·François Place 그림, 『토비 롤네스 1: 멈춰진 삶』 *Tobie Lolness: La vie suspendue*, 『토비 롤네스 2: 엘리샤의 눈동자』 *Tobie Lolness: Les yeux d'Elisha*, 김주경 옮김, 주니어김영사, 2008

다. 그리고 유머가 되살아난다. 모두 함께 문학을 알아가는 행복한 가족 같은 심경을 아이들은 가지게 되는 것이다. 이런 멋진 여행을 성공적으로 해내기 위해서는 무엇보다 작품을 잘 골라야 한다.[375] 훌륭한 책이 아니면 이 여행의 안내자 역할을 할 수가 없다. 진정한 명작이 아니면 안 된다는 말이다. 바로 이 지점에서 사서의 역할은 다시 한 번 중요해진다. 오랜 직업적인 경험을 통해 어린이도서 분야의 살아있는 고전이 무엇인지를 잘 알고 있기 때문이다.[376]

아이들의 상상력이나 감정, 또는 그 본연적 취향을 중시해야 한다는 사실은 교육학에서도 기본 원칙에 해당하는 바이다. 이런 취지 하에 스테너 학교[377]에서는 일 년에 책을 한 권씩 골라 학생들에게 이를 집중적으로 체험하게 만든다. 곧 한해는 성경, 다른 해에는 『천일야화』 Mille et une nuits, 또 그 다음 해에는 『그림 형제의 동화집』 Contes de Grimm, 다음은 『오딧세이』 L'Odyssey... 와 같은 식으로 매년 선정된 책을 중심으로 그 한 해를 살아가게 하는 것이다. 열정 넘치는 활동을 펴고 있는 이 단체에서도 실제로는 집단생활을 통한 체험을 풍성히 해줄 수 있는 책을 고르기 위해 엄청난 연구를 늘 미리 준비한다. 서로 기질이 다른 아이들의 관심사나 취향을 두루 만족시켜줄 수 있을 만큼 내용이 풍요로운 책이어야 하는 것이다. 그것도 일 년이란 긴 시간 동안. 이런 점에서 동화나 신화, 전설의 세계는 광활하고도 보편적인 요소를 많이 품고 있기 때문에 아이들이 싫증을 느끼지 않고 감동을 느낄 수 있는 장르가 된다.[378] 소년

---
375) 이러한 풍성하고도 흥미진진한 여행으로 인도할 수 있는 다른 책들을 우선 생각나는 대로 소개하면 다음과 같은 것들을 들 수 있다. Kathleen Karr, 『멋진 칠면조의 산책』 The Great Turkey Walk, 뉴욕: Farrar, Straus & Giroux, 2000 ; Cynthia Voigt의 《틸러만 시리즈》 Tillermann Circles (뉴욕 Atheneum 출판사에서 1980년대에 순차적으로 발행된 『귀가』 Homecoming, 『달리는 사람』 Runner, 『수상한 사람이 한 명 오다』 Come a Stranger 등) ; Selma Lagerlöf, 『닐스의 신기한 여행』 Nils Holgersson underbara resa genom Sverige (The wonderful Adventures of Nils), 배인섭 옮김, 오즈북스, 2006 ; Richard Adams, 『워터십 다운의 열한 마리 토끼』 Watership Down, 햇살과나무꾼 옮김, 사계절 출판사, 2003 등.
376) 대단히 유감스럽게도, 너무 많은 도서관이나 학교에서 도서 구입은 주로 일반 신문이나 도서 전문 신문들의 소개나, 혹은 출판사들의 신간소개에 의존하고 있다. 어린이 도서 분야에 있어 여전히 조금도 손색없는 훌륭함을 자랑하는 고전 작품들을 무시하고 있으니, 이들은 진정한 명작들을 자진하여 거부하는 셈이다. 일시적으로 반짝 뜨는 작품을 선호하는 경향은 이 분야에도 이렇게 있다. 이 같은 피상적인 태도는, 이러한 일반적 흐름을 무시한 채 여전히 품격 높은 기본 서적들을 카탈로그에서 빼놓지 않으려 애쓰는 출판사나 서점들을 실망시키는 처사가 될 것이다.
377) École Steiner: 교육 이론가 Rudolf Steiner가 기존의 교육관과는 맥이 다른 교육을 펼치기 위해 1919년에 독일에 처음 설립한 2-16세 대상의 사립학교. 미국과 유럽을 중심으로 한 세계 약 1000여 분교에서 감성교육·예술교육·기술교육이란 3대 교육적 지향을 걷기·말하기·생각하기라는 세 차원의 인간 행동 체계를 통해 실현하는 것을 목적으로 하고 있다 -역자 주.
378) 이 문제에 대한 Serge Boimare의 체험적 주장은 특별한 관심을 받을 만하다. 『어린이와 배움에 대한 두려

기의 모호한 지적 능력이나 감수성은 경험을 넓히고 풍성하게 만들어 주는 교육의 힘으로 극복되어 가는 것이다.

픽션 작품도 아주 자연스러운 토론을 이끌어 낼 수 있다. 언젠가 나는 한 초등학교에서 열리는 야누스 코르작의 대표작 『매트 1세』[379]를 중심으로 한 토론회에 참가한 일이 있다. 교사들도 함께 참가하여 아이들이 단체 토론에서 지켜야 할 원칙들을 용의주도하게 조정해 나가고 있었다. 우리는 교실에 도착하는 순서대로 모두 동그랗게 둘러앉았다. 얼굴을 마주 대하는 것이 모임의 성격에 맞을 것 같은 생각에서였다. 어른들은 아주 조심스럽게 조정자의 역할을 해나갔다. 아이들의 의견을 충분히 들어 주고 존중해 주는 이러한 태도는 토론회에 더욱 진지한 분위기를 불어넣었다. 나의 기억 한 켠에 아름답게 남아 있는 이 모임은, 이제 10살 남짓한 아이들에게 토론의 즐거움을 깨닫게 해준 교두보와 같이 느껴졌다. 풍성한 대화가 오가는 가운데 우리 어른들만큼이나 성숙한 정신을 가진 아이들의 내면을 엿볼 수 있었다. 어떤 아이는 이런 말을 했다: "무척 재미있어요. 어려운 문제를 쉬운 방식으로 이해하게 해주거든요. 작가는 어렵고 복잡한 문제를 단순한 형태로 풀어 놓았기 때문에 책이 쉽게 잘 읽혀나갔어요. 우리는 마티아스 왕을 좋아하게 되었고, 이를 계기로 이제까지 읽어 왔던 시시한 소설들을 던져버릴 수 있었지요." 책을 요모조모 짚어가며 아이들은 상당히 깊은 문제까지 건드렸다. 가령 그만한 연령의 아이들에게는 상당히 중요한 문제가 될 것임에 틀림없는 책임감에 대한 개념이나, 부모 자식간의 이해의 어려움, 민주주의의 덫, 가공할 만한 언론의 역할 등. 만일 이 같은 자유로운 토론의 기회가 없었다면, 이 책읽기는 미완으로 끝났을지도 모른다. 이러한 모든 과정은 곧 폴랜드 소아과 의사였던 작가 자신 (Korczak)의 신념이기도 했다. 자신이 운영한 고아원들을 완벽한 어린이 공화국으로 만들고자 염원했던 그의 사상에 부합하는 것이었다.

이와 같은 모임이 있은 다음에는 무슨 일이 일어날까? 책읽기나 토론은 이제 끝났다. 각자 동그랗게 둘러앉았던 자리를 떠나 아이들은 책상으로 돌아가 앉고, 교사는 교탁에 서게 될 것이다. 아이들은 교사들이 자신들의 존재를 인

움』 *L'enfant et la peur d'apprendre*, 파리: Dunod, 1999
379) Janusz Korczak, 『매트 1세』 *Król Maciuś Pierwszy* (King Matt the First), Richard Lourie 옮김, 뉴욕: Farrar, Straus & Giraux, 1986

정했고, 또한 자신들의 이야기를 신중하게 들어주었다는 사실을 상기함으로써 스스로 지적으로 성장되고, 한 단계 높은 지식의 세계로 뛰어올랐음을 느낄 것이다. 이렇게 해서 교실에서 교사와 학생들이 함께 지내며 영위하는 생활 자체가 달라지게 된다. 서로에게 보다 깊은 관심을 가지고 바라보게 되는 것이다.

교육으로서의 조사 연구

아이들이 도서관에 와서 하는 참고 자료 찾기에 대한 것도 사실은 교실에서 미리 배워야 할 내용에 속한다. 우선 자료를 찾는 방법을 배워야 하고, 다음은 찾은 자료에서 원하는 내용을 뽑아내고 이해하는 법을 배워야 한다.

자료를 찾아 탐구하는 것은 학교라는 기관이 생긴 이래 늘 학생들에게 부여되어 온 일이었다. 이런 성격의 일은, 예를 들면 도서관 직원이 교실로 출장 가서 수업을 하는 형태로 해서, 학교와 도서관이 공조 프로그램을 구상할 수 있는 대표적인 경우에 속한다. 원칙적으로 보건대 상당히 그럴 듯해 보이는 이 일이 그러나 실제로는 매우 만족도가 낮은 결과로 드러난다. 언제 어디서나 접속할 수 있는 인터넷의 영향으로 상황은 더욱 악화된다. 잘못할 틈도 미처 없이 순식간에 오리고 붙이는 것으로 숙제는 끝이 난다. 이런 상황은 아이들이 손수 해내어야 할 과제를 가짜로 생산해 내는 양상을 부추기는 결과밖에는 아무것도 아니다. 스스로 해낸 일이 아닌 것이 도대체 무슨 의미를 띨 수 있단 말인가? 더욱이, 이런 식으로 여기저기서 오려 붙인 텍스트들은 길이도 장황하게 늘어질 수밖에 없어 막상 작업을 수행한 학생 당사자나 교사조차 읽어볼 엄두도 나지 않게 만든다!

인터넷을 이용한 자료 찾기는 대학생 정도의 나이나, 아니면 적어도 중등 과정은 마친 아이들이 제대로 활용할 수 있는 방법이지, 아직 어린 학생들에게는 적절하지 않은 과정일 듯하다. 저학년의 아이들이 올바른 조사탐구 과정을 밟게 하려면, 앞서 교실에서 교사와 함께 논의하면서 반드시 학생들로부터 질문을 받아야 한다. 아이들의 실제 조사 탐구 활동에 선행하는 토론이 제대로 되기 위해서는, 이들로부터 다양한 질문을 쏟아내게 만들고 호기심을 유발할 수 있어야 한다. 훌륭한 연구자들은 문제에 대한 해답을 찾기 위해 끊이지 않고 노력한다. 바로 이런 태도가 프레네 학교 L'École Freinet의 교실에서 적용되고 있는 원리이다.[380]

아이가 진정 자신이 알고 싶은 바를 스스로 찾아내었다면, 그 다음부터는 많은 난관을 절로 극복할 수 있게 된다. 카탈로그를 비롯해 인터넷이나 기타 자신에게 허용된 모든 수단을 이용하는 법을 빠른 시간 내에 터득한다. 자신에게 필요한 참고자료를 찾아 내용을 뽑아내는 것도 빨리 익히게 되고, 만일 꼭 알맞은 자료가 없다면 부근의 다른 비슷한 책들을 찾아 응급처치로 대응할 줄도 안다. 이런 아이들은 색인이나 목차를 이용하거나, 아니면 어른의 도움을 받아서라도 자신이 찾는 분야에 관련된 페이지를 기어이 확인하고자 하는 의욕이 있다.[381] 하지만 설사 여기저기서 채집한 정보들을 가득 가지고 있다 하더라도 여하튼 아이들은 아직 이를 분석하고 종합적으로 정리하는 능력은 없는 것이다. 그러므로 교사의 지도 하에 아이들의 숙제 결과물을 모두 교실에 풀어 놓고, 각자 조사하고 탐구한 것을 서로 비교하고 토론하는 과정이 필요하다.

몇몇 출판사에서는 교사용 지침서로서, 아이들로 하여금 보다 체험적으로 참고자료 그림책을 읽을 수 있도록 지도하는 것을 도우려는 목적으로 첨예한 조언이 깃들인 책을 펴내기도 한다. 가령 1702년 멕시코에 앨부퀘크 Albuquerque 총독이 도착하는 장면을 읽는 아이에게는 마치 멀리서 오는 부모를 집에서 기다리고 있는 상황을 상상해보라고 권유하라는 식이다. 이와 더불어 텍스트를 대신하는 역사적 사료들을 면밀히 이해해 나가는데 필요한 요항들을 설명해 놓기도 한다. 교사는 이를 바탕으로 학생들에게 텍스트와 이미지를 효율적으로 연결해줄 수 있는 것이다. 이런 경우 주제를 너무 넓게 잡으면 혼란이 올 수 있기 때문에 이 책에서는 식민 시대에서 17세기까지만 한정적으로 다루고

---

380) CEM (Institut Coopératif de l'École Moderne · 현대교육실천연합) 의 훌륭한 활약상을 참조하시오. (프레네 학교의 설립자 셀레스틴 프레네 Céléstin Freinet 에 의해 1944년에 창설된 프레네 교육 실천 단체로서, 일종의 초국가적 교육 현대화 장려 운동에 근거한 것이라 할 수 있다. 기존의 교육행정에 대한 개혁을 요구함과 동시에 아이들의 자율성과 시민교육, 자연교육 등을 중시한다. "교과서는 없어도 되지만 친구는 없으면 안돼요!" -역자 주)

381) p.34에 기술한 햄스터 소년 이야기를 다시 한번 상기하자.

있다.[382] 혹여 이런 기회를 통해 한 역사가가 탄생하기라도 한다면 정말 멋지고 보람된 일이 아니겠는가? 한편 아이들의 지적 능력이나 호기심에 맞추어 주제를 선정한 책을 선택해야 한다는 것도 잊지 말아야 한다.[383]

아이들이 어떤 주제에 접근해 들어가는 방식이나, 참고 서적을 어떻게 활용하는가, 그리고 이를 어떻게 이해하고 받아들이는가, 하는 문제는 교사에 있어 중대 사안이 아닐 수 없다. 동시에 이런 새로운 지식의 흡수로 인해 교실에서의 생활이 항상 새롭게 쇄신될 수 있다. 책이란 존재의 본질적인 목적이 마음을 터놓은 대화를 이끌어 내면서 사람과 사람 사이의 진정한 교류를 장려하는데 있다는 것을 상기하면서, 교사와 학생들 사이에서도 자유롭고 지적이며 진솔한 대화가 오갈 수 있도록 마음을 열어 두자. 아이가 자신의 고유한 지식 세계를 구축해 나가는 과정을 가장 가까이서 지켜보면서 교사들은 그저 경탄할 수밖에 없을 것이다. 그 기발하고도 예측불허의 질문들을 통해 주의력 깊고 마음이 열려 있는 교사라면 겸허히 자신을 위한 또 다른 하나의 배움의 기회로 받아들일 수 있을 것이다. 아이들로서는 교사가 자신의 말을 충분히 들어줄 태세가 되어 있는 가운데, 당당하게 표현하도록 이끌어 주고 게다가 자신의 불명료한 생각들을 격식에 맞게 틀을 잡아 주는 것이 얼마나 용기를 북돋아주는 일이 되겠는가! 이런 분위기가 연장되어 교실의 아이들은 보다 높이 발전하고 싶은 의욕을 느끼는 가운데, 도서관이나 학교, 혹은 인근 주변 기관에서 구할 수 있는 자료들을 보다 충실히 활용하게 되는 것이다.

학급 단위로 도서관 방문하기

한 학급이 단체로 도서관을 방문하는 것은 어떨까? 쳇바퀴돌 듯 매일 똑같은 일상에서 잠시 벗어나 살아 있는 현장 교육을 할 수 있다는 점에서 이는 아주 바람직한 경험이 될 것이다. 단, 교사가 목적으로 하고 있는 것이 무엇인지, 아이들은 어떤 점을 알고 싶어 하는지, 그리고 도서관 자체의 특성 등을 중심으로 이 방문의 성격이나 목표를 결정하기 위해 교사와 사서들은 사전에

---

382) Claudia Burr, Maria Cristina Urrutia, Krystyna M. Libura, 『총독의 도착』 *La Llegada des virrey*, 멕시코 DF: Ediciones Tecolote, 《Ya veras》 컬렉션, 1996
383) 제 9장 "참고 자료에 대한 이해와 선택" 요항을 참조하시오.

충분한 협의를 거쳐야 한다.

　도서관은 또한 자신의 경험을 나누고자 원하는 어른들에게 늘 문을 열어 두고 있다. 실제 도서관의 사명은 모든 질문에 스스로 대답을 해주는데 있는 것이 아니다. 하지만 도서관은 대답을 찾는 사람과 대답을 해줄 수 있는 사람을 연결해 주는 매개자가 될 수 있다. 사람들 사이의 관계나 또는 어떤 일정한 목적을 위해 일을 엮어 주거나 엮는데 도움이 되어 줄 수 있는 것이다. 학교에서 부여받은 흥미진진한 주제를 계기로, 이 문제에 대해 개인적인 경험을 가지고 있는 사람으로서 그만큼 생생하면서도 풍성한 방식으로 설명을 해줄 수 있는 어른과 만나 함께 풀어갈 수 있다면 이 얼마나 짜릿한 감동이 있는 일이겠는가.

　이와 같은 만남은 도서관 생활의 중요한 일부를 이룬다. 아이가 도서관 내에서 이런 만남을 가질 수 있는 여건이 되고, 거기다 가까이서 책이나 참고자료를 찾아볼 수 있다면 가장 이상적인 환경이 될 것이다. 내게 특별한 기억으로 남아 있는 유난히 값진 결과를 거둔 몇몇 도서관 특별 행사가 있었다. 이들은 모두 아이들에게 가까이 다가가서 풍성한 경험을 가지게 해주거나 혹은 어떤 지식을 체험하게 해주고자 온 단체로서, 아무런 격식이나 제한을 두지 않고 자유로운 분위기에서 아이들과 소통하기를 원했다. 이들은 그저 자신들의 열정을 함께 나누기를 원하면서 아이들을 모든 것을 이해할 수 있는 한 인격체로 대했다. 가르치거나 교육을 베풀어야 할 대상이 아니다.

　어른에 비해 어린이나 청소년들은 훨씬 더 온몸으로 무엇을 받아들인다. 이들의 지적 능력은 단지 지능에서 그치는 문제가 아니다. 감성의 영향도 많이 받는다. 아니 어쩌면 아이들은 감성에 완전 사로잡혀 버리기도 한다. 그래서 이 같은 토론이나 대화의 순간들은 아이들의 머리에 지적 형상으로 저장되어 있기 보다는 마음으로 느낀 형국으로 간직되어 있는 경우가 많다. 전혀 예기치 못한 방식으로 정보를 접하게 되면 아이들은 독창적인 질문을 쏟아낼 수도 있지만, 한편 불안해 할 수도 있다.

　학생과 교사들이 어떤 주제에 대해 관심을 가지게 되었을 때 이에 접근할 수 있는 다양한 방법을 탐구하고, 이를 직접 경험한 사람들을 찾고 도움을 받을 수 있는 여러 단체들을 교섭하며, 그리고 제한된 범주가 아닌 다양한 차원에서 조사 연구해 들어간다면 최상의 지식을 획득할 수 있는 진입로가 될 것이다.

이야기 들려주는 시간을 자주 가지는 것은 바람직한 일이다. 이야기 시간을 자주 주관하는 사서들의 말에 따르면, 여기에 성실히 참가하는 아이들은 픽션을 넘어선 다른 여타의 문학 영역에로까지 관심을 매우 다양하게 넓혀 간다는 것이다. 결국 이러한 과정을 통해 아이들은 감수성이 일깨워지고 위안을 얻게 되며, 다른 무엇에 적극적인 관심을 가지고 다가설 마음과 감동을 느낄 준비가 되어 있으며, 상상력을 발전시키고 자신을 표현할 수 있는 힘을 얻게 되는 것이다. 이 점과 관련해 매리 세드락은 프랑스 대 수학자 샤를르 해미트가 과학원 회원들에게 들려주는 연설문 한 구절을 인용하고 있다: "여러분, 교양을 쌓으십시오. 모든 것이 다 이를 통합니다. 만약 아이들을 훌륭한 수학자로 키우고 싶으시다면, 우선 이들에게 요정이 나오는 동화책부터 읽히십시오."[384]

책읽기란 통계적으로 수를 많이 쌓아간다고 해서 성공하는 일은 결코 아니다. 그렇다고 아무런 노력 없이 저절로 이루어진다는 말도 역시 아니다. 끊임없이 보다 넓고 보다 심오한 경지를 향해 나아가야 한다는 것이다. 그러나 교사와 사서들이 서로 협조하지 않고 각자 혼자만의 영역에 갇혀서는 이러한 높은 차원의 책읽기를 아이들에게 체험시킬 수가 없다. 이들 서로의 분야에서 축적된 경험이 만나야 한다. 그리고 쉬지 않고 숙고하고 연구해야 한다. 바로 이럴 때, 파트너십이라든가 협력, 공조 등의 단어가 제대로의 의미를 띠게 될 것이다.

대부분의 어른에게 그렇듯이 사서나 교사들에게도 이런 일은 늘 일상적으로 부딪히는 일이 아니기 때문에 결코 만만치 않은 과제를 남긴다. 이러한 새로운 양식의 관계는 하지만 아이들 수업의 내면 뼈대를 이루면서 아주 본질적인 중요성을 가진다. G. 바슐라르 Bachelard (1884~1962 · 프랑스 인문사상사이자 시인)가 말하듯, "인연은 이제 맺어지기 시작한 것이다." 이러한 내밀한 관계

---

384) Marie L. Shedlock, 『이야기꾼의 기술』 *The art of the storyteller*, 뉴욕: Dover Publications, 1951
여기서는 Évelyne Cevin (엮음), 『도서관에서의 동화』 *Conte en Bibliothèque* (파리: Édition du Cercle de la librairie, 2005)에 게재된 Geneviève Patte의 글, "도서관에서의 말하기와 이야기" Dits et récits à la bibliothèque 에서 재인용함.

는 상대방에게, 그리고 자신 스스로에게 신뢰를 가지게 만드는 요체가 된다. 그리고 각자 자신의 위치와 역할을 발견하게 하는 매체가 된다. 또한 아이들에게는 지식에 대한 열망과 갈증을 불러일으키고, 어른에게는 전달해주고 싶은 욕구를 느끼게 한다. 이것이야말로 교실 생활의 핵심이 아니겠는가?

제 5부

질서 있는 공동체로 유년 세계의 문을 열어준다

제 17 장

포근한 장소, 질서 있는 공동체

도서관을 친근한 장소로 편안하게 느껴지는 가운데 서로 정보를 주고받고 나눌 수 있는 장소로 만든다는 것은 마음을 열어 놓게 하는 초석을 깔아 주는 일이자 책읽기, 나아가 풍성하고 창의적인 책읽기를 준비하는 토대를 마련해 주는 일이다. 그러므로 도서관의 규모가 분위기와 무관한 것이 아니라는 사실이 다시 한번 증명되는 셈이다.

쉿, 조용히!

아이들은 때때로 소란을 피워야 할 본능적 필요가 있고, 수많은 방식으로 자신의 생각을 표현하고자 하는 욕구가 있다.[385] 게다가 수다스럽기까지 해서 도서관을 찾은 어른들과 종종 마찰을 빚기도 한다. 다른 한편 아이들은 침묵하고 싶은 욕구를 느낄 때도 있다. 이들은 이 욕구를 매우 강렬하게 느낀다. 아이들은 간혹 우리 사서들에게 와서 이 사실을 스스로 고백하면서 시끄럽게 구는 아이들이 이 침묵 욕구를 발견하도록 도와주라는 부탁을 하기도 한다. 사실 요즈음 같은 생활환경에서는 아이들이 조용한 시간을 찾을 수 있는 기회가 그리 많지 않다. 집은 좁은 데다가 한낮에는 텅텅 비고 저녁이면 북적거린다. 시끄럽기는 학교도 마찬가지이다. 콘크리트로 시공한 복도와 싼값으로 지어올린 학교 건축물들은 하루 종일 소음을 전해 나른다.

한데, 독서란 혼자서 하는 행위이자 조용한 환경을 요구하는 일이다. 하지만 집에서 혼자 책을 읽는다는 것은 그렇지 않아도 이미 외로움을 느끼고 있

---

385) Marie Françoise Fromont, 『미성년 아이들: 마르셀 조스의 인류학 사상과 교육학』 *L'enfant mineur: L'Anthropologie de Marcel Jousse et la pédagogie*, 파리: Épi éditions, 1978을 참조하시오.

는 아이에게 몸서리치는 일이 된다. 게다가 혼자서 더 외롭게 될까 두려운 나머지 책을 멀리 하게 될 수도 있다. 그래서 아이들은 대개 도서관에서 다른 사람들과 함께 책 읽는 것을 좋아한다. 여기서는 다른 사람들이 모두 조용히 책 읽기에 집중하고 있기 때문에, 누구든 그다지 어렵지 않게 조용히 집중해서 책 읽는 일을 해낼 수 있다.[386]

"조용히!"란 명령을 도서관 건물 모든 공간에 적용할 필요는 없을 듯하다. 열람실과 떨어진 방 한두 개를 비워 아이들이 마음껏 자신을 표현하도록 해줄 필요가 있다. 만일 그렇지 않으면 특히 학교에서 하루 종일 보내고 온 다음 아이들이 강렬히 느끼는 욕구 곧, 마음껏 떠들고 자유로이 밖으로 표출하고 싶은 충동을 집에 갈 때까지 억누르고 있어야 할 것이다. 아이들에게 도서관 건물 전체에서 늘 침묵하라고는 할 수 없는 일이다. 그럴 필요도 없는 일이고. 반면 독서나 토론, 이야기 시간 등은 집중을 요하는 일이기 때문에 외부 소음이나 사람들이 많이 지나는 통로, 혹 난동부리는 사람 등으로부터 차단된 조용한 공간이어야 한다.

대출실, 조용한 열람실, 그리고 혹 이야기 시간이나 독서 클럽 등의 소규모 그룹이 모일 수 있는 작은 공간 하나를 사용할 수 있다면 매우 다양한 활동이 동시에 진행되는데 편리한 여건이 될 것이다. 그런데 어떤 경우 어찌된 일인지 도서관 활동이나 책읽기에 아무런 관련이 없는 모임이나 클럽이 나란히 들어서기도 한다. 컴퓨터 사용만 할 수 있게 지정된 방 같은 경우이다. 언젠가 한때 아이들에게 수업을 할 때 새로 지은 건물이 좋다는 이야기가 떠돈 것도 마찬가지 맥락이다. 다른 용도로 사용되어야 할 장소에 우리는 아이들의 학습 공간을 만들고 있지는 않을까?

탄력적인 공간 활용과 연회실

도서관의 공간은 탄력적으로 활용되어야 한다. 오늘날 사회는 하루가 다르게 변화해 가고, 이에 따라 도서관에 요구되는 역할 또한 달라질 것이며, 궁

---

386) 텍스트를 읽는 서로 다른 여러 방식에 대해서는 조르쥬 페렉 George Perec의 맛깔스러운 시집, 『생각한다/분류한다』 *Penser/classer*, (파리: Hachette, 20세기 텍스트 컬렉션, 1985)을 참조하시오.

극적으로 도서관에서 펼치는 활동들도 보다 다양화되어 갈 수밖에 없다. 도서관 내에 아이들이 마음대로 사용할 수 있는 인쇄실이 있느냐 하는 문제와 정보실이 구태를 벗어나 최신 수준으로 갖추어졌는가 하는 문제는 도서관에서 얻을 수 있는 정보나 지식의 질적 차원에 결정적인 영향을 끼친다.

 텔레비전이나 비디오에 대한 편견을 떨쳐 버릴 필요가 있다. 흔히 이들을 특별한 도구로 간주한 결과, 한쪽 구석에 밀쳐두고 필요한 때에만 사용하는 경향이 있는데, 보다 효율적으로 이용할 필요가 있다고 본다. 일상적인 수단으로서 이들 매체가 가진 전달 효능을 최대한 적극적으로 활용하고 싶다면 어디에 두고 시청하는 것이 가장 좋을까? 스웨덴의 헬싱부르크 도서관에서는 대출실 내 책장 바로 가까이 텔레비전을 놓아둔다. 그러자 얼마 지나지 않아 아이들이 텔레비전 역시 도서관의 여느 비품과 똑같은 하나의 일상 수단으로 여기기 시작했다고 한다. 별도로 떨어진 한적한 방에 텔레비전이 놓여 있으면 오히려 아이들의 관심이 외로 쏠리면서 일종의 영화 동호회 같은 모임이 생겨 그밖의 다른 도서관 활동에는 아무런 관심을 가지지 않게 된다.

 도서관의 프로그램을 어떻게 조정하느냐에 따라 자칫 클럽이나 아틀리에들이 서로 아무 상관없이 제각기 따로 돌아가는 경우가 발생할 수 있다. 특히 요즈음 컴퓨터에만 의지하여 프로그램을 짜는 경우가 점차 늘어나면서 이런 가능성을 더욱 키우게 된다. 한때 도서관에서 따로 건물을 마련하여 강좌마다 전용실에서 수강생을 맞이하는 것이 바람직하다고 여겨진 시기가 있었다. 도서관의 본질적 목적은 분명 다른 차원에 있을진대, 여기서마저 교육적 분위기에 지배당하는 것이 왠지 씁쓸하게만 느껴진다.

 따뜻한 분위기로 사람들을 맞이하는 태도는 도서관의 큰 자산이고 또 이는 얼마든지 노력하기에 달린 일이다. 설사 도서관이 어린이층 위주로 모든 것이 짜여져 있다 하더라도, 어른이나 청소년층에서도 편안하게 느낄 수 있도록 주변을 배려해야 한다. 도서관 안팎으로 미적인 측면을 고려하는 것은 절대 불필요한 일이 아니다. 아름다움에 무감각한 사람은 실제 아무도 없다. 클라마르 도서관이 처음 문을 열던 날, 아이들이 얼마나 좋아하고 기뻐 날뛰었는지 나는 아직도 생생히 기억하고 있다. 깨끗하게 단장된 방, 목재로 단아하게 마감 처리된 벽들, 아직 아무도 손대지 않은 예쁜 새 책들... 아이들은 일부러 부모를 끌고와 보여주며 자랑하기에 바빴다. 40여 년간 자신의 임무를 충실히 해온 가운데 크게 마모되지 않고 잘 견뎌오고 있다.

치졸하고 나른한 분위기가 아니라, 조화롭고 균형 잡힌 분위기를 연출해야 한다. 그래야 모두 각자 자신의 집에서처럼 편안히 시간을 보낼 수 있을 것이다. 집에서 각자의 방에 있을 때와 똑같이, 아이들이 책을 읽거나 토론할 때 원하는 자세를 마음대로 취할 수 있게끔 가구를 배치해야 한다. 곧 바닥에 퍼져 앉거나 책상 앞에 의자를 두고 앉거나 또는 소파 위에 편히 앉고 싶을 때가 있을 것이다. 누구나 몸에 붙은 습관으로 살기 마련이다.

그다지 오래 전이 아닌 시기까지만 해도 도서관에서 감시라든가 감독이란 개념은 누구도 무시하지 못할 중요성을 띠고 있었다. 모든 열람자는 사서의 시야가 닿는 권역에 있어야 했다. 요즈음은 관리 시스템이 훨씬 세련되어졌고, 특히 아이들의 경우에는 책을 편안히 읽으려면 사람들 눈에 드러나지 않는 장소가 필요하다는 사실까지 대두되고 있다. 아이들이 즐겨 쓰는 표현을 빌면, "숨고, 납작 엎드리고, 높이 올라가" 대중의 눈에 노출되고 싶어 하지 않는 경향이 있기 때문이다. 독서란 개인적인 작업이며 집중력을 요하는 일이기 때문에 열람실 한가운데 전신이 노출된 듯한 느낌 가운데 책을 읽는다는 것은 무리가 있다. 책읽기에 깊숙이 빠져들어가 정신이 온전히 몰두되기에는 불완전한 여건인 것이다.

꼭 공공기관이나 공익단체가 아니더라도 그밖의 다른 적당한 장소에 좋은 책을 비치하여 사람들의 손이 닿게 한다면 바람직한 일이 될 것이다. 책은 항상 여러 부수를 서가에 마련하여 찾아온 사람들이 실망스러운 발걸음을 돌리지 않게 해야 한다. 모르고 지나기에는 너무 아까운 책이란 개념을 늘 염두에 두고, 이들이 최대한 널리 읽히도록 전략을 연구해야 한다. 책을 읽는다는 것은 자신이 점점 빈 그릇이 되어가게 내버려 두지 않는 노력의 일환이자, 필요한 사항들을 재정비하여 준비된 사람으로 미래를 살아가고자 하는 열정인 것이다. 만일 찾는 책이 서가에 없다면 다시 한번 사서에게 부탁해볼 수 있는 탄력적인 방식을 도입하면 좋을 것이다.

예컨대 뉴욕의 이스트 할렘이나 카라카스(베네수엘라 수도 -역자 주) 근교처럼 온 거리가 쓰레기장을 방불케 하는, 유난히 환경이 피폐한 지역에 위치한 도서관들이 얼마나 질서정연하고 깨끗하게 관리되고 있는지 내가 한두 번 감탄한 것이 아니다. 무시당하고 경멸받는데 오히려 익숙한 이 곳 사람들이 잘 정리된 도서관 분위기를 보면서 느끼는 감정은 바로 존중받는다는 느낌이었다. 정성을 다해 쾌적하고 깨끗한 공간을 만든 데에는 독자의 인격에 대한 존중이 배여 있는 것이다. 이러한 노력은 지식이나 정보를 분야별로 명료하게 정리하여, 지역민들이 보다 쉽게 자료를 이용할 수 있게끔 배려한 봉사 정신으로 이어졌다. 이를 위해 도서를 정리하고 검토하는 작업은 결코 만만치 않은 수고였을 텐데도 말이다.

전문적 지식과 능력을 갖춘 직원

풍성한 자료를 갖춘 가운데 프로그램이 부실한 어린이 도서관에서는 어른이 맡아야 할 임무가 그만큼 더 막중해진다. 자신이 알고 있는 지식을 총동원하여 아이들이 문제를 풀어갈 수 있게끔 이끌어 주어야 하고, 그러려면 우선 이 지식에 대해 관심을 가지도록 유도할 줄 알아야 한다. 하지만 자신이 스스로 호기심을 가지지도 않고, 또 지식을 나누려는 마음이 없거나 나누어 줄 수 있는 재능이 없다면 어떻게 아이들의 호기심을 이해하고 유발하며 더욱 성장시켜줄 수가 있겠는가? 자신이 스스로 흥미를 느끼지도 않고, 마음속으로 슬며시 관심의 끈을 놓아버린다면 아이들에게 어떻게 발견의 욕구를 불러일으켜 줄 수가 있겠는가?

많은 사람들이 어린이 분야에 몸담고 있는 이유가 무엇보다 "소명감!"에 불타고 있기 때문이라고 이야기한다. 흔히 듣는 이 말 속에는 종종 감정적인 차원의 그 무엇, 다시 말해 일종의 연민이라든가, 세상이나 현실에 대한 두려움, 다른 어른이나 젊은이들과 함께 일하거나 만남으로써 얻을 수 있는 그 무엇에 대한 열망 / 거부에 대한 무의식적인 회피 등이 숨겨져 있다. 다른 한편 이는 어린이들의 실상에 대해 뭔가를 잘못 알고 있다는 말이다. 열 살내지 열두서너 살, 아니 예닐곱 살만 먹어도 얼마나 다루기 힘든 아이가 많은지 잘 아는 사람이라면 이런 환상은 당장 멈출 것이다. 끊임없이 시끄럽게 떠들고 교실을 마음대로 돌아다니는 아이들의 습성을 감당하려면 일정한 수준의 건강과 함께 인내심을 갖추고 있어야 한다.

감정적·지적 성숙이나 세상을 향해 활짝 열린 호기심은 교사로서 갖추어야 할 최소한의 자질이다. 만일 사서들이 어른으로서의 자신들의 삶에 관심이 없어 보인다면, 어떻게 아이들에게 자라서 빨리 어른이 되고 싶은 마음을 심어줄 수가 있을까?

어쭙잖은 소명감보다는 교사로서의 신념이나 자질에 대한 문제를 논하는 것이 훨씬 보람 있는 일일 것이다. 호기심·유머감각·교류하고자 하는 욕구·아이들을 일깨워 주고 기초를 잡아주는 일에 대한 열정·가르치기 등...

공공서비스 분야는 모두 마찬가지겠지만, 도서관 직원 역시 단체 작업에 적응할 수 있는 자질이 무엇보다 우선시되는 미덕이다. 늘 함께 지내는 도서관 직원들은 물론이려니와 도서관에서 주관하는 활동에 합류하기 위해 한시적으로 초빙된 외부 강사, 단체장, 시 위원들을 두루 만나고 수시로 교섭해야 하는 자리이기 때문이다. 단체 업무에 익숙하거나 심사숙고하는 습관은 독자와의 만남에 노출되어 있는 그 모든 직원에 예외 없이 해당되어야 할 자질이다. 궁극적으로 이는 곧 아이들을 대할 때 균형감각을 잃지 않기 위한 요소가 되기 때문이다.

적합한 자질만 가졌다고 해서 모든 일이 해결되는 것은 아니다. 사서로서의 전문적 지식과 능력을 함양하기 위한 훈련을 쌓아야 한다. 어린이 도서관을 운영한다는 것은 엄격한 교육과정과 정당한 대가를 요구하는 일이다. 흔히 어린이 분야에서의 일은 심오한 전문 지식이 그리 필요하지 않을 것으로 착각을 한다. 이와 반대로 실제 북구에서는 어린이 도서관의 사서라는 위상은 공공 도서관 분야에서 가장 으뜸에 놓인다. 이 같은 사실은 까다로운 교육과정이나, 경력과 연봉에서도 그대로 드러난다. 결국 아이들을 보다 잘 상대하기 위해서는 사서로서의 교육과정에 교육학에 대한 지식, 아동 문학이나 어린이들이 직접 지은 문학에 대한 이해를 모두 함께 버무려 숙지해야 한다. 물론 일반 상식도 빼놓을 수 없다. 한 마디로 말해, 사서란 업무 전문성과 함께 커뮤니케이션 능력을 갖추어야 한다는 말이다.

아동 부서와 성인 부서, 공조의 필요성

종합 도서관의 어린이 부서에서 일을 하게 되면, 유감스럽게도 사서로서의 지위가 대폭 축소되어 버린다. 이런 상황에서는 어린이 부서 사서들이 최고 책임자 자리와 법적으로 보장된 모든 권리를 가진 온전한 공조체재를 이루어 내지 못하면 어린이 부서는 제 자리를 찾기가 힘들다. 오늘날까지도 어린이 부서들은 아무 상관도 없는 다른 영역에 속절없이 묶여 들어가 결국 물 위 기름처럼 외따로 존재하는 아이러니를 벗어나지 못하고 있다.

어린이 도서관은 이제 따끈한 요람에 둘러싸여 언제까지나 보호받는 유아의 나이는 지난 것이다. 자신을 성찰하고 반성하는 미덕을 보이기는 하지만 한편 이 분야는 기가 막힐 정도로 폐쇄적이다. 오늘날 전문직으로 당당히 인정받고 있는 사서가 아이들이나 교사들에게 어른이 되고 싶은 욕구도, 될 가능성도 보여주지 못하는 어떤 세계에 독자를 가두고, 또 자신들 스스로도 갇혀 버린다면 이건 상당한 모순이 아닐까?

대외적으로 인정받는 전문직으로서의 사서의 위상에 걸맞게 청소년 도서 사서 분야를 독립해 교육시킬 필요가 있고, 또 일반 공공도서관에 소속된 어린이 부서 사서들의 지위도 한층 강화해야 한다. 어린이 도서 사서라 하더라도 성인 부서 도서에 대한 것을 알고 있어야 적당한 기회가 닿았을 때 청소년 독자들에게 이용을 권할 수가 있을 것이다. 또한 이들이 어린이 도서에서 너무 오래 지체하지 않고 제 나이에 맞는 과정으로 넘어갈 수 있도록 이끌어 주기 위해서라도 성인 도서에 대한 지식은 필요한 것이다. 마찬가지로 성인 도서 사서들도 어린이 부서에서 무슨 일이 일어나고 있는지 알 필요가 있고, 또 파악하고 있어야 한다. 이렇게 서로의 분야에 대해 지식을 쌓는 것은 결국 자신에게 도움이 되는 길이다. 성인 도서 사서들은 어린이 문학에 대해 최소한의 지식을 가지게 되었고, 어린이 도서 사서들은 성인부 서적에 대해 보다 잘 알게 된 것이다. 어린이 도서와 성인 도서 사이의 경계는 점차 구분이 희미해지고 있다.

어린이 도서 사서와 성인 도서 사서들이 함께 자리를 할 수 있다면, 각자 자신들의 분야 바깥에서 분야 안쪽의 독자층에 관심을 불러일으킬 수 있는 책을 발견할 수 있는 기회가 된다. 일반적으로 가장 훌륭한 어린이 소설은 나이에 상관없이 두루 읽힐 수 있는 작품이다. 주지하다시피, 『로빈슨 크루소』나 『걸리버 여행기』, 『오뒷세이아』, 『성경』 등은 어린이 층을 염두에 두고 쓴 책들은 아니지만 부분적으로나마 어린이 층에서 즐겨 읽히고 있다.

이와는 반대로 명백히 어린이용으로 나온 책이지만, 어른들이 아이들 못지않게 푹 빠져 손에서 놓지 못하는 것들이 있다. 『이상한 나라의 앨리스』 Alice in Wonderland, 『호비트의 모험』[387], 『워터십 다운의 열한 마리 토끼』[388] 등을 비롯하여 어른이 되었을 때 종종 다시 읽는 쥘 베른이나 잭 런던의 작품들이 그 좋은 예이다. 예전에는 저녁을 먹고 난 후 어른이나 아이들이 모두 함께 모여 이야기를 들으면서, 각자 자기 방식대로 해석하고, 제각기 자신에게 유리한 것만 받아들이는 식이었다. 어른들도 연령층을 불문하고 그림 형제의 동화나 안데르센 동화집을 읽고, 또 읽기를 즐긴다. 하지만 원작에 대해 왜곡된 해석을 하는 어린이 판본은 여하튼 아이들 손에 넘어가게 해서는 안 된다. 사서들이 전하는 바에 의하면, 이른바 청소년 층 대상의 몇몇 책들은 읽기 좋은 활자체와 아이들 입맛에 맞는 주제로 인해 주로 고등학교 학생들에게조차 많은 인기를 누린다고 한다.

결국 출판사 측에서 제시해 놓은 이 같은 인위적인 연령의 벽을 무너뜨리려면 모든 부서의 사서들이 합동 작전을 펴지 않을 수 없다. 사서로서 내가 뉴욕 도서관에서 가장 부러워했던 점은 바로 조직의 유연성이다. 이들은 보통 때에는 어린이 부서의 책을 먼저 채우고, 그 다음 어른 부서의 책을 채우게 했지만, 만약 긴요하게 필요한 것이 있을 경우 그 반대 방향으로 일을 처리하였다. 나는 이 점을 온전히 이해할 수 있었는데, 그것은 바로 어른들이 도서관을 매우 활발하게 이용하고 있는 것 같았고, 대개 어른들이 관심을 가지는 사안은 다른 어른에게도 흥미를 줄 수 있는 것이기 때문이었다. 나는 필요할 경우 언제든지 출판국장을 만날 수 있었고, 여기서 얻은 정보를 토대로 아이들과의 만남을 보다 풍성하게 만들 수 있었다. 나는 도서관의 서로 다른 여러 부서들의 기능에 대해서도 훤히 꿰뚫게 되었는데, 이는 아이들을 지도하는데 많은 도움이 되었다. 물론 이 모든 과정은 아이들이 도서관에서 피부로 부딪히는

---

387) John Ronald Reuel Tolkien, 『호비트의 모험』 Bilbo en hobbits äventyr, 공덕룡 옮김, 동서문화사, 2004
388) Richard Adams, 『워터십 다운의 열한 마리 토끼 1, 2, 3, 4』 Watership Down, 햇살과나무꾼 옮김, 사계절, 2003

실질적인 문제들을 해결하는데 도움이 되었고, 말할 것도 없이 직원들은 이에 무척 만족해 했다. 이런 체계야말로 어린이를 대상으로 하는 일에 있어 최상의 조화를 이룬 구성임에 틀림없다.

이와 반대 방향으로, 성인 도서 사서들이 이따금씩 어린이를 상대로 일을 할 기회를 가진다면 이들에 대해 보다 잘 알게 될 것이다. 결과, 아이를 무시하는 듯한 행동을 삼갈 수 있을 것이며, 몇몇 어른들이 아이들만 마주 대하면 막연히 느끼는 두려움도 필요 없게 될 것이고, 또 이 두려움으로 인해 필요 없이 과민한 행동을 보이는 경우도 사라지게 될 것이다. 이들은 어른도 어린이 책을 읽으며 즐거워할 수 있다는 사실을 새삼 깨닫게 될 것이다. 한 번 붙잡기만 하면 사람들이 좀체 손에서 떼어 놓기 힘든 그 책들을 읽는다면 말이다. 이들은 또한 순박한 수준이긴 하지만 다른 한편 중요하기 그지없는 문제들에 대해 해답을 얻는 즐거움을 발견하게 될 것이다. 이렇게 해서 결국은 이들은 어른 부서에 새로 나오는 독자들을 보다 잘 맞이하게 된다.

이 같은 주고받음은 소규모 도서관이나 지역의 분점에서는 실제 일어나고 있는 일이다. 이곳에서는 어린이층과 어른층이 별도로 나뉘어져야 할 만큼 전체 인원수가 많지 않고 공간적 여건 또한 이들을 함께 묶어 주기 때문이다. 이 두 세대간의 분리가 일어나는 것은 대개 규모가 큰 도서관이나 대도시 도서관에서이다.

이러한 조직의 유연성은 어른을 상대로 하는 직원이나 어린이들을 상대로 하는 직원들이 업무를 훌륭하게 수행해 낼 수 있는 토대가 되면서 결국 도서관 전체의 균형을 잡아주는 자원이 된다. 일반적으로 어린이 도서 분야를 맡고 있는 사람들은 아직도 거의 여성들 일색이다. 반면, 남성들은 성인 부서에서 보다 자주 눈에 띈다. 이 두 부서가 좀더 가까워진다면 어린이 도서관이 보다 조화로운 모습으로 비춰지게 될 것이다. 나아가 보다 성숙한 얼굴 아래 현실의 삶과 긴밀하게 연결된 몸짓으로 세상과 소통하게 될 것이다.

언제나 노력하는 조직

사서들은 점점 외부의 다른 어른들, 곧 아이들을 돌보는 일선에 있는 부모나 교사를 비롯하여 예술가, 출판업자들과 함께 머리를 맞대고 일을 해나가야 할 필요성을 느낀다. 바로 여기서 또 하나의 개방성이 존재하는 것이다.

오늘날 지식으로 진입하는 과정이 점점 새로운 개념으로 확장되고 있는 것 같다. 사서의 역할 또한 특별히 중요한 시점에 있다. 그 어느 때보다 확고한 전문적 능력이 요구되는 것이다. 이 능력이란 위에서 우리가 살펴본 바와 같이 젊은 층의 관심을 끌 수 있는 문학이나 다른 자료에 대한 지식에 뿌리박고 있다. 이 능력은 또한 읽기에 문제가 없는 / 있는 아이인가에 대한 주의 깊은 관찰로부터 시작되는 일이기도 하다. 어떤 사안에 대해 자동적인 답안으로 해결하지 않고 다각도로 검토하여 조리에 맞는 해결방안을 모색하려면, 국내는 물론 가능하다면 외국에서의 다양한 연수경험을 쌓아야 한다. 이러한 경험은 도서관이란 공간의 지평을 넓히는데 도움을 주고 문제 해결에 유연하게 대처할 수 있는 여유를 가져다 준다.

아동 문학에 대한 진정한 이해는 무엇보다 많은 작품을 직접 섭렵하고, 도서관에서 제공되는 도서나 관련 프로그램에 대한 아이들의 반응을 유심히 관찰하는 데서 비롯된다. 여기에 다양한 분야의 전문가들, 곧 아동심리학자나 아동정신분석가, 민속학자, 역사가, 인류학자들과 만나 함께 논의하고 연구할 수 있는 여건이 주어진다면 보다 심오한 이해가 가능할 것이다. 이들과의 만남은 사서나 아동문학 전문가들이 이론적으로 접근·고찰할 수 있는 토대를 마련해 준다. 또한 어린이나 청소년에 관련된 문제는 지역에 사는 어른들 중 현실에 대한 폭넓은 지식과 이해를 가진 사람들과 함께 광범위한 시각으로 검토할수록 좋다.

제 18 장
끊임없는 연구와 도전

　내가 뉴욕 공공 도서관에서 연수를 할 때 가장 인상깊게 본 것은 중앙집권식의 조직 관리 시스템이었다. 사서들은 각자 자신에게 주어진 교육과정을 충실히 받는 한편 어느 순간 다른 사서들을 교육시키는 입장이 되는 것이다. 그리고 각 개인은 혼자의 힘으로는 제대로 이루어질 수 없는 책을 선정한다거나 분석하는 일 같은 단체 단위의 업무에 자신의 능력을 보태는 것이다.
　이 일은 정기적으로 끊임없이 이루어지는 직원들에 대한 재교육 프로그램으로 완성이 된다. 오늘날 출판물이 매일처럼 봇물 쏟아지듯 하는 상황에서는 사서들이 다 함께 모여 엄중한 심사를 해야 하고 중앙위원회가 다시 이를 조정한다. 이러한 양상의 업무는 또한 동일한 동화에 대해 서로 다른 해석을 가한 이야기들의 상호 비교, 원본에 대한 번역이나 번안의 비교, 동일한 주제에 대한 국내외 신·구간 저술들의 비교가 제대로 이루어지게 한다. 그리고 혹 필요하다면 외부 전문가나 다른 기관의 도움을 받아서라도 정확성이나 역사적 사실에 대한 진위 확인도 순조로이 진행될 수 있게 한다. 더 이상 서가에 꽂아둘 가치가 없는 책이나 치워버려야 할 책들을 잘 골라 제거 작업을 하는 것도 새로 구입할 도서를 선정하는 일만큼이나 중요한 사안이다. 지난 도서를 정리하고 신간을 마련하는 일은 양쪽 모두 신중하고도 전문적인 시각이 요구되는 작업이다.
　소수로 이루어진 팀이라면 사서들이 이러한 업무를 처음부터 끝까지 꼼꼼히 처리한다는 것은 힘든 일이다. 하지만 구입할 책을 분석하고 선정하는 일, 제거해야 할 도서를 고르는 일을 위해 현지 사서들이 함께 모여 의논하고 생각을 나눈다는 것은 여전히 중요하고 또 필요한 일이다. 아이들을 항상 가까이서 지켜보는 현장 감각이 살아 있고, 도서관에서 권하는 책에 대해 아이들이 어떤 반응을 보이는지 직접 눈으로 확인할 수 있는 위치에 있는 사람들이기 때문이다. 이러한 경험은 그 어떤 것으로도 대체할 수 없을 만큼 귀중한 것이고, 또 그만큼 가치가 있는 일이다. 사서들의 이러한 협동과 전문성은 올바른 도서 선정을 위해 필요한 것이기도 하지만 이 같은 책임의식은 역동적으로 일을 할 수 있게 만들어 주는 요인이 되기도 한다.

도서관에는 또한 어린이 도서를 연구하는데 관심을 가진 어른을 위한 자료들이 소장되어 있다. 도시마다 한 군데씩 있는 이 도서관에는 대개 방송인이나 부모, 교육가들이 드나든다. 이런 자료를 마련함으로써 도서관은 지역의 모든 사람들이 필요로 하는 정보를 채워주는 중요한 업무를 완수하는 것이다.

조사 연구

아이들의 흥미를 끌 수 있는 책이나 자료들에 대해 충분한 지식을 가지고 있다는 것만으로 모든 일이 해결되는 것은 아니다. 일련의 수단을 통해 독자층에 대해 잘 알고 있어야 한다. 현장에 대한 조사를 수행하여 독자층의 범주와, 그들 각자의 생활방식이나 문화적 수준이 독서 경향과 어떤 상관관계를 이루는지 알아야 한다. 이러한 이해는 새로운 도서선정이나 도서관에서 주관하는 단체 활동, 또는 도서관의 총체적 기능에도 반영되어야 한다. 이는 또한 도서관의 전반적 활동이 오늘날 아이들의 요구에 더 이상 부합하지 않은 내용들로 채워져 단지 형식적 차원에서 겉돌며 머물고 있는 것 아닌지 가장 잘 파악할 수 있는 방법이기도 하다. 독자들의 삶의 방식을 결정하는 요인들은 근래 몇 년간 말할 수 없이 많이 변화되었다: 정보를 얻는 방법, 부모와의 관계, 나날이 발전하는 정보 처리 기술, 학교생활을 영위하는 양식, 다양하게 여가 시간을 즐길 수 있는 방법, 새로운 관심 분야의 대두 등, 도서관은 독자를 맞으면서 이 변화된 요소들을 늘 염두에 두고 있는가? 그들이 필요로 하는 이 요소들을 채워주고 있는가? 그 어떤 다른 기관에서도 제공하지 못하는 온전한 방법으로 말이다. 지금이야말로 차분히 앉아 엄밀한 정세판단을 하기 위한 시간을 가져야 할 순간이다.

도서관에 자주 나오는 독자나 잠재적 독자의 생활양식에 대해 미처 파악할 시간을 갖지 못했다면 어떤 식으로 활동을 시작하면 될까? 도서관이 찾을 만한 가치가 있는 장소이고, 그들은 또한 도서관을 찾아올 권리가 있다는 것을 알게 해주려면 말이다. 유효한 활동을 기획하는 토대는 지역민들이 얼마나 자주 도서관을 찾아오는가, 그들이 필요로 하는 것은 무엇인가, 그리고 사서의 하고자 하는 의지에 달려 있다.

몇몇 도서관에서는 매일 아이들이 모두 떠나고 난 후, 이들과 접촉해 있던 도서관의 모든 스태프 곧 사서나 다른 부서의 직원들, 공공 업무 담당자들이 함께 모인다. 하루 동안 도서관에서 일어났던 일, 아이들에 관련된 업무, 대두된 문제들, 이에 대한 해결책, 그리고 만약 이 같은 일이 다시 발생할 경우 보다 잘 해결하기 위한 다른 방안 등을 이야기하기 위해서이다. 이런 과정을 거치며 경험을 교훈삼아 이들은 매일 계획을 수정하고 변경해 나가는 것이다. 팀 단위로 효율적으로 진행되는 이 같은 일은 보다 세밀히 아이들의 동향을 살피게 해주고, 공조 체재 가운데 원만히 업무가 이루어지게 해준다. 도시나 시골의 빈곤층을 대상으로 운동을 펼치는 《무슨 고민이든 도와 드립니다》단체는 바로 이 같은 이해를 토대로 하는 것이다.

봉사하고자 하는 대상층을 진심으로 이해하기 위하여 이 단체에서는 기술적인 조사 방법과 대상층에 대하여 적극적으로 파악하기를 시도한다. 틀에 얽매인 활동을 무조건 형식적으로 밀어붙이기보다는 자신이 상대로 하는 독자층에 대해 진정한 공감대를 형성하고자 하는 사서라면 이 같은 방식을 응용해 볼 만하다. 사실 사회적으로 별 환영받지 못하는 계층에서 곧장 사서로 뽑힌다는 것은 무척 드문 일이다. 이들 계층에 대한 구체적인 조사를 실시함으로써 도서관측으로서는 앞으로 품어야 할 대상에 대한 필요조건을 여실히 파악할 수 있는 기회가 된다. 동시에 이 같은 결과를 통해 이들에 대해 다소 굽어보고 있는 사회적 편견을 바로잡을 수 있는 계기도 될 것이다. 실제로 어떤 사서들은 품격 높은 명작은 이 계층의 독자들에게는 결단코 권유하지 않는다는 원칙을 스스로 세워두고 있다. 이들이 변명삼아 내세우는 말은 일종의 엘리트주의나 소시민적 속물 근성에 기인하는 것이다. 이른바 하층 계급이 누리고 있는 문화에 대한 무시 속에는, 그리고 사서들 자신들은 이 문화권에 대해 참여하고 싶어 하지 않는 무의식의 저변에는 바로 독자에 대한 무시가 깔린 것이 아닐까?

극빈층을 많이 상대하다 보면 오히려 아무것도 가진 것이 없는 사람들의 열렬한 갈망을 도드라지게 느끼게 되고, 책이나 독서가 정작 신비로운 시각을 마음껏 열어주어야 할 사람들의 현실이 손에 잡히게 된다. 유난히 힘든 삶을 영위하고 있는 사람들이 모여 있는 장소에서 실행되고 있는 다양한 형태의 활동상을 보면, 놀랍게도 책이 최우선 순위에 있음을 발견하게 된다.[389] 사회 소외계층에 속하는 이들 독자층에 접근하려면 처음엔 다소 특별한 배려가 필요할 것이지만, 그렇다고 이들을 예외적으로 대우함으로써 오히려 고립감을 느끼게 만드는 일은 절대 피해야 할 사안이다. 이와는 반대로 기관 내에서의 자신의 입장에 대한 자신감을 가질 수 있도록 도와주어야 할 것이다.

제각기 다른 입장을 가진 독자를 상대해야 하는 도서관으로서는 최선의 서비스를 제공하기 위한 노력 또한 다양한 차원으로 고려되어야 할 것이다. 독자 한 사람 한 사람의 구체적인 요구에 성심껏 귀기울이고, 때로는 예사로운 경우가 아닌 특별한 해답을 제공해야 하기도 할 것이다. 그리고 아이들 각자가 지닌 특성이나 독특한 개성을 보편적 시각에서 인정하고, 이들이 서로 소통하고 교류되도록 힘써야 할 것이다. 도서관에서 이야기 시간에 『식인귀』 L'Ogresse나 『천일야화』 Mille et une Nuits 같은 아랍 전통에서 유래된 동화를 들려 줄 때에, 마그렙 Maghréb(모로코, 튀니지, 알제리를 포함하는 북아프리카 지방 -역자 주) 출신의 아이들은 은유로 감추어진 몇몇 사실에 대해 비밀을 풀 수 있는 열쇠를 가지고 있음을 자랑스레 여기며, 다른 아이들에게 뻐기면서 설명해 준다. 마찬가지로, 아랍 음악 듣기 기회가 제공되면, 이 지역 아이들은 자신들의 문화가 인정받았다는 사실에 대한 자부심을 가진다. 하지만 이들에게 꼭 자신들의 근원적 정체성에 관련된 활동이 절대적으로, 그리고 유일하게 필요하다고 성급히 결론을 내리지는 말자. 설사 자신들의 문화가 당당히 인정받는 것을 눈으로 확인하는 즐거움을 느낀다 하더라도 다른 한편 언제나

---

389) 1957년 Joseph Wresinski에 의해 파리 근교 빈민촌에 창설된 빈곤근절운동의 일환인 《무슨 고민이든 도와 드립니다》 단체의 연구조사 결과. 370여명의 종신 자원 봉사자들에 의해 운영되는 이 단체는 현재 5대륙 29 국가로 확장되어 약 십만 명의 회원을 대상으로 빈곤탈출에 대한 자발적 의지를 격려하고 있다. 매년 10월 17일은 1992년 이래 유엔에 의해 공식 인정된 세계 빈곤퇴치의 날이다. -역자 주.

소수민족으로 분류되는 자신들의 근원적 정체성에 대해, 민속적 측면으로만 부각되는 자신들의 문화적 정체성에 대해 불만을 품을 수 있기 때문이다.

일반적으로 아이들은 다른 아이들과 합일하여 한 단체에 소속되고 싶은 욕구를 강하게 느낀다. 함께 놀고 더불어 생활하고자 하는 욕구인 것이다. 마찬가지로 아이들은 또한 어른들과의 접촉에 대한 욕구도 느끼며, 단지 학생들 위주로 설계된 학교생활은 감옥같이 가두어 두려는 느낌을 받기 때문에 그다지 애정을 가질 수가 없는 것이다.

제 19 장
유년 세계의 문을 열어 주다

상호 교류와 대화의 장, 그리고 세상으로 나아가는 열림의 공간이 되고자 하는 노력은 도서관의 소명 그 자체라 할 수 있다. 정보 제공을 통하여 궁극적으로 도달하여야 할 본질은 언제나 보다 확장된 시각을 가질 수 있도록 이끌어주는 일이다. 현실 세계와 상상의 세계에 대해 보다 높이 꿈꾸고, 보다 멀리 바라보며, 보다 심오하게 이해하고 싶은 욕구를 심어주어야 하는 것이다. 아이는 하루하루 성장해 나가는 존재이다. 이러한 경험을 토대로 자신이 누구인지 알아가며, 자신감을 가지게 된다. 동시에 자신의 능력에 대해 신뢰하게 되어, 새로운 세계에 대한 공포가 아니라, 눈앞에 펼쳐지는 세계와 대면하고픈 욕구를 느끼게 된다.

도서관은 이러한 성장이 쉽게 이루어지도록 도움을 주는 존재이다. 그렇게 되기 위해서는 도서관 스스로 풍요로운 세계를 이루어야 하며, 우선 어른의 세계가 서로 다른 여러 세대와 서로 다른 개성들이 혼효混淆하여 빚어내는 풍성함으로 가득 채워지도록 문을 활짝 열어 놓아야 한다.

아이들 특유의 욕구를 만족시키기 위해서는, 사서들은 어린이 독자 전용 공간의 필요성을 염두에 두어야 한다. 그리고 이 분야에 대한 직원 특별 교육, 세심하게 분석되고 선정된 자료들, 아동 심리학에 기초한 활동 개최 등의 당위성을 주장해야 한다. 이로써 아이들을 결핍과 무관심의 상황으로부터 구해낼 수가 있는 것이다. 다른 한편 어린이 전용 열람실은 자칫 아이들로 하여금 특별한 세계에 폐쇄되어 살게끔 만들어 버릴 수도 있다. 아이들의 낮 시간 대부분을 차지하는 학교생활은 이미 나이에 따라 '분류된' 등급 사회에 속한다. 이들의 여가 시간 또한 대부분 연령층에 따라 나뉘어져 있기는 마찬가지이다. 이러한 상황에서 교류란 제대로 이루어지기가 힘들다.

도서관은 세대나 연령차를 막론하고 모든 이에게 관련되는 교육적 문화적 장소이다. 다시 말해 어른이나 아이, 젊은층이나 노년층, 부모나 자녀 할 것 없이 관계를 맺을 수 있는 지적 공간이 되는 것이다. 어른과 아이들의 만남은 이미 어린이 분야에서 이루어진다. 그러나 이 같은 상황이 항상 문제없이 나아가는 것만은 아니다. 어른들은 간혹 아이들과 함께 있다는 사실을 껄끄럽게 여길 수 있고, 아이들은 어른들은 좀 떠나 주었으면 하고 바라는 마음이 간절해지기도 하는 것이다. 하지만 이러한 하찮은 불편함 때문에 보다 큰 이득을 포기할 수는 없지 않은가? 특히 어른과 함께 있음으로써 아이들이 독서에 대한 기술적인 훈련을 보다 효율적으로 익힐 수 있는 시점에서는 말이다. 아이들이란 언제나 어른을 흉내 내거나 따라하고 싶은 욕구를 느끼는 존재들인지라, 어른들이 책을 읽는 모습을 바라보면서 이들처럼 노련하게 읽고 싶은 마음에 책읽기를 빨리 배우고 싶은 열망을 가지게 된다. 반대로 책읽기의 첫 걸음마를 배우는 고된 훈련을 치르고 있는 어른들로서는, 세상의 아무런 다른 고민거리가 끼어들 여지없이 즐거이 책을 읽고 있는 아이들을 보면서 자신도 책과 함께 다른 세계를 맛보고 싶은 희망을 가지게 된다. 이와 함께 책읽기에 완전 몰입되어 있는 좀더 큰 아이들을 바라보며 이들과 마주하여 책을 읽고 싶은 욕구를 스스로 느끼게 되는 것이다.

공공 도서관에 드나드는 어른이나 아이들은 크게 보아 제각기 나름의 행동 패턴이 있다. 어른들은 도서관에 와서 책을 잽싸게 고르고는 휑하니 떠나버린다. 아이들, 특히 떼를 지어 함께 몰려 온 좀 큰 아이들은 오랜 시간 도서관에 머물고 싶어 한다. 많은 아이들이 학교 시간 외의 대부분의 시간을 이곳에서 보낸다. 그러니, 집에서 하는 모든 생활을 이곳에서 그대로 하려고 든다. 하지만 아직은 어른의 보살핌이 필요한 나이에 있어 이들에게는 특별한 관심을 기울여야 한다. 자신의 존재감을 드러내기 위해 이들은 일부러 시끄럽게 떠들고 소란을 피우기까지 한다. 때로는 고의적으로 어른을 방해하기도 한다. 책읽기에 집중하고 싶은 어른이라면 이런 훼방에 신경을 곤두세우게 되고, 마침내 피로감을 느끼며 참기 어렵게 된다. 특히 나이가 지긋한 어른들은 다른 연령대의 사람들에 비해 공공장소에서의 안전성을 보다 민감하게 느낀다. 리듬이 느리고 쉽게 결단을 내리지 못하는 이들 연령층의 습성 또한 충분히 존중되어야 할 사안이다.

　어른과 아이들이 공간을 함께 한다는 것은 이렇듯 적나라한 어려움을 파생시킨다. 오랜 기간에 걸쳐 관습적으로 굳어져 온 어른 대 아이라는 분리 구도가 서로의 특성을 인식하지 못한 채 대결된 탓에 이 어려움은 더욱 커진 것이다. 우리는 누구나 기차 여행을 하면서 무작위의 여러 사람이 복잡하게 얽혀 있는 칸 내에서 아이들이 참을 수 없다는 듯 어른들을 고의로 방해하거나, 유치한 짓을 어설프게 저지르는 것을 당해본 경험이 있을 것이다. 다른 한편 아이가 전적으로 어른들과 함께 생활하는 다른 문화권에서는 이런 경우 다른 양상이 나타난다. 어떤 의미에서는 책임감을 함께 한다고 할 수 있는 이러한 경우에는 보다 자연스러운 상황 하에 아이와 어른이 함께 있을 수 있는 것이다.

　도서관이 나서 지역민의 모든 교양 문제를 해결하려 들어서는 안 된다는 것은 말할 필요도 없는 일이다. 더욱이 지역 내에서의 확고한 위치를 확보하기 전이라면 더욱 신중한 태도를 보여야 한다. 일격에 주민의 삶 속 깊이 스며들고자 애를 쓸 것이 아니라, 각자가 자신의 참된 모습과 스스로의 독자성을 마주할 수 있는 기본 여건을 마련하는데 겸허한 자세로써 최선을 다해야 한다.

　어른과 아이들이 공간을 함께 한다는 것은 매우 힘든 일이지만, 한편 생동감 넘치는 일이기도 하다. 이는 모든 것 또는 모든 순간을 함께 나눈다거나, 모두 함께 무엇을 해야 하는 것을 의미하는 것은 아니다. 보통의 가정에서 아이들은 각자 자기 방을 가지고 있고, 어른의 눈길이 닿지 않는 그곳 은신처에서 혼자 고즈넉이 지낼 수 있음을 기쁘게 여기면서 자기가 하고 싶은 일을 아무 방해받지 않고 하다가, 어느 순간 가족 모두 자연스레 거실 테이블로 모여들어 함께 이야기를 나누고 생활의 일부를 나눈다. 도서관에서도 이와 같은 이치로 어른과 아이들이 만나야 하는 것이다.

자신의 취향에 맞는 도서 분야 찾기

　결국 모든 개인은 제각기 자신의 영역이 필요한 것이다. 아이들은 거기서 자신에게 필요한 책을 쉽게 찾을 수 있음은 물론이다. 그렇지 않으면 필요 없이 넘쳐나는 책의 홍수에 떠내려가고 말 것이다. 거기서 그들은 어른의 삶과는 기준이 다른, 보다 제한적이고 아직은 단순한 그들 삶의 경험을 고려한 책을 만날 수 있다. 다른 한편 모든 장르의 책들이 아이들 손에 그대로 흘러들어가게 해서도 안될 일이다. 저속한 취향에 영합하여 폭력이나 상해 장면을 부각시키는 책들에 아이들은 쉽게 빠져 들 수 있다. 현실적으로 감당하기 어려운 지나친 난폭함에 노출되는 이 같은 경우 아이들의 감수성이 상처받지 않으리란 보장은 없는 것이다.

도서관에서 아이들을 대할 때 가장 기본적 자세 중 하나가, 법적으로 보장된 모든 권리를 가진 정식의 인격체로 여겨야 한다는 것이다. 하지만 도서관은 이들을 대상으로 책임감에 대해 생각하게 하고, 또 훈련을 시킬 수 있는 장소이기도 하다. 이런 모든 이유로 아이들은 자신들만의 공간을 필요로 한다.

하지만 어른들과의 관계가 무시된 채 온전히 아이들 위주로만 짜여진 조직은 종종 아이들의 성장과정에 대한 이해가 부족한 가운데 과보호적 단면을 드러내고 있다. 다행히 이젠 역사의 옛 페이지로 넘어간 일이지만, 가까운 근래까지만 하더라도 어린이 분야는 어른들로부터 금기시되어 왔다. 실제 이들 어른 중 어떤 사람들은 아이의 고유한 취향을 깡그리 무시한 채 자녀를 대신하여 기계적으로 책을 고르고, 어떤 부류의 책은 아이가 읽지 못하도록 감시하곤 했다. "아이를 여기 두고 갈게요. 하지만 얘가 만화를 읽지 못하도록 잘 감시해 주세요."

정신이 숨쉬도록 해주려면 아이들이 살고 있는 장소를 환기시킬 필요가 있다. 그렇지 않으면 점차 모든 성장이 난관에 부딪히게 되고, 유년시절이 퇴색되어 갈 수도 있기 때문이다.

어린이 도서관, 가족 도서관

어린이도서관은 차츰 일가족 모두를 위한 도서관으로 나아가고 있다. 가족 도서관! 참 행복한 말이다. 도서관에서 어린이 틈에 섞여 독서삼매경에 빠진 어른을 보는 것은 이제 당연한 일처럼 여겨진다. 그 중 가장 흔히 눈에 띄는 풍경은 아무래도 책(문자 텍스트)에 푹 빠져 열심히 읽고 있는 젊은 독자들일 것이다. 확실히 문자라는 표현 수단은 작품에서 주제를 명쾌하게 이끌고 가는 선도적 역할을 하고, 그렇기 때문에 문자 텍스트는 거의 모든 연령층의 독자를 집중시켜 감정에 몰입하게 할 수 있다는 장점이 있는 것은 사실이다. 하지만 시각에 직접 호소하는 표현 방식의 그림책이라고 해서 늘 화사한 주제가 느긋하게 펼쳐지는 것만은 아니다. 서사 내용의 종류나 수준에 관계없이 그림책에서의 그림은 텍스트와 절묘하게 호흡을 맞추면서 책의 예술성을 완성하는 요인으로 작용될 수 있다. 여기, 청소년이나 나아가 어른들이 보아도 조금도 손색이 없을 만큼 빼어난 그림과 진중한 주제, 자연스러운 구성 등을 갖춘 그림책 두 권을 소개한다. 세계사의 험난한 굴곡 사이로 요동치는 한 시대의 파란만장한 풍경을 여과 없이 조망하는 아이의 시선이 자서전적 성격으로 담긴 책들이다. 이들은 중국 격변기 문화대혁명의 소용돌이를 온몸으로 겪어낸 각 저자의 실제 삶을 모델로 이 시기 정황을 극적인 감수성으로 촘촘히 엮어내면서 인간과 역사, 고난과 희망, 그리고 마침내 우리 삶 밑바닥의 원초적인 힘을 길어 올리는 용기에 대해 이야기한다.

『붉은 땅의 기억 – 한 소년이 겪은 중국 문화대혁명』[390]은 책을 쓰고 그린 장안거가 뜻하지 않은 시대적 운명 아래 휘말려 들어간 자신의 불우했던 유년 시절을 담담히 회상하는 형식이다. 남달리 행복하지도 않았지만 특별한 불행도 없이 하루하루 소시민의 평범한 생활을 나름 즐기면서 살아가고 있던 베이징의 13살 소년에게 어느 날, 원인도 의미도 채 알 수 없는 거대한 변화의 물결이 덮쳐 온다. 마오 주석의 청년 조직인 홍위병에 지원하여 친구들과 함께 거리에 혁명 표어를 붙이고 주석의 주문을 외우기도 하면서 천진하게 지내고 있던 중, 아버지가 지식인이라는 이유 하나만으로 반동으로 몰리면서 고통의 나락으로 떨어진다. 주변으로부터 조롱당하고 따돌림당하며 경멸 속에 날아드는 매일 매순간의 폭력... 그는 자신을 받아주지 않는 현실을 떠나 아버지의 서재로 도피하여 책을 통해 다른 세상을 만난다. 톨스토이, 빅토르 위고, 앙드레 지드... 현실의 가파른 고달픔과 부조리한 행태에 대한 분노를 그는 이들에

---

390) 장안거 글·그림, 『붉은 땅의 기억 – 한 소년이 겪은 중국 문화대혁명』 Red Land, Yellow River: A Story from the Cultural Revolution, 홍연미 옮김, 문학동네, 2007

의지해 견뎌낸다. 다시 외진 농장으로 쫓겨가게 되었지만, 문학의 세계 속에서 아름답게 성숙한 영혼을 가진 그는 이제 주변에 대항하고 도피하기보다는 자신에게 주어진 조건을 긍정적으로 받아들여 꿈과 미래를 심은 응전의 기회로 삼고, 더불어 주변의 것들에 대해서도 따뜻하게 되돌아볼 줄 아는 청년이 되었다. 철 없던 홍위병 소년 시절에 자신이 짓밟아버리려던 비둘기를 왜 노인이 품안에서 놓지 않았는지, 장애를 가진 친구가 왜 웃음을 잃지 않고 살 수 있는지… 청명한 호숫가의 맑은 자연 풍광에 영감을 받은 그는 화가가 되기로 결심을 하고, 또다시 주어진 10여 년간의 무의미한 노동의 세월에도 끝내 꿈과 희망의 끈을 놓지 않는다. 1976년 마침내 주석의 죽음으로 혁명의 파노라마는 막을 내리고, 그는 자신의 오랜 꿈을 안고 캐나다로 떠난다(실제 그는 현재 캐나다에서 글을 쓰고 그리며 무대 디자이너로서도 활동하고 있다).

역시 작가가 직접 쓰고 그린 『마오와 나, 붉은 홍위병』[391]은 한바탕 검은 회오리 같았던 지난 10년간의 풍경을 자신의 어린 시절 일상사를 통해 뭉근히 그려냈다는 점에서 위 책의 닮은꼴이다. 차이를 든다면 당시의 일상 풍물을 보다 광범위하게, 세밀하게 묘사함으로써(집 구조나 거주 형태 · 화장실 방식 · 전기 공급 사정 · 장난감 · 교복 · 학교생활 등) 독자를 생생한 현장으로 끌어들이고, 동시에 이런 일상에 마주한 자신의 내면적 갈등이나 가족의 고통 같은 개인적 · 미시적 단위를 통해 사회의 흐름을 반영하는 구조를 취하고 있다는 것이다. 작가는 1987년 이래 파리에 거주하면서 주로 한지에 먹을 이용한 그림을 즐겨 그리는데, 이는 곧 동양적인 신비로운 색채감에 현대적 형태미를 절묘하게 어우러 환상적인 세계로 독자를 끌어들인다는 평을 받는다. 그밖에도 세계 여러 나라의 전래 동화나 이야기를 그림으로 풀어낸 그의 작품들은 동양적 예술관으로 재해석한 스토리에 세련된 서양 화법의 구도를 덧씌워 새로운 작품으로 탄생시킨다는 찬사를 얻고 있다.

문화대혁명이라는 거대 서사를 소재로 한 최초의 어린이 도서로서 두 책은 강렬한 감정을 담담한 어투로 풀어내면서, 역사의 광폭한 힘 앞에 선 나약한 인간이 오히려 역사를 이루어가는 주체가 될 수 있는 동인은 역경 앞에 꿈과 희망을 잃지 않는다는 소박한 진리를 실천하는 용기에 있다고 전해준다.

---

391) Chen Jiang Hong, 『마오와 나, 붉은 홍위병』 Mao et moi, le petit garde rouge, 파리: L'Ecole des loisirs, 2008

이들은 그림책을 유치한 어린이용이라 간주하는 청소년들에게 멋진 반전을 보여줄 수 있는 흔치 않은 책이며, 온 가족이 함께 읽기에도 썩 잘 어울리는 책이다.

어떤 장르의 책은 자연스럽게 어른과 어린이 층의 관심을 동시에 이끌어 낼 수 있다. 오래 전에 나온 컬렉션이지만 새로운 판으로 출간되면서 언제나 놀라울 정도의 반응을 이끌어 내는 살아있는 '천연 재고품' 같은 책들이다. 이미 위에서 몇 번 언급한 팔리 모왓의 명저『울지 않는 늑대』[392]를 비롯해『곰과 나』[393],『자기 다람쥐』[394] 같은 책이 이에 해당한다. 이러한 책들은 굳이 어린이 층을 겨냥해 쓴 것은 아니다. 저자들은 어떤 문제에 열정적인 관심을 가진 사람들이었고, 이에 자신의 온 에너지와 감수성, 그리고 실제 경험한 사실 그대로를 편안하게 결합시켜 책으로 엮어 만든 것이다.

콜레트 비비에의 책『작은 행복이 흐르는 집』[395]을 비롯해, 이와는 전혀 다른 장르에 속하는 로버트 웨스톨의『기관총 요새 아이들』[396] 같은 전형적인 어린이 도서들도 전쟁시절을 관통하는 유년기의 사실적이고 섬세한 이미지를 통해 어른들에게까지 깊은 감명을 준다. 캐이시처럼 모험을 갈망하는 어린 소년에게 전쟁은 더더욱 나쁜 영향만 끼칠 뿐이다. 파열된 포탄을 수집하는가 하면 부숴진 기관총을 찾아 모아 재조립하고, 독일 공수 부대원을 포획하고, 어른들 몰래 엉뚱한 사고를 저지르는 등... 다분히 철학적인 아우라를 가진 어린이 도서로는 윌리엄 스타이그의『도미니크』[397]나 토베 얀손의『환상의 요정 무밍트롤』[398] 등을 들 수 있다. 전자는 온전한 인성적 징후를 갖춘 동시에 냄새에 대한 민감성이나 주인에 대한 맹목적 충성심 등 개로서의 동물적 특성을 잃지 않은 도미니크란 이름의 개가 주인공이다. 주어진 운명에 묵묵히 복종하면서 안전하지만 단조로운 생활을 영위하기보다는 위험천만한 모험을 찾아

---

392) Farley Mowat,『울지 않는 늑대』 *Never Cry Wolf*, 이한중 옮김, 돌베개, 2003
393) Robert Franklin Leslie 글·Théodore A. Xaras 그림,『곰과 나』 *The Bears and I*, 뉴욕: Dutton, 1968
394) Douglas Fairbairn,『자기 다람쥐』 *A Squirrel of one's own*, 뉴욕: McCall Pub. Co., 1971
395) Colette Vivier,『작은 행복이 흐르는 집』 *La Maison des petits bonheurs*, 파리: Bourrelier, 1937
396) Robert Westall,『기관총 요새 아이들』 *The Machine Gunners*, 유원 옮김, 동서문화사, 1988
397) William Steig,『도미니크』 *Dominic*, 뉴욕: Farrar, Straus and Giroux, 1972
398) Tove Jansson,『환상의 요정 무밍트롤』 *Trollkalens hatt* (Finn Familly Moomintroll), 조동림 옮김, 곰 출판사, 1993

나서길 더 좋아하는 이 개가 펼치는 흥미진진한 스토리가 이야기의 축을 이룬다. 후자의 경우는 기이하면서도 감동스러운 동화들이 우리 존재의 의미를 덧칠하는 감정들을 어린이 수준에 맞추어 강렬하게 자아올리는 스토리이다. 이와 같은 책들은 어른들에게도 의미 있는 책이 될 수가 있다. 레옹 가필드의 다소 우스꽝스러운 소설 『아델라이드 해리스의 이상한 일』[399] 같은 것은 어느 연령층에서 읽어도 흥미진진한 재미를 안겨 주는 작품이 아닌가? 고대 역사 선생 골탕 먹이기 선수들인 해리스와 보스톡이 스파르타 사람들 흉내를 낸답시고 언덕배기 아래 어린 아기를 한 명 뉘어두고서는, 그를 물고 가서 길러줄 이리를 기다리는 모습에서는 누구든 배꼽을 쥐지 않을 수 없을 것이다. 우리 어른들도 그림책이나 이야기 시집, 그림 시, 이상하게 엮어낸 이야기, 또는 이야기의 리듬 그 자체에 얼마든지 빠져들 수 있는 일이다.

 그림이나 사진 등의 이미지를 동반한 책이 어린아이들에게나 해당되는 것이라는 인식은 시대착오적 발상이다. 그림책 『아르센 살려요!』[400]나 『오! 어네스토』[401]를 눈앞에 두고서도 "이미지는=쉬운 것"이라는 편견을 가질 수 있을까? 『힐드리드 할머니와 밤』[402]에서 아놀드 로벨이 그려넣은 그림들이 내뿜는 강렬한 예술적 여흥을 어른이라고 즐겨서는 안 된다는 법이 있겠는가? 이 작품은 자신이 기르는 개 한 마리와 산골에서 외로이 살아가는 힐드리드라는 할머니의 이야기를 아름다운 화폭에 담아낸 것이다. 매일 저녁 공포스러운 밤과 싸워야 하는 그녀는 이 무서움을 떨치기 위해 밤을 없애버리기로 한 다음 갖은 방법을 동원해 본다. 밧줄로 밤을 꽁꽁 묶기도 하고, 보이지 않는 곳에 숨겨 보기도 하며, 작은 가방 속에 쳐 넣어보기도 한다. 그래도 맹렬한 기세로 달려드는 밤을 때로는 위협하다가, 때로는 없는 듯 무시하기도 하면서 마침내는 달래고 얼러보기까지 한다. 그러다 어언간 새벽녘이 동트고 해가 떠오르자 그녀는 곯아떨어지고 만다. 그 자체만으로도 훌륭한 소재가 되는 텍스트를 펼쳐가고 있는 이 흑백 그림책은 한 번 손에 쥐었다 하면 어느 어른이라도 쉽게

---

399) Leon Garfield, René Escuidé & Amato Soro, 『아델라이드 해리스의 이상한 일』 *L'étrange affaire d'Adélaïde Harris*, 파리: Nathan, 컬렉션 Arc-en- poche, 1981
400) Bernard Bonhomme, 『아르센 살려요!』 *A l'aide Arsène!*, 파리: Grasset Jeunesse, 1974
401) Marguerite Duras 글·Bernard Bonhomme 그림, 『오! 어네스토』 *Ah! Ernesto*, 파리: Harlin Quist, 1971
402) Cheli Dur'an Ryan 글·Arnold Lobel 그림, 『힐드리드 할머니와 밤』 *Hildilid's night*, 정대련 옮김, 시공사, 1999

놓지 못하게 하는 마력이 있다.

왜 우리는 그 엄청난 즐거움의 심연을 미리 포기해 버리려는가? 레미 찰립 Remy Charlip (1929~ · 미국아동문학가)[403]이나 브루노 무나리 Bruno Munari (1907~1998 · 이탈리아 아동문학가이자 디자이너), 가츠미 고타가타 駒形克己 (1953~ · 일본아동문학가)의 작품들, 프랑스《메모》Memo나《세 마리 암곰》Les trois ourses 출판사 작품들이 주는 그 황홀한 재미를 왜 맛보지 않으려는가?

고색창연한 매력을 품고 있는 마들렌 레이[404]의 작품들 같이 우리가 어렸을 적에 읽었던 시를 읽고 또 읽어 보는 즐거움 또한 대단한 위력을 발휘한다. 필립 뒤마 Philippe Dumas가 선친의 죽음을 계기로 자녀들에게 들려주고자 쓴 시 『이 변화』[405]를 해마다 나이가 바뀔 때마다 읽어 본다면 엄청난 경험이 될 것이라 확신한다. 삶과 죽음에 대한 심오한 성찰을 통해 보다 깊은 시선으로 자신과 주변을 통찰할 수 있으리라.

이런 책들은 모두 어린이 도서라 할지라도 부족함 없이 어른에게 읽힐 수 있는 작품들이다. 뛰어난 솜씨로 만들어진 그림책이나 소설, 꼭 읽어야 할 동화 모음집 등 부모와 자녀가 함께 알아가고, 함께 읽는 즐거움을 나눌 수 있는 책은 우리 주변 도처에 널려 있다. 도서관의 각 부서들마다 현재 제공되고 있는 정보보다 한 걸음 더 나아간 수준의 정보나 지식에 접근할 수 있는 방법들을 직접 소개하거나, 이 같은 욕구가 발생되도록 유도하는 방책을 쓰는 것도 바람직하다. 나아가 모든 사람에게 도서관 어느 구석이나 발길이 자유롭게 닿을 수 있게끔 권리를 부여해야 한다. 사실 많은 도서관에서 눈에 보이지 않은 장벽을 쌓아 두고 있다. 어린이 부서로 가서 읽을 만한 책을 찾고 싶은 어른들이 편치 않은 그 어떤 분위기를 감지하는 경우는 비일비재하다. 또는 어른을 위한 자리는 없다는 대답을 듣고 민망해지기 일쑤이다. 대단히 유감스러운 이 일은 반드시 개선되어야 할 중차대한 사안이다.

---

403) Remy Charlip, 『열셋』 Thirteen, 뉴욕: Parent's Magazine Press, 1975 ; 『팔에 팔을 끼고』 Arm in Arm, 뉴욕: Parent's Magazine Press, 1969 등의 작품

404) Madeleine Ley (1901-1981): 벨기에 여류 아동문학가. 1930년 아동시집 『낮은 목소리』 Petites voix를 발간하면서 유럽 문학계의 주목을 받기 시작했다. 이 중 많은 시가 노래로 만들어졌고, 이후 『숲속의 아이』 L'Enfant dans la forêt 등의 소설과 『비극적 역사』 Histoires tragiques 등의 시집을 통해 청소년들의 순정한 정서를 반영했다. 2차 세계대전의 충격으로 절필을 선언했고, 오랜 기간 정신질환을 앓다가 사망했다(역자 주).

405) Philippe Dumas, 『이 변화』 Ce Changement-là, 파리: L'Ecole des loisirs, 1981

어떤 사서들은 시리즈로 나온 책을 몽땅 내어 주기를 달갑지 않게 여기기도 한다. 어린이 독자를 못 미더워 하는 것이다. 종종 성가신 일이 발생되는 것이 사실이지만, 어린이 독자가 몰려드는 것 자체를 반갑게 여기지 않는 사서들조차 있다. 하지만 청소년들의 경우 꼭 듣고 싶은 대답을 어른들이 읽는 도서에서 찾게 되는 때가 아마 더 많이 있을 것이다. 다행히도 이 같은 상황은 현재 많이 개선되고 있다. 어린이 부서와 어른 부서가 제각기 독립적인 위치를 고수한 채 이들 모두가 도서관 전체를 자유로이 왔다갔다하며 마음대로 사용할 수 있는 추세로 나아가고 있는 것이다.

문제는, 그 어느 것도 기계적인 과정으로 처리할 것이 아니라 자연스럽게 발생하는 기회를 잘 운용할 수 있도록 만들어야 한다는 것이다. 원하는 어른들에게 어린이 부서를 활짝 개방하고, 어떤 주제를 중심으로 아이들과 함께 참여할 수 있는 프로그램을 개발하여 옛날을 돌이킬 수 있는 기회를 주는 것이다. 이는 가정에서는 결코 경험할 수 없는 새로운 체험, 색다른 추억을 부모와 자녀가 함께 나눌 수 있는 기회가 될 수도 있을 것이다. 이런 기회를 통해 부모는 아이가 진정 관심을 가지는 분야가 무엇이고, 얼마나 즐거워하는지 새삼 확인할 수 있게 된다. 함께 시간을 나눈 경험은 곧 대화의 시간을 만들어낸다. 이 같은 대화는 서로에 대해 이해하고 싶어 하고, 각자가 알고 있는 삶의 사소한 지식들을 나누고 싶은 마음이 생기게 한다. 아이의 관심사나 좋아하는 것 등에 관한 이야기를 함께 나눈 경험은 부모로서 자부심을 느끼게 만들어 주고, 자녀들로부터도 인정받았다는 뿌듯함을 느끼게 해준다. "네가 이런 것을 다 알고 있었다니… 난 그동안 모르고 있었구나", 또는 "네가 이런 것에 관심을 가지고 있는 줄 난 모르고 있었구나." 열린 마음으로 이런 대화가 오가게 된다.

일반적으로 어른과 시·공간을 함께 하는 이런 관계는 오늘날의 아이들에게 절대적으로 부족한 것이다. 쫓기듯 사는 현대 생활에서 많은 부모들이 실제 자녀와 함께 시간을 보낼 수 있는 여유가 그리 많지 않은데다, 자녀와 함께 무슨 활동을 할 진정한 욕구조차 느끼지 못하는 것이다. 다분히 어려운 일에 종사하고 있으면서도 직장이 집에서 가깝고 아이가 낮 시간 내내 무슨 일을 하고 있는지 관심을 충분히 기울이는 부모는 과연 어떤 사람들일까? 부모의 직업을 구체적으로 말해야 할 때 아이들은 종종 당황스러워 하며 꾸물거리고 만다. 막연하게 밖에는 모르고 있는 것이다. "우리 아빠 공무원이세요", "사무실에서 일하세요." 아이가 무심코 내뱉는 이러한 말의 이면에는 부모의 삶이 자녀로부터 얼마나 동떨어져 있는지, 얼마나 무관하게 흘러가는지 단적으로 드러내고 있다.

교사와 학생, 부모와 자녀라는 경직된 관계와는 다른 양상의 관계를 통해 경험되는 이러한 만남은 자연스러움 그 자체이다. 상대적인 입장으로 만나는 앞의 관계에서는 여하튼 어떤 교육적 차원에 갇혀 애초에 결정된 서로의 역할로 돌아갈 수밖에 없기 때문이다. 양봉업에 열정을 불태우고 있는 교사가 한 번도 아이들에게 자신의 관심사에 대해 이야기해줄 생각은 하지 못한 채 아이들의 감성을 일깨워줄 여가 활동을 풍성하게 만들기 위해 머리를 쥐어짜고 있는 것과 같은 형국으로 말이다.

많은 아이들이 어른의 보살핌을 충분히 받지 못하는 상황에 대해 고통스러운 감정을 느끼고 있다. 어른은 어른대로 항변한다. 항상 바쁘고, 스트레스 투성인데다, 직무에 짓눌리며 살고 있노라고. 이혼이나 기타 이런저런 사유로 인해 아예 어른이 부재하는 가정도 요즘은 드물지 않다. 그 어떤 것으로도 대체될 수 없기에 어른과 함께 보내는 시간은 아이에게 절대 소중한 자원이 되는 것이다. 특히 자신의 말을 들어줄 준비가 되어 있는 어른을 대면하는 일이 도서관에서라도 이루어져야 할 이유가 여기에 있다.

클라마르 도서관에서 여러 차례에 걸쳐 이와 관련된 일을 할 수 있었던 것은 그야말로 행복한 경험이었다. 일은 아주 단순하게 진행되었다. 자녀를 동반한 부모가 어느 테이블에 책을 중심으로 마주 앉아 이야기를 들려주는 것이었다. 일단 이야기가 시작되면 누가 강요하지 않아도 아이 주변에 다른 아이들이 빼곡히 몰려든다. 나이가 지긋이 든 어른들은 아이들의 이야기를 들어주고 또 이야기를 들려줄 시간을 어렵지 않게 만들 수 있다. 오히려 이런 시간을 즐거워하기도 한다. 이들 계층은 비교적 시간이 많은 편이다. 게다가 혼자 지내는 이들이 많다. 아이와 책을 동시에 접할 수 있는 이 같은 기회를 그래서 마다하지 않고 반기는 것이다. 반대로 아이들의 역동성과 활기찬 기운은 이들 노년층에 활력을 불어넣어 준다. 종종 우리가 너무 인위적으로 금을 그어 왔던 삶의 경계는 이리하여 다시 연결이 되고 풍요로운 숲을 이루는 것이다.

인생을 탐험하고, 삶의 여러 측면들에 대해 알고 싶은 아이들의 질문에는 삶의 본질을 바라보는 나이든 어른들의 경험들이 그대로 얹히게 된다. 자신이 걸어온 삶의 족적을 이야기하는 어른들의 말을 들으면서, 진짜 중요한 사안에 대하여는 구체적으로 명백히 설명하고, 소소하고 하찮은 일에 대하여는 말을 아끼는 기술 방법에 대해 우리는 감탄하며 배우게 된다.

아이들을 접촉한다는 것은 이들 어른에게도 커다란 즐거움을 선사한다. 여전히 자신의 관심을 끌어당기는 사안에 대해 함께 궁구하는 기쁨, 그 어느 누구도 대체할 수 없는 중요한 역할을 맡았다는 자부심과 함께 미래를 보는 것이다. 꽉 짜인 직업 생활을 벗어난 대신, 아이들의 호기심에 동참하여 소소한 삶의 기쁨들을 발견하는 것이다. 클라마르 도서관에서 경험한 바, 아무런 강제적 조건 없이 나이든 어른들이 도서관에 자발적으로, 정기적으로 출석하여 아이들에게 할머니 역할을 기꺼이 해주는 이러한 분위기가 아이들에게 얼마나 큰 위안이 되는지, 엄청난 도움을 주는지 우리는 피부로 느낄 수 있었다. 언제나 아이들의 질문에 대답해줄 준비가 되어 있고, 이야기를 들려달라는 요청에 기꺼이 응할 마음이 있으며, 아이들의 흥밋거리에 동참하여 온 열성을 다해 함께 연구하고 함께 읽는 이들은 아이들과 자연스럽게 관심과 경험을 나누는 방법을 익혀 나갔다. 사방으로 아스팔트와 아파트밖에는 볼 수 없는 요즘 시대에 할머니가 거닐었던 한적한 논둑 이야기를 듣는다는 것이 아이들에게는 얼마나 흥분된 일이겠는가! 이 모든 이야기들이 그들로서는 어느 먼 나라의 특별한 풍경으로만 느껴졌을 것이다.

하지만 나이든 분이라고 해서 모두가 아이들과의 접촉을 원하는 것은 아니라는 사실을 염두에 두자. 반대로 도서관 측에서도 어린이 분야를 위해 봉사할 어른들로서 아무나 모두 환영할 수 없다는 것도, 아무런 강요도 없듯 자동적으로 쉽게 넘어가는 안일함도 금물이다. 이 일에 대한 욕구를 스스로 느끼며 풍성한 열매를 맺을 수 있는 만남에 합당한 사람이어야 하는 것이다. 아이들은 지난 세월의 풍부한 경험을 지니면서, 역사의 살아 있는 증인 역할을 해줄 수 있는 사람들과의 접촉에 대한 필요성을 종종 느낀다. 나이든 어른으로서는 죽음 이전의 마지막 보루를 보람되게 쌓아올리는 일이 될 것이다. 우리 인간은 부모가 별세했다거나 앞 세대에 속한 친척이 유명을 달리 했을 때 무력감과 상실감을 가장 강렬히 느끼게 된다. 아이들이라고 해서 달라질 것은 없다. 이런 점에서 볼 때, 앞선 세대의 사람이 아직 살아서 자신의 눈앞에서 활동을 펼치고 있다는 사실 자체가 아이들에게 이미 심리적 안정감을 주는 것이다.

어린이들은 어린이 세계에만 갇혀 지내고 싶어 하지 않는다. 청소년층은 더욱 그러할 것이다. 자신의 존재감을 당당히 드러내고 싶고, 독립적인 입장을 고수하고 싶어 하는 가운데, 어쩔 수 없이 그래도 어른의 보살핌이 필요하다는 사실을 부인하지 못하는 것이 바로 이들 연령대이다. 아이들은 어른의 세계에 발을 들여놓을 수 없음을 안타깝게 여기면서도 두려움 때문에 스스로 그 벽을 쌓기도 한다. 청소년들은 어린이층에 부여된 특권도 누릴 수 없고 어른들 세계에 편입되지도 못하는 어정쩡한 상태에서, 이 틈바구니에서 느끼는 소외감을 종종 폭력적인 방식으로 드러낸다. 어린아이들도 자기보다 나이가 많거나 좀더 큰 아이들과 함께 어울리며 이들로부터 도움받기를 원한다. 도서관에서 아이들은 특히 이전에 만났던 아이들이 다시 와서 책을 읽고 있는 모습을 볼 때 커다란 기쁨을 느낀다. 그 옛날 함께 경험했던 일들을 서로 이야기하고, 공유한 추억을 떠올리며 즐거워하는 것이다. 도서관은 그 추억의 발원지이며, 그들은 지금 그 현장에 다시 함께 있다는 감동을 누리는 것이다.

공공 도서관에서는 어린이 부서와 어른 부서 한 곁에 청소년 부서가 별도로 마련되어 있다. 도서관 시스템이 발달된 나라에서는 청소년 부서를 특별히 따로 맡을 전문 사서를 두는 것이 합당하다고 여기고 있다. 물론 이는 특별한 배려를 필요로 하는 분야인 것은 틀림없지만, 인생의 한 과도기에 불과한 청소년기에 대해 지나치게 민감한 의미를 부여해 중간지대에 아이들을 가두어 놓을 필요는 없다는 생각이 든다. 이보다 더 중요한 문제는 어른 부서에 청소년들이 책을 찾으러 왔을 때 이들을 응대하는 방법이다. 그리고 도서관에서 주관하는 과외 활동 프로그램이나 소장 자료를 선정할 때 청소년 전문 사서들이 이들 층이 배제되지 않도록 주의해서 살펴보는 것이다.

어른과 아이, 청소년, 또는 장애우 등 다양한 독자층을 형성하고 있는 도서관에서는 이들 각자에게 만족할 만한 관심을 기울여줄 수 없는 것이 사실이다. 이러한 현실에서 일종의 특화된 전문 기구를 둔다면 지역 전체에서 일어나는 일에 대해 명확히 파악하여 대처할 수 있고, 또 훌륭한 가치가 있음에도 충분히 부각되지 못한 문제에 대해 심사할 수도 있을 것이다. 이런 방식은 도서관이 지역 사회에 보다 적극적으로, 보다 효율적으로 파고들어갈 수 있도록 해준다. 하지만 서로 다른 여러 분야의 사람이나 그룹으로 형성된 이 기구가 의견이 분분해지면서 도서관을 여러 장벽으로 나누어진 허황한 공간으로 만들어 버린다면 오히려 없느니 못한 일이다. 이는 정보를 제공하는 훌륭한 장소라는 도서관의 소명을 위협하는 일이다. 동시에 자료와 사람의 제각기 측면에서 만남을 통해, 다양성을 통해 스스로 풍요로워지는 도서관의 존재 자체를 부인하는 일이기도 하다.

제 20 장
결론을 대신하며

 어린이 세계 - , 친구처럼 친숙하게 느껴지는 책과 더불어 성장해 나가는 이 행복하고 소중한 세계, 어느 겨울 저녁, 도서관 창문을 통해 우연히 내 눈에 뜨여 나를 놀라움으로 뒤흔들었던 이 세계는 언제나 기분 좋고 감동스럽다는 말 외는 달리 표현할 길이 없는 것 같다. 분명 그렇다. 이후 내가 사서로서 프랑스나 외국 도서관에서 경험했던 일들, 대도시나 조그만 시골 도서관에서 아이들과 함께 내가 직·간접적으로 치러냈던 일들, 클라마르 도서관에서의 특별한 경험, 다른 사서들과의 만남을 통해 더해졌던 풍성함, 이 모든 일들은 다만 내가 첫날 이 세계를 접했을 때 섬광처럼 스쳤던 느낌을 거듭 확인시켜 줄 따름이었다: 도서관이란 모름지기 어른과 똑같은 입장으로 아이들을 신중하게 대우해야 하는 장소라는 것, 동시에 도서관은 자신의 유년기를 되찾고, 자신의 한계와 욕구, 그리고 가능성을 가늠할 수 있는 장소라는 것.
 도서관은 장소에 따라, 상황에 따라, 그리고 시대에 따라 다른 모습으로 등장하기도 했지만, 그 어느 경우에도 목적이 가려지는 일은 결코 없었다. 언제나 귀를 세우고 독자의 요구를 들을 준비가 되어 있으며, 최선의 대답을 주기 위해 애써왔다. 도서관의 가장 중요한 특질 중 하나는 아이들에게 문을 활짝 열어 놓는다는 것이며, 이들을 향해 귀와 마음도 함께 열어 놓는다는 것이다. 어른들 역시 언제나 함께 있으면서 아이들에게 얼른 자라고 싶은 욕구를 심어 주고, 지식의 세계로 들어갈 수 있는 열쇠를 건네주는 역할을 한다.
 거대하게 집적된 모든 종류의 책과 자료들 사이에서 아이들은 자유롭게 활동할 수 있지만, 특별히 필요로 하는 자료가 있다면 사서의 도움을 받아 신중하게 선별할 수 있다. 이렇게 해서 다른 어느 곳에서도 경험할 수 없는 독특하고도 유용한 방식으로 아이는 정보를 얻고 경험을 쌓는 것이다.

정보 제공을 원천적인 존재 근거로 삼는 도서관으로서는 아이들이 자료 - 넓은 의미로서의 자료를 최대한 활용할 수 있게끔 모든 원칙이 설계되어야 한다. 동시에 도서관 직원들은 소장 정보나 자료에 대해 그 중요성이나 가치를 판단할 수 있는 능력을 가져야 하며, 아이들이 이러한 정보나 지식을 획득했을 때 자기 것으로 소화시킬 수 있도록 도움을 주어야 한다.

도서관에서 어른들은(직원이나 자원 봉사자) 아이들에게 필요한 최선의 자료를 찾아주기 위해 노력해야 할 것이며, 단 하나의 방식만 집착할 것이 아니라 예기치 않은 어떤 발견에 의해서도 각 개인은 발전의 계기를 얻을 수 있다는 사실을 염두에 두어야 한다. 미래에 아이가 어떤 일에 일생을 두고 살게 될지 누가 장담할 수 있겠는가?

도서관에서의 책읽기는 다양한 국면으로 이루어진다. 여기서의 어떤 책이나 사람과의 만남에 의해 촉발된 자극은, 자신의 리듬에 따라 자신에 맞게 정보를 받아들일 수 있게끔 자연스러운 방식으로 도움을 준다. 도서관은 아이들이 마음껏 머무르면서 찾아낸 정보를 채택할 것인지 포기할 것인지 암중 모색하고, 다시 연구하고 시도할 수 있는 장소이다.

도서관은 아이들이 서로 만날 수 있는 장소이지만, 그렇다고 다른 세대의 사람들을 제외시키지는 않는다.

도서관은 아이들이 자기 집에 있듯 편안히 느낄 수 있는 장소여야 하고, 기분 좋고 친근감이 느껴지며 각자 안정되게 자신의 입지를 느낄 수 있는 곳이어야 한다. 하지만 나른한 보금자리가 되어서는 곤란하다. 외부로부터의 바람이 마음껏 들어올 수 있도록 활짝 열려 있어야 하지만 사방으로 산만하게 흩어져서는 안 된다.

시대에 적응하고, 나라에 따라 다양한 표정으로 나타났지만, 도서관은 언제나 같은 표정을 유지해 왔다. 변함없는 이 표정을 거슬리는 것은 아무것도 없다. 도서관은 언제나 "각자 자신의 방식으로 살아간다"는 원리를 토대로 하고 있다. 책을 통해, 정보를 통해, 행복하지만 때로는 고통스럽기도 한, 그러나 결코 보람이 없지 않는 다양한 만남을 통해. 바로 이것이 우리가 아이들에게 기대하는 성장의 모습인 것이다. 감정적인 성장, 감수성 성장, 그리고 지적인 성장.

점점 더 많은 어른들이 어린이 도서관에서 자원 봉사하기에 헌신하고 있다. 이들은 열정적으로 일을 하지만 한편 임무라든가 과업 등의 거창한 단어로써 자신들의 일을 신성화하지 않는다. 자신들이 나서 혼자 힘으로 사회를 바꾸고 있다는 오만한 생각도 감히 하지 않는다. 이들은 자칫 아이들을 과보호하고 싶은 욕구를 과감히 떨쳐내며, 아이들이 자율적인 어른으로 성장해 가는데 걸림돌이 될 수 있는 어리광쟁이로 처지는 것도 용납하지 않는다.

사서들은 모든 교육적 행위가 통합적으로 아이에게 전달되어야 함을 잊지 말아야 한다. 아이란 단지 한 사람의 독자가 아니라, 연주가가 아니라, 미술가가 아니라, 예술가가 아니라 어떤 일정한 질서 속에서 균형을 이루며 살아가는 존재라는 사실을 깨달아야 한다. 또한 아이는 지적으로 감정적으로 예술적으로 발견한 감흥이나 사실을 구체적인 행동이나 표현을 통해 드러낸다는 사실도 잘 알고 있어야 한다. 하지만 도서관이 나서 모든 삶을 송두리째 책임지겠다고 나서는 것은 주제넘은 일이다. 신산하고 혼란스러운 우리 삶의 어느 한편에 잊히지 않고 기억되어 있다가 그저 조그만 위안이라도 될 수 있다면 그것으로 만족해야 할 일이다.

도서관은, 아이들이 자신의 길을 가면서 만나는 다른 어른이나 다른 기관들의 역할을 인정할 때에만 비로소 자신의 능력과 역할을 발휘하게 된다. 또한 도서관은 끊임없이 외부로부터의 정보를 받아들일 줄 알아야만 자신이 안고 있는 정보를 제공해줄 수 있다. 단독적인 개체로서가 아니라, 전체에 대한 의식이 있을 때, 그리고 여기서 자신에게 부여된 특유한 역할을 의식하고 있을 때, 도서관은 전체 속에 한 자리를 점유하게 된다.

다른 분야의 전문적인 발전을 위해 도움의 손길을 뻗침으로써 도서관 자체의 전문성을 증대시킬 수 있다. 도서관이란 이렇듯 모든 것의 수단이 되어야 하는 존재인 것이다. 하지만 다른 사람의 접근을 배타적으로 차단하면서 어느 단체나 개인 혼자서 소유하고 사용하는 수단은 결코 아니다. 도서관은 또한 어린이들에 대해 지나친 영향력을 행사하지 않도록 유의해야 한다. 어떤 제한된 사상에 아이들을 가두어 두어서도 안 되며, 아이를 대신해서 책을 선택하려 들어서도 안 된다. 도서관은 모든 시민, 모든 독자들의 것이어야 한다.

단지 실험 대상으로서의 도서관은 이 세상 어디에도 없다. 역할 모델이 되는 도서관도 없기는 마찬가지이다. 각 도서관은 교육적 목적을 실현하려는 프로그램에 따라 제각기 움직이고 제각기 돌아갈 뿐이다. 교육이란 다른 그 어느 분야보다도 일정하게 정해진 이상적인 모델이 없는 분야이다. 엄격하게 정해진 유일한 모델이란 그 어디에도 없다.

어린이 도서관 덕분으로 어른들은 자신이 원하기만 한다면 얼마든지 아이들과 책을 만날 수 있는 경험을 하게 되었다. 매일이라도, 그 때마다 다른 아이들을 만나면서. 이로써 그들은 공허한 탁상공론의 허울에서 벗어날 수 있고, 아이들의 취향에 대해 명확한 검토도 없이 그저 세월 따라 흘러내려 온 편견을 벗어던질 수도 있게 되었다.

모든 교육적 행위는 분명 어떤 사상이나 사고를 토대로 이루어져야 하고, 이러한 사상이나 사고는 끊임없이 검증받고 확인되어야 할 대상이다. 경험이란 제각기 의미가 있는 것이며, 다른 사람의 경험을 이끌어내는 동기가 되어주기도 하고, 다른 경험 속에 비춰져 스스로의 모습을 드러내기도 하는 것이다. 도서관은 책이 보관된 장소라는 개념을 넘어 사상이 저장된 곳간이 되어야 한다.

지혜란

함께 뭉치는 것이 아니라

창의력을 통해

우리의 본성을 통해

각자 자신의 개별성을 발견하고

우리의 상호성, 우리의 상이성, 우리의 흔적,

우리의 존재, 그 자체를 발견하는 것이다.

그리고,

흘러가는 안개 같고

삶의 양념 같은

약간의 절망을 발견하는 것이다.[406]

---

406) René Char, 『새벽을 여는 사람들』 *Les Matinaux*, 파리: Gallimard, 컬렉션 Poésie, 1950

Index 찾아보기

* 본 인덱스에 수록된 도서는 원전에 소개한 책들이 국내에서 출간된 경우, 국내 출판물로 대체하였습니다.

ㄱ

가츠미 고마가타 『작은 눈 시리즈』 사진집, 일본 도쿄	110
고경숙 『마법에 걸린 병』 재미마주, 2005	96
고다 다니우치 『언덕 너머 저편』 뉴욕, 1969	103, 105
『언덕 위의 소년』 런던, 1970	131
『누가 나를 부르는 것일까?』 뉴욕, 1973	
그래이스 홀워쓰 『파도타기 (1996)』, 『읽고 말하는 이야기 (1978)』, 『카니발 (1998)』 등	266

ㄴ

나자 『푸른 개』 최윤정 옮김, 파랑새출판사, 2008	84
나카가와 리에코 외 『커다란 갈레뜨 빵: 구리와 구라의 모험』 파리, 2008	103
나타 카푸토 외 『갈레트 빵』 파리, 2000	84
나탈리에 새비지 칼슨 『마리 루이즈의 가출』 뉴욕, 1977	94

ㄷ

다니엘 페낙 『소설처럼』 파리, 1992	219, 223
대청 킹 『케이크 도둑』 거인출판사, 2007	107
더글러스 페어바이른 『자기 다람쥐』 뉴욕, 1971	343
데이비드 맥컬레이 『고딕 성당: 이 아름다운 건물이~ 』 하유진 옮김, 한길출판사, 2003	160
『피라미드』 하유진 옮김, 한길사, 2004	293
데이비드 M. 슈월츠 『백만은 얼마나 클까』 뉴욕, 1985	93
데이비드 엘윈드 사진집 『어여쁜 아가들』 뉴욕	109
도로시 버틀러 『아가들은 책이 필요하다』 런던, 1998	254
도미니크 다부와 『어린이의 대지』 등 사진집, 파리, 2004	109
도미니크 월턴 『인터넷, 그리고 그 이후』 파리, 2002	38, 217, 224, 229

ㄹ

라이오넬 로이 맥콜빈 『어린이를 위한 서가』 런던, 1961	63
라첼 필드 『도로떼, 미국 인형으로 살아온 50년 회고전』 파리, 1956	231
랜달 자렐 『생강 빵 토끼』 뉴욕, 1964	128
러셀 호반 『프랜시스의 취침 시간』 뉴욕, 1960	138
레미 찰립 『네드는 참 운이 좋아』 이덕남 옮김, 비비아이들, 2006	106
『도와주세요, 의사선생님』 서울, 리틀랜드 출판사, 2003	94
『모두 어디에 있을까』 미국 시드니, 1957	96
『아마 눈이 오나 봐』, 『눈송이』 등, 파리, 2004	117
『열셋』 뉴욕, 1975	345
『팔에 팔을 끼고』 뉴욕, 1969	
레오 리오니 『파랑이와 노랑이』 이경혜 옮김, 파랑새어린이, 2003	99, 138
레오날드 레슬리 부룩 『세 마리 곰』 런던, 1904	113, 135
『아기돼지 세 마리 이야기』 뉴욕, 1905	
레옹 가필드 『잭 홀번』 런던, 1964	141
레옹 가필드 외 『아델라이드 해리스의 이상한 일』 파리, 1981	344
렙 카셀 『상상여행』 구 소련, 1934 : 프랑스, 1937	210
로렌스 랑탱 『6세 이전 아이와 이야기 나누는 법』 파리, 1973	42
로버트 뉴튼 펙 『돼지가 한 마리도 죽지 않던 날』 김옥수 옮김, 사계절, 2005	123
로버트 루이스 스티븐슨 『보물섬』 임형요 옮김, 삼성출판사, 2007	119, 141
『인간과 책의 관계에 대한 일고찰』 런던, 1896	118, 137
로버트 맥클로스키 『오리한테 길을 비켜주세요』 이수연 옮김, 시공주니어, 2006	84
로버트 웨스톨 『기관총 요새 아이들』 유원 옮김, 동서문화사, 1988	343
로버트 커미어 『초콜릿 전쟁』 안인희 옮김, 비룡소, 2004	147
로버트 프랭클림 레슬리 『곰과 나』 뉴욕, 1968	343
로알드 달 『멋진 여우 씨』 햇살과나무꾼 옮김, 논장, 2007	124
『찰리와 초콜릿 공장』 파리, 2007	149
로제 쿠지네 『어린이의 사회적 삶, 어린이 사회학 연구』 파리, 1950	201

루머 고든 『부엌의 성모님』 햇살과나무꾼 옮김, 비룡소, 2008	287
루스 브라운 『달팽이 발자국』 뉴욕, 2000	101
루이스 캐럴 『이상한 나라의 앨리스』 뉴욕, 2003	111, 187
루트 소이어 『스토리 텔러의 길』 런던, 1942	30
르네 고시니 『꼬마 니콜라』 신선영 옮김, 문학동네, 1999	121, 149
르네 샤르 『새벽을 여는 사람들』 파리, 1950	354
르네 카에스 『대단지에서 살기』 파리, 1963	39
리처드 애덤스 『워터십 다운의 열한 마리 토끼 1, 2, 3, 4』 햇살과나무꾼 옮김, 사계절, 2003	141, 275, 311, 329
린나 벤틀리 『보들리 헤드 자연과학 도감』 런던, 1968	166

ㅁ

마가레트 M. 클라크 『거침없는 젊은 독자들』 런던, 1976	254
마가레트 구르니 『초보자를 위한 동화구연 입문서』 파리, 2005	259
마가릿 와이즈 브라운 『엄마 난 도망갈 거야』 신형건 옮김, 보물창고, 2008	99
『잘자요 달님』 이연선 옮김, 시공주니어, 1996	78, 111
『죽은 새』 뉴욕, 1958	106
마그리트 뒤라스 『오! 어네스토』 파리, 1971	344
마들렌 레이 『낮은 목소리』 등 벨기에, 1930	345
마르셀 에이메 『착한 고양이 알퐁소』 최경희 옮김, 작가정신 출판사, 2003	98
『높은 곳에 올라앉은 고양이 이야기』 파리, 2002	186
마르셀 요제 『어린이들의 흉내 내기부터 음악까지』 파리, 1935	207
마리 L. 슈드락 『이야기꾼의 기술』 뉴욕, 1951	288, 318
마크 트웨인 『왕자와 거지』 이희재 옮김, 시공주니어, 2002 등	236
『헉클베리 핀의 모험』 김욱동 옮김, 민음사, 2009	232
마틴 위텔 『아기 올빼미』 미국 캠브릿지, 1992	103
매거리 피셔 『어린이 문학에 있어서의 논픽션의 관점과 문제』 레체스트, 영국, 1972	155
매리 콜몽 『말라게트』 파리, 1994	116
매리 프랑시스 프로몽 『미성년 아이들: 마르셀 죠스의 인류학 사상과 교육학』 파리, 1978	265, 322
메리 노턴 『구두 속에 사는 난쟁이들』 최운권 옮김, 유린출판사, 1999	120
『마루 밑 바로우어즈』 손영미 옮김, 시공주니어, 1996	
메리 홀 에츠 『길베르토와 바람』 김서정 옮김, 프뢰벨 출판사, 2003	90, 106
『나랑 같이 놀자』 양은영 옮김, 시공주니어, 1994	102

『바로 나처럼』 이상희 옮김, 비룡소, 2004 … 85
『숲 속에서』 박철주 옮김, 시공주니어, 2003
모리스 센닥 『괴물들이 사는 나라』 강무홍 옮김, 시공주니어, 2002 … 66, 106
미라 콘 리빙스톤 『시인으로서의 어린이: 신화인가 진실인가』 보스톤, 1984 … 281
미리엄 모스 『바오밥 나무 이야기』 정해왕 옮김, 킨더랜드, 2004 … 206
미셸 게 『유모차』 파리, 2007 … 85
미셸 데포니 『어린이들로 하여금 세계를 발견하게 하고 성찰하도록~ 』 파리, 2003 … 155
미카엘 모르푸르고 『전투마』 런던, 1982 … 129
밀리센트 E. 셀샴 『씨앗, 그리고 더 많은 씨앗』 뉴욕, 1959 … 172

ㅂ

버나드 본홈 『아르센 살려요!』 파리, 1974 … 344
베아트릭스 포터 『글루체스트의 재단사』 런던, 1903 … 268
베시 크로머 발스 『고통의 강』 뉴욕, 1969 … 125
브루노 무나리 『결코 만족하지 않아』 세그라트, 이탈리아, 1945 … 95
　　『어두운 밤에』 밀라노, 1956 … 111
　　『트럭 아저씨』 세그라트, 이탈리아, 1945 … 96
브뤼노 베틀렘 『요정 동화의 심리분석』 파리, 1976 … 262, 263
빌헤름 그림 『노간주나무를 비롯한 그외 몇 편의 그림형제 동화』 뉴욕, 1973 … 148, 150
　　『찔레꽃 공주』 한미희 옮김, 비룡소, 2000 … 150
빌헤름 슈로트 『코끼리』 독일, 프랑크푸르트, 1974 … 117

ㅅ

사토시 카코 『집은 왜?』 동경: 파리, 1994 … 171
샤를 페로 『빨간 모자』 1697 … 149
　　『엄마 거위 이야기』 1697
세귀르 백작부인 『당나귀 까디숑』 원영옥 외 옮김, 계수나무, 2004 … 146
　　『소피는 말썽꾸러기』 원영옥 옮김, 여름나무, 2005
　　『투덜이 장과 명랑한 장』 정진숙 옮김, 아이들판, 2006

세르지 보이마르 『어린이와 배움에 대한 두려움』 파리, 1999	47, 312
수스 박사 『모자 쓴 고양이』 뉴욕, 1957	107
수잔 발리 『오소리의 이별 선물』 신형건 옮김, 푸른책들 출판사, 2009	80
슈니저 루다 『북극 동화집』 파리, 1954 등	266
시드 플라이슈먼 『징고 장고』 보스턴, 1971	141

ㅇ

아네트 타이슨 외 『동물과 그들의 최고 기록』 파리, 2009	159
아놀드 로벨 『개구리와 두꺼비가 함께』 엄혜숙 옮김, 비룡소, 1996 : 2009	78, 253
『꼬마 돼지』 엄혜숙 옮김, 비룡소, 1997	123
『색채의 마술사』 파리, 1972 : 2001	105, 272
『생쥐 이야기』 엄혜숙 옮김, 비룡소, 1997	74, 96, 269
『생쥐스프』 1997, 『집에 있는 부엉이』 2008, 엄혜숙 옮김, 비룡소	269
『코끼리 아저씨』 엄혜숙 옮김, 비룡소, 1998	78, 269
아민 마알루프 『위험적인 정체성』 파리, 1998	31
아스트리드 린드그렌 『라스무스의 방랑자』 문성원 옮김, 시공주니어, 2001	127
아카바 스에키치 『수호의 하얀 말』 이영준 옮김, 한림출판사, 2001	205
『두루미 아내』 2002, 『봉숭아 동자』 2006, 김난주 옮김, 비룡소 등	
안노 미쯔마사 『그날』 1978	115
『늑대야, 너 거기 있니?』 파리, 1999	97, 272
『벼룩시장』 파리, 1985	115, 272
『집요한 과학씨 지구로 해시계를 만들다』 김주영 옮김, 웅진주니어, 2008	174, 175
『즐거운 이사놀이』 박정선 옮김, 비룡소, 2001	174
『이상한 그림책』 고향옥 옮김, 비룡소, 2006	
『함께 세어 보아요』 마루벌 출판사, 1997	
『항아리 속 이야기』 박정선 옮김, 비룡소, 2001	
『천동설 이야기』 예상렬 옮김, 한림출판사, 2002 등	
안느 마리 파죠 『암탉 피코타』 파리	162
알랭 르 소 『엄마는 자기 친구 이베트가 한때 정말 예뻤다고 내게 말했어』 파리, 1996	91
『선생님께서 복습은 반드시 해야 한다고 내게 말씀하셨어』 파리, 1996	
알랭 세레스 『ABC 독본』 프랑스, 2001	89
알리키 『먼 옛날의 화석 이야기』 뉴욕, 1972	168
알리키 제이 외 『진열창에 갇힌 호랑이』 파리, 2001	190

알프레드 브로너 『A.브로너, 어린이 책들은 거짓말을 했다』 파리, 1951	259
앙드레 프랑스와 『악어의 눈물』 파리, 2004	79
앤서니 브라운 『달라질 거야』 허은미 옮김, 아이세움, 2003	99
『윌리와 악당 벌렁코』 허은미 옮김, 웅진닷컴, 2003	80
앨런 알렉산더 밀른 『곰돌이 푸우는 아무도 못 말려』 조경숙 옮김, 길벗어린이, 2005	80, 92, 121, 131
『아빠가 들려주는 푸우의 모험이야기』 최운권 옮김, 유진출판사, 1994	92, 121
『워니더 푸우』 등, 이종인 옮김, 시공사, 1995	80, 92, 121, 131, 276, 311
야규 겐이치로 『상처 딱지』 엄기원 옮김, 한림출판사, 2005	166
야누스 코르작 『매트 1세』 뉴욕, 1986	236, 313
야콥 & 빌헤름 그림 『나의 고슴도치 한스와 그 밖의 열세 가지 이야기』 파리, 1979	148
『초롱꽃』 파리, 1984	150
에드워드 아디존 『자니의 운 나쁜 날』 런던, 1970	108
에릭 칼 『배고픈 애벌레』 이희재 옮김, 더큰컴퍼니, 2007	85
에브린 케빈 『도서관에서의 동화』 파리, 2005	259, 318
엘스 홈런드 미나릭 『꼬마 곰』 뉴욕, 1957 : 엄혜숙 옮김, 비룡소, 1997	78, 122
엘윈 브룩스 화이트 『샬롯의 거미줄』 김화곤 옮김, 시공주니어, 2000	101, 126
엘라 마리 『나무』 시공주니어, 1996	95, 173
『빨간 풍선의 모험』 시공주니어, 1995	115, 173
『알과 암탉』 시공주니어, 2006	173
오드리 푸시에 『내 스웨터야!』 박정연 옮김, 보림출판사, 2007	93
요시다 도시 『엄마와 아기 코뿔소의 사랑』, 『엄마 잃은 아기 누』 바다어린이, 2002	173
움베르토 에코 『도서관에 대해』 프랑스 캉, 1986	184
월터 벤자민 『나의 도서관을 펼칩니다』 파리, 2000	307
윌리 그래사우어 『그럼 대체 오르니카는 어디 있다는 거야』 파리, 2000	172
윌리엄 스타이그 『당나귀 실베스터와 요술 조약돌』 이상경 옮김, 다산기획, 1994	100, 176
『치과의사 드 스토 선생님』 조은수 옮김, 비룡소, 1995	176
『켈러브와 케이트』 뉴욕, 1977	100
『도미니크』 뉴욕, 1972	343
유이치 카사노 『바닷가에서의 어느 하루』 파리, 1983	116, 272
이반 I. 빌리빈 『깃털 왕자와 개구리 공주』 이정희 옮김, 도서출판 문원, 2003	150
『아름다운 바실리사』 김대회 옮김, 아모르문디 출판사, 2006	
이반 H. 로드 『센트럴 파크의 왕자』 뉴욕, 1974	232
이사벨 스텐저 『기술과학과 마주 한 민주주의』 파리, 2002	182

Index 찾아보기   361

이사벨라 장 『말하기 부터 읽기까지』 프랑스, 1999   114, 146
이스트반 반야 『줌』, 파리, 2002   175
이알라 『아프리카의 동물들』 뉴욕, 파리, 런던, 함브르크   109
이탈로 칼비노 『나무 위의 남작』 이현경 옮김, 민음사, 2004   149
입 스팽 올슨 『달님의 아들』 코펜하겐, 1962   214

ㅈ

자네트 힐 『어린이도 사람이다』 런던 : 뉴욕 1973   63
자크 샤팡트로 『활짝 핀 신비, 어린이와 시교육』 프랑스, 1999   281
잔느 아쉬베 『괜찮아 질 거야!』 파리, 1999   92
장 드 브뤼노프 『바바르: 바바르 왕』 시리즈, 파리, 1975   80
               『아기 코끼리 바바르 이야기』 등, 파리, 1931   102, 107, 118
장 드라이트 외 『시에 그려진 창문의 이미지』 파리, 1981   145
장 메릴 필스트롬 『마법의 요람』 보스턴, 1976   267
장 마리 헨리 외 『시로 떠나는 대륙 여행』 파리, 1998   206
장 미셸 귈첼 『아프리카 소인종, 만가주』 파리, 1952   169
장 안거 『붉은 땅의 기억 - 한 소년이 겪은 중국 문화대혁명』 홍연미 옮김, 문학동네, 2007   341
장 클로드 길보드 『미래의 향취』 파리, 2003   213
장 클로드 브랑기에 『장 피아제와의 자유대담』 파리   116
잭 켄트 『용 같은 건 없어』 노경실 옮김, 교학사, 2004   108
        『한밤중에 일어난 일』 황혜진 옮김, 산하, 2005
제롬 브뤼너 『문화와 사고의 유형, 작품에 드러난 작가의 인간적 기질』 파리, 2000   303
제르다 뮐러 『비가 오면 동물들은 어디로 가요』 신선영 옮김, 파랑새출판사, 2007   166
제임스 스틸 스미스 『아동 문학에의 비평적 접근』 뉴욕, 1967   119
제롬 데이비드 샐리저 『호밀밭의 파수꾼』 윤용성 옮김, 문학과사상사, 1993 등   232
조르쥬 페렉 『생각한다/분류한다』 파리, 1985   323
조엘 졸리베 『똑똑한 동물원』 최윤정 옮김, 바람의아이들 출판사, 2009   89
로제프 샤를 마르드뤼 『천일야화』 조재룡 옮김, 마로니에북스, 2006   245
존 로날드 로웰 톨킨 『호비트의 모험』 공덕룡 옮김, 동서문화사, 2004   141, 329
존 버닝햄 『개』 런던, 1975   108
          『네가 만약』 이상희 옮김, 비룡소, 2003   93
          『장롱』 런던, 1975   90, 108

주디 바레트 『동물들은 왜 옷을 입지 않아요』 정경임 옮김, 지양어린이 출판사, 2004   93

주디 블룸 『그 다음은 아무것도 몰라요』 1982   177
『세상 끝난게 아니야』 1985, 『영원히』 1990 등, 파리

진 마졸로 『난 숫자를 찾아요』 뉴욕, 1999   166

ㅊ

첸 지앙 훙 『마오와 나, 붉은 홍위병』 파리, 2008   342

첼리 두란 라이언 『힐드리드 할머니와 밤』 정대련 옮김, 시공사, 1999   344

ㅋ

캐스린 카아 『멋진 칠면조의 산책』 뉴욕, 2000   312

캐티 쿠프리 외 『모두가 한 세계』 파리, 1999   88

케네스 그레이엄 『버드나무에 부는 바람』 신수진 옮김, 시공사, 2003   131, 311

코르네이 추콥스키 『아이들의 언어세계와 동화, 동시에 대하여~ 』 홍한별 옮김, 양철북, 2006   177, 263

콜레트 비비에 『작은 행복이 흐르는 집』 파리, 1937   140, 245, 343

퀀틴 브레이크 『하나 둘 셋 애기 담배풀 아저씨』 파리, 1983   101
『찰리와 초콜릿 공장』, 『마틸다』 등 시공주니어, 2004   108

크라우디아 불 외 『총독의 도착』 멕시코, 1996   316

크라이드 로버트 불러 『구두닦이 소녀』 뉴욕, 1975   126

크리스 반 앨스버그 『폴라 익스프레스』 보스턴, 1985   104

클로드 던턴 『나는 의심 많은 한 마리 암돼지 같아요』 파리, 1976   45

클로드 퐁티 『아델의 그림책』 파리, 1986   101

클리브 스태폴스 루이스 『나니아 연대기』 햇살과나무꾼 옮김, 시공주니어, 2005 등   98

ㅌ

타나 호번 『흑과 백』, 『백과 흑』 뉴욕, 파리, 1993   89, 109, 174
『다시 한번 보세요』 뉴욕, 1971   95

탄 고이드 외 『똑, 똑, 똑』 파리, 1983 : 1999   114, 128

테지마 게이자부로 『아기 곰의 가을나들이』 정근 옮김, 보림출판사, 1996,   205
『북쪽 나라 여우이야기』 정숙경 옮김, 보림출판사, 2006 등

토미 웅게러 『제럴다와 거인』 김경연 옮김, 비룡소, 2008   66, 102, 272, 273
토베 얀손 『환상의 요정 무밍트롤』 조동림 옮김, 곰출판사, 1993   80, 99, 253, 276, 311, 343
티모테 드 퐁벨 『토비 롤네스 1,2』 김주경 옮김, 주니어김영사, 2008   130, 311

ㅍ

파멜라 린든 트래버스 『메리 포핀스』 박광순 옮김, 범우사, 1988   187
팔리 모앗 『울지 않는 늑대』 이한중 옮김, 돌베개, 2003   232, 343
패트릭 코뱅 『아빠는 절대 내 마음 몰라』 김이오 옮김, 달리출판사, 2005   192
폴 갈돈 『곰 세 마리』 허은실 옮김, 보림출판사, 2004   135
    『빨간 암탉』 엄혜숙 옮김, 시공주니어, 2007   113
폴 들라뤼 『민속동화 1권 (1957), 2권 (1964), 3권 (1976)』, 프랑스   144
폴 비릴리오 『속도의 정치』 등, 프랑스   180
폴 쇼우어 『사람은 모두 잠을 자요』 뉴욕, 1997   166
폴 아자르 『책, 어린이 그리고 인간』 파리, 1932   26, 105, 196
폴 에밀 빅토르 『아풋시아크, 작은 눈송이』 파리, 1997 등   170
프랄린 게이-파라 『커다란 순무』 김효림 옮김, 한국차일드아카데미, 2006   94
프랑시스 드레베큐 『농장의 동물들』 파리, 2006   110
프랜 마누스킨 『아기』 뉴욕, 1972   177
피에로 벤추라 외 『고대 크레타 섬을 찾아서』 미국 모리스타운, 1985   182
피에르 그리파리 『브로카 가의 이야기』 파리, 1967   149
피에르 엘리 페리에 『모토르뒤 왕자의 반짝거리는 맛있는 배』 파리, 2001   91
피터 스피어 『노아의 방주』 김경연 옮김, 미래아이, 2004   115, 272
    『와, 비다』 한솔교육, 2003   90
필립 뒤마 『농가: 옛 농가 그대로의 풍경』 파리, 1997   84
    『에드워드 이야기』 파리, 1976   108
    『이 변화』 파리, 1981   345
필립파 피어스 『한밤중 톰의 정원에서』 햇살과나무꾼 옮김, 창작과비평사, 1993 외   132

ㅎ

한스 게오르크 노아크 『요헨의 선택』 모명숙 옮김, 풀빛출판사, 2006   191
한스 아우구스토 레이 『호기심 많은 조지』 보스턴, 1941:1973 등   113, 119, 273

호메로스 『오뒷세이아』 천병희 옮김, 숲출판사, 2006   245
호세 아르에고 『내가 할 수 있는 것 볼래?』 이경우 옮김, 다음세대출판사, 2000   72
호워드 골드스미스 『유령이 배회하는 트위들 쌍둥이 형제의 집』 뉴욕주 그린빌, 1996   111